Namibia

Für Ulrike

 Eine Übersichtskarte von Namibia mit der
eingezeichneten Reiseroute finden Sie in
der vorderen Umschlagklappe.

Elisabeth Petersen

Namibia

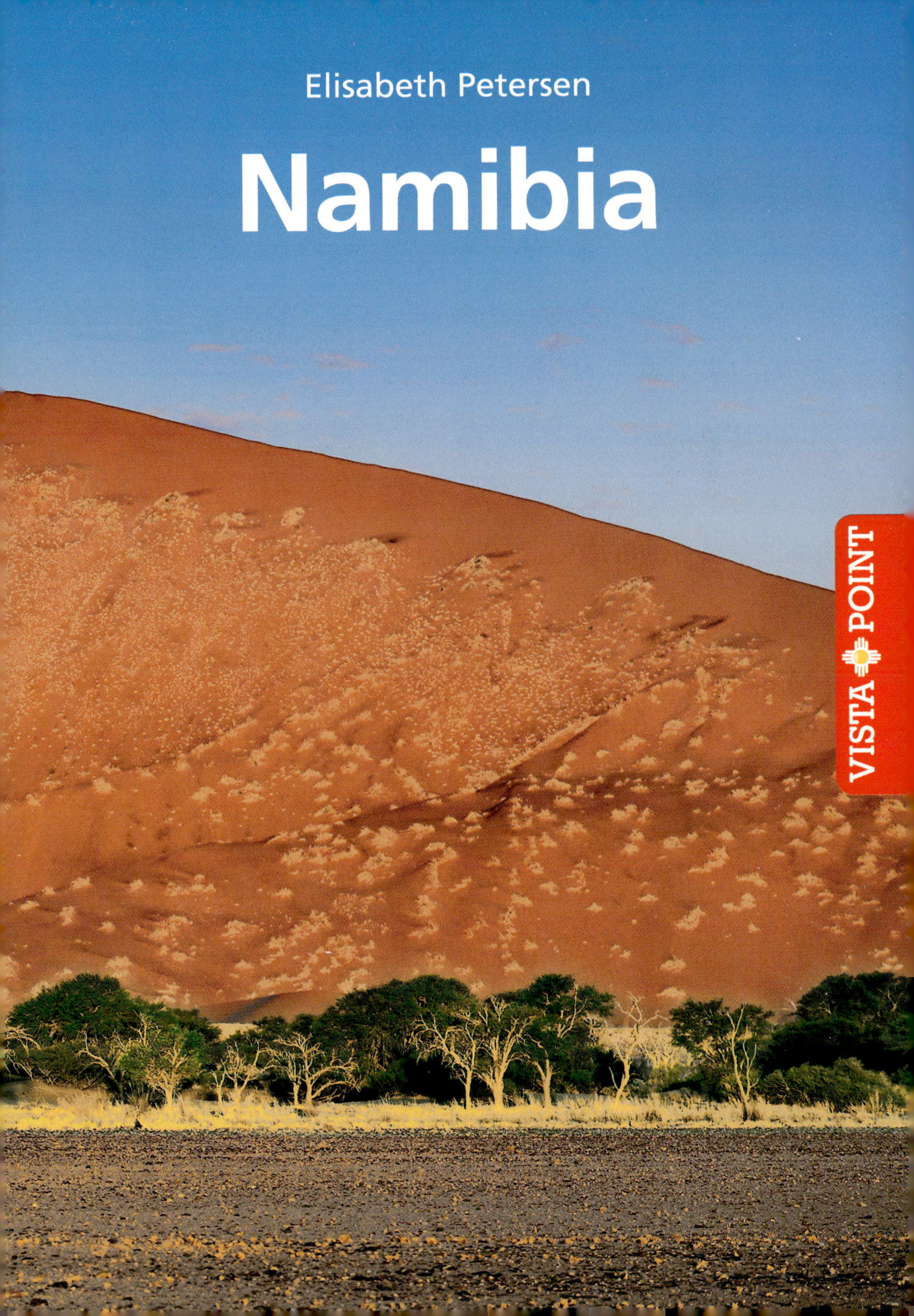

VISTA POINT

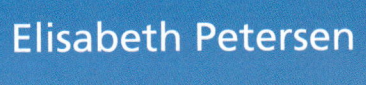

Inhalt

Unterwegs im jungen Staat Namibia 6

Land der Weite und allmählich schwindender
Zäune 14

Begegnung mit deutscher Kolonialgeschichte ... 22

Die Völker Namibias 30

Chronik: Abriss der Geschichte Namibias 36

REISEROUTE DURCH NAMIBIA 41

1 Namibischer Schmelztiegel mit einem Schuss
Deutsch: Windhoek 42

2 Der Geschmack von Weite
Von Windhoek nach Keetmanshoop 58

E Extratage: Ein Schlenker durchs rote Auf und Ab
Von Windhoek durch die Ausläufer der Kalahari . 65

Die Nama
Nomadische Viehzüchter aus dem Süden 70

3 Ein Tag in der Halbwüste – alles dreht sich ums
Wasser! Von Keetmanshoop durch den Fish River
Canyon nach Ai-Ais 73

E Extratag: Namibische Grenzerfahrung
Von Keetmanshoop an den Oranje 83

4 Aus heißem Talkessel zu kühler Höhe
Von Ai-Ais über Rosh Pinah nach Aus 85

5 Von wilden Pferden und Klunkern im Wüstensand
Von Aus über Kolmanskop nach Lüderitz 91

6 Fern in einer anderen Zeit: Lüderitzbucht 98

7 Zwischen Pinguinen und Webervögeln
Vom Atlantik ins NamibRand-Gebiet 107

8 Träume im Sand: Schloss Duwisib und ins Herz
der Namib 117

9 Im schönsten Sandkasten der Welt
Die Dünen der Namib 125

E Extratag: Auf den Spuren von seltenen Zebras
und verwegenen Kämpfern: Im Naukluft-Park .. 135

10 **Namib – die vielgestaltige Leere**
Durch die zentrale Namib nach Swakopmund . . . 140

11 **Deutsch – deutscher ...** Swakopmund 149

12 **Entfernte Verwandte:** Rund um Swakopmund . . 161

Ab durch die Mitte: Von Swakopmund zurück nach
Windhoek – fünf Alternativrouten zum Abschluss
einer 14-tägigen Rundreise 171

13 **Ein Blick ins verlorene Paradies**
Von Swakopmund zum Cape Cross und weiter
in den Skeleton Coast National Park 176

14 **Dem kulturellen Erbe auf der Spur**
Zum Brandberg und nach Twyfelfontein 191

15 **Steinerne Raritäten:** Von den Steingravuren in
Twyfelfontein zum Verbrannten Berg, den steinernen Orgelpfeifen und zum Versteinerten Wald . . 198

E **Extratag 1: Im Revier der Wüstenelefanten**
Von Twyfelfontein ins Damaraland Camp 206

E **Extratage 2: Jenseits in Afrika**
Kaokoveld für Einsteiger 210

E **Extratage 3: Jenseits in Afrika**
Kaokoveld mit allem Drum und Dran 218

16 **Von trockenen Rivieren zum »Ort des trockenen
Wassers«:** Etosha 222

17 **Von einem Fuß auf den anderen hüpfend**
Im Etosha National Park 232

Die Herero: Bantu-Volk aus dem Norden 248

18 **Vielerlei Facetten:** Von der Begegnung
mit den San zur Begegnung mit dem All 253

E **Extratage: Ins andere Namibia**
Region Sambesi 266

19 **Zum Ort heilenden Erinnerns**
Von Grootfontein zum Waterberg Plateau Park . 274

20 **Zum guten Schluss:** Zurück nach Windhoek 281

Service von A bis Z 286
Orts- und Sachregister 306
Namenregister 309
Bildnachweis und Impressum 312
Zeichenerklärung . . hintere innere Umschlagklappe

Unterwegs im jungen Staat Namibia

2020 feiert der namibische Staat den Jahrestag seines 30-jährigen Bestehens. Die Feierlichkeiten aus Anlass seiner Gründung im Jahr 1990 dürfte indes nur noch jeder Dritte der heutigen Namibier bewusst miterlebt haben. Für alle unter 25-Jährigen und damit für etwa zwei Drittel der heutigen Staatsbürger ist Selbstverständlichkeit, was am 21. März des Jahres im Stadion der Hauptstadt Windhoek mit dem Hissen der Flagge Namibias seine feierliche Bestätigung fand: die Existenz eines selbstständigen und stabilen demokratischen Staatswesens. Allenfalls aus dem Schulunterricht oder den Erzählungen der Älteren werden sie wissen, dass diese Staatsgründung das Ende eines langen und mühevollen Weges markierte.

An seinem Anfang standen die mehr oder minder willkürlich vorgenommenen Grenzziehungen durch die Kolonialmächte am Ende des 19. Jahrhunderts. Das Deutsche Reich, erst spät in den Wettstreit um Kolonien eingetreten, sicherte sich, was übrig war: das wenig attraktiv erscheinende und dünn besiedelte Gebiet zwischen den Flüssen Kunene im Norden und Oranje im Süden, der Halbwüste Kalahari im Osten und dem Atlantik im Westen. Deutsch-Südwestafrika nannte man die Kolonie,

Lüderitz – die farbenfrohe Gründerstadt Namibias

die man etwa zur gleichen Zeit wie Deutsch-Ostafrika, das heutige Tansania, in Besitz nahm. Um eine später geplante Verbindung zwischen beiden Besitzungen herstellen zu können, handelte der deutsche Reichskanzler Leo von Caprivi 1890 den Engländern im Helgoland-Sansibar-Vertrag einen zusätzlichen Landstreifen im Nordosten des heutigen Namibia ab: den wie ein Appendix herausragenden Caprivi-Streifen, der inzwischen in »Sambesi-Region« umbenannt wurde. Ethnische Zusammengehörigkeit oder geologische Gegebenheiten spielten dabei (wie bei allen kolonialen Grenz-

Die traditionellen Lehmhütten der Himba im Nordwesten Namibias

ziehungen) nicht die geringste Rolle. Man nahm nach offiziellem Sprachgebrauch »Niemandsland« in Besitz und hatte einzig im Sinn, das erworbene Gebiet gegen die Einflussbereiche der Kolonialmächte jenseits der Grenzen (Portugal mit Angola im Norden, England mit Botswana im Osten, Holland bzw. England mit Südafrika im Süden) abzustecken.

Nachdem die Weite des »wüsten« Landes damit erstmals geradlinig eingegrenzt war, fand man gerade eben Zeit genug zum Aufbau einer einheitlichen Verwaltung und einer Infrastruktur, wie sie zur Exploration der inzwischen gefundenen Bodenschätze notwendig war. Der Erste Weltkrieg und die Bestimmungen des Versailler Vertrages von 1919 setzten der deutschen Kolonialherrschaft ein Ende. Das Mandat für das ehemalige deutsche »Schutzgebiet« wurde vom Völkerbund an Südafrika übertragen und »Südwest« ging als fünfte Provinz in der RSA (Republic of South Africa) auf.

Nach dem Zweiten Weltkrieg griff die UNO als Rechtsnachfolger des Völkerbundes in die Geschicke des Landes ein. Langjähriges Gerangel um den Fortbestand des südafrikanischen Mandates, da »nicht zum Wohle der dort Lebenden« ausgeübt, mündete 1966/1967 in der wiederholten Aufforderung an Südafrika, namibisches Territorium zu verlassen, und in dem UNO-Beschluss, Namibia sukzessiv zur Unabhängigkeit zu führen. Je beharrlicher sich Südafrika weigerte, dem internationalen Druck nachzugeben, desto stärker formierte sich die Befreiungsbewegung im Land selbst. 1960 war die *South West Africa People's Organisation* (SWAPO) unter Führung Sam Nujomas gegründet worden und deren bewaffneter Arm (PLAN) *People's Liberation Army of Namibia* lieferte sich 1966 erste Gefechte mit südafrikanischen Truppen. Dies war der Auftakt eines erbitterten Guerillakampfes, der ausdrücklich von der UNO legitimiert wurde. Geführt wurde dieser Kampf weitgehend vom benachbarten Angola aus, das durch den Zusammenbruch der portugiesischen Kolonialherrschaft und den anschließenden Bürgerkrieg zusehends ins Chaos stürzte, geschürt von südafrikanischen Truppen auf der einen und kubanischen Söldnern auf der anderen Seite.

Die UNO setzte indes die eingeschlagene politische Richtung fort und forderte in Resolutionen aus den Jahren 1976 und 1978 freie Wahlen für Namibia. Doch weder die 1978 durchgeführten Wahlen noch die daraus erwachsene Interimsregierung

Typisch für Herero-Frauen ist der ausladende Kopfschmuck, der die Hörner von Rindern symbolisieren soll

wurden von ihr anerkannt. Die SWAPO als stärkste politische Kraft Namibias, der bei der UNO inzwischen Beobachterstatus zuerkannt worden war, hatte nicht daran teilgenommen. Sie hatte sich dagegen verwahrt, dass alle Beschlüsse der zu wählenden Regierung dem Vetorecht des südafrikanischen Generaladministrators unterliegen sollten und somit die angebliche Unabhängigkeit eine Farce darstellte. Dass es in den Jahren dieser Interimsregierung (1978–83) dennoch gelang, die südafrikanischen Apartheid-Gesetze für Namibia aufzuheben, war immerhin ein wichtiger Schritt in eine eigenständige Zukunft. Aber erst das Ende des internationalen Ost-West-Konflikts gegen Ende der 1980er Jahre ebnete Namibias Weg in die Unabhängigkeit. Die Kubaner zogen sich aus Angola zurück, was Südafrika seinerseits einen Rückzug ohne Gesichtsverlust aus dem »Mandatsgebiet« erleichterte. Die SWAPO, bislang weitgehend sozialistisch orientiert, schwenkte auf einen Kurs der Versöhnung ein. Keine Rede mehr von Enteignungen oder Neuverteilung des Besitzes. »One Namibia, one nation« lautete jetzt die Parole.

Im Dezember 1988 wurde mit der Zustimmung der südafrikanischen Republik die Unabhängigkeit Namibias beschlossen. Nicht einmal ein Jahr später, im November 1989, fand unter Aufsicht der UNO die Wahl zur Verfassungsgebenden Versammlung statt, aus der die SWAPO als stärkste Partei mit absoluter Mehrheit hervorging. Im März 1990 wurde Sam Nujoma zum ersten Präsidenten Namibias gewählt. Die Republik Namibia, ein unabhängiger, demokratischer Staat, in dessen Verfassung die grundlegenden Menschenrechte verankert wurden, war geboren. *Reconciliation*, Versöhnung aller widerstreitenden Kräfte, wurde zum Zauberwort des Neubeginns. Die namibische Nationalfahne konnte aufgezogen und die Nationalhymne von den im Lande vereinten mehr als zehn Ethnien in der offiziellen Landessprache Englisch gemeinsam angestimmt werden: »Namibia our Country!«.

Viele Reisende wird die lange Geschichte der Staatswerdung Namibias indes nur insofern interessieren, als das Ergebnis ihre Sicherheit bei einem Besuch des Landes berührt. Doch so schwierig sich vor allem in wirtschaftlichen Fragen die Situation auch darstellt, eines lässt sich mit Bestimmtheit sagen: Die Namibier tun bislang alles, um ihre Konflikte und Probleme auf parlamentarisch-demokratischem Weg zu lösen. Bei der Frage einer möglichen Umverteilung von Farmland einigte man sich zunächst auf den Grundsatz »williger Verkäufer – williger Käufer«. Das bedeutet, dass Farmen, die der Besitzer nicht bewirtschaften will oder kann, vom Staat aufgekauft und Umsiedlern zur Verfügung gestellt werden. Da sich aber gezeigt hat, dass es Letzteren oft an Fachwissen und Kapital fehlt, um sinnvoll zu wirtschaften, hat eine kritischere Auseinandersetzung mit diesem Verfahren eingesetzt. Die im Land lebenden Weißen werden aus wirtschaftlichen Gründen gebraucht, was auch den politischen Machthabern bewusst ist. Gleichzeitig ist die Zahl junger, gut ausgebildeter Schwarzer in den letzten Jahrzehnten erkennbar gestiegen. Selbstbewusst und offen treten sie den Besuchern entgegen.

Die Erreichung und Erhaltung wirtschaftlicher Stabilität ist und bleibt indes die zentrale politische Problemstellung. Dabei hilft es wenig, wenn positive Wirtschaftsdaten vorgelegt werden können, die Zahl der Menschen ohne Arbeit jedoch immens hoch ist. So steht Namibia bei statistischen Vergleichen der Länder südlich der Sahara bezüglich ihres mittleren Pro-Kopf-Einkommens durchaus gut da. Tatsächlich werden die Probleme aber deutlich anhand der folgenden Aufstellung: Zehn Prozent der Bevölkerung verdienen etwa 55 Prozent des verfügbaren nationalen Einkommens, während mehr als die Hälfte an der unteren Armutsgrenze lebt. Allerdings sind die Bemühungen, dies durch stärkere Besteuerung von Vermögenden und Investitionen zu ändern, durchaus beachtlich. Dennoch lag die Arbeitslosenquote im Jahr 2016 bei 34 Prozent.

»Born to suffer«, hatte eine junge Frau, der wir auf der Reise begegneten, auf ihren Donkeykarren geschrieben. Der Karren stand mitten in Uis, wo die Minen inzwischen gänzlich geschlossen wurden und es keine Arbeit mehr gibt. Sie versuchte ein paar Dollar zu verdienen, indem sie sich auf ihrem Karren fotografieren ließ. Solche Begegnungen sind für den Reisenden ebenso erschreckend wie berührend.

Beunruhigend wird oft das Ansteigen der Kriminalitätsrate, speziell der Eigentumsdelikte empfunden – zumal von Menschen, die noch keine Erfahrung mit Reisen in Entwicklungsländern haben. Wissen sollte man auf jeden Fall, dass inzwischen nicht

Schulbildung wird in Namibia groß geschrieben – 87 Prozent aller Kinder gehen in die Schule

Lastenträgerin in der Region Sambesi (ehemals Caprivi-Zipfel)

mehr allein die städtischen Zentren von kriminellen Übergriffen betroffen sind, sondern zunehmend auch ländliche Regionen. Deshalb ist es umso wichtiger, sich mit Sensibilität und unter Einhaltung klarer Regeln der Situation zu stellen. Den unverdienten Vorzug, aus einem reichen Land zu kommen, muss man nicht unbedingt vor sich hertragen. So gehört die Zurschaustellung von Pretiosen und Wertgegenständen schlichtweg nicht in ein Drittweltland. Foto- und Filmausrüstungen sowie Wertgegenstände aller Art sichtbar im Auto zu hinterlassen stellt eine schwer zumutbare Versuchung dar, die sich außerdem leicht vermeiden lässt. Zur eigenen Sicherheit sollte man wann immer möglich Wertgegenstände im Hotelsafe deponieren. Gleiches gilt für den Reisepass – bei sich tragen sollte man ausschließlich eine Kopie inklusive der Seite mit dem namibischen Einreisestempel. Bei der Benutzung von Taxen ist darauf zu achten, dass der Fahrer sich allein im Wagen befindet und ein ordnungsgemäßer Zähler vorhanden ist. Weitere Sicherheitshinweise findet man (regelmäßig aktualisiert) auf der Homepage des Auswärtigen Amtes (www.auswaertiges-amt.de).

Unterwegs in der Weite des Landes, auf der *pad*, wie Straßen in Namibia allgemein genannt werden, stellen sich dem Reisenden selten Probleme der oben beschriebenen Art. Da gilt vor allem die Regel, sich durch nichts und niemanden auf einsamen Straßen zum Halten nötigen zu lassen und im Zweifelsfall lieber umzukehren und die Polizei zu alarmieren. Darüber hinaus sollte man bei Dunkelheit auf keinen Fall fahren – auch wegen möglicher Übergriffe, vor allem aber wegen der Gefahr der Kollision mit wilden Tieren. Der reibungslose Ablauf der Reise hängt in erster Linie von einer guten Planung und einem den Bedingungen des Landes angemessenen Verhalten ab. Auch die Beachtung der folgenden Regel wird empfohlen: Leichtsinn in jeder Form ist gefährlich, Wachsamkeit dagegen nicht nur nützlich, sondern lebensnotwendig.

Das Straßennetz ist sehr gut ausgebaut und in ordentlichem Zustand. Das gilt nicht nur für die Teerstraßen, die als Hauptschlagadern das Land durchziehen, sondern auch für die sehr viel häufigeren Schotterpisten. Sie werden regelmäßig gewartet – was längerfristige Aussagen über den Zustand bestimmter Straßenabschnitte unmöglich macht. Sich vor jeder Reiseetappe über den aktuellen Stand zu informieren, ist immer empfehlenswert. Besonders während der Regenzeit ist es unabdingbar, möglichst zwei Tage im Voraus Auskünfte über die geplante Route einzuholen. »Abkommende« Flüsse können Straßen für Tage unpassierbar machen und zu Umwegen zwingen. Mit tieferem Sand, der das Fahrverhalten des Wagens verändert, oder Steinen muss immer gerechnet werden. Diesen Hindernissen kann man oft mühelos ausweichen, denn Gegenverkehr ist eher die Ausnahme. Dagegen ist es die Regel, dass man über Stunden kaum einem anderen Verkehrsteilnehmer begegnet. Hat man sich erst einmal an diese Verhältnisse wie an das Fahren auf der linken Straßenseite gewöhnt, wird man jede noch so holprige *pad* bald den »aalglatten«, schnurgeradeaus führenden und deshalb ermüdend langweiligen Teerstraßen vorziehen.

Eine Reifenpanne ist aber nie auszuschließen. Deshalb sollte man für den Fall der Fälle in der Lage sein, einen Reifenwechsel vorzunehmen. Also: Das Reserverad bei der Übernahme des Mietwagens kontrollieren und für den Notfall ein zweites mitnehmen! Genauso wichtig ist es, zeitig aufzutanken. Die nächste Tankstelle kann mehr als hundert Kilometer entfernt liegen – und vielleicht im Augenblick keinen Diesel oder kein Benzin verfügbar haben. Deshalb sollte bei jeder sich bietenden Gelegenheit der Tank aufgefüllt werden. Auch ein Reservekanister ist unter diesen Umständen kein unnötiger Ballast, ebenso wie ausreichende Wasservorräte – für die Wageninsassen. Die Reise führt nun mal durch Wüstenlandschaften und aride Zonen. Die Verdunstungsrate liegt hoch und damit auch der Flüssigkeitsbedarf.

Mit diesem Minimum an Überlebensnotwendigem ausgerüstet, kann man sich getrost auf die Reise machen. Basis dieses Führers ist eine klassische Rundreise von etwa 5000 Kilometern, die **in drei Wochen zu den bekanntesten Highlights Namibias** führt. Sie ist so angelegt, dass die Rundreise-Strecken, auch die eingefügten Alternativstrecken, ohne vierradgetriebenes Fahrzeug, also mit normalem Pkw zu bewältigen sind. Dennoch kann es nicht schaden, einen vierradgetriebenen Wagen anzumieten, da man so den eigenen Aktionsradius vergrößert und sich in nicht vorhersehbaren Grenzsituationen sicherer fühlen kann. In der Routenbeschreibung geht es zunächst Richtung Süden zum Fish River Canyon, am Oranje entlang und zur Küste nach Lüderitzbucht, durch und entlang der Namib wieder nach Norden

Ein allradgetriebenes Fahrzeug ist die beste Option für die Tour durch Namibia

über Swakopmund, von dort durchs Damaraland bis zum Etosha National Park, von wo die Fahrt zurück nach Windhoek führt. Natürlich lässt sich diese Route auch in umgekehrter Richtung fahren, wofür u. a. die möglicherweise günstigeren Lichtverhältnisse bei der Reise durchs landschaftlich höchst reizvolle NamibRand-Gebiet sprechen.

Für Reisende mit weniger Zeit lässt sich die Tour problemlos zu **zwei alternativen 14-tägigen Routen** umfunktionieren. Dann bleibt nur die Entscheidung, ob man dem landschaftlich reizvolleren Süden oder dem tierreicheren Norden den Vorzug gibt. Für die **Südroute** folgt man der Tour bis Swakopmund und fährt von dort über Karibib, Okahandja und dann über die B1 nach Windhoek zurück (vgl. Extratage »Ab durch die Mitte«, S. 171 ff.). Fällt die Entscheidung für die **Nordroute**, rollt man die Tour von hinten auf, um ebenfalls von Swakopmund wieder nach Windhoek zu fahren.

Wen es reizt, das Land jenseits der »klassischen« Rundroute zu entdecken, mag unter den zusätzlich eingefügten Extratagen **Alternativen** für sich aussuchen. So werden beispielsweise für den zweiten Tag neben der Strecke Windhoek–Keetmanshoop zwei Routen durch die Randgebiete der Kalahari vorgestellt, für die aber jeweils zwei Reisetage angesetzt werden müssen. Dafür sollte man sich entscheiden, wenn man andernorts Strecken ausspart oder in Windhoek, weil man es von früheren Reisen kennt, nur kurz verweilt. Einige der Extratage sind nur als geführte Touren möglich bzw. zu empfehlen, wie die Flugsafari in den **Skelettküstenpark** oder die Fahrt ins **Kaokoveld**. Man kann zu beiden Touren in Windhoek starten, was von den Veranstaltern meist so angeboten wird, kann sich aber gegebenenfalls der Flugsafari auch in Swakopmund und der Kaokoveld-Tour in Etosha zugesellen.

In unsere Tourabfolge wurden diese Extratage an den Stellen eingefügt, an denen sich die Beschreibung rein geografisch den in den Zusatzrouten bereisten Gebieten nähert. Für den Abstecher von Grootfontein aus nach Norden in die **Sambesi-Region** (ehemals **Caprivi**) genügt ein normaler Pkw. Diese Tour ist jedoch recht zeitaufwendig. Alternativ könnte man mit der Air Namibia von Windhoek nach Katima Mulilo fliegen und da einen Mietwagen nehmen (der natürlich im Vorfeld bestellt werden muss), um die dortigen Naturparks mit ihrem überwältigenden Tierreichtum zu erkunden.

Generell lässt sich sagen: Neben den einmaligen Landschaftsszenerien ist es vor allem der Reichtum seltener Pflanzen und Tiere, der die Anziehungskraft des Landes ausmacht. Köcherbäume, *Welwitschia mirabilis*, Moringa oder »Geisterbäume«, Nara-Kürbisse und Flechtenarten gehören zu den endemischen Gewächsen, die nur im südwestlichen Afrika gedeihen. Die reiche Vogelwelt (nicht nur) der Küstenregionen und das vielfältige Tierleben der Wüste, Käfer, Kleinreptilien, Schlangen und Antilopen, faszinieren nicht nur Wissenschaftler. Furcht ist auch hier fehl am Platz. Schlangen beispielsweise sind niemals ohne Grund aggressiv. Ihr Angriff ist bloße Verteidigung. Dieser Gefahr kann man begegnen, indem man Acht gibt, wohin man tritt, bzw. festes (möglichst hoch geschlossenes) Schuhwerk trägt.

Selbst die großen Wildtiere, Elefanten, Löwen und andere Großkatzen, denen man zweifellos im Etosha National Park begegnen wird, stellen keine besondere Gefährdung für den Touristen dar – solange er sich angemessen verhält. Wer sich an die im Park geltenden Vorschriften hält, den Wagen nicht verlässt und langsam fährt, lebt unter Afrikas Wildtieren in paradiesischer Sicherheit.

Gefahr droht allenfalls den Tieren und Pflanzen durch die Expansion des Tourismus. Nicht umsonst vereinte der Staat Namibia das Ministerium für »Wildlife and Nature

Sie gehören zu Namibias »Big Five«: Elefanten im Etosha National Park

Conservation« und die oberste Tourismusbehörde in einer Hand. Dahinter steht das Bewusstsein, dass die Erhaltung einer intakten Umwelt oberstes Gebot ist. Der größte Schatz des Landes ist das Land selbst.

Solche Maximen lassen sich leicht formulieren, aber umso schwerer umsetzen. Besonders wenn die Ökologie eines Landes so sensibel ist wie die Namibias. 15 Prozent des namibischen Staatsgebiets bestehen aus purer Wüste. Da ist die Kalahari, die zu den Halbwüsten gezählt wird, nicht mitgerechnet. Ganz zu schweigen von den ausgedehnten Steppen- und Halbwüstenflächen, die sich dem Namib-Streifen entlang der Küste zum Landesinneren hin anschließen. Leben, das von Pflanzen wie das von Tieren, hat sich den harten Umweltbedingungen dieser Regionen angepasst. Aber es reagiert äußerst empfindlich auf den geringsten Eingriff. Reifenspuren im Wüstensand erhalten sich über Jahre und »unscheinbare« Flechten, die in langjährigem Wachstum zum Leben in der Wüste beitragen, werden unwiederbringlich zerstört.

Ein Problem stellt auch die begrenzte Verfügbarkeit von Wasser dar. Die Verdunstungsrate liegt weit höher als die Menge der Niederschläge. Dürrejahre mit Niederschlagsmengen, die unter dem Durchschnitt liegen, drängen die hier lebenden Menschen an den Rand der Existenzmöglichkeiten. Oberflächenwasser ist so gut wie nicht vorhanden, und Brunnenschächte müssen tief in den Boden getrieben werden, um ein Überleben von Mensch und Tier zu garantieren. Achtsamkeit im Umgang mit dem bereisten Land und seinen Ressourcen ist also das höchste Gebot. Aber wer will schon Schaden verursachen in diesem jungen, hoffnungsvollen Staat, diesem uralten Land in all seiner kargen, puristischen Schönheit?

Land der Weite und allmählich schwindender Zäune

Weite – wenn sich denn die Erfahrung Namibias auf ein Stichwort reduzieren lässt, so ist es dieses: von der Weite des rauen, vom kalten Benguela-Strom geprägten Atlantiks vor der 1500 Kilometer langen Küste, über die Weite des Dünenmeeres der Namib, die schier endlose Weite der Kies-Namib, die flimmernde Weite der Etosha-Pfanne, die Weite des Binnenhochlandes mit seinen ungeheuren Savannen- und Halbwüstenflächen zur im sanften Auf und Ab der Dünenkämme dahindümpelnden Weite der Kalahari. Weite so vielgestaltig, dass man glauben möchte, die Natur hätte das gesamte Spektrum ihrer Variationsmöglichkeiten zu diesem Thema im Südwesten Afrikas durchzuspielen versucht.

Allein die aufgezählte Vielfalt der in Namibia möglichen Erfahrung von »Weite« deutet darauf hin, dass nicht Leere, nicht Öde das Charakteristikum darstellt. Die Räume sind gestaltet, von verblüffendem Farbenreichtum und überwältigender Kargheit gleichermaßen. Namibische Landschaft ist Erde pur: bizarres Gestein, verkrustete, karstige oder sanft im spärlichen Grasbewuchs gelb schimmernde Ebenen oder auch fragile, in ungewöhnlichen Rottönen schimmernde Gebilde aus Sand. »Afrikas Diamant« nennt sich das Land nicht ohne Grund, entsprechen doch seine Härte wie die Klarheit seiner Formen, seine Kargheit wie die in ihr verdichtete Lebenskraft sehr wohl dem aus reinem Kohlenstoff bestehenden Mineral.

Die Landschaft verdankt ihre Gestalt der geologischen Geschichte wie den klimatischen Einflüssen gleichermaßen. Die ältesten Gesteinsformationen entstammen dem Präkambrium und weisen ein Alter von über 500 Millionen Jahren auf. Gneise,

Glimmerschiefer und Quarzite, wie sie im Damaraland zwischen Namib-Gürtel und Etosha zu finden sind, gehören dazu. Etwas jünger, aber immerhin noch über 350 Millionen Jahre alt, sind die Nama-Formationen des südlichen Hochlandes: Kalke, Schiefer und Sandsteine als Bestandteile der Großen Randstufe, des Schwartzrandes um Maltahöhe beispielsweise oder auch des Fish River Canyon. In diesen frühen erdgeschichtlichen Zeiten war Afrika noch Teil des Urkontinentes Gondwana, zu dem auch Brasilien, Vorderindien, Australien und die Ost-Antarktis gehörten. Eis bedeckte das Land vom Kap bis zum Kongo und hinterließ Moränen zwischen Mariental und Keetmanshoop. Folgende Warmzeiten brachten Meeresablagerungen ins Land, so den Schiefer des Verbrannten Berges bei Khorixas oder die mächtigen Baumstämme

Uralte Felslandschaft und ein scheinbar endloser Horizont im Godwana Canyon Park

des Versteinerten Waldes in derselben Gegend. Als der Urkontinent auseinanderbrach, geschah dies mit dem entsprechenden »Urknall«. Vulkane taten sich auf und der Brandberg sowie das Erongo-Gebirge entstanden. Die Ruhe nach dem Sturm, die letzten 65 Millionen Jahre, bescherten Afrika Abtragungsprozesse, die die weiten Hochlandflächen und Absenkungsbecken (etwa Etosha) entstehen ließen.

Erdgeschichte ist freilich kein namibisches Phänomen. Sichtbar, greifbar wurde es hier in besonderem Maße durch das Wirken der Erosion während der letzten Million Jahre. Während dieser erdgeschichtlich kleinen Zeitspanne gruben die Flüsse in feuchten Zeiten ihre Betten tief ins Gestein, formten die markanten Canyons des Landes. In den dazwischen liegenden Trockenzeiten türmten sich die Dünen der Namib und der Kalahari auf und fegte Winderosion die Etosha-Pfanne leer. Der Wechsel von extremer Kälte und Hitze, von Feuchtigkeit und Trockenheit sprengte Gestein, zermürbte weichere Schichten und legte die härteren Formationen bloß. Der »Rohdiamant Namibia« erhielt seinen Schliff. Und er erhielt ihn durch die Natur selbst, nicht durch den Menschen, der in diesem Umfeld ausreichend mit dem bloßen Überlebenskampf beschäftigt war (und ist). So mag es kommen, dass die unterschiedlichen Landschaften auch heute noch eine Form von Urzustand zu spiegeln scheinen.

Überhaupt hat es fast den Eindruck, dass der Mensch in diesem Umfeld im Prinzip nicht vorgesehen ist – und wenn doch, dann als bloße Marginalie. Auf einer Fläche von 824 292 Quadratkilometern (die Bundesrepublik Deutschland misst 356 957 km²) leben denn auch nur knapp 2,6 Millionen Menschen (Stand 2017), was ca. zwei Drittel der Berliner Bevölkerung ausmacht. 60 Prozent von diesen 2,6 Millionen Menschen bevölkern den Norden Namibias, der von unserer Hauptreiseroute nur am Rand berührt wird. Weitere 30 Prozent leben in den städtischen Zentren, etwa 350 000 (inoffizielle Quellen sprechen von 400 000) allein in Windhoek. Da kann man sich ausrechnen, wie vielen oder besser wie wenigen Menschen man auf dem Rest der Reise begegnen kann.

An Zeichen ihrer Existenz fehlt es allerdings oft selbst in scheinbar endloser Weite nicht. Häufig findet man die Grenzenlosigkeit durch straff gespannten Draht eingezäunt. Das mag manchmal angesichts der scheinbaren Ödnis des umzäunten Landes befremden, ist aber leicht erklärbar. Jeder Quadratmeter, auf dem noch so geringer Bewuchs Viehhaltung ermöglicht, wird genutzt. Entsprechend der Viehart, die »gekehrt« (eingezäunt) werden soll, und entsprechend der Wildart, die man möglichst außen vor lassen möchte, variiert allenfalls die Beschaffenheit der Zäune.

Doch so viele Zäune man auch in diesem semiariden Land setzen mag, so begrenzt sind dennoch letztendlich die Möglichkeiten landwirtschaftlicher Nutzung. Nur im Norden fällt ausreichend Regen, um den Anbau von Feldfrüchten zu ermöglichen. In allen übrigen Landesteilen erlauben Bodenbeschaffenheit und Niederschlagsmenge nur eine extensive Weidewirtschaft. Für die Tierhaltung ist in diesen Regionen eine für Europäer kaum vorstellbare Farmgröße Voraussetzung. Die Bestockungsraten, Richtwerte, die die für die Erhaltung eines Tieres notwendige Landmenge angeben, schwanken dabei in den einzelnen Landesteilen entsprechend den natürlichen Gegebenheiten. Während in Bethanien im Süden die GVE (Großvieheinheit) bei 40 Hektar für ein Rind oder Pferd liegt, sinkt sie in Otavi im Norden auf acht Hektar pro Rind. Auf der Fläche, die für die Haltung eines Rindes ausreicht, können in der Regel sechs Schafe weiden. Die Folge sind Farmen von der Größe kleiner Bundesländer in Deutschland.

10 000 bis 30 000 Hektar Land sind für Farmen im Süden des Landes die Regel. Und nur solche Größenordnungen erlauben dort eine effektive Bewirtschaftung.

Auch nach der Unabhängigkeit blieben solche Großfarmen weitgehend in »weißem« Besitz. Die von der SWAPO gestellte Regierung zeigte sich unter Verzicht auf die Durchsetzung ihrer sozialistischen Zielvorstellungen bemüht, diese für die Volkswirtschaft wichtigen Betriebe zu erhalten. Immerhin finden in keinem anderen Wirtschaftszweig so viele Menschen Arbeit und große Teile der schwarzen Bevölkerung partizipieren am Wohlergehen der Landwirtschaft. Dagegen erwiesen sich Versuche der Bewirtschaftung von eingezogenen, weil nicht mehr bewirtschafteten Farmen durch Schwarze häufig als nicht erfolgreich.

Eine Möglichkeit, ihre Existenz mit der Bewirtschaftung eigenen Landes zu sichern, besteht für die schwarze Bevölkerung vor allem im Bereich der ehemaligen *Homelands*. Das Fehlen von Kapital und Know-how, das Festhalten an uneffektiven, traditionellen Bewirtschaftungsformen und die hohe Bevölkerungsdichte in diesen Gebieten erlauben jedoch in den seltensten Fällen, mehr zu produzieren, als für den eigenen Bedarf nötig ist. Doch ob Subsistenzwirtschaft oder nach modernen Erkenntnissen durchgeführte kommerzielle Produktion – die Abhängigkeit von den jährlichen Nie-

Aloe Dichotoma, besser bekannt als Köcherbaum

derschlägen und das Problem der drohenden Überweidung und infolgedessen der Verbuschung und Verkarstung des Landes betrifft alle, die in Namibia Landwirtschaft betreiben. Sofern sie Überschüsse für den Export produzieren, kommt die Abhängigkeit vom Weltmarkt, von sinkenden Preisen und sich verändernder Nachfrage (wie im Fall der inzwischen unmodernen Karakul- bzw. Persianerfelle) als erschwerendes Moment hinzu. Der Wirtschaftskraft der namibischen Landwirtschaft sind somit enge Grenzen gesetzt.

Für einen Ausgleich und damit für ausreichende Staatseinnahmen könnten die reichen Bodenschätze des Landes sorgen. Kupfer, Blei, Zink, Zinn, Lithium und Germanium werden abgebaut. Namibia ist der viertgrößte Uranproduzent der Welt. Diamantabbau und Vorkommen von Halbedelsteinen runden für den Laien das Bild eines an Ressourcen reichen Landes ab. In der Tat stammt fast die Hälfte des Bruttoinlandsproduktes aus dem Bergbausektor. Da der Absatz solcher Produkte bzw. die damit zu erzielenden Gewinne jedoch weitgehend von der Nachfrage auf dem Weltmarkt abhängen, sind die zu erzielenden Einnahmen nicht stabil. Hinzu kommt, dass der hohe Grad der Technisierung im Bergbau die Zahl der hier möglichen Arbeitsplätze begrenzt. So wird mit Diamanten, Uran und Kupfer zwar rund dreizehn Prozent des Bruttoinlandsproduktes erwirtschaftet, aber nur drei Prozent aller Arbeitsplätze stehen in diesem Wirtschaftssektor zu Verfügung. Außerdem befinden sich die Bergbauunternehmen Namibias nach wie vor mehrheitlich in südafrikanischem oder internationalem Besitz. Der für das Land lebenswichtige Wirtschaftszweig entzieht sich damit weitgehend seiner Kontrolle.

Einen Ausweg würde der Aus- und Aufbau der weiterverarbeitenden industriellen Produktion bieten. Dazu fehlen jedoch alle Grundlagen. Zum einen fand in der Ver-

Die Rindfleischproduktion ist der wichtigste Bereich der namibischen Landwirtschaft

Fotosafari im Namib-Naukluft-Park

gangenheit die Entwicklung landeseigener Industrien keinerlei Förderung durch die Mandatsmacht Südafrika, der nur an einer Nutzung des Landes als Rohstofflieferant und Absatzmarkt gelegen war. Zum anderen ist zur Ansiedlung von Industriebetrieben Kapital vonnöten, das man sich nach der Unabhängigkeit in größerem Umfang von ausländischen Investoren erhoffte. Deren Reaktion blieb aber verhalten, da die Absatzmöglichkeiten auf dem Binnenmarkt begrenzt sind. Fehlende Arbeitsplätze und die Notwendigkeit des Imports von Industrieprodukten sind die Folge.

Derzeit sieht man in der Erschließung bislang nicht genutzter Energievorkommen eine Möglichkeit zur weiteren Konsolidierung des Staatshaushaltes. Die Exploration des Kudu-Gasfeldes (vor der Südküste) soll die eigene Energieversorgung auch für die Zukunft auf sichere Füße stellen und darüber hinaus Einnahmen aus Energieexporten erwirtschaften. Die hohen Kosten gestalten eine Realisierung jedoch schwierig und die (internationalen) Lizenzeigner und damit Geldgeber wechseln häufig.

Ein weiteres wirtschaftliches Standbein aufzubauen wäre umso wichtiger, als die vormals gewinnträchtige Fischereiwirtschaft, in die man zu Zeiten der Staatsgründung große Hoffnungen setzte, in ihren Erträgen stark rückläufig ist. So groß das Fischvorkommen im nährstoffreichen Benguela-Strom vor Namibias Küste auch war, die exzessiven Fangmethoden, mit denen vor allem die Flotten aus Südafrika, Russland, Polen und Spanien zu Werke gegangen sind und es teilweise heute noch tun, haben zu einer spürbaren Reduzierung der Fischbestände geführt. Dies wie die zum

Schutz der Bestände international festgelegten Fangquoten führten zu erheblichen Einbrüchen in diesem Wirtschaftssektor und damit verbunden zu einem Rückgang der Arbeitsplätze im Fisch verarbeitenden Gewerbe.

An die zweite Stelle der Einnahmequellen Namibias ist in den letzten Jahren der Tourismus gerückt – direkt hinter den Bergbau. 2016 lagen die Einnahmen aus dem Tourismus bei ca. 15 Prozent des Bruttoinlandproduktes. Rund 80 000 Arbeitsplätze zählt man bereits in diesem Wirtschaftsbereich, der sich hier so rasant entwickelt wie nur an wenigen anderen Stellen der Erde. Von Interesse für das Land kann die Expansion jedoch nur sein, wenn es gelingt, die im Tourismus getätigten Geschäfte im Land selbst abzuwickeln. Sollten ausländische Investoren den gewinnträchtigen Fremdenverkehrsbereich zunehmend dominieren, hat das zur Folge, dass Reisekosten vorab in den Heimatländern der Reisenden abgerechnet werden. Und damit bliebe der erhoffte und, volkswirtschaftlich betrachtet, unbedingt notwendige Devisensegen aus. Grenzen sind dem beliebigen Anwachsen des Tourismus ohnehin durch die limitierte Belastbarkeit der Umwelt gesetzt. Wo die Unberührtheit der Natur eine der Hauptattraktionen ist, schwindet die Anziehungskraft mit jedem Eingriff in die Landschaft.

Die Einbindung der ländlichen Bevölkerung in den Tourismus ist seit Beginn des Ausbaus der touristischen Strukturen ein absolut überzeugendes Ziel. Die ländlichen Gemeinden sollen – so die Idee – an den Einnahmen aus dem Tourismus beteiligt werden und im Gegenzug das natürliche Umfeld stärker schützen. So sollen nach Möglichkeit die großen Wildtiere, die die Felder zerstören oder das Vieh reißen, nicht mehr gejagt werden, weil sie eine Hauptattraktion für Touristen darstellen. *Conservancies* wurden in vielen Landesteilen gegründet, die den Schutz der natürlichen Ressourcen überwachen und von den Tourismusunternehmen zu diesem Zweck bereitgestellte Gelder einsetzen – z.B. zum Ausgleich für Schäden, die Wildtiere verursachen. Viele Zäune sind in den letzten Jahren niedergerissen worden, um in der Verfolgung dieser Idee große Ländereien zu schaffen, die als private oder kommunale Wild- und Naturschutzparks dienen sollen.

Touristen werden hier geführt und in angeschlossenen Lodges oder Campingplätzen beherbergt. Mittellose Landbewohner sollen so Beschäftigung und ein Auskommen finden. Doch oft scheitern diese Konstrukte an fehlender Lernbereitschaft, fehlender Schulung, fehlendem Gemeinsinn und manch anderem menschlichen Manko. Solche Begrenzungen mögen schwerer zu beseitigen sein als ein paar Zaunpfähle. Doch die Grundidee der Conservancies ist im Ansatz so überzeugend, dass jede Anstrengung, ihr zum Erfolg zu verhelfen, der Mühe wert scheint.

Einen spürbaren Erfolg haben die Namibier auf einem nicht minder wichtigen und nicht minder schwierigen Feld errungen: Die in Jahrhunderten der Stammesauseinandersetzungen und in Jahrzehnten der rassistisch geprägten Kolonialherrschaft aufgebauten »Zäune« in den Köpfen scheinen im Schwinden begriffen. Gleichgültig ob Ovambo, Himba, Herero, Nama oder San, die Jungen sind sich ihrer Stammestraditionen bewusst, empfinden sie aber nicht als trennend bei der Erreichung gemeinsamer Ziele. Sie arbeiten sehr oft in freundschaftlicher Verbundenheit miteinander. Und was die Weißen im Land betrifft, so erklärt man sie kuzerhand zu einer weiteren Ethnie. Dass solche Äußerungen allerorten in Namibia freudige Zustimmung finden, mag vielleicht noch ein paar weitere Jahre dauern. ❖

*Die Namibwüste
existierte schon vor
80 Millionen Jahren zur
Zeit der Dinosaurier*

Begegnung mit deutscher Kolonialgeschichte

Die Zeiten, in denen sich Reisende aus Deutschland in Namibia über die vielen Anklänge an die deutsche Sprache und Kultur wunderten und auch freuten, sind inzwischen Vergangenheit. Neue Prachtbauten dominieren vor allem das Bild der Hauptstadt, was fast ein Vierteljahrhundert nach der Staatsgründung absolut angemessen erscheint. Die mehr als hundertjährigen Hinterlassenschaften deutscher Kaiserzeit wirken allenfalls noch wie Fußnoten der Geschichte, was sie im Grunde ja sind. Da es sich bei ihnen um ausgesprochen rare Relikte namibischer wie deutscher Vergangenheit handelt, wecken sie aber immer noch das Interesse vieler Reisender.

Als moralische Begründung für die Landnahme auf fernen Kontinenten wurden von den Vertretern des deutschen Kaiserreichs – wie von den um kolonialen Besitz rivalisierenden europäischen Mächten allgemein – die für die »unzivilisierten« Länder zu erwartenden zivilisatorischen Segnungen ins Feld geführt. Nachweislich ging es jedoch ausschließlich um wirtschaftliche Interessen: den Besitz von Rohstoffen und den Zugang zu neuen Absatzmärkten für die heimische Industrie. Die Furcht, ohne Kolonialbesitz die internationale Konkurrenzfähigkeit zu verlieren, wie die Aussicht auf reiche Vorkommen an Mineralien veranlassten Reichskanzler Bismarck und seine Nachfolger, sich ins koloniale Abenteuer zu stürzen.

Der »Reiter von Südwest« ist in der Alten Feste von Windhoek zu sehen

Ungezählte Schreiben, ähnlich dem 1880 von Friedrich Fabri, dem Leiter der seit den 1840er Jahren in Südwestafrika tätigen Rheinischen Missionsgesellschaft, werden sie dazu bewogen haben. Das Auswärtige Amt, so schrieb er, »wolle unter thunlichster Beschleunigung den schwer gefährdeten Interessen der deutschen Mission und ihrer Angehörigen wie der deutschen Handelsniederlassungen, ihrer Angestellten und ihres Eigenthums im Hereroland seinen Schutz nachdrücklich gewähren.« Ergänzend dazu sei darauf hingewiesen, dass auch die Interessen der Rheinischen Missiongesellschaft nicht ausschließlich religiöser Art waren: Die Mission trieb einen schwunghaften Handel.

Die Politiker in Berlin ließen sich durch solch nachdrücklich vorgetragene Argumente erweichen. Nachdem man sich versichert hatte, dass man englischen Interessen in Südwest nicht in die Quere kam, wurde die deutsche Flagge gehisst. Dr. Heinrich Göring, Vater des späteren Reichsmarschalls, wurde mit dem Aufbau der Verwaltung betraut, die Deutsche Kolonialgesellschaft für Südwestafrika wurde gegründet, und – immerhin war nicht zu übersehen, dass Menschen in diesem neuen deutschen Hoheitsgebiet lebten – den Häuptlingen der verschiedenen Stämme wurden »Schutzverträge« zur Unterschrift vorgelegt.

In den Verträgen war zwar auch von Schutz die Rede, aber vor allem von Landabtretungen, und deshalb hielt sich die Neigung der meisten »Kapitäne«, ihre Unterschrift darunter zu setzen, in Grenzen. Man kann es auch so sagen: Die Bewohner Südwestafrikas weigerten sich, kolonisiert zu werden. Allein die Tatsache, dass sie

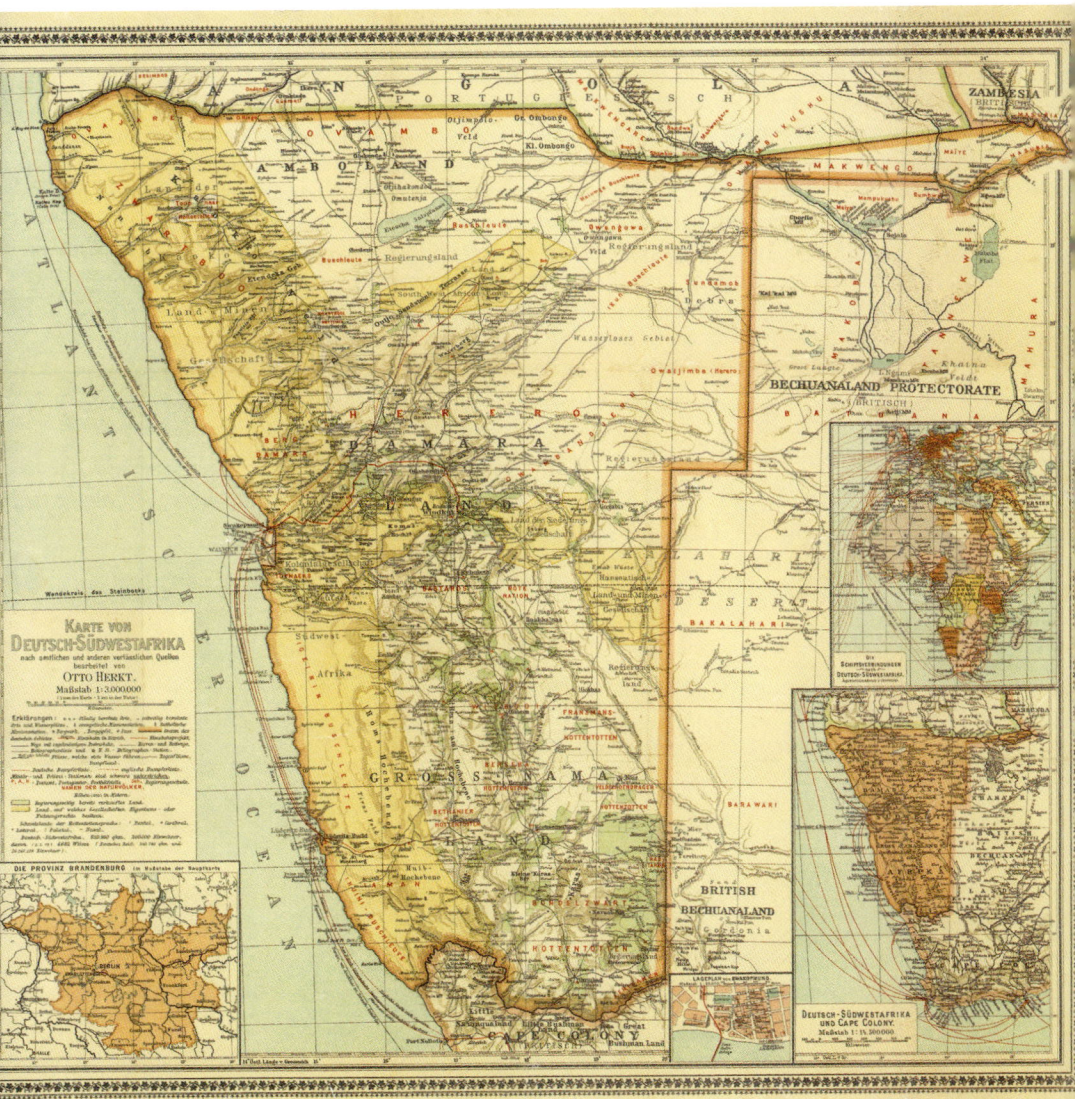

untereinander im Krieg lagen, dass vor allem Herero und Nama sich heftige Auseinandersetzungen lieferten, bewog dann doch einige ihrer Führer, den »Schutzvertrag«
zu unterzeichnen. Doch mussten sie bald erkennen, dass von Schutz vor dem Gegner
nicht die Rede sein konnte. »Vielmehr sind Menschen und Eigentum der Herero nach
jenem Bündnis in höherem Maße als früher durch den Krieg vernichtet worden, und
keine Hand eines Deutschen hat sich geregt, sie zu schützen«, beklagt sich 1891 der
Herero-Kapitän Manasse schriftlich bei Hauptmann von François, dem Nachfolger
Görings. Was ganz nebenbei beweist, dass die »Eingeborenen« durchaus nicht naiv
waren. Sie erkannten sehr wohl, dass der »Schutzvertrag« allenfalls deutsche Interessen schützte.

Diejenigen, die ihn deshalb erst gar nicht unterzeichneten – wie der Nama-Häuptling Hendrik Witbooi –, wurden mit Waffengewalt niedergekämpft. Wo Worte nicht
zu überzeugen vermochten, mussten eben Gewehre her. Major Leutwein, der von
François in den Bemühungen um die »Befriedung« der Kolonie folgte, wusste selbst
dieser Form der »Überredung« noch »humane« Züge abzugewinnen. »Die Eingeborenen sind gegen den Schmerz viel weniger empfindlich als wir und vermögen auch
schwere Wunden ohne äußeren Nachteil zu ertragen«, stellte er lakonisch fest und
empfahl deshalb den Einsatz von Schrapnellgeschossen.

Es war aber nicht allein die offen zur Schau gestellte Überheblichkeit der Kolonialherren und die gewaltsame Durchsetzung ihrer Interessen, die zu blutigen Konflikten
führten. Mehr noch war es die Sorge um den drohenden Verlust ihrer Weidegründe
und ihrer Rinder und damit ihrer Lebensgrundlage, die die Herero 1904 zum Aufstand gegen die deutsche Kolonialmacht veranlasste. Von Leutwein gerufen, kamen
immer mehr Siedler ins Land. Waren es 1891 noch 593, wuchs ihre Zahl 1903 bereits
auf 4640 an. Sie alle wollten mit Land versorgt sein, Land, das den einheimischen

Postkarte aus deutscher Kolonialzeit: Es galt, die »Wilden« zu zivilisieren

Hirtenvölkern damit als Weidefläche verloren ging; und sie alle wollten Vieh erwerben, in der Regel nicht gegen Geld, sondern gegen Waren, von deren exaktem Gegenwert die Verkäufer oft nicht die geringste Vorstellung besaßen.

Fairerweise muss gesagt werden, dass der umstrittene Häuptling der Herero, Samuel Maherero, an diesem Ausverkauf nicht unbeteiligt war. Er war ein Freund des Branntweins wie aller Konsumgüter, die die Händler feilboten, und seine Schulden erreichten bald astronomische Höhe. Die Gläubiger waren nur durch die Übertragungen von Land und Vieh zeitweise zu beruhigen. Leutwein selbst versuchte mehrfach auf Maherero einzuwirken, seine Lebensweise umzustellen. Er befürchtete Unruhen unter den Herero, was ihm ebenso wenig willkommen war wie eine Absetzung Mahereros, den er als treuen Bundesgenossen gewonnen hatte.

Der legendäre Nama-Führer Hendrik Witbooi

Dass dieser dennoch die Treue brach und zum Aufstand blies, war wohl reine Selbstverteidigung. Anders konnte er sein Gesicht, seine angeknackste Autorität unter seinen Stammesgenossen nicht wahren. Er stand mit dem Rücken zur Wand, und auch die Möglichkeit seines persönlichen Untergangs war ihm sehr wohl bewusst. »Lasst uns lieber zusammen sterben«, schrieb er an seinen Erzfeind Hendrik Witbooi, »und nicht sterben durch Misshandlung, Gefängnis oder auf allerlei andere Weise.« Nicht bewusst war ihm hingegen, dass er mit diesem Aufstand den Untergang seines gesamten Volkes heraufbeschwor.

Wie ihm nicht bewusst sein konnte, dass er mit dieser Erhebung eine neue Gestalt auf den Plan rief, Generalleutnant von Trotha, der mit der Niederschlagung beauftragt wurde und in der Folge der deutschen Kolonialpolitik ein neues, übles Gesicht verlieh.

Der Sieg über die Herero in der Schlacht am Waterberg war an sich noch nichts anderes als die logische Fortführung der begonnenen Eroberungspolitik. Die Einstellung, die von Trotha dazu beflügelte, und die von ihm durchgeführten weiteren Maßnahmen waren jedoch so unerhört, dass sie selbst in »rechten« Kreisen in Berlin nicht unwidersprochen hingenommen wurden. In einem an Leutwein gerichteten Brief hatte er bereits kurz nach seiner Ankunft in Südwest wissen lassen, er »kenne genug Stämme in Afrika. Sie gleichen sich alle in dem Gedankengang, dass sie nur der Gewalt weichen. Diese Gewalt mit krassem Terrorismus und selbst mit Grausamkeit auszuüben, war und ist meine Politik.« Südwest sollte nach seinem Dafürhalten eine Kolonie werden, in der deutsche Siedler sich mit ihrer eigenen Hände Arbeit, ohne die Hilfe schwarzer Arbeitskräfte eine Existenz aufbauen konnten. Und da es nach seiner Vorstellung der einheimischen Arbeitskräfte nicht bedurfte, erschien es ihm zweckmäßig, dass »die Nation (der Herero) als solche vernichtet werden muss«. Das geschah auf die angekündigt grausame Weise: Man trieb die Herero – Männer, Frauen, Kinder, Alte, Kranke – in die Wüste und ließ sie verdursten. »Die mit eiserner Strenge monatelang durchgeführte Absperrung des Sandfeldes«, berichtet eine amtliche Quelle, »vollendete das Werk der Vernichtung. Die Kriegsberichte des General von Trotha aus jener Zeit enthielten keine Aufsehen erregenden Meldungen. Das Drama spielte sich auf der dunklen Bühne des Sandfeldes ab. Aber als die Regenzeit kam, als sich die Bühne allmählich erhellte und unsere Patrouillen bis zur Grenze des Betschuanalandes (Botswana) vorstießen, da enthüllte sich ihrem Auge das grauenhafte Bild verdursteter Heereszüge.« Etwa 40 000 bis 60 000 Herero, das waren ungefähr vier Fünftel des Volkes, kamen ums Leben.

Damit jedoch noch nicht genug: Bis zum Jahr 1909 zogen sich die Kämpfe gegen die Nama im Süden hin, die den Aufstand der Herero zum Signal genommen hatten, ebenfalls gegen die Kolonialherren aufzubegehren. In Guerillataktik kämpfend, verstrickten sie eine auf 14 000 Mann angewachsene deutsche Streitmacht (von François war 1889 mit 21 Soldaten ins Land gekommen) mit einigen hundert Kriegern in jahrelange Auseinandersetzungen. Hendrik Witbooi fiel im Lauf dieser Kämpfe, und mit ihm ließen mehr als die Hälfte aller Nama ihr Leben.

Die danach in Deutsch-Südwest einkehrende Ruhe war die trügerische Ruhe totaler Unterdrückung. Alles Stammesvermögen, alles Land und Vieh wurde kraft der »Eingeborenenverordnungen« von 1906/07 eingezogen. Eine Passpflicht wurde für »Eingeborene« eingeführt, was absolute Kontrolle über sie ermöglichte. Außerdem wurden sie zur Arbeit auf den Farmen der Weißen und in den Bergwerken verpflichtet. Damit war der Anspruch einer zivilisatorischen Erziehung, so fragwürdig er in sich war, ad absurdum geführt.

Der Bahnhof in Swakopmund – seit 1902 erleichterte die Eisenbahn den Transport von der Küste ins Binnenland

Windhoek um 1912

Doch das Deutsche Reich wurde letztendlich seiner Eroberung nicht froh. 278 Millionen Mark, eine für damalige Zeiten unerhörte Summe, hatte die »Befriedung« und der Aufbau von »Südwest« die Staatskasse gekostet. Schon 1915, gerade mal dreißig Jahre nach der Erklärung des Landes zum Schutzgebiet mussten die Schutztruppen vor südafrikanischen Streitkräften kapitulieren. Was allerdings aus der Sicht der Nachgeborenen entschieden schwerer wiegt: Das Deutsche Reich hat sich damals massiver Verfehlungen gegen die Menschenrechte schuldig gemacht, die denen anderer Kolonialmächte in keiner Weise nachstanden. ✺

Siedler in Deutsch-Südwestafrika

Die Völker Namibias

In Zeiten, in denen anderswo auf der Welt ethnische Gruppen sich in erbitterte Kämpfe um Unabhängigkeit und Souveränität zu verstricken begannen, entschloss man sich in Namibia unter dem Stichwort der *Reconciliation*, der Versöhnung, die Vielzahl der im Land lebenden Völker im friedlichen staatlichen Miteinander zu vereinen. Eine andere Wahl gab es nicht. In kolonialer Zeit willkürlich gezogene Landesgrenzen binden heute ein buntes Völkergemisch von zahlreichen Gruppierungen in staatlicher Einheit aneinander. Hier werden nur die bekanntesten Gruppierungen aufgezählt, wobei die Angaben zu den Gruppengrößen Annäherungswerte darstellen.

Als Ureinwohner des Landes werden die **San** (vgl. auch S. 254 ff.) betrachtet, die wegen ihrer »wilden«, nomadischen Lebensweise von den einwandernden Europäern als »Buschmänner« bezeichnet wurden. In führerlosen, eng aufeinander bezogenen Gruppen durchstreiften die relativ kleinwüchsigen, hellhäutigen San seit Jahrtausenden als Jäger und Sammler das Land, in völligem Einklang mit den natürlichen Gegebenheiten lebend. Bis zur Einwanderung von Bantu-Stämmen im 15. und 16. Jahrhundert blieb ihre Lebensweise einer jungsteinzeitlichen Kulturstufe verhaftet. Erst der Kontakt zu diesen Völkern machte sie mit dem Gebrauch von Eisen, der Herstellung von Keramik und der Haltung von Haustieren bekannt.

Haartracht und Schmuck der Himba haben größere Bedeutung als Kleidung

Einschneidendere Folgen für ihre Lebensweise brachten die Veränderungen im 20. Jahrhundert: Die Einrichtung von Naturschutzparks beschnitt ihre Lebensräume drastisch, die Zuteilung eines Reservats im Zuge der südafrikanischen Homeland-Politik reduzierte ihr traditionelles Jagdgebiet auf zehn Prozent seiner ursprünglichen Größe. Wollten sie auf althergebrachte Weise in der Kargheit der Kalahari, in die sie abgedrängt wurden, überleben, benötigten sie 37 Quadratkilometer pro Person.

Kein Wunder also, dass von den etwa 40 000 noch in Namibia lebenden San nur etwa 2000 auf traditionelle Art ihr Leben fristen können. Ansiedlungsprojekte und die Zusicherung der namibischen Regierung, auf die besondere Lebensart der San Rücksicht nehmen zu wollen, können

Für die San wird es immer schwieriger ihre ursprüngliche Lebensweise als Jäger und Sammler beizubehalten

Weibliches Schönheitsideal – die kunstvoll hergerichtete Haartracht

jedoch kaum darüber hinwegtäuschen, dass auf Dauer in unserer Welt für den Fortbestand der Wildbeuter-Kultur der San kein Raum sein wird.

Zu den ältesten Bevölkerungsgruppen Namibias gehören auch die **Damara**, die im Damaraland, der östlichen Felsen-Namib, zum Beispiel im Brandberggebiet leben. Ursprünglich waren wohl auch sie Wildbeuter, doch sie haben schon relativ früh Ackerbau eingeführt. Wie San und Nama gehören sie zu den Khoisan-Sprechenden, wobei ungeklärt scheint, welche Volksgruppe die andere sprachlich beeinflusste. Als gesichert kann hingegen angesehen werden, dass die Damara von den aus dem Süden einwandernden Nama unterdrückt wurden, sodass die etwa 130 000 Angehörigen dieser Volksgruppe nicht mehr über eine eigenständige Kultur verfügen.

Die Vorfahren der etwa 10 000 als **Nama** (vgl. auch S. 70 ff.) bezeichneten Einwohner Namibias sind bereits im 1. Jahrhundert n. Chr. im südlichen Afrika als Viehzüchter nachgewiesen. Nach und nach wanderten sie über den Oranje in den Südteil Namibias ein. Im Lauf des 19. Jahrhunderts drängten andere Nama-Stämme, die **Orlam**, wozu Bethanier, Afrikaner, Bersebaner, Witboois und Gobabis zählen, unter dem Druck der europäischen Besiedlung Südafrikas ins Land und konnten aufgrund ihrer überlegenen Bewaffnung eine weit gespannte Herrschaft errichten. Die Einflussnahme der Rheinischen Mission zugunsten der Herero sowie die Etablierung der Kolonialmacht Deutschland setzten ihren Expansionsbestrebungen ein Ende.

Die ca. 239 000 **Herero** (vgl. auch S. 248 ff.), die heute in Namibia leben, sind Nachfahren der im 15./16. Jahrhundert aus dem Nordosten eingewanderten Bantu-Völker. Sie betrieben Viehzucht und stießen auf der Suche nach Weideplätzen für ihre großen Rinderherden auf die von Süden vordringenden Nama, mit denen sie im 19. Jahrhundert blutige Fehden ausfochten. Die deutsche Kolonialherrschaft beendete ihre traditionelle Existenz (vgl. auch S. 22 ff.).

Die ebenfalls zur Gruppe der Herero zählenden etwa 16 000 **Himba** (auch Ovahimba und Ovatjimba genannt) konnten sehr viel länger an ihrer traditionellen Lebensform festhalten. Da sie über viel kleinere Herden als die große Gruppe der Herero verfügten, reichte ihnen die Kargheit des Kaokovelds im Nordwesten als Lebensraum aus. Vor den auch dorthin vorstoßenden Nama, die sie etwa ab 1850 bedrängten und ihr Vieh raubten, flohen sie nach Angola und kehrten erst zu Beginn des 20. Jahrhunderts in ihre namibische Heimat zurück. Gestört wurde die Ruhe ihrer Abgeschiedenheit (wohl endgültig) durch die kriegerischen Auseinandersetzungen um die Unabhängigkeit Namibias in der zweiten Hälfte des letzten Jahrhunderts – und den zunehmenden Strom von Touristen.

Begünstigt wird die touristische Abenteuerlust durch die Erschließungsmaßnahmen des Kaokovelds im Zuge des Staudammprojektes an den Epupa-Wasserfällen am Kunene. Eine endgültige Entscheidung über die Durchführung des Baus steht allerdings noch aus. So ist es nur eine Frage der Zeit, wie lange die Himba noch in paradiesischer Nacktheit, die Körper mit einer Paste aus Butter und rötlichem eisenhaltigem

Herero-Frauen kleiden sich besonders zu festlichen Anlässen gerne farbenfroh

Eine verheiratete Himba-Frau erkennt man an der ockerfarbenen Haartracht

Gestein als Schutz vor Sonneneinstrahlung und Feuchtigkeitsverlust eingerieben, mit ihrem Vieh über das Kaokoveld ziehen werden.

Die kunstvollen Frisuren der Frauen wie der traditionelle Eisenschmuck dürften möglicherweise über kurz oder lang nur noch als Ausstellungsstücke in völkerkundlichen Sammlungen zu bewundern sein. Inzwischen scheint es manchmal fast so, als wären die scheinbar traditionell lebenden Himba eine Art Darsteller ihrer althergebrachten Lebensformen. Nicht wenige von ihnen bestreiten ihren Lebensunterhalt auf diese Weise. Was ihnen keiner vorwerfen kann: Es gibt Entwicklungen, die nicht aufzuhalten sind.

Gerade die bevölkerungsstärkste namibische Gruppe oder doch zumindest ihr Siedlungsraum wird von den wenigsten Reisenden durch Namibia berührt. Dabei kann man die rund 900 000 **Ovambo** (oder Wambo) nicht nur wegen ihrer Zahl, sondern auch wegen ihrer Führungsrolle (sowohl beim Kampf um die Unabhängigkeit als auch bei der Machtausübung) durchaus als staatstragend bezeichnen. Namibias erster Präsident, Sam Nujoma, ist wie sein Nachfolger Hifikepunye Pohamba ein Ovambo. Die Regierungspartei SWAPO geht auf die politischen Aktivitäten aus Ovamboland stammender Kontraktarbeiter in Südafrika zurück.

Dieses von der Mandatsmacht initiierte Kontraktarbeitersystem brachte denn auch die ersten intensiven und nachhaltig prägenden Kontakte des in der nördlichen Landesregion, am Kunene, siedelnden Bantu-Volkes zu Europäern. Bis dahin waren alle Versuche, mehr als eine nominelle Herrschaft über die Ovambo zu erlangen, gescheitert. Der feuchte, regenreiche Nordteil des Landes eignete sich zwar vorzüglich für Ackerbau, für den Anbau von Hirse und Mais, doch für die Gesundheit von Europäern war das Klima weitaus weniger zuträglich.

So konnten die Ovambo bis weit ins 20. Jahrhundert hinein ihre Traditionen bewahren. Sie lebten – und leben zum nicht geringen Teil heute noch – auf Einzelhöfen und in kleinen Weilern im Familienclan, wobei den Frauen der Hackbau der Felder, den Männern die Rinderhaltung obliegt. Ursprünglich matriarchalisch organisiert, setzte sich bei den Ovambo allmählich eine patriarchalische Ordnung durch, begünstigt durch den Einfluss der seit 1870 im Land aktiven Finnischen Mission einerseits und das ökonomische Erstarken der Männer andererseits. Die von alters her gepflegten handwerklichen Fertigkeiten leben bei Holzschnitzern, Töpfern und Korbflechtern auch heute noch fort. Veränderungen in Sozialstruktur und Lebensweise fanden in der zweiten Hälfte des 20. Jahrhunderts in noch nicht klar erkennbarem Maße statt, eingeleitet durch den zeitweisen Exodus von Zehntausenden von Männern, die sich als Kontraktarbeiter in Südafrika verdingten, wie auch durch die langjährigen kriegerischen Auseinandersetzungen um die Unabhängigkeit des Landes, die in dieser Region besonders heftig geführt wurden.

Östlich des Ovambolandes siedeln an den Ufern des Okavango die **Kavango**, eine mit ca. 200 000 Menschen ebenfalls starke Volksgruppe. Auch zu den Bantu zählend, teilt man die Kavango in fünf große Stämme auf, die unter Führung der jeweiligen Häuptlinge politisch autonome Einheiten bilden. Wie die Ovambo leben sie von Ackerbau und Viehzucht, ergänzt durch Jagd und Fischfang. Ihre gesellschaftliche Organisation basiert nach wie vor auf einem matriarchalischen Gesellschaftssystem – vielleicht weil der von den Frauen betriebene Ackerbau bei ihnen das ökonomische Übergewicht behalten hat. Die Existenz aller Arten von Schulen und einer gut ausgebauten medizinischen Versorgung zeigt, dass der Staat sich die Entwicklung der Region angelegen sein lässt.

Die circa 50 000 Menschen zählende Gruppe der **Caprivianer**, der Bewohner des Caprivi-Streifens, setzt sich in der Hauptsache aus den Stämmen der Fwe und Subia zusammen. Sie verfügen nach wie vor über stabile Stammesstrukturen, und ihre Häuptlinge behaupten im Verwaltungsgefüge des modernen Namibia eine relativ autonome, von der Zentralregierung schwer zu kontrollierende Macht. Lebensgrundlage bildet neben Ackerbau und Viehzucht der Fischfang.

Genannt seien auch die etwa 53 000 **Rehobother Baster**, Mischlinge aus Nama und Europäern, die im 19. Jahrhundert aus der Kapprovinz nach Norden zogen und sich um Rehoboth ansiedelten. Über viele Jahrzehnte gelang es ihnen, größtmögliche Selbstständigkeit, teilweise sogar Autonomie für ihr Gemeinwesen zu erhalten, ein Sonderstatus, der jedoch mit der Unabhängigkeit Namibias verloren ging.

Die etwa 100 000 **Weißen** des Landes sind durchaus nicht als einheitliche Gruppe zu sehen. Deutsch- und Britischstämmige, Buren und aus Angola eingewanderte Portugiesen vereinigen sich hier zu einem bunten Gemisch. Die ökonomische Macht in Namibia liegt nach wie vor weitgehend in ihren Händen. ❖

Fünf Prozent der Einwohner sind europäischer Abstammung

Chronik
Abriss der Geschichte Namibias

27 000–
25 000
v. Chr. Funde von Zeichnungen auf Steinplatten aus der »Apollo-11-Grotte« im Süden Namibias zählen zu den ältesten Relikten künstlerischer Betätigung der Menschheit.

Ab ca.
5000
v. Chr. Entstehung von Felsmalereien, deren Zuordnung zu den frühesten bekannten Bewohnern, den nomadisierenden Wildbeutern der San (Buschmänner) und Damara, nicht eindeutig möglich ist.

1. Jh.
v. Chr. Die Nama oder Khoi-Khoi, nomadisierende Viehzüchter, lassen sich im südlichen Namibia nachweisen.

1486 Errichtung eines Steinkreuzes als Zeichen ersten Kontaktes mit Europäern und portugiesischen Besitzanspruches (ohne praktische Auswirkung) am Cape Cross durch den Seefahrer Diego Cão.

Felsmalerei im Brandbergmassiv – wer die Künstler waren, ist unbekannt

1487 Errichtung eines weiteren Steinkreuzes in der Lüderitzbucht (Angra Pequena) durch den Portugiesen Bartolomeu Diaz.

15./16. Jh. Im Zuge der großen afrikanischen Bantu-Wanderungen dringen Herero (Viehzüchter) von Nordosten ins Land ein. Etwa gleichzeitig nehmen die Ovambo das fruchtbare Land am Kunene im Norden in Besitz und lassen sich als Ackerbauern nieder.

17. Jh. Die Lagune von Walvis Bay wird zur Anlaufstelle europäischer Walfänger.

18. Jh. Unter dem Druck der burischen Landnahme in Südafrika wandern Nama-Gruppen nach Norden. Es entwickelt sich der Tauschhandel mit der Kapprovinz.

1806 Die Londoner Missionsgesellschaft beginnt mit der Missionierung des Namalandes.

Das Entladen der Überseedampfer vor Swakopmund war stets ein lebensgefährliches Abenteuer

1. Hälfte Durch verstärkte Einwanderung der Nama im Süden und Dürreperioden im
des 19. Jh. Norden kommt es zu blutigen Auseinandersetzungen zwischen den Herero
und Nama.

1840 Jan Jonker Afrikaner, ein Führer der Nama, siedelt im Gebiet von Windhoek.
Gleichzeitig beginnt die Missionstätigkeit der protestantischen Rheinischen
Missionsgesellschaft.

1868 Die Baster lassen sich im Gebiet von Rehoboth nieder.

1878 Walvis Bay wird zum britischen Hoheitsgebiet erklärt.

1883 Der Bremer Kaufmann Lüderitz erwirbt vom Nama-Häuptling Josef Fredericks
zunächst das Land um die Bucht Angra Pequena (Lüderitzbucht), später einen
Landstreifen vom Oranje bis zum 26. Grad südlicher Breite. Er legt damit
den Grundstein zur späteren Inbesitznahme des Landes durch das Deutsche
Reich.

1884 Südwestafrika wird vom Deutschen Reich zum Schutzgebiet erklärt.

1885 Die Deutsche Kolonialgesellschaft für Südwestafrika wird gegründet, um
Siedler anzuwerben und Farmland zu verteilen.

1890 Im Helgoland-Sansibar-Vertrag zwischen Großbritannien und Deutschland
wird der Caprivi-Zipfel dem deutschen Schutzgebiet zugeschlagen.

1891 Windhoek wird unter Curt von François zum Sitz der deutschen Verwaltung.

1891–94 Die Witboois (Nama), die sich der deutschen Landnahme widersetzen, werden von Major Leutwein in den Naukluft-Bergen besiegt.

1904 Die Herero erheben sich. General von Trotha wird mit der Niederschlagung
des Aufstandes betraut. Drei Viertel aller Herero lassen infolge seiner Ver-
nichtungsstrategie ihr Leben.

1904–1907	Niederschlagung des von den Nama in Guerillamanier geführten Aufstands durch die deutsche Schutztruppe. Die den Völkermord überlebenden Nama wie Herero werden zur Arbeit auf den Farmen der Siedler und in den Minen verpflichtet. Ihnen wird der Besitz von Land und Vieh untersagt.
1908	Die Entdeckung von Diamantvorkommen in der Nähe von Lüderitz lässt den wirtschaftlichen Wert der Kolonie steigen. Das Transportnetz wird ausgebaut.
1914	Ausbruch des Ersten Weltkriegs.
1915	Kapitulation der Schutztruppe vor den einmarschierenden Streitkräften aus Südafrika, Ende der deutschen Kolonialherrschaft.
1919	Im Vertrag von Versailles wird Deutschland aller Kolonialbesitz abgesprochen. Deutsch-Südwestafrika wird Mandatsgebiet des Völkerbundes, aber 6700 Deutsche können im Land bleiben.

Deutsche Kolonial-Gesellschaft für Südwest-Afrika.

Zweigniederlassungen Swakopmund u. Tsumeb.

Waren-Abteilung

Einfuhr aller denkbaren Gebrauchsgegenstände. Vertrieb und Ausfuhr von Landeserzeugnissen.

Sprengstoffe

Vertretung u. Lager der Kölner Dynamit-Fabrik.

Speditions-Abteilung

Zollabfertigung, Lagerung und Verschiffung. Vermittlung von Nachnahme-Sendungen.

Seeversicherung

Bank-Abteilung

Besorgung aller Geschäfte, die mit dem Geldverkehr im Zusammenhange stehen. Inkasso, Annahme von Depositengeldern, Sparkasse, Scheckverkehr, briefliche und telegraphische Auszahlungen, An- und Verkauf von Wertpapieren, Bevorschussung von Export-Gütern etc.

Feuerversicherung

General-Agentur der Norddeutschen Versicherungs-Gesellschaft Hamburg.

Zentrale Berlin W. 35, Am Karlsbad 10.

Die Kolonie – ein Objekt wirtschaftlicher Spekulation

1921	Der Völkerbund überträgt das Mandat für Südwestafrika an Südafrika (Südafrikas fünfte Provinz). Zahlreiche Buren kommen als Siedler ins Land.
1939	Internierung der Deutschen zu Beginn des Zweiten Weltkriegs.
1946	Südafrika weigert sich, die UNO als Rechtsnachfolgerin des Völkerbundes anzuerkennen und das erteilte Mandat zurückzugeben.
1951	Die Einwanderung deutscher Siedler wird erleichtert. Gleichzeitig wird die in Südafrika geltende Apartheid-Gesetzgebung für Namibia gültig.
1960	Im Exil lebende Namibier gründen in Dar Es Salaam die SWAPO (*South West African People's Organization*) mit Sam Nujoma als Präsidenten.
1962	Auf Vorschlag der »Odendaal Kommission« werden nach südafrikanischem Vorbild (trotz Einspruchs der UNO) in Namibia zehn *Homelands* eingerichtet (Politik der »getrennten Entwicklung«).
1966	Die UNO entzieht Südafrika das Mandat, eine Maßnahme, die von Südafrika nicht anerkannt wird. Der bewaffnete Kampf der SWAPO vom Ovamboland und südlichen Angola aus beginnt.
1973	Die SWAPO wird als »authentische Repräsentation des namibischen Volkes« von der UNO anerkannt und erhält bei der UNO Beobachterstatus.
1975	Angola wird unabhängig.
1975–78	Die Turnhallen-Konferenz sammelt die konservativen Kräfte des Landes, um für 1978 die Unabhängigkeit vorzubereiten – ohne Beteiligung der SWAPO.

1978	Der UN-Sicherheitsrat beschließt die Resolution 435, die die Unabhängigkeit des Landes von der Durchführung freier Wahlen unter UNO-Aufsicht abhängig macht. Im Dezember finden Wahlen zur Nationalversammlung statt, an denen die SWAPO sich nicht beteiligt. Auch die UNO erkennt die Wahl nicht an. Die DTA (Demokratische Turnhallen-Allianz) stellt die Regierung, deren Kompetenzen jedoch weitgehend durch das Vetorecht des südafrikanischen Generaladministrators beschränkt bleiben.
1979	Wesentliche Leistung dieser Regierung ist die Durchsetzung des Gesetzes zur Aufhebung der Rassendiskriminierung.
1982	Sowohl die USA als auch Südafrika fordern den Rückzug der Kubaner aus Angola als Voraussetzung für die Unabhängigkeit Namibias.
1983	Die Nationalversammlung wird aufgelöst und der südafrikanische Generaladministrator übernimmt alle Regierungsfunktionen.
1988	In Verhandlungen zwischen Südafrika, Angola und Kuba wird ein Waffenstillstand beschlossen und Einigung über den zeitlichen Ablauf des Unabhängigkeitsprozesses entsprechend der UNO-Resolution 435 erzielt.
1989	Die Wahlen werden unter UNO-Aufsicht vorbereitet. Gleichzeitig kehren Tausende von Exilanten, unter ihnen auch Sam Nujoma, nach Namibia zurück. Bei den ersten freien Wahlen im November erhält die SWAPO die absolute Mehrheit.
1990	Im Februar wird eine demokratische Verfassung beschlossen und im März die Unabhängigkeit feierlich verkündet.
1993	Um die schrittweise wirtschaftliche Unabhängigkeit von Südafrika zu erlangen, führt Namibia eine eigene Währung, den Namibian Dollar, ein, die aber an den südafrikanischen Rand gebunden bleibt.
1994	Die Enklave Walvis Bay, die zunächst noch südafrikanisches Hoheitsgebiet blieb, wird an Namibia abgetreten. Damit verfügt das Land über den wirtschaftlich wichtigen eigenen Hochseehafen. Die zweiten Wahlen zur Nationalversammlung im Dezember konsolidieren die beherrschende Rolle der SWAPO. Der im Amt bestätigte Präsident Sam Nujoma kann sich auf eine absolute Mehrheit stützen.
1998	Namibia unterstützt den kongolesischen Präsidenten Kabila mit militärischen Einheiten im Kampf gegen Aufständische im Kongo.
1999	Die Wahlen zur Nationalversammlung im November festigen – trotz erstarkender Opposition – die Stellung der SWAPO. Sam Nujoma verschafft sich durch eine Verfassungsänderung die Möglichkeit zu einer 3. Präsidentschaft.
2001	Präsident Nujoma erklärt, bei den nächsten Wahlen 2004 keine vierte Amtszeit antreten zu wollen. Premierminister Hage Geingob lehnt Landnahmen wie in Simbabwe für Namibia ab. Im Gegenzug erklären die Farmer ihre Bereitschaft zu einem Kompromiss in der Landfrage.
2004	Bislang werden brachliegende Farmen durch die Regierung aufgekauft und landlosen Bauern zugeteilt, unklar ist das Verfahren zur Festlegung des Wertes von Farmland. Der SWAPO-Kandidat Hifikepunye Pohamba wird zum Präsidenten gewählt und tritt im März 2005 das Amt an.
2005	Amtsantritt von Pohamba im März.

Sam Nujoma – erster Präsident des unabhängigen Namibia

2007   Der Etosha National Park feiert sein 100-jähriges Bestehen. – Die Felsgravuren (Petroglyphen) von Twyfelfontein werden zum Weltkulturerbe erklärt.

2008   Nach ergiebigen Regenfällen im März/April steht die Etosha Pan zum ersten Mal seit über 30 Jahren wieder vollständig unter Wasser. Auch der Fish River im Süden führt auf ganzer Länge Wasser.

2009   Pohamba wird bei den Wahlen im März als Präsident im Amt bestätigt.

2010   Namibia feiert den 20. Jahrestag seiner Unabhängigkeit. Der Dorob National Park, das Gebiet zwischen Ugab-Mündung und Namib-Naukluft National Park wird am 1. Dezember zum Naturschutzgebiet erklärt. Damit gehört der gesamte namibische Küstenstreifen zum Skeleton Coast National Park.

2011   Vertreter aus Angola, Botswana, Namibia, Sambia und Simbabwe gründen den 350 000 Quadratkilometer umfassenden, grenzüberschreitenden Kaza-Naturpark, das zweitgrößte Schutzgebiet der Welt.

2012   Die wahrscheinlich 760 Millionen Jahre alten und damit ältesten Spuren von Tieren werden in Felsen im Etosha-Nationalpark entdeckt.

2013   Die Dünen der Namib werden unter der Bezeichnung »Namib Sand Sea« zum Weltnaturerbe erklärt.

2014   Bei den Präsidentschaftswahlen am 28. November erringt der Parteivizepräsident der SWAPO Hage Geingob 86,7 Prozent der Stimmen. Die Wahlbeteiligung liegt bei knapp 72 Prozent

2017   In einem Prozess in New York wird über Entschädigungszahlungen der Bundesrepublik Deutschland an die Herero und Nama verhandelt.

REISEROUTE DURCH NAMIBIA

*Wenige Menschen,
viel Landschaft:
So er»fährt« man
Namibia*

1 Namibischer Schmelztiegel mit einem Schuss Deutsch

Windhoek

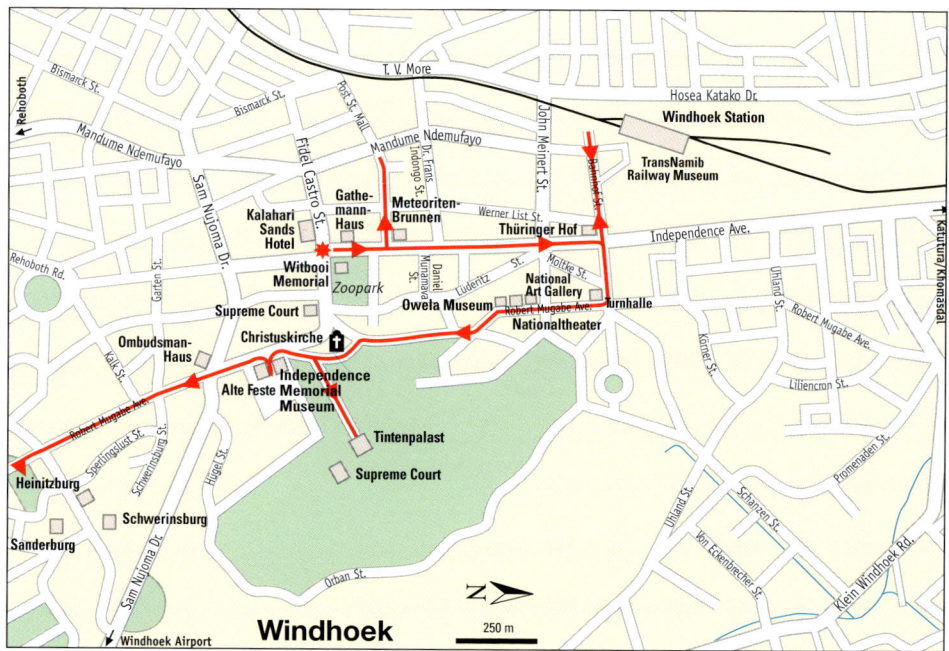

1. Tag: Windhoek

Da die meisten Besucher Namibias frühmorgens nach mehr oder minder anstrengendem Nachtflug auf Windhoeks internationalem Flughafen landen, verbietet sich für diesen ersten Tag ein aufwendiges Besichtigungsprogramm. Außerdem nehmen auch die Vorbereitungen für die Weiterreise (Übernahme eines Mietwagens etc.) einige Zeit in Anspruch. Also: Nur ein bisschen Namibia schnuppern und gemächlich die Innenstadt Windhoeks erkunden. Für weitere Unternehmungen, die bereits hier aufgeführt sind, bleibt möglicherweise am nächsten Tag (falls ein Zusatztag für die Hauptstadt geplant ist) oder am Ende der Reise noch Zeit.

Nachmittag   Erster Erkundungsgang durch Windhoeks Stadtzentrum: vom **Kalahari Sands Hotel** über die **Independence Avenue** nach Norden, links in die **Post Street Mall**, vorbei am **Meteoriten-Brunnen**; weiter über Independence Ave. bis zur Bahnhof St., hier links ab bis zum **historischen Bahnhof** mit dem **TransNamib Railway Museum**; wieder zurück, die Independence Ave. überqueren und der Bahnhof St. bis zur **Turnhalle** an der Ecke zur Robert Mugabe Ave. folgen, auf der Robert Mugabe Ave. zur **Christuskirche** (Besichtigung möglich) und dem unübersehbaren **Independence Memorial Museum**; weiter zum **Tintenpalast** am Rand des Zooparks, zurück zur **Alten Feste**. Den Sundowner nimmt man am besten auf der **Heinitzburg** mit Rundblick auf die Stadt.

Zusatzprogramm: Unbedingt sehen sollte man darüber hinaus das **New State House** und (falls die eigene Tour nicht in den Süden des Landes führt, so dass man ohnehin dort vorbei kommt) **Heroes' Acre**, die Gedenkstätte für die im Befreiungskrieg Gefallenen, 10 km außerhalb von Windhoek in Richtung Rehoboth gelegen.
Abrunden lässt sich der Besuch Windhoeks durch eine geführte Tour in den Stadtvierteln **Katutura** und **Khomasdal** (beide im Nordwesten). Wenn Zeit bleibt, kann man sich auch die Außenbezirke **Klein Windhoek**, **Erospark** und **Hochlandpark** (ehemals Old Location = Schwarzenviertel) ansehen.

Denkmal des ersten namibischen Präsidenten, Sam Nujoma, in Windhoek

Vor zwei möglichen Vorurteilen sollte man sich bei einer Reise in die namibische Hauptstadt Windhoek hüten: vor der Vorstellung, dass es sich um eine am Rande des Chaos dümpelnde afrikanische Großstadt handeln könnte, wie vor der Idee, hier auf die putzige Idylle eines deutschen Provinzstädtchens aus der Kaiserzeit zu stoßen. Um Letzteres zu erleben, hätte man 30 Jahre früher reisen müssen, Ersteres ist angesichts einer (inoffiziellen) Einwohnerzahl von 323 000 bis 400 000 allenfalls als Zukunftsvision denkbar. Vergessen wir also am besten alle vorgefassten Meinungen und formen uns ein erstes Bild aus den Eindrücken, die wir bei der Ankunft und einem Stadtrundgang sammeln können.

Meist beginnt der Aufenthalt mit der Landung auf Windhoeks **Hosea Kutako International Airport.** Die erste Überra-

schung bereiten in der Regel die für eine subtropische Region Afrikas moderaten Temperaturen: Im Winter schwanken sie zwischen sechs und 22 Grad Celsius und selbst in größter Sommerhitze werden selten mehr als 30 Grad gemessen. Erstaunen muss das jedoch angesichts einer Höhenlage von bis zu 1700 Meter nicht hervorrufen.

Auf exzellenter, teilweise dreispuriger Schnellstraße (B6) werden die ca. 45 Kilometer in die Hauptstadt überwunden. Karg und bergig zeigt sich die Savannenlandschaft, in den meisten Zeiten des Jahres vom sanften Hellgelb spärlich sprießenden Grases mit einem Hauch von Zartheit überzogen. In der Ferne verschwimmen im Dunst schroffe Berglandschaften: **Auas Mountains** heißen sie im Südosten, **Eros Mountains** im Nordosten und weit im Westen erhebt sich das **Kho-**

Windhoek aus der Vogelperspektive

mas-Hochland. Wer nun meint, in dem Wort »Eros« europäisches Sprachgut zu erkennen, muss enttäuscht werden. Hier stammt der Begriff aus der Sprache der Nama, die damit eine wild wachsende, saure Zwetschgenart bezeichneten, wie sie in eben jenen Bergen vorkommt.

Die Nama waren es auch, die Windhoek einen ersten Namen gaben: *Aegams*, heiße Quelle. *Otjo-Muise*, Dampfbad, nannten die Herero etwas später die Region und bezogen sich damit auch auf die warmen Quellen, die in der Region zu finden sind. Diese Quellen waren mit Sicherheit auch ein Grund für die sehr frühen (ca. 3000 v. Chr.) Siedlungsspuren.

Im 19. Jahrhundert versuchten es die ersten Europäer, die sich niederließen, mit Namen wie *Adelaide's Bath* oder *Concordiaville*. Doch durchgesetzt hat sich schließlich die Bezeichnung, die Jan Jonker Afrikaner einführte: *Winterhoek*. Er war der aus der Kapprovinz eingewanderte Anführer einer Orlam-Gruppe (Orlam wurden aus Südafrika stammende Nama genannt) und erklärte 1840 die Gegend um die heutige namibische Hauptstadt zu ihrem Hauptsiedlungsgebiet. Mit seiner Namensgebung wollte er an seinen südafrikanischen Geburtsort erinnern, doch unter sich verändernden Machtverhältnissen wurde schließlich Windhoek oder Windhuk (in der deutschen Form) daraus.

Denn es blieb natürlich nicht bei der Herrschaft der Orlam. Sie wurden zu Opfern eben jener Errungenschaft der Technik, auf die sich ihre Überlegenheit zunächst gestützt hatte: der Feuerwaffen. Um 1890 war die Orlam-Gruppe der Afrikaner durch die Herero völlig vernichtet worden. Diese fanden aber kaum Zeit, sich ihres Sieges zu freuen, da ihnen ein neuer Gegner mit um vieles besseren Waffen in den unvermutet aufgetauchten Deutschen erstanden war. Die von

diesen entsandte Schutztruppe demonstrierte den Besitzanspruch des deutschen Kaiserreiches auf das »Niemandsland« durch die Besetzung strategisch wichtiger Landmarken, unter anderem des zentral gelegenen Windhoek. Als ihr Befehlshaber Curt von François dort am 18. Oktober 1890 den Grundstein zum Bau einer Festung legen ließ, um die Herero »vor eine bestehende Tatsache« zu stellen, war das zugleich die Geburtsstunde der zukünftigen Hauptstadt. Zu Anfang des 20. Jahrhunderts muss man sich diese Metropole allerdings noch so vorstellen, wie Uwe Timm sie in seinem Roman »Morenga« beschreibt: »Windhuk, die Hauptstadt der Kolonie: Eine Kaserne mit einem kleinen Dorf.«

Die Zeiten liegen lange zurück. Seriöse, wenn auch nicht amtliche namibische Quellen gehen von ca. 400 000 Einwohnern aus, was bedeutet, dass wahrscheinlich rund ein Fünftel aller Namibier hier lebt. Um den Kern der Stadt, der die Spuren der Vergangenheit, das Geschäftsleben sowie die Verwaltung umfasst, gruppieren sich Wohnviertel unterschiedlichen Standards bis hin zu den immer mehr ausufernden (oft informellen) Ansiedlungen der Arbeitsuchenden aus allen Landesteilen.

Es liegt nahe, sich in der Kürze der meist für Windhoek zur Verfügung stehenden Zeit dem zuzuwenden, was man in überschaubarer Zeit gut zu Fuß erkunden kann: dem Stadtkern mit der Independence Avenue als Schlagader. Hier findet man inzwischen einen Großteil der Facetten des Lebens der namibischen Hauptstadt vereint.

Wir starten am **Kalahari Sands Hotel**, beliebt vor allem bei Geschäftsreisenden und an zentraler Stelle, an der **Independence Avenue**, gelegen. Diese Straße, deren Karriere unter Jan Jonker Afrikaners Herrschaft als schlichter Transportweg begann, avancierte sehr schnell zur Kaiser-Wilhelm-Straße. Vom frühen Glanz blieb alsbald nur noch der Name »Kaiserstraße« übrig. In den Jahren seit der Unabhängigkeit hat sie jedoch wieder an Bedeutung gewonnen und steht klar für die Zukunftshoffnungen und Zielsetzungen des jungen Staates: eine Prachtstraße in ein besseres Morgen sozusagen. Wenn irgendwo im Land das Leben »tobt«, dann hier – Katutura einmal ausgenommen.

Was die Straße zu einem speziellen Erlebnis macht, ist die Mischung aus Modernität und deutscher Altväterlichkeit. Gläsern, stählern, in Blau- und Türkistönen türmt es sich immer mehr himmelwärts. Dazwischen behaupten sich wacker Fachwerkfassaden mit Giebeln und Gauben, die wahrscheinlich schon zur Zeit ihrer Entstehung zu Anfang des 20. Jahrhunderts die Sehnsucht nach »guter alter Zeit« zum Ausdruck brachten. Über den Neubauten wurden sie jedoch nicht vernachlässigt, sondern bislang recht liebevoll gepflegt.

Vom Kalahari Sands Hotel aus die Independence Avenue in Richtung Norden hinauf stoßen wir sehr bald auf das wohl hervorstechendste Beispiel solcher Mischung von Stilen und Geisteshaltungen: Vor den Palästen des jungen Namibia, dem Mutual Tower in diesem Fall, behauptet sich das lang gestreckte **Gathemann-Haus** mit dem gleichnamigen Café als Tempel deutscher Gemütlichkeit.Steil ragen die roten Dächer auf, angeblich eine Konstruktion, die das Abgleiten von Schneemassen erleichtern soll. Solche Architektur passt im Grunde nach Afrika wie die berühmte Faust aufs Auge, doch gerade auf dieser Kuriosität beruht ihr Charme.

Von der Caféterrasse im ersten Stock übersieht man nicht nur das Leben und Treiben auf der Independence Avenue, sondern hat auch einen schönen Blick auf den gegenüberliegenden **Zoopark**, hinter dessen Bäumen die Spitze der Christuskirche hervorlugt, inzwischen deutlich dominiert vom jüngst erbauten **Independence Memorial Museum**. Im Park findet man schon lange keine Zootiere mehr, dafür eine zwei Meter hohe Stele, ein Werk der namibischen Künstlerin Dörte Berner. Die Darstellung prähistorischer Jagdszenen soll an hier gefundene fossile Elefantenknochen und frühe Jagdwerkzeuge erinnern – und damit auch an die Tatsache, dass schon vor 5000 Jahren Menschen an diesem Ort lebten.

Auf den Machtanspruch des modernen Staates weist dagegen das am Südrand des Parks vor wenigen Jahren errichtete Gebäude des **Supreme Court**, des obersten Gerichtshofs, hin. Der neoklassizistische Stil verleiht dem Bauwerk pompöse Gewichtigkeit und rückt es so unübersehbar ins Blickfeld.

Bemerkens- und sehenswert ist aber auch ein weit unscheinbareres Monument im Zoopark: das **Witbooi Memorial**. Das Denkmal aus dem Jahr 1897 ist dem »Andenken der in den Kriegen gegen die Witbooi's in den Jahren 1893 und 1894 gefallenen Helden« gewidmet. Mittlerweile wirkt es ausgesprochen vernachlässigt und seine Tage scheinen gezählt zu sein, was verständlich erscheint.

Koloniale Relikte sind (ein knappes Vierteljahrhundert nach der Unabhängigkeit) ganz offensichtlich im Schwinden begriffen und nur noch in einigen Namen und Bezeichnungen lebendig geblieben. Die Apotheke, an der man, vom Café Gathemann aus auf der Independence Avenue weiter nordwärts gehend, vorüber schlendert, heißt nach wie vor Luisen-Apotheke (wie das Einkaufszentrum weiter südlich Gustav Voigts Centre heißt und die Buchhandlung ganz in der

In der Post Street Mall bieten Händler authentische Souvenirs feil

Nachbarschaft Deutsche Buchhandlung). Dass an die Stelle der Namen selbst in Deutschland fast vergessener Persönlichkeiten zur Benennung der Straßen immer häufiger Namen afrikanischer Politiker des 20. Jahrhunderts traten, erscheint nur natürlich. Ungewöhnlich bleibt nur, dass man sich in Namibia damit so viel Zeit gelassen hat.

Nostalgisch deutsch und damit ein wenig unzeitgemäß könnte man auch das **Glockentürmchen** an der Kreuzung Independence Avenue/Post Street Mall empfinden. Aber es wirkt inzwischen inmitten der zu seinen Seiten aufragenden Neubauten so klein und unscheinbar, dass man es fast übersehen könnte. Wer in die Fußgängerzone der **Post Street Mall** einbiegt, erkennt denn auch sogleich, dass sich hier ein modernes

Namibia selbstbewusst Ausdruck verschafft. Da findet man einerseits die fliegenden Händler aus allen Landesteilen mit ihrem bunten Angebot an Schnitzereien, bedruckten Stoffen, Flechtwaren und (seltener inzwischen) Püppchen in der typischen Herero-Tracht, hergestellt und feilgeboten von ihren lebensechten Vorbildern.

Auf der linken Seite der Mall bietet sich indes das Kaiserkrone Shopping Centre als Kontrastprogramm an. Mit einigen recht edlen Boutiquen rundum und einem hübschen Biergarten und Restaurant in der Mitte, wo man im Schatten großer Palmen angenehm ausruhen und sich erholen kann, vermittelt es durchaus einen Hauch großstädtischen Flairs.

Als zusätzliche Attraktion bietet die Post Street Mall einen **Meteoriten-Brun-**

Der Meteoriten-Brunnen in der Post Street (Windhoek)

Schmalspurbahn, die zusammen mit über 100 Modellen gleicher Bauart während der Kolonialzeit Transportzüge durchs Land zog. Mehr über das Transportwesen Namibias erfährt der Interessierte im ersten Stock des Bahnhofs, wo das **TransNamib Railway Museum** eingerichtet wurde.

Der Weg führt zurück über die Bahnhof Street bis an die Ecke zur Robert Mugabe Avenue, wo sich die **Turnhalle** befindet, ein Bau aus dem Jahr 1909. Er verdient weniger aus architektonischen Gründen Beachtung, sondern wegen seiner politischen Bedeutung. 1975 fand hier die Turnhallen-Konferenz statt, deren Ziel die Schaffung eines »unabhängigen« Namibia sein sollte – in enger Bindung an Südafrika. Die Unabhängigkeit – die wirkliche – ließ noch weitere 15 Jahre auf sich warten. Die Demokratische Turnhallen-Allianz (DTA), derzeit (mit etwas über drei Prozent der Stimmen) drittgrößte Partei und seit der Staatsgründung eine der wichtigsten Oppositionsparteien, etablierte sich im Anschluss an die Konferenz und stand der Übergangsregierung vor.

Wir biegen nun rechts in die Robert Mugabe Avenue ein und passieren in deren Verlauf eine Reihe der kulturellen hauptstädtischen Vorzeigeobjekte: die **National Art Gallery of Namibia** (Ecke John Meinert Street) mit einer permanenten Ausstellung zeitgenössischer namibischer Kunst und Kunsthandwerks und einem **Sculpture Garden**, das **Nationaltheater** und das **Owela Museum**, das kulturhistorische Exponate bereithält. Die hier sich bietenden Einblicke ins Windhoeker Kulturleben sind fraglos interessant und sehenswert, verlangen aber nach ausgeruhten Betrachtern.

Im Grün der Gartenanlagen auf der rechten Seite erkennen wir alsbald das **State House**, das von Curt von François

nen, der 33 von 77 im Süden des Landes, nahe Gibeon, gefundene Meteoriten vereinigt. Die kompakten, fast gänzlich aus Eisen bestehenden »Außerirdischen« sind scheinbar eine typisch namibische Spezialität. Neben diesen Gibeon-Meteoriten, die angeblich zum größten Meteoritenschwarm gehören, der sich je der Erde näherte, kann man auf der Reise noch einem wahren Koloss aus dem Weltall begegnen, dem angeblich größten seiner Art, dem Hoba. Fragt sich nur, warum der Weltraum sich gerade den Südwesten Afrikas als Landeplatz ausgeguckt hat. Wir folgen der Independence Avenue noch ein Stück nordwärts und biegen dann links in die Bahnhof Street ab, an deren Ende wir auf den 1912/13 erbauten **historischen Bahnhof** stoßen. Davor steht frisch herausgeputzt eine 1899 aus Deutschland eingeführte

1892 erbaute Gouverneurshaus. Bis vor Kurzem diente es dem Präsidenten, nun dem Premierminister als Sitz. Wir wandern nun zielstrebig auf die **Christuskirche** zu, 1910 vom Architekten und Regierungsbaumeister Gottlieb Redecker erbaut. Die Lage der Kirche auf einer Verkehrsinsel entspricht den Gepflogenheiten: Die Besucher betrachten sie aus der Ferne, meist durchs Objektiv des Fotoapparates, denn Windhoek ohne Christuskirche geht nun mal nicht. Um ehrlich zu sein: Der irgendwo zwischen Neoromanik, Neogotik und Jugendstil angesiedelte Baustil weiß nicht wirklich zu begeistern – zumal, wenn man zu Hause reine Gotik und Romanik ohne »Neo« anschauen kann. Vielleicht lässt sich der ein oder andere aber durch die Buntglasfenster zu einem Kirchenbesuch verleiten. Sie sind eine Stiftung des letzten deutschen Kaisers.

In unmittelbarer Nähe zur Kirche, dort, wo bis 2009 der »Südwester Reiter« seinen Platz hatte, entstand in den Jahren 2010–14 das **Independence Memorial Museum**. Man mag das Verschwinden des Reiterstandbilds bedauern, wie man bedauern kann, dass alle kolonialen Relikte auf diesem Hügel entweder verschwinden oder durch die Monumentalität der neuen Bauten in den Rang von Marginalien versetzt werden. Aber ein Vierteljahrhundert nach der Unabhängigkeit braucht der Staat Namibia neue Symbole nationalen Selbstbewusstseins.

Den **»Südwester Reiter«**, der seit November 2010 einen angemessenen Ersatzplatz vor der Alten Feste gefunden zu haben schien, ereilte inzwischen ein Schicksal, das einige Namibier bedauern. Man beschloss 2012 im Parlament, ihn in den Innenhof der Feste zu stellen. Dort, so die Überlegung, wäre er der allge-

In dieser ehemaligen Turnhalle nahmen 1975 die Bestrebungen nach namibischer Unabhängigkeit ihren Anfang

meinen Aufmerksamkeit entzogen und nur noch das, was er eigentlich darstellt: ein Museumsstück neben anderen. Allerdings wurde er des Sockels samt der darauf eingelassenen Tafel beraubt, die an die im Kampf gefallenen Deutschen erinnerte. Zu verschmerzen wäre sicher auch dies. Dass aber die Aktion am Weihnachtstag 2013 klammheimlich über die Bühne ging, war zumindest nicht sonderlich freundlich.

Zunächst führt uns der Weg weiter den Hügel hinauf zum **Tintenpalast**. Der Architekt Redecker, dessen Kirchenbau bei vielen der heutigen Betrachter wegen des nostalgischen Zuckerbäckerstils kritisches Naserümpfen hervorruft, stieß mit dem 1913 inmitten des Zooparks oberhalb der Christuskirche errichteten Regierungsgebäude dagegen auf die Ablehnung seiner Zeitgenossen. Denen gefiel der Bau ganz und gar nicht, eben weil er auf den üblichen wilhelminischen Schnickschnack verzichtet und

sich sowohl durch moderne Funktionalität als auch durch Anpassung an die klimatischen Verhältnisse Südwestafrikas auszeichnet. Die etwas despektierliche Benennung, die er von Anfang an erfuhr, bezog sich ausschließlich auf die dort gepflegte bürokratische Arbeitsweise.

Nun endlich zum ältesten Steinbau Windhoeks, der **Alten Feste**. 1890 errichtet, um den deutschen Herrschaftsanspruch unübersehbar zu demonstrieren, wirkt die Feste auf heutige Betrachter kaum martialisch. In Grün und Palmen gebettet, ein Karree strahlend weißer Mauern mit einem offenen Säulengang zur Straße, lädt sie geradezu zu ihrer »Eroberung« ein. Alte Kutschen, im Säulengang aufgestellt, weisen auf einen Teil der heutigen Nutzung hin: Ein Museum ist inzwischen hier untergebracht, das sich ausführlich mit der Kolonialgeschichte, aber auch mit dem Freiheitskampf und den ersten Jahren der Unabhängigkeit befasst. Leider ist es derzeit

Der Tintenpalast, von 1913 bis heute Regierungsgebäude (Windhoek)

Die Alte Feste wurde 1890 von der deutschen Schutztruppe unter Hauptmann Curt von François errichtet

wegen Sanierung geschlossen. Vor der Alten Feste steht das **Genozid-Denkmal**, das eine Frau und einen Mann mit gereckten Fäusten und gesprengten Ketten an den Handgelenken zeigt.

Nur der Blick von der Feste über die Innenstadt Windhoeks der muss sein. Ein Eindruck, der sich zudem noch steigern lässt, wenn man den Aufstieg über die Robert Mugabe Avenue zur **Heinitzburg** nicht scheut. Die »Burg« (ganz in der Nähe finden sich noch die **Schwerins- und Sanderburg**) wurde vor einiger Zeit als Hotel und Restaurant ausgebaut. Bei einem Drink auf der Terrasse den ersten Sonnenuntergang in Namibia zu erleben, wäre gewiss ein vielversprechender Anfang der Reise. Etwa in Erscheinung tretende Irritationen angesichts einer zu Beginn des 20. Jahrhunderts errichteten, den herrschaftlichen Baustil des europäischen Mittelalters kopierenden und idealisierenden Kulisse, die zu allem

Überfluss von der untergehenden afrikanischen Sonne spektakulär ausgeleuchtet wird, mag man getrost als typisch namibische Nebenwirkung abtun.

Derjenige, der mehr über die Stadt und das Leben in Namibia erfahren möchte, sollte, wenn irgend möglich, auch den im Folgenden aufgeführten Plätzen einen Besuch abstatten. Da ist zunächst das im März 2008 feierlich übergebene **New State House**, an der Robert Mugabe Avenue in kurzer Entfernung zum Zentrum (im Vorort Auasblick) gelegen. Es ist Präsidentensitz und Repräsentationsgebäude gleichermaßen. Räume zur Unterbringung ausländischer Staatsgäste, Bankett- und Sitzungssäle stehen bei 3500 Quadratmeter umbauten Raums in Fülle zur Verfügung. Und auch wenn »normalen« Besuchern hier natürlich kein Zutritt gewährt wird, lohnt es auf jeden Fall, den hinter hohen Eisenzäunen auf riesigem Areal errichteten

Die Statue des »unbekannten Soldaten« auf dem Heroes' Acre bei Windhoek

Komplex von der Straße aus anzusehen. 400 bis 600 Millionen Namibian Dollar sollen die Bauarbeiten gekostet haben, die von nordkoreanischen Firmen ausgeführt wurden. Dass dem Gebäude somit der fragwürdige Charme sozialistischer Ästhetik anhaftet, liegt nahe.

Das zweite nicht minder umstrittene Bauwerk ist **Heroes' Acre**, wenige Kilometer außerhalb Windhoeks Richtung Süden nahe der B 1 gelegen. Auch hier waren Nordkoreaner die Ausführenden und auch hier werden vor allem kritische Stimmen in Bezug auf die Gestaltung laut. Dass der namibische Staat zehn Jahre nach seiner Unabhängigkeit daran ging, den während des Befreiungskriegs Gefallenen ein Denkmal zu setzen, stößt allenthalben auf Verständnis. Ob es dazu der Errichtung eines 15 Meter hohen Marmor-Obelisken, einer acht Meter hohen Bronzestatue des »unbekannten Soldaten«, 174 Heldengräbern, eines »Ewigen Feuers« und des Paradeplatzes nebst Tribüne für 5000 Zuschauer bedurfte, scheint indes eine überflüssige und

vielleicht auch anmaßende Frage. Denn jenseits aller geschmacklichen Bedenken sehen jüngere Schwarze darin ein Monument, das den Kampf der Vätergeneration würdigt und ihnen Stolz auf das Errungene vermittelt. Allein das zählt.

In den von Schwarzen bzw. Farbigen bewohnten Vierteln Katutura und Khomasdal im Nordwesten von Windhoek spielen Fragen von Geschmack und Ästhetik nicht die geringste Rolle. Vor allem in **Katutura** und dort vornehmlich in den wild und ohne Genehmigung wuchernden Randgebieten geht es oft um nichts anderes als die sachliche Notwendigkeit eines Dachs über dem Kopf. Oft müssen ein paar Bretter, etwas Wellblech oder auch nur eine Plastikplane für den Unterschlupf reichen.

Glücklich kann sich hier schätzen, wer in einer der älteren, in den 1960er Jahren im Einheitslook erbauten Wohnschachteln lebt. Sie stammen aus der Zeit, als die Vertreter südafrikanischer Apartheid-Politik beschlossen, das bisherige Schwarzenviertel, die Old Location (heute: Hochlandpark), weg aus der Zentrumsnähe ins sieben Kilometer entfernte nördliche Vorland zu verlegen.

Jeder dieser reinen Zweckbauten ist in zwei, drei Räume unterteilt und wird von durchschnittlich acht Personen bewohnt. Noch heute ist an der Hausnummer ablesbar, wie die einzelnen Viertel ethnisch zugeordnet waren: Ein »H« vor der Nummer heißt Herero, ein »N« Nama und so fort.

Dass die Umsiedlung nicht auf Begeisterung stieß, lässt sich denken. Es kam zu Demonstrationen, Straßenschlachten, Toten. »Platz, an dem wir nicht leben wollen«, *Katutura*, nannten die Schwarzen die Siedlung – und leben dennoch hier, legen zu Fuß weite Wege zur Arbeit zurück, so sie denn eine haben, und versuchen sich einzurichten. Manchmal erkennt man Versuche, dem sandigen Boden ein Gärtchen, ein bisschen Grün abzuringen, den Einheitsbau durch diverse Anbauten zu vergrößern oder durch individuelle Gestaltung zu verschönern. Doch bislang sind solche Ansätze eher selten. Zu hoch ist die Arbeitslosigkeit, zu wenig gesichert die Existenz der meisten Bewohner.

Kein Wunder also, dass vor dem Besuch des Stadtteils auf eigene Faust gewarnt wird. Trotzdem wollen immer wieder Menschen auch das »schwarze Windhoek« sehen. So bietet seit 1999 ein schwarzer Taxifahrer mit großem Erfolg dreistündige **»Face to Face«-Touren** an, die zu den interessantesten Plätzen Katuturas führen. Geschichte und Alltag werden so vermittelt, aber auch Probleme und Hoffnungen der Bewohner – vor allem aber die unbändige Vitalität der hier lebenden Menschen.

Ebenfalls empfohlen werden kann ein Besuch der von Frauen gegründeten Kooperative »Penduka«, die Interessierten nicht nur (gegen Bezahlung) einen Abholdienst zur Verfügung stellt, sondern auch Rundfahrten durch Katutura sowie Mahlzeiten, Besuche in ihrem Shop und sogar Übernachtungen anbietet.

Interessant ist darüber hinaus eine Fahrt durch das etwas stadtnähere **Khomasdal**. Die während der südafrikanischen Mandatsherrschaft errichtete Anlage lässt erkennen, dass in der Rassentrennung »Farbige« weit höher eingestuft wurden als »Schwarze«. Im Vergleich zu Katutura sind hier die Grundstücke und Häuser größer, die Gärten grüner und der Weg in die Innenstadt ist kürzer.

Kindergarten Pinocchio im Viertel Katutura

1 Service & Tipps

ⓘ Windhoek Tourism Info Office
7 Post Street Mall, Windhoek
✆ (061) 290 20 93
Mo–Fr 9–17, Sa 9–12 Uhr

ⓘ Tourist Info Office City Terminal
Ecke Independence Ave. & Fidel Castro St.
Windhoek
✆ (061) 290 25 96, Mo–Fr 9–16 Uhr
24-Stunden-Hotline für Notfälle:
✆ (061) 290 22 39
Informationen zu Übernachtungen, Restaurants und Veranstaltungen

ⓘ Big I Tourist Information
Namibia Craft Centre, Tal St., Windhoek
✆ (061) 24 44 09

ⓘ Namibia Tourism Board (NTB)
Channel Life Tower, Post Street Mall
M2 – 2nd floor, Windhoek
✆ (061) 290 60 00
www.namibiatourism.com.na

Vom Hotel Heinitzburg aus hat man abends den besten Blick auf die Stadt

Das im April 2001 ins Leben gerufene Tourism Board hat die Aufgabe der langfristigen Planung und Entwicklung des Tourismusbereichs übernommen. Seine Aufgabe ist nicht die Beratung vor Ort.

ⓘ 🏠 🛏 Namibia Wildlife Resorts Ltd.
Erkrath Building, Independence Ave.
(gegenüber dem Zoopark)
Windhoek
✆ (061) 285 72 00
www.nwr.com.na
Fragen zu Buchungen in den staatlichen Rest Camps und Lodges oder zum Erhalt von *Permits* (Eintrittsgebühren für staatliche Parks) lassen sich nur über die angegebene Telefonnummer, Reservierungen nur als Online-Buchungen über die Website abwickeln. Permits sind auch an den Eingangstoren der jeweiligen Parks erhältlich. Nur das Permit für den Namib-Naukluft National Park bekommt man in den Reservation Offices von Windhoek, Lüderitz, Swakopmund und Sesriem.

👁 🚌 📷 Face to Face-Touren
Windhoek
www.namibweb.com
Geführte dreistündige Touren durch Katutura, die dem Besucher einen Zugang zu der ansonsten eher unbekannten Seite Windhoeks eröffnen. Angeboten werden der Transport vom Hotel und wieder zurück sowie der Besuch von lokalen Märkten, *Shebeens* (typische Bars) und der Frauen-Kooperative Penduka (Mindestteilnehmerzahl zwei Personen).

👁 🚌 🚶 🚴 »Wanderzone Tours«
info@wanderzonetours.com
Bietet ebenfalls verschiedene Aktivitäten in Katutura an, u.a. eine Radtour »Katu-Tours« durch das Viertel.

🛏 ✕ Hotel Heinitzburg
22 Heinitzburg St., Windhoek
✆ (061) 24 95 97
www.heinitzburg.com
1996 in einem Flügel der 1914 errichteten Burg eröffnetes Hotel mit dem entsprechenden Flair und geschmackvoller moderner Einrichtung. Von der Terrasse hat man einen herrlichen Blick über die Stadt. Und wenn schon Luxus, dann auch richtig!

Das Restaurant **Leo's at the Castle** ($$$$) gilt als eines der stimmungsvollsten der Stadt mit hervorragendem Küchenstandard. $$$$

Die Auflösung der $-Zeichen finden Sie auf S. 291 und 304 sowie auf der hinteren inneren Umschlagklappe.

⌬✗ Hotel Fürstenhof
4 Dr. Frans Indongo St., Windhoek
✆ (061) 23 73 80
www.proteahotels.com
Fünf Minuten vom Zentrum entfernt, traditionsreiches Haus mit gediegener Atmosphäre und anerkannt guter Küche. Es empfiehlt sich, bei der Buchung darauf zu achten, dass man eins der neueren und moderner ausgestatteten Zimmer erhält. $$$

⌬ The Elegant Collection
The Elegant Guesthouse
Von Eckenbrecher & Ziegler St.
Klein Windhoek
✆ (061) 30 19 34
www.the-elegant-collection.com
Hübsches, gepflegtes Haus in stadtnaher, ruhiger Umgebung. Liebevoll gestaltetes Ambiente, gutes Frühstück. $$

⌬ Pension BougainVilla
Mandela Ave. & Barella St., Windhoek
✆ (061) 25 22 66
www.pensionbougainvilla.com
Geschmackvoll gestaltetes Interieur in einem Anwesen aus deutscher Kolonialzeit ist das Markenzeichen dieser Pension in ruhiger Lage. 15–20 Minuten Fußweg zur Stadtmitte. $$

⌬ Pension Moni
Rieks van der Walt Cul de sac
✆ (061) 22 83 50
reswhk@monihotel.com
Sehr nah am Zentrum und dennoch ruhig gelegen. Die Zimmer wurden jüngst renoviert und sind freundlich und sauber. Gutes Frühstück. $

◉ Meteoriten-Brunnen
Post Street Mall, Windhoek
33 Stücke eines Meteoritenschwarms, der im Süden des Landes, nahe Gibeon, niederging, wurden hier zu einem Brunnen zusammengestellt.

Independence Memorial Museum in Windhoek

🏛⌬ TransNamib Railway Museum
Bahnhof St., Windhoek
Mo–Fr 9–12 und 14–16 Uhr
Austellungsstücke zur Geschichte des Eisenbahnwesens in Namibia.

◉ Turnhalle
Bahnhof St. & Robert Mugabe Ave.
Windhoek
Vom »Turnverein Windhoek« 1909 errichtete Halle, die durch die Turnhallen-Konferenz 1975 zu politischer Bedeutung gelangte.

◉ Christuskirche
Robert Mugabe Ave.
Windhoek
1910 von Redecker erbaut, ist die Kirche heute ein Wahrzeichen Windhoeks.

🏛 Independence Memorial Museum
Robert Mugabe Ave., Windhoek
Mo–Fr 9.30–19 Uhr
Am 20. März 2014 eröffnete Präsident Pohamba das von einem nordkoreanischen Bauunter-

nehmen erichtete Unabhängigkeits-Gedenkmuseum. Es steht am ehemaligen Standort des Südwester Reiters.

◉ Tintenpalast
Robert Mugabe Ave.
Windhoek
Im Park oberhalb der Christuskirche gelegen, 1913 erbaut und zwar ausnahmsweise nicht in wilhelminischer Manier. Das Gebäude wird heute noch von der namibischen Regierung genutzt.

◉ Südwester Reiter
Windhoek
Nach mehrfachen Versetzungsaktionen, ist das weitere Schicksal des Reiters derzeit ungewiss.

🏛◉ Alte Feste
Robert Mugabe Ave.
Windhoek
Museum wegen Sanierung geschl., der Innenhof ist zu besichtigen
Eintritt frei
Ältester Steinbau der Stadt, von Curt von François als Zeichen deutschen Herrschaftsanspruches ab 1890 errichtet. Die Feste liegt

Erinnert an die Opfer der Kolonialkriege: das Genozid-Denkmal vor der Alten Feste

neben der Christuskirche an der Robert Mugabe Avenue. Sie beherbergt das **Historische Museum**. Vor

◉ Genozid-Denkmal
Windhoek
Vor der Alten Feste steht das im März 2014 eingeweihte Denkmal, das an den Völkermord der deutschen Kolonialmacht an den Herero und Nama in der Zeit zwischen 1904 und 1908 erinnert. Die namibische Regierungspartei SWAPO ließ die Bronzestatue in Nordkorea anfertigen.

✕🍴 The Stellenbosch
78 Sam Nujoma Dr., Bougain Villas
Windhoek
✆ (061) 30 91 41
www.thestellenboschwinebar.com
Mo–Sa Lunch 12–15, Canapes 15–18, Dinner 18–22 Uhr
Köstliches namibisches Fleisch in Begleitung exzellenter Weine aus Südafrika werden angeboten. $$–$$$

✕ The Dunes
Im Kalahari Sands Hotel
Independence Ave.
Windhoek
Es wird ein gutes Buffet geboten – mit Blick auf die Independence Avenue. $$

✕🍽 Gathemann Café und Restaurant
175 Independence Ave.
Windhoek
✆ (061) 22 38 53
Das Restaurant bietet ausgezeichnete Küche. Von der Terrasse des Restaurants hat man einen schönen Blick über die Independence Avenue. $$

✕🍺🎵 Joe's Beer House
160 Nelson Mandela Ave., Windhoek
✆ (061) 23 24 57
www.joesbeerhouse.com
Mo–Fr ab 17, Sa/So ab 11 Uhr – open end
Manche behaupten, wer Joe's Beerhouse nicht kenne, kenne Windhoek nicht. Jedenfalls kann man hier nicht nur Bier unter afrikanischem Sternenhimmel im Biergarten trinken, sondern auch sehr gut essen – und dazu gibt es Livemusik. $$

⊠ **NICE – Namibian Institute of Culinary Education**
2 Mozart St., Ecke Hosea Kutako Dr.
Windhoek, ☎ (061) 30 07 10, www.nice.com.na
Tägl. 12–24 Uhr, Sa/So kein Lunch
Von Stephan Brückner (Wolwedans) aufgebaute Kochschule, deren »Schüler« sich mit ihren Arbeiten im Restaurant beweisen müssen – was bislang auf fantastische Kritiken stößt. $$

⊠ **Café Zoo Restaurant**
Im Zoopark, Windhoek
☎ (061) 22 34 79
Ein ruhiges Plätzchen, um sich bei einem Snack zu erholen. $–$$

🍷 Was das **Nachtleben** betrifft, ist Windhoek schlicht Provinz. Diskos und Bars befinden sich fast ausnahmslos außerhalb des Zentrums. Es sollten entsprechende Empfehlungen im Hotel eingeholt werden, wo auch die neuesten Ausgaben von *What's on …* ausliegen. Empfehlen lässt sich allerdings:

🎵🍹 **99 Warehouse Theatre**
48 Tal St., Windhoek
☎ (061) 40 22 53
www.warehousetheatre.com.na
Im Komplex des Craft Centre, in einem alten Brauereigebäude also, werden hörenswerte Livekonzerte und Theateraufführungen geboten.

🛍 **Nakara Boutique**
165 Independence Ave., Windhoek
☎ (061) 22 42 09
www.nakara-namibia.com
Der führende Hersteller von Leder- und Pelzwaren.

🛍 **Factory Outlet**
3 Solinger St., Windhoek
Northern Industrial Area
☎ (061) 21 50 03
Hier sind die Preise meist günstiger als im Zentrum.

🛍 **Casa Anin**
Bougain Villas
78 Sam Nujoma Dr., Klein Windhoek
☎ (061) 25 64 10
www.anin.com.na

»Anin« ist ein Wort der Nama-Sprache, das in etwa mit »viele Vögel« übersetzt werden kann. 300 Nama-Frauen arbeiten für das Unternehmen von Heidi von Hase, das die schönste Tisch- und Bettwäsche aus erstklassigem Leinen auf den Markt bringt – in Handarbeit bestickt. Vornehmlich mit Vögeln.

🛍🍽 **Namibia Crafts Centre**
Old Brewery Complex, 40 Tal St., Windhoek
Tägl. 9–17.30 Uhr
www.namibiacraftcentre.com
Große Anzahl von Anbietern, die auf mehreren Etagen im alten Brauereigebäude einen repräsentativen Querschnitt der Produktpalette qualitativ guten bis sehr guten Kunsthandwerks aus Namibia offerieren.

Im **Craft Café** kann man nach Schauen und Shoppen bei hausgemachtem Apfel- oder Käsekuchen in schöner Atmosphäre relaxen. $

🛍🍽🛏 **Penduka Craft Cooperative**
Katutura (auf der Independence Ave. 10 km nach Norden, in Katutura den Hinweisschildern folgen), auf Anfrage Abholung im Zentrum
☎ (061) 25 72 10, www.penduka.com
»Wacht auf!« bedeutet *Penduka* in der Sprache der Herero und Ovambo. Es ist der Aufruf an die Frauen, aktiv an der Verbesserung ihrer Lebenssituation mitzuwirken. Das Ergebnis, die Handarbeiten von über 500 namibischen Frauen, wird im Shop angeboten.

Darüber hinaus gibt es Werkstätten, in denen die Produkte angefertigt, aber auch entsprechende Fertigkeiten gelehrt werden. Außerdem gehört zum Angebot: der Besuch eines traditionellen Dorfs, typische namibische Gerichte, im Boma-Restaurant serviert, und die Übernachtung in einer Rundhütte.

🛍 **Windhoeker Buchhandlung**
69–73 Independence Ave., Windhoek
☎ (061) 22 52 16, www.wbuch.iway.na
Wie überall im Land gibt es in dieser seit 1959 bestehenden Buchhandlung auch Schreibwaren. Es findet sich jedoch in diesem Unternehmen ein sehr gutes Angebot von Namibia-Literatur. Ansonsten lassen sich in den zahlreichen Geschäften aller Art rund um die Independence Avenue fast alle Kaufwünsche befriedigen. 🌾

2 Der Geschmack von Weite

Von Windhoek nach Keetmanshoop

2. Tag: Windhoek – Mariental – Keetmanshoop (525 km)

km	Zeit	Route
0	9.00 Uhr	Abfahrt in **Windhoek** – auf der B 1 in Richtung Mariental/Keetmanshoop. (Die Strecke ist durchgehend asphaltiert, also ideal für den Einstieg.)
87		In **Rehoboth** weiter auf der B 1 und
273	12.30 Uhr	an **Mariental** vorbei Richtung Süden,
492	15.00 Uhr	kurz vor Keetmanshoop links ab auf die C17 Richtung Koes, dann
506		links ab auf die M 29 zum
507		**Köcherbaumwald** (eine halbe Stunde Aufenthalt – und, bei genug Zeit, zusätzlich eine Stunde für den Rundgang **Giants' Playground**); auf der M29 zurück zur C17 und auf der B 1 nach
525	17.30 Uhr	**Keetmanshoop**.

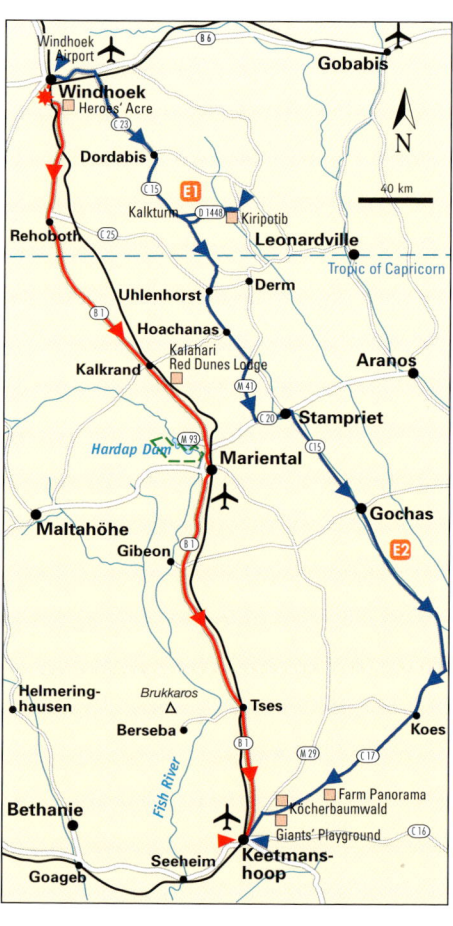

Auf einer sandigen Schotterpiste nahe Keetmanshoop

Alternativroute

Für diejenigen, die sich einen gemächlicheren Auftakt für die Rundreise wünschen, bietet sich folgende Alternative an. Sie unterteilt die Strecke des 2. Tages, indem sie eine Übernachtung in der **Kalahari Red Dunes Lodge** (nahe Kalkrand) vorsieht. Dort kann man während eines Aufenthalts von einem Tag die Kalahari-Landschaft wandernd oder beim Game Drive eindrucksvoll erleben und am zweiten Tag in Ruhe die Fahrt über die Teerstraße nach Keetmanshoop (286 km) antreten.

1. Tag: Windhoek – Kalkrand – Kalahari Red Dunes Lodge (194 km)

km	Zeit	Route
0	9.00 Uhr	Über die B 1 (wie bei Tag 2 beschrieben) Richtung Süden. Unter Einbeziehung der Besichtung des **Heroes' Acre Memorial** erreicht man
186		Kalkrand und biegt
194	10.00 Uhr	in die Einfahrt zur **Kalahari Red Dunes Lodge** ein.

2. Tag: Kalahari Red Dunes Lodge – Keetmanshoop (325 km)

km	Zeit	Route
0	10.00 Uhr	Zurück auf die B 1, von der man
314	13.00 Uhr	links auf die C 17,
328		dann links auf die M 29
229		zum **Köcherbaumwald** und zu **Giants' Playground** abbiegt. Hier hat man genügend Zeit, denn für die Fahrt nach Keetmanshoop braucht man nur 20 Minuten.
347	17.30 Uhr	**Keetmanshoop**.

Der Marmor-Obelisk des Heroes' Acre vor der Kulisse der Khomas-Hochebene

500 Kilometer sind ein ordentlicher Batzen für eine Tagesetappe. Trotzdem kann man die Fahrt auch zum Einstieg getrost wagen. Bis zum Ziel, Keetmanshoop, geht es ausschließlich über geteerte Straße, und das Verkehrsaufkommen hält sich in diesem dünn besiedelten Land selbst auf der Hauptverbindungsstrecke nach Südafrika in Grenzen. So hat man ausreichend Zeit, die ungewohnten Landschaftsbilder auf sich wirken zu lassen. Der Blick in unabsehbare Weiten will geübt werden.

Zunächst geht es in Richtung **Auas-Berge**, an deren Hängen die Gedenkstätte für die im Befreiungskrieg Gefallenen, **Heroes' Acre** (vgl. S. 52), errichtet wurde. Die schroffe Bergwelt, durch die sich die Straße bei der Weiterfahrt windet, zeigt sich als ernst zu nehmendes Gebirge: Der höchste Gipfel, der **Mount Auas** (früher Moltke-Blick) steigt auf etwa 2500 Meter an und wird in Namibia nur vom Brandberg überragt.

Die erste größere Ansiedlung, ein Versorgungsmittelpunkt, in Namibia auch Stadt genannt, ist **Rehoboth**, Zentrum der Rehobother Baster. Die Baster, aus der Kapprovinz stammend, erwarben das Gebiet um 1870 von den Swartbooi-Nama zunächst für ein Jahr und gegen Zahlung von acht Pferden. Der Vertrag verlängerte sich jeweils um ein Jahr, was jährlich ein weiteres Pferd kostete. Zu einer endgültigen Abtretung waren die Nama nicht bereit, denn inzwischen waren ihnen die Konsequenzen dieses Handels bewusst geworden: Ihre Weidegründe drohten unwiederbringlich verloren zu gehen. Es kam zu kriegerischen Auseinandersetzungen, bei denen die Nama den Kürzeren zogen. Rehoboth blieb bis auf den heutigen Tag Baster-*gebied*.

Obwohl die Rehobother Baster im Mai 1996 ihre weitgehende Autonomie verloren, haben sie sich ihr Selbstverständnis,

den Stolz, Baster und damit Abkömmlinge der Verbindungen zwischen eingewanderten Buren und Nama-Frauen
zu sein, erhalten. Was im Deutschen die
Qualität eines Schimpfwortes besitzt, gilt
ihnen als Auszeichnung: Bastard.

Rehoboth genauer in Augenschein zu
nehmen lohnt jedoch kaum. Ein gestalte-
ter Ortskern ist nicht vorhanden. Was zu
sehen ist, sieht man von der B1 aus genau
so gut: verstreute, wenig interessante
Häuschen. Auch die Landschaft entbehrt
inzwischen aller offensichtlichen Reize.
Selbst Bäume werden zur Rarität, und es
gibt nichts mehr, was den Blick halten
könnte. Nichts als Weite bis zum Horizont – und weit darüber hinaus. Die Welt
scheint – wenn nicht gerade eine ergie-
bige Regenzeit die Vegetation erweckt
hat – reduziert auf erdige Braun- und
Sandtöne, in gerader Linie durchschnit-
ten vom schwarzen Band der Teerstraße. Übermächtig wölbt sich darüber der
Himmel, ein ins Unendliche geweiteter
Ballon voll wolkenloser Bläue.

Doch ein Begriff wie »Ödnis« würde
den Eindruck falsch wiedergeben. Das
Fehlen jeglicher Dramatik, die Beschrän-
kung auf einige wenige sinnliche Wahr-
nehmungen bedeuten nicht Verlust an
Intensität, nur Gewinn an Ruhe. Man
beginnt, auf ungewohnte Weise zu
schwingen, langsamer, verzögert. Wie
man langsamer zu schauen beginnt, weil
die Bilder unendlich lange stehen zu bleiben scheinen.

Da wird es zu einem Ereignis, wenn
man plötzlich am Straßenrand auf einem Schild liest, dass gerade der *Tropic
of Capricorn*, der Wendekreis des Steinbocks, überfahren und damit das Gebiet
der Tropen verlassen wurde. Aus europäischer Sicht eine verkehrte Welt, in der
man, nach Süden fahrend, die Tropen
verlässt und die Sonne am Mittag im
Norden steht. Aber auch eine Art, sich

eingefahrener Sehgewohnheiten zu entledigen.

Kalkrand, eine Ansammlung von Häusern mit Laden und Tankstelle, wird passiert, und langsam kann man entscheiden, ob man sich zur Abwechslung den
Anblick von Wasser gönnen und den Abstecher zum **Hardap Dam** unternehmen
will. Im 1963 fertiggestellten, größten
Stausee des Landes werden die Wasser
des Fish River gestaut. Je nachdem, ob
der Fluss gut »abkommt«, wie in Südwester-Deutsch die Tatsache reichlichen
Wasseraufkommens infolge ausgiebiger
Regenfälle bezeichnet wird, steigt der Pe-
gel – bis zum Erreichen des maximalen
Fassungsvermögens von 323 Millionen
Kubikmetern.

Wahrscheinlich heißt es am Ende doch:
Weiter der B1 folgen und sich einlassen
auf die Weite des namibischen Südens!
Nur selten wird die Monotonie des Bil-
des unterbrochen von einer Bahnstation
an der parallel zur Straße verlaufenden
Eisenbahnlinie. Obwohl es sich um die
einzige Nord-Süd-Verbindung handelt,
bedeutet das nicht, dass man auch einen
Zug in Aktion beobachten kann. Wo so
wenige Menschen leben, rattern auch
Züge seltener.

Mit **Mariental** erreicht man ein weiteres Städtchen, das allein aus der Funktion
als Versorgungsmittelpunkt Bedeutung
zieht: Tankstelle, Supermarkt, Banken
und eine überschaubare Anzahl von
Häusern. Ein Stück weiter liegt abseits
der Straße der Ort mit dem biblischen
Namen **Gibeon**, ein Zentrum früher Missionstätigkeit und fester Wohnsitz der
Witbooi-Nama, von denen noch die Rede
sein wird. Im Umfeld des Ortes wurden
die Meteoriten aufgesammelt, die nun
den Brunnen in der Windhoeker Innenstadt zieren. Und wieder ein Stück weiter,
in **Tses**, zweigt eine *pad* ab zum **Brukkaros**, einem Bergmassiv, dem man wegen

Der Köcherbaumwald nahe Keetmanshoop

seiner Ringform lange Zeit vulkanischen Ursprung nachsagte. Doch wie so oft in Namibia waren es die Kräfte der Erosion, die hier gestalterisch wirkten. Das Bergmassiv gilt als ideal für ausgedehnte Wandertouren. Die Fahrt vom Ort **Berseba** aus dorthin ist allerdings nur mit Vierradfahrzeugen möglich.

Aber gewandert wird heute nicht, allenfalls ein bisschen gelustwandelt, und zwar im **Köcherbaumwald** (Kokerboom Forest), zu dem wir kurz vor Keetmanshoop abbiegen. Doch keine voreiligen Schlüsse: Heimatliches Blätterrauschen und grüne Waldesseligkeit lassen sich in arider Zone nicht erwarten. Rund 300 vereinzelte Bäume reichen hier, um einen »Wald« daraus zu machen. Und zu allem Überfluss sind es nicht einmal Bäume, sondern Aloen, genauer *Aloe dichotoma*, derentwegen wir die Fahrt zur Farm Garganus unternehmen.

Ein Umweg, der sich dennoch lohnt. Nicht etwa, weil der Köcherbaum zu den endemischen Pflanzen Namibias zählt und seine Silhouette, als Logo stilisiert, Symbolcharakter gewonnen hat. Es ist schlicht schön, die seltsamen Pflanzen mit den verzweigten Kronen, den stachelig-graugrünen Blattpuscheln, den

von Mai bis Juli goldgelb strahlenden Blütenkerzen und dem schuppigen, sandfarbenen Stamm zu betrachten. Vor allem vor dem Hintergrund des sich glutrot färbenden Sonnenuntergangshimmels. Das macht ein gutes Timing erforderlich. Im Sommer (rund um den Dezember) kann etwa um 19.15 Uhr mit dem Eintreten des »Ereignisses« gerechnet werden, im Winter (Juni/Juli) um 17.45 Uhr.

Der Köcherbaum erhielt seinen Namen aufgrund der Gewohnheit der Buschleute, aus den Ästen Köcher für ihre Pfeile zu erstellen. Das bot sich deshalb an, weil das Innenleben der Sukkulenten, als poröser Wasserspeicher eingerichtet, sich leicht aushöhlen lässt. Der großzellige Aufbau macht die Pflanzen zudem extrem leichtgewichtig. Angeblich kann man den Stamm eines Köcherbaumes mit einer Hand tragen. Hand anlegen wird man aber wohl nur, um die geschuppte Rinde zu ertasten – mit aller gebotenen Vorsicht, immerhin handelt es sich bei den Köcherbäumen von Keetmanshoop um ein namibisches »Nationaldenkmal«.

Auch wenn man um die sinnvolle Funktion des Pflanzeninneren als Wasserspeicher weiß, bleibt es erstaunlich, dass die »Bäume« sich auf dem steinig-unwirtlichen Grund einzurichten wussten. Aber gerade dieser schwarze Felsengrund, auch *ysterklip* genannt, lässt sie sich heimisch fühlen: Die Steine halten das flache Wurzelwerk und dienen als Hitzespeicher, eine natürliche Wärmedecke für kalte Winternächte sozusagen. Unter diesem Schutz kann der Köcherbaum selbst Minustemperaturen überstehen.

Auf diese Art für eine Existenz unter harten Bedingungen gerüstet, haben die »Bäume« von Keetmanshoop es auf das stattliche Alter von 200 bis 300 Jahren gebracht. Und damit verdienen sie nun wahrhaftig alle Ehrerbietung und Rücksichtnahme, Haltungen, die scheinbar nicht allen Besuchern leicht fallen. Ansonsten ist es wohl kaum verständlich, dass in Faltblättern und auf Informationstafeln nachdrücklich darum gebeten werden muss, die Bäume nicht zu beschädigen oder gar auszugraben.

Weniger empfindlich in Bezug auf touristische Rücksichtslosigkeit erweist sich das Geröllfeld wenige Minuten vom *kokerboomwoud* entfernt, das als **»Giants' Playground«** ausgeschildert ist. Der Name entspricht dem Eindruck: Riesen scheinen Steinquader wie Bauklötze aufgeschichtet und -getürmt zu haben und dann im Spiel gestört worden zu sein. Aufgeräumt wurde jedenfalls nicht.

Was wie mutwilliges Spiel aussieht, ist eine Laune der Natur. Wenn den Kräften der Erosion nur genügend Zeit zu Gebote steht, erweisen sie sich als höchst vielseitige Gestalter – und in Namibia scheinen sie sich in aller Ruhe verwirklicht zu haben.

Der Rundweg über den »Spielplatz der Riesen« zeigt ein breites Spektrum ihrer Möglichkeiten.

Wahrscheinlich hat inzwischen die schnell hereinbrechende Dunkelheit dem ersten Tag der Rundreise ein abruptes Ende gesetzt. Dabei kann man gleich die Erfahrung machen, dass die Zeit der Dämmerung hier nicht existiert. Ist der Sonnenball erst einmal »ins Rutschen« gekommen, gibt es kein Halten mehr. Dann scheint er es höchst eilig zu haben, den Horizont zu erreichen, ein Vorgang, der mit immensem Farbaufwand zelebriert wird. Und danach wird's beinahe schlagartig dunkel. Es ist, als hätte sich das Licht beim Crescendo des Sonnenunterganges verausgabt. Natürlich gibt es für solche Phänomene auch physikalische Erklärungen, die aber leider so nüchtern klingen, dass der Zauber der Erscheinung wie weggeblasen scheint …

Ein Spielplatz der Riesen? Giants' Playground nordöstlich von Keetmanshoop

2 Service & Tipps

⬛✖🌳 Kalahari Red Dunes Lodge
Kalkrand
✆ (063) 26 40 03
www.redduneslodge.com
Zwölf Gästehäuser (jedes 40–50 m² groß und höchst individuell und geschmackvoll gestaltet) sowie ein beeindruckendes Landschaftserlebnis machen den Aufenthalt zum Erlebnis.
$$$$ (inkl. Dinner)

👁🏞 Köcherbaumwald (Kokerboom Forest)
Auf dem Gelände der Farm Garganus,
ca. 15 km nordöstlich von Keetmanshoop
Eintritt N$ 100

👁🌳 Giants' Playground
5 km vom Köcherbaumwald entfernt
Der Eintritt ist im Preis für den Köcherbaumwald eingeschlossen.
Interessante Steinquader-Formationen.

Keetmanshop

⬛✖ Canyon Hotel
5 Wheeler St.
Keetmanshoop
✆ (063) 22 33 61/2/3
www.resafrica.net/canyon-hotel.de

Nicht ganz auf dem neuesten Stand, aber im Ganzen sauber. Freundlicher Service. $

⬛🍸 Bird's Nest Bed&Breakfast
16 Pastorie St., Keetmanshoop
✆ (063) 22 29 06
www.birdsaccommodation.com
Klein und gemütlich, mit Lounge-Bar. Sichere Parkmöglichkeit. $

⬛✖🏨 Bird's Mansion Hotel
6th Ave., Keetmanshoop
✆ (063) 22 17 11
www.birdsaccommodation.com
Bürgerlicher Standard direkt im Zentrum.
Alle Zimmer mit Klimaanlage, Internetcafé im Haus, sichere Wagenabstellplätze. $$

⬛🏠✖ Quivertree Forest Rest Camp
Gariganus-Farm, 13 km nordöstlich von Keetmanshoop, M29
✆ (083) 76 83 421
www.quivertreeforest.com
Gästefarm nahe dem Köcherbaumwald, ordentliche Zimmer, sieben Bungalows, Zeltplätze (auch für Selbstversorger). Ausschließlich Caravan-Stellplätze. $$

Weitere Informationen zu Keetmanshoop finden Sie S. 81. ✴

Poolbereich des Qivertree Forest Rest Camp

Ein Schlenker durchs rote Auf und Ab
Von Windhoek durch die Ausläufer der Kalahari

Extratage: Windhoek – Keetmanshoop (durch die Kalahari, 639 km)

Wer für seine Reise reichlich Zeit eingeplant hat oder sich speziell auf den Süden des Landes konzentrieren will, wird es vorziehen, das Kalahari-Randgebiet zu erkunden, statt auf direktem Weg und geteerter Straße von Windhoek nach Keetmanshoop zu fahren. Dann müssen allerdings mindestens **zwei Tage** für die Strecke eingeplant werden. Es wird im Folgenden eine Alternativroute beschrieben. Es sollte beachtet werden, dass der zweite Tag der Alternativroute mit 486 km auf Schotterpiste für Ungeübte recht anstrengend sein kann.

1. Tag: Windhoek – Dordabis – Farm Kiripotib (153 km)

Die Route finden Sie in der Karte S. 58 blau eingezeichnet.

km	Zeit	Route
0	9.30 Uhr	Ab **Windhoek** auf der B 6 Richtung Gobabis,
35		rechts ab auf die C 23 Richtung **Dordabis** (bis dahin gute Teerstraße).
90	10.45 Uhr	Dort rechts ab über die C 15 (bzw. MR 33) Richtung Uhlenhorst,
143		an der Straßengabelung am **Kalkturm** die linke Pad (D 1448) wählen.
153	12.00 Uhr	Rechts der Straße liegt **Kiripotib**.

2. Tag: Kiripotib – Stampriet – Gochas – Koes – Keetmanshoop (486 km)

km	Zeit	Route
0	9.00 Uhr	Ab **Kiripotib** weiter auf der D 1448
8		rechts auf die D 1219
32		links auf die C 15; dieser über Uhlenhorst und Hoachanas folgen bis **Stampriet**.
134	11.30 Uhr	Von **Stampriet** aus weiter der C 15 halb rechts folgen Richtung
206	12.30 Uhr	**Gochas**, dort weiter auf der C 15 Richtung Tweereviers.
318	14.00 Uhr	Richtung Koes auf die C 17 rechts abbiegen, bis

365	15.00 Uhr	**Koes** (Tankstelle) und weiter auf der C 17 bis
468	16.30 Uhr	rechts zum **Köcherbaumwald** (vorausgesetzt es ist noch genügend Zeit bis zur Dunkelheit, sonst auf den frühen Morgen verschieben).
486	17.00 Uhr	**Keetmanshoop**.

Der Start führt zunächst durch bekanntes Umfeld: Es geht auf der Teerstraße, die Flughafen und Hauptstadt verbindet, Richtung Osten. Das vertraute Bild von Buschsavanne begleitet den Reisenden noch eine Weile – wie die Bequemlichkeit geteerter Straße. Erst allmählich, wenn man sich hinter Dordabis schon ein wenig mit dem Fahren auf der *gravel pad* vertraut gemacht hat und die Aufmerksamkeit aufs Umfeld lenken kann, erkennt man, dass die Landschaftsform sich zu verändern beginnt. Es ist vor allem die Farbe des Sandes, die einen neuen optischen Akzent setzt. Sehr sparsam zuerst – als roter Untergrund des schütteren, gelben Grases am Straßenrand, als vereinzelte rote Erdwelle, als vage Ahnung: Dies ist die **Kalahari**, ein Ausläufer der großen, bis weit nach Botswana hineinreichenden Wüste in Namibias Osten.

Besonders wüst ist sie gar nicht diese Wüste, erfährt man dabei. Gräser wachsen allenthalben, und der Baumbestand wirkt stellenweise fast üppig. Vor allem Akazien scheint es auf dem sandigen Boden wohl zu behagen, was damit zusammenhängt, dass Feuchtigkeit hier zwar rasch versickert, gleichzeitig aber im Sand gespeichert wird. Das erklärt das Phänomen der »grünen Wüste«. Und auch das ist eigentlich keins. Die Bezeichnung »desert« brachten die Briten ein, geologisch korrekt ist sie nicht. »Halbwüste« beschreibt den Landschaftscharakter zutreffender.

Typisch für die Kalaharidünen ist ihre Ausrichtung parallel zur vorherrschenden

Schatten suchend: Springböcke in der Kalahari

Windrichtung. Im Süden des Landes verlaufen sie deshalb durchweg in nordsüdlicher Richtung, während sie im Norden ostwestlich verlaufen. Ihre besondere Faszination gewinnen die Dünen allerdings durch ihre rote Färbung. Man weiß zwar, dass dies auf einen dünnen Film von Eisenoxid zurückzuführen ist, der jedes einzelne Sandkorn einschließt, kann aber bislang nicht erklären, wie es zu dieser Erscheinung kam.

Im Angesicht des **Kalkturms**, eines Reliktes deutscher Präsenz in diesem in den Kriegen mit den Nama heiß umkämpften Grenzland, gabelt sich die Straße. Wir wählen die linke *pad* (D1448), wo nach weiteren zehn Kilometern mit der **Farm Kiripotib** ein Stück gepflegte europäische Gastlichkeit auf den Gast wartet.

Und nicht nur das! Es wird ein Einblick in die Gestaltungsprozesse exquisiter kunsthandwerklicher Produkte gewährt: Nach Claudia von Hases Entwürfen entstehen hier Schmuckstücke, die teilweise ausgefallene afrikanische Materialien und namibische (Edel-)Steine mit europäischer Goldschmiedekunst verbinden. Zur Verarbeitung heimischer Karakulwolle hat sie zudem eine Teppichweberei ins Leben gerufen. Menschen aus den verschiedensten Ethnien Namibias arbeiten Hand in Hand, spinnen die Wolle, färben sie ein und entwickeln webend ihre eigenen Ausdrucksmöglichkeiten: Teppiche, in denen sich die Farben, Formen und Bilder Afrikas konkret verdichten. Unter dem Produktnamen *African Kirikara Art* wird das, was man hier herstellt, in Windhoek, Swakopmund, Hout Bay (Kapstadt) und auf Messen in Deutschland angeboten.

Auf der Weiterfahrt am nächsten Tag passiert der Reisende nahe **Hoachanas** einen weiteren Ort kunsthandwerklicher Produktion, die sehr typisch für Namibia geworden ist. Auf der Farm Jena initiierte

Nicht nur für Vogelliebhaber interessant: die Bruthöhlen der Webervögel im Kalahari-Randgebiet

Heidi von Hase 1987 das Projekt »Anin«, das bis heute mit seinen stilvollen und qualitativ herausragenden Textilprodukten (Bettwäsche aus handgewebtem Leinen, bestickte Tischdecken, Servietten etc.) mit einem eigenen Geschäft in Windhoek vertreten ist. Für rund 300 Nama-Frauen der Umgebung bietet sich im Rahmen des Projekts die Möglichkeit, ihren Familien zu einem Auskommen und den Touristen zu einem geschmackvollen namibischen Souvenir zu verhelfen.

In den kleinen Ansiedlungen am Rande der Straße (wie Hoachanas) fällt die Vorliebe für Wellblechhütten auf. Dass diese Bauweise nicht nur der Not entsprungen ist, belegt die folgende (wahre) Geschichte: Einem Farmarbeiter, einem Nama, wurde von seinem *Baas* zugesichert, dass er alles Baumaterial kostenlos zur Verfügung gestellt bekäme, wenn er an den Bau seines Hauses für den Lebensabend ginge. Als es soweit war, errichtete der Nama sich eine schlichte Wellblechhütte. Vom *Baas* befragt, warum er sich kein festes Steinhaus gebaut hätte, antwortete er, kein Steinhaus sei so schnell repariert und vor allem nicht auf dem Eselskarren transportierbar wie seine Hütte aus Wellblech. Ein Beleg dafür, dass nomadische

Denkmuster sich auch bei veränderter Lebensweise noch lange erhalten.

Gewählt haben wir diese Strecke, um ein Stück weit Kalahari-Schönheit zu »erfahren«. Und sobald wir in **Stampriet** Richtung Süden abgebogen sind, ist es soweit: Rote Längsdünen verlaufen parallel zur rechten Straßenseite – korrekt von Nord nach Süd. Der Blick nach links eröffnet jedoch eine gänzlich andere, wenig »wüste« Welt: die grüne Auob-Flussoase, hinter der schroffe Abbruchkanten aufragen. Zudem sieht man hier für namibische Verhältnisse viele Farmhäuser. Sie alle wirken ordentlich und gepflegt, manche lassen sogar an Gutshäuser denken. Zeichen relativen Wohlstands scheinen ganz offensichtlich Palmen und Zypressen rund ums Farmhaus zu sein.

Daran ändert sich auch nach dem Abzweig der C18 nichts. Zwar wechseln hier Dünenwogen in Kalahari-Rot und graugelbe Wüstensande einander ab, aber der teilweisen Kargheit zum Trotz wirken die Farmhäuser nach wie vor proper. Man lebt hauptsächlich von der Schafzucht, und die scheint ihre Leute hier trotz Preisverfalls der Felle am Weltmarkt immer noch zu ernähren. Wild gibt's auch. Nicht gerade das, was

Erdmännchen in der Kalahari

man sich unter afrikanischem Großwild vorstellt, aber dafür in großer Zahl: Erdhörnchen, die den Reisenden neugierig beäugen. Möglicherweise ringelt sich auch eine Schlange über die wenig befahrene Straße und erinnert daran, dass man bei einem Autostopp im spärlichen Gras am Straßenrand achtsam sein muss.

Doch das absolute Highlight kommt später: auf der C17 Richtung **Koes**, wenn man nach Südwesten fährt. Das bedeutet nämlich, dass die Dünen durchquert werden müssen. Runde 30 Kilometer zieht sich das weiße Band der Straße auf und ab durchs sanft dümpelnde, in traumhaftem Rostrot erstrahlende Kalahari-Dünenmeer. Damit es auf den Dünenkämmen nicht zu Zusammenstößen mit zwar seltenen, aber immerhin möglichen entgegenkommenden Verkehrsteilnehmern kommt, wird man auf Schildern ermahnt, unbedingt links zu fahren. Sehen kann man hier den entgegenkommenden Verkehr nämlich erst, wenn man schon fast voreinander steht.

Kurz vor Koes wird die Landschaft wieder bretteben und die Route gestaltet sich über eine lange Strecke zu einer weiteren Variation des Themas »namibische Weite«. Zu sehen gibt es im Ganzen nichts, doch durch das Nichts führt immerhin eine gute *pad*. Möglicherweise kommt man so gut voran, dass man sich einen Abstecher zu den fossilen Mesosaurusknochen auf der **Farm Panorama** leisten kann.

Wenn sich dann die ersten »Geröllhalden« rechts und links der Straße aufzutürmen beginnen, hat man das Tagesziel, **Keetmanshoop**, bald erreicht. So schorfig und steinig sieht's nur hier im *Vratteveld* (Warzenfeld) des Südens aus – das ideale Umfeld für Köcherbäume, die auch prompt auszumachen sind. Zum Köcherbaumwald (vgl. S. 62 f.) ist es nur noch ein Katzensprung.

Sonnenuntergang über der Kalahari in Namibias Osten

E Service & Tipps

🛏️❌♨️📷🧗 **Farm Kiripotib – Guest Farm**
Hans Georg und Claudia von Hase
P. O. Box 13036, Windhoek
✆ (062) 58 14 19
www.kiripotib.com
Zwei Chalets und zwölf Gästezimmer. Die Besitzer schufen auf ihrer traditionellen Schaf- und Rinderfarm einen ausgesprochen kultivierten Rahmen, geprägt durch die kunsthandwerklichen Aktivitäten (Teppichweberei, Goldschmiedekunst) und herzliche Gastlichkeit. Möglichkeiten zu Wildbeobachtungsfahrten und Wanderungen. $$$

👁️🚩 **Farm Panorama – Camping Site & Trail**
An der C 17, ca. bei km 354
Auf der Farm wurden versteinerte Knochen des Mesosaurus gefunden, die bei einer Rundwanderung betrachtet werden können. Der hier befindliche Köcherbaumwald ist ebenfalls sehenswert.

Informationen zu Keetmanshoop finden Sie S. 64 und S. 81. ❖

Die Nama

Nomadische Viehzüchter aus dem Norden

Namaland lesen wir auf einigen Landkarten als Bezeichnung der Region zwischen Mariental und Keetmanshoop. Also wird es Zeit, mehr über diese Volksgruppe zu erfahren, die, obwohl mit rund 80 000 Menschen bei Weitem nicht die größte ethnische Gruppe, im Verlauf der letzten Jahrhunderte eine wesentliche Rolle in Namibia gespielt hat.

Äußerlich unterscheiden sich die Nama von den Bantu-Stämmen des Nordens durch eine hellere Hautfarbe und einen zierlichen Körperbau. Sie selbst bezeichnen sich im Gegensatz zu den schwarzen Bantu als gelb oder auch rot.

Zur Sprachgruppe der Khoisan gehörend, also in einer mit Klicklauten durchsetzten Sprache redend, nannten sie sich *Khoikhoi*, was mit »Mensch-Mensch« übersetzt wird. Die Buren, die bei der Landnahme im südlichen Afrika als erste Europäer mit ihnen in Kontakt kamen, gaben ihnen den Namen Hottentotten, »Stotterer«, eine inzwischen äußerst negativ besetzte Bezeichnung.

Zu Beginn der Kolonialzeit lebten voneinander unabhängige Nama-Gruppen in einem Bereich, der sich von der Kapprovinz bis zum Tanganyikasee im heutigen Tansania erstreckte. Ihre traditionelle Lebensform war die nomadisierender Wildbeuter und Hirten. Sie züchteten bereits vor Ankunft der ersten Europäer Fettschwanzschafe und kannten Langhornrinder, Tiere, die weniger der Fleisch- als der Milchversorgung dienten. Vieh, Weide und Wasser wurden als Gemeinschaftsbesitz der patriarchalisch organisierten Großfamilien betrachtet. Diese Form des Besitzdenkens stand in keiner Beziehung zu europäischen Denkmustern, was in den Zeiten europäischer Einwanderung zu tief greifenden Konflikten führte.

Traditionelle Hütten der Nama in der Kalahariwüste

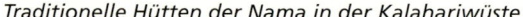

Eine durch die Nama geprägte Kultur gibt es – zumindest für den Reisenden erkennbar – nicht mehr. Bildnerisches Schaffen gehörte scheinbar traditionell nicht zu den von ihnen gepflegten Ausdrucksformen. Was an kunsthandwerklichen oder handwerklichen Fertigkeiten tradiert wurde, ging sehr früh, schon im vorletzten Jahrhundert, verloren, als im Gefolge von Nama-Gruppen aus Südafrika Händler ins Land kamen und Gebrauchsgüter gegen Vieh zum Tausch anboten. An den

Nama-Frau in der Kalahari

Handwerksprodukten der heimischen Nama, an Töpferwaren, Gegenständen aus Kupfer und bearbeiteten Fellen bestand kein Bedarf, und so stellte man sie nicht mehr her.

Gerühmt wurden und werden die besondere Musikalität der Nama und ihre Vorliebe für Lobgedichte, Sinnsprüche, kleine literarische Formen allgemein. Aber zu all dem findet der Reisende kaum Zugang. Die Sprache versteht er in der Regel nicht, und die Musik bekommt er nicht zu Gehör. Leider sind wohl in Folge des Verlustes der tradierten Lebensformen auch eine Reihe der alten Instrumente der Nama, bzw. die Fertigkeit sie herzustellen, verloren gegangen.

Nur ganz vereinzelt und nur wenn man danach sucht, kann man auf die traditionellen Behausungen, die Mattenhäuser, stoßen. Als museale Ausstellungsstücke, zum Beispiel im Heimatmuseum von Keetmanshoop, findet man sie als Erinnerungsstücke an eine nicht mehr gepflegte Lebensweise. Zur Errichtung dieser Häuser wurden Holzstangen in einem Kreis von drei bis vier Metern Durchmesser in den Boden gesteckt und oben zu einer Kuppel zusammengebunden. Querstangen stabilisierten das Gerüst, und etwa ein Meter breite Binsenmatten bildeten die Außenwände. Diese Matten hatten die günstige Eigenschaft, bei heißer Witterung jeden Luftzug durchzulassen und bei Feuchtigkeit aufzuquellen und damit das Innere vor eindringendem Wasser zu schützen. Außerdem boten diese Hütten den für ein nomadisches Leben unschätzbaren Vorzug, für einen schnellen Ab- und Aufbau geeignet zu sein. Ein Kraal, wie die Buren die Nama-Ansiedlungen nannten, bestand aus fünf bis 30 solcher Mattenhäuser, die im Kreis, die Türöffnung auf den Mittelpunkt weisend, aufgebaut waren. Im Inneren des Kreises trieben die Nama des Nachts ihr Vieh zusammen und schützten es so vor den Räubern der Wildnis.

Das alles ist Vergangenheit. Für nomadisierende Hirtenvölker ist im 21. Jahrhundert auch in Namibia kein Raum mehr. Für die hier seit Jahrhunderten heimischen Nama war dies eine Entwicklung, der sie sich zwar vehement widersetzten, ohne sie jedoch letztendlich aufhalten zu können. Sie setzte zu Beginn des 19. Jahrhunderts ein, als aus dem Süden Afrikas »Kommandogruppen«, bestehend aus Nama, Mischlingen und vereinzelt auch Weißen, auf der Suche nach neuen Siedlungsräumen über den Oranje nach Norden vorstießen. Durch den Kontakt zu den Buren hatten sie den Gebrauch der Feuerwaffen erlernt, was ihnen lange Zeit ein militärisches Übergewicht verschaffte. Andere Errungenschaften der Zivilisation wie der Branntwein kamen mit ihnen ins Land – mit nicht weniger verheerenden Wirkungen. Bis zum Ende des

19. Jahrhunderts konnte eine dieser Gruppen, die Afrikaner (nach Jan Jonker Afrikaner, vgl. S. 37), eine Vormachtstellung im zentralen Namibia erobern und behaupten.

Eine andere Gruppe, die Witboois, tat sich im Kampf gegen die deutsche Kolonialmacht hervor. Ihr legendärer Führer, Hendrik Witbooi, sah es, beeinflusst durch biblische Vorbilder, als seine Bestimmung an, die Nama zu einigen und in ein »Gelobtes Land« im Norden des Kontinents zu führen. Mit starker Hand band der *Kort*, der Kurze, wie er wegen seiner geringen Körpergröße genannt wurde, Witboois und andere Nama-Gruppen zu diesem Zweck an sich. Sogar ein striktes Alkoholverbot wusste er durchzusetzen. Doch die Weigerung der Herero, den Durchzug durch ihr Gebiet zu gestatten, vereitelte seine weitreichenden Pläne. Heftige kriegerische Auseinandersetzungen zwischen beiden Stämmen waren die Folge.

In dieser Situation betraten die Deutschen den südwestafrikanischen Schauplatz. Dem »Angebot« Curt von François', einen Schutzvertrag mit dem Deutschen Reich abzuschließen, widersetzte sich Hendrik Witbooi mit Vehemenz – zunächst schriftlich in wohl durchdachter Argumentation, dann in regelrechtem Guerillakampf. Den Grund zum Kampf hatten ihm die Schutztruppen dadurch geliefert, dass sie ihn und seine Gefolgsleute 1893 ohne Vorwarnung überfielen und zur Flucht zwangen. 70 Nama-Frauen und -Kinder wurden bei dem Überfall getötet.

Im September 1894 musste Hendrik Witbooi vor der Übermacht der Deutschen kapitulieren und sich und seine Untertanen der Kolonialmacht unterstellen. Das Gebiet um Gibeon wurde den Witboois als Siedlungsraum zugewiesen.

1904, durch die Herero-Kriege im Norden ermutigt, erklärten die Witboois den Deutschen erneut den Krieg. Im Verlauf von Kampfeshandlungen fand Hendrik Witbooi 1905 den Tod. Der Aufstand wurde niedergeworfen. Gemäß dem letzten Wunsch Hendriks hatten die »Kinder« von da an Ruhe – aber um den Preis des Verlustes ihrer Tradition. Selbst der Anbau und Genuss von *Dagga*, einer Hanfart mit berauschender Wirkung, deren Blätter die Nama in Pfeifen zu rauchen pflegten, ist scheinbar in Vergessenheit geraten.

Angehörige der »Schutztruppe« als Vertreter der deutschen Kolonialmacht

3 Ein Tag in der Halbwüste – alles dreht sich ums Wasser!

Von Keetmanshoop durch den Fish River Canyon nach Ai-Ais

3. Tag: Keetmanshoop – Seeheim – Holoog – Fish River Canyon – Ai-Ais (283 km)

km	Zeit	Route
0	10.00 Uhr	Von **Keetmanshoop** auf der B 4 Richtung Lüderitz/ Seeheim (Teerstraße),
47		kurz vor Seeheim links in die C 12 einbiegen (gute Schotterpiste). Nach etwa 30 km wird der Löwenfluss durchquert.
124	11.30 Uhr	Bei der **Station Holoog** geht es nach rechts ab über die C 37.
142		Passieren des Tors zum **Ai-Ais-Richtersveld Transfrontier Park**.
156	12.00 Uhr	An der **Station Hobas** muss das Permit für die Besichtigung des Fish River Canyon eingeholt werden.
176		Main View Point/**Fish River Canyon**.
213	14.30 Uhr	Ab Hobas zurück und
216		rechts ab auf die C 37 Richtung Ai-Ais,
259	15.00 Uhr	rechts ab auf die C 10 nach
283	16.00 Uhr	**Ai-Ais**.

Extras: Fish River Backpacking Trail – fünftägige, 80–90 km lange, ungeführte Wanderung durch den Fish River Canyon. Permits (N$ 100) werden nur für die Zeit **vom 1. Mai bis 15. September** erteilt. Ein aktuelles (nicht mehr als 40 Tage altes) ärztliches Attest muss vor dem Einstieg in Hobas vorgelegt werden. Das Mindestalter beträgt zwölf Jahre. Mehr als 30 Personen am Tag werden nicht zugelassen. Auch deshalb empfiehlt sich eine rechtzeitige Anmeldung. Auskunft und Buchungen über: **Namibia Wildlife Resorts**, Independence Ave., Windhoek, ✆ (061) 285 72 00, www.nwr.com.na.

Geführte Touren werden von **Safaris Unlimited** angeboten: www.safarisunlimited.com. Kurze (ein bis drei Stunden) **geführte Wanderungen im privaten Naturschutzgebiet** rund um den Canyon sind von der Canon Lodge, dem Canon Roadhouse und Canon Village aus möglich. **Rundflüge über den Fish River Canyon** können auf Anfrage im Office in Hobas oder in der Canon Lodge (vgl. S. 81) gebucht werden.

»Hauptstadt des Südens« nennt sich **Keetmanshoop** voller Stolz. Das könnte Vorstellungen von städtischer Betriebsamkeit und mehr oder minder brodelndem Leben entstehen lassen. Der Blick auf die Lichter der Stadt in der Dunkelheit des Abends ist sogar geeignet, solche Erwartungen zu bestätigen. Aber das Sonnenlicht des hellen Tages offenbart es: Namibias »Zentren« sind allenfalls kleine Landstädtchen, Umschlagplätze für die Farmer der Gegend, geruhsam, beschaulich, unspektakulär. Darüber hinaus einander oft zum Verwechseln ähnlich. Was sie unterscheidet und letztendlich auch die Rangstufe städtischer Bedeutsamkeit festlegt, ist die Qualität der Verkehrsanbindungen – bei der Weite des Landes durchaus naheliegend. Über Keetmanshoop führt nicht nur die wichtigste Straße, die die Landesmitte, die Hauptstadt Windhoek, mit dem dünn besiedelten Süden und dem Nachbarland Südafrika verbindet, auch der schon in deutscher Kolonialzeit verlegte Schienenstrang der Eisenbahnlinie führt durch die Stadt und weiter nach Südafrika bzw. Lüderitzbucht. Zu allem Überfluss kann der Ort auch einen Flughafen vorweisen, der allerdings im Flugplan von Air Namibia keine Erwähnung mehr findet. Vielleicht hat ja die Stadt den Sprung in die Gegenwart doch nicht so ganz in der erhofften Weise geschafft?!

Dabei ist der Stadtkern schon in der Anlage von Großzügigkeit geprägt, ja von einer Weitläufigkeit, die sowohl zu den gesichtslosen modernen Supermärkten wie zu den heimelige Gemütlichkeit suggerierenden Gebäuden aus deutscher Kolonialzeit in seltsamem Kontrast steht. Doch die »weltstädtische« Breite der dörflich stillen Straßen entspringt nicht der Großmannssucht, sondern den Bedürfnissen, die in der Zeit der Gründung vorherrschten: mehrspännige Ochsenwagen waren das gebräuchliche Verkehrsmittel, und um damit zu wenden, brauchte man Platz, viel Platz.

Seine Entstehung verdankt Keetmanshoop dem Wirken von Missionaren. Schon 1866 ließ sich die Rheinische Missionsgesellschaft, eine aus Barmen bei Wuppertal stammende evangelisch-lutherische Missionarsgruppe, hier nieder, um die Nama zum Christentum zu bekehren.

Dass sie diesen Ort auswählten, lässt darauf schließen, dass die Nama hier bereits verstärkt siedelten. In ihrer Sprache hieß der Platz *Nugoaes* (»Schwarzer Sumpf«), was die bald folgenden ersten weißen Siedler mit *Swartmodder* übersetzten. Als jedoch der Vorsitzende der Rheinischen Missionsgesellschaft, der Unternehmer Johann Keetman, 2000 Deutsche Mark stiftete für die Errichtung einer Kirche an diesem Ort, den er niemals gesehen hatte oder sehen sollte, dankte man ihm, indem man die Stadt nach ihm benannte: Keetmanshoop. Was die an den Ort geknüpften Hoffnungen betrifft, so lässt sich wohl sagen, dass sie sich im Kern erfüllt haben: Die Ansiedlung hat mehr als ein Jahrhundert überdauert und zählt auch heute noch mit rund 18 900 Einwohnern zu den größten des Landes.

Auch dass Namibier allgemein die Stadt meist kurz und bündig nur »Keet-mans« nennen, soll nicht heißen, dass man hier ohne Hoffnung sei. Das erstaunt allein deshalb, weil wirtschaftliche Erfolge meist nur von kurzer Dauer waren. So erlebte Ende der 1980er Jahre das Geschäft mit den Fellen der Karakulschafe, die auf den meisten Farmen des Umlandes gezüchtet wurden, einen dramatischen Einbruch. Und in den 1990er Jahren musste man erleben, wie die Zucht von Straußen, in die man große Hoffnungen gesetzt hatte, sich auf die Dauer als nicht tragfähig erwies.

Gute wie schlechte Zeiten haben indes die Gebäude aus deutscher Kolonialzeit überdauert, so das 1910 nach Plänen des deutschen Architekten und Regierungsbaumeisters Gottlieb Redecker (dem Leser schon bekannt als Erbauer der Christuskirche und des Regierungsgebäudes in Windhoek) errichtete **Alte Postamt**, das direkt am Stadtgarten gelegen ist. Damit keine Zweifel aufkommen: Der

Das Alte Postamt in Keetmanshoop, heute eine Tourist Information

Stadtgarten heißt wirklich Stadtgarten, und die Post weist sich in altertümlicher Inschrift über dem Eingang gar als »Kaiserliches Postamt« aus. Wer den trutzigen Natursteinbau heute betritt, tut dies meist weniger aus nostalgischen Gründen, sondern aus ganz praktischen. In der alten Schalterhalle residiert das Touristenbüro.

Wenige Minuten Fußweg von der Kaiserlichen Post entfernt, an der Kaiser Street (500 Kilometer von der Hauptstadt entfernt, haben solche Namensgebungen offensichtlich länger Bestand), reckt sich der markante Kirchturm der **Klipkerk**. Der Kirchenname wie eine Reihe alter Häuschen im Straßenbild machen deutlich, dass sich hier im Süden, in relativer Nähe zu Südafrika, neben den Deutschen auch Siedler burischer Abstammung niederließen. Die Kirche macht ihrem Namen alle Ehre: Sie besteht nicht nur aus Klippen (sprich: Steinen) sondern ist vor allem deshalb bemerkenswert, weil die Natursteine, kunstvoll behauen, ohne Mörtel aufgeschichtet wurden. 1895 errichtete die Missionsgesellschaft die Kirche, die bis 1950 als Gotteshaus diente. Dann gab man sie auf. Die Zeiten der Missionstätigkeit waren vorüber, Profanität machte sich auch im Südwesten Afrikas breit. Bald drohte die Kirche zu verfallen, zumal »kulturlose Elemente« (Zitat aus dem Informationsblatt) sie als Nachtlager und Treffpunkt für Zechgelage nutzten. Angekohlte Pfeiler unter der Empore legen noch Zeugnis von diesem unruhmlichen Intermezzo ab.

Schließlich entschlossen sich die Keetmanshooper, ihre Kirche zu retten. Sie wurde restauriert und beherbergt heute ein kleines Museum. Die Exponate, Fotos und Gegenstände des täglichen Bedarfs, stammen fast ausschließlich aus deutscher Kolonialzeit und spiegeln die bürgerliche Kultur der Wende zum 20. Jahrhundert. Eines der ausgestellten Objekte ist eine Stempelmaschine, ein gusseisernes Gerät, gleichaltrigen Nähmaschinenköpfen ähnlich. Die deutsche Bürokratie war selbstredend auch im fernen Afrika prompt zur Stelle – aber auf liebenswert unbürokratische Weise: Die Stempelmaschine ist über und über mit Blumen bemalt.

Vor der Kirche wurde neben einigen alten Wagen und Karren auch ein *Matijeshuis* aufgebaut, eine aus Schilfmatten errichtete Nama-Hütte – wahrscheinlich die einzige, die man im Land zu sehen bekommt.

Die Kirche hatte im Übrigen auch eine Vorgängerin. Doch sie fiel den Folgen starker Regenfälle anno 1890 zum Opfer. So ist das mit dem Wasser in Namibia: Entweder es fehlt ganz, oder es entfaltet gewaltige, manchmal zerstörerische, oft schöpferische Kräfte. Ein Thema, das uns an diesem Tag in vielen Variationen begegnen wird!

Also verabschieden wir uns vom Landstädtchen Keetmanshoop und wenden uns dem zu, was Namibias eigentlichen Reichtum ausmacht: der Landschaft. Die ersten 47 Kilometer führen noch über ausgezeichnete Teerstraße, sodass man die Augen getrost auf Wanderschaft gehen lassen kann. Die Szenerie wird zusehends bergiger, aber auch schroffer und karger. Grau und rot türmen sich Geröllhalden, überragt von den manchmal grotesken Ergebnissen erosiver Kräfte. Da reckt sich beispielsweise ein Bergkegel himmelwärts, doch statt einer gewöhnlichen Spitze trägt er ein zylindrisches Felsplateau. Deshalb verlieh man ihm auch den Namen »Kaiserkrone«. Wie die hier lebenden Nama den Berg nannten, ist nicht überliefert.

Ganz naturnah wird es dann auf der C 12, auf die man bei **Seeheim** einbiegt: Hier beginnt die Schotterpiste. Die erhöhte Aufmerksamkeit, die der ungewohnte Straßenbelag dem Fahrer abverlangt, mag ihm wenig Zeit lassen, über die Kuriosität des Ortsnamens nachzudenken. Die Siedler, die diesen Platz in staubtrockener Halbwüstenzone Seeheim tauften, müssen entweder Traumvorstellungen nachgehangen haben oder auf andere Verhältnisse getroffen sein. Möglich, dass der Fish River (Fischfluss), dessen Bett unweit des Ortes verläuft, zur Zeit der Ansiedlung mehr Wasser führte und sich sogar in einen kleinen »See« ergoss.Davon fehlt heute jede Spur. Nichts als gigantische Ödnis rundum: Sand, felsiges braunrotes Gestein. *Vratteveld*, Warzenfeld, nennen die Einheimischen diese für den Süden des Landes typischen Flächen. Millionen von Jahren alte Lava wurde durch die Erosion von weicheren Deckschichten befreit und zieht sich wie Schorf durch Mulden und über Hügel. Manchmal hat ein einzelner Köcherbaum in der scheinbaren Unwirtlichkeit Wurzeln gefasst und wie zur Demonstration seiner außergewöhnlichen Lebensenergie gelbe Blütendolden aufgesteckt.

Die wenigen menschlichen »Lebenszeichen« verstärken eher den Eindruck von der extremen Lebensfeindlichkeit der Umgebung. Kein Zug rattert über den Schienenstrang, der entlang der Straße verläuft, und käme plötzlich einer, würde er wie eine ganz und gar fremdartige Erscheinung wirken. So wartet denn auch kein Mensch an einer der kleinen Bahnstationen. Die liegen wie ausgestorben da, so als hätten sie längst vergessen, was Eisenbahnen sind. Wie verloren auch die Farmen, die sich hin und wieder im Abstand von zig Kilometern ins Geröll ducken, in völliger Abgeschiedenheit und ohne dass man ein Zeichen von Betriebsamkeit wahrnähme. Nur manch-

Wanderung im Fish River Canyon

mal sieht man ein Windrad sich drehen: Aus den tief in die Erde getriebenen Brunnen wird Wasser gepumpt. Irgendwo, wenn auch nicht sichtbar, muss es Leben geben.

Dafür spricht zudem, dass das karge Land längs der Straße über große Strecken eingezäunt ist. Solchen Aufwand treibt keiner, um der scheinbaren Unendlichkeit der Landschaft Struktur zu verleihen. Irgendwo müssen Tiere – Schafe und Strauße wahrscheinlich – weiden. Aber man sieht sie so wenig wie die Menschen, die mit der Zucht der Tiere ihren Lebensunterhalt bestreiten. Man sieht Hochspannungsleitungen, leblose Träger von Energie, aus dem Nirgendwo kommend und ins Nirgendwo führend.

Durch das Fehlen verwirrender Vielfalt geschärft, nimmt der Blick bald die kleinste Veränderung wahr. Den Löwenfluss beispielsweise, der nicht weit (zirka 30 Kilometer) hinter Seeheim die Straße kreuzt und wunderbarerweise (häufig) Wasser führt. Wunderschön und irgendwie sehr lebendig auch die Karas-Berge, die links von der Straße aufragen, Tafelberge, die in den verschiedensten Braun- und Rottönen changieren. Die Farben bloßer Erde sind die Farben Namibias.

Das eigentliche Wunder ereignet sich (abhängig von der Reisezeit allerdings), wenn man hinter **Holoog** abgebogen ist. Überall in der Wüste blühen Blumen, ganze Büschel gelber und weißer Korbblütler beleben die steinigen roten Flächen. Gefiederte Kapkörbchen von durchsichtig zartem Blauweiß recken trotzig die Blütenköpfe. Beim fälligen Fotostopp stößt man auf immer neue, immer andere Arten von Blüten. Nichts ist anrührender als eine einzige winzige Blüte inmitten von Wüstensand – und hier blühen Hunderte. Dabei wird Gewissheit, was die vereinzelten Köcherbäume und Trockengehölze bereits

vermuten ließen: Es muss Feuchtigkeit geben, die diese Vitalität ermöglicht.

Weite, Wüste, die unerwarteten Glanzlichter der Vegetation – das alles lässt beinahe vergessen, dass man sich einem der landschaftlichen Highlights Namibias, dem **Fish River Canyon** (Fischfluss-Canyon), nähert. Wie es in der Natur eines Canyons liegt, kündigt er sich denn auch durch nichts an. Nach dem Passieren des Tores in Hobas und dem Einholen des *Permits*, der Eintrittserlaubnis, ist jedoch klar, dass der Canyon nicht mehr weit sein kann.

Und dann lassen sich in der Geröllwüste auch bereits die Abbruchkanten der Schlucht erahnen. Den ersten Blick hinein können wir am **Main View Point** werfen. Doch von ruhigem Schauen, zu dem die Landschaft ansonsten zwingt, kann hier nicht die Rede sein. Geradezu gewaltsam wird der Blick hinabgesogen in die Tiefe, entlang der schroffen

Felsformationen und der mäandernden Windungen des vor Jahrmillionen mächtigen Flusses.

Mit dem jetzigen Fish River kann der Strom der Vorzeit wenig Ähnlichkeit gehabt haben, denn was man heute sieht, sind nur noch einzelne Kolke, Tümpel, spärliche Rinnsale. Kein Rauschen, kein Tosen, kein Anzeichen der Macht des Wassers, das in Urzeiten dem Gestein die heutige Form aufzwang. Selbst der Hinweis, dass der Fluss nach heftigen Regenfällen das tut, was man von Flüssen gemeinhin erwartet, nämlich fließen, dass er manchmal sogar über die Ufer tritt und Ai-Ais am Canyon-Ausgang überflutet, macht es schwer, in ihm den alleinigen Schöpfer dieses gigantischen Felslabyrinthes zu sehen.

An der Gestaltung des 450 bis 550 Meter tiefen und 160 Kilometer langen Canyons haben denn auch nicht nur Erosion, nicht nur Wasser, Wind und klimatische Schwankungen mitgewirkt. Hier waren auch andere geologische Kräfte am Werk und haben mit Brüchen und Verwerfungen zur Entstehung beigetragen.

Das Wirken von Jahrmillionen liegt offen da. 500 Millionen Jahre sind die obersten kambrischen Schichten alt, und die ältesten Schichten am Fuß der Steilwände werden gar auf 2,5 Milliarden Jahre geschätzt. Eine recht beachtliche Zeitreise – auf einen Blick! Einen Blogger im Netz verleitete der Anblick sogar dazu, den Fish River Canyon als das schönste und best gehütete Geheimnis des Planeten zu bezeichnen.

»Schnell« einmal in den Abgrund hinein- und dann wieder hinaufsteigen ist seit einiger Zeit verboten. Anlass für das Verbot war ein Todesfall als Folge eines solchen Spontanentschlusses. Un-

500 Millionen Jahre lang hat sich der Fish River in den Canyon gegraben

ter den hier herrschenden klimatischen Bedingungen müssen derartige Aktivitäten umsichtig geplant werden und nicht ohne Grund wird die Erteilung des Permits zum Trail von der Vorlage eines aktuellen ärztlichen Attestes abhängig gemacht.

Die Weiterfahrt nach Ai-Ais erweist sich als ein weiteres unerwartetes Highlight. Rundum türmt sich eine Mondlandschaft von Felsbrocken in fantastischer Farbenvielfalt. Von Ocker, Rot und Braun bis zu tiefem Schwarz reicht die Palette. Keine Rede davon, dass bloßer Stein langweilig sei. Besonders schön ist das letzte Wegstück. Durch schwarze Schluchten mäandert hier die Straße ähnlich dem Fish River im Canyon, um ebenso am Ende in die Oase **Ai-Ais** einzumünden. Das Grün des Ortes erscheint

nach der Fahrt wie ein kleines Wunder. Ein Wunder mehr, das vom Wasser zuwege gebracht wird.

Ums Wasser dreht sich nämlich alles in Ai-Ais, genauer gesagt, um heiße, mineralstoffreiche Quellen. Nama-Hirten entdeckten sie im 19. Jahrhundert und gaben dem Ort den heute noch gebräuchlichen Namen: *Ai-Ais*, was soviel wie »glühend heiß« bedeutet. Auf angenehme Badetemperatur abgekühlt, speisen die Quellen ein großes Freibad sowie ein Hallenbad – eine willkommene Entspannung nach der Autofahrt.

Dass es außer dem Rastlager Ai-Ais noch eine ganze Reihe sehr komfortabler und durchweg empfehlenswerter Unterkünfte im Bereich des Fish River Canyon gibt, lässt sich unter Service & Tipps entnehmen.

Die Oase Ai-Ais bietet müden Reisenden ein erfrischendes Bad in heißen Quellen

3 Service & Tipps

Keetmanshoop

ℹ ⓘ Kaiserliches Postamt
5th Ave. & Fenchel St., Keetmanshoop
☎ (063) 22 12 66
Mo–Fr 8–12.30 und 13.30–16.30 Uhr
Gleichzeitig **Tourist Information**, Büro des
Southern Tourist Forum und der Air Namibia.

ⓘ 🏛 Missionskirche (Klipkerk)
Kaiser St., Keetmanshoop
Mo–Fr 8–12.30 und 13.30–16.30 Uhr
Schöne Bruchsteinkirche der Rheinischen Missionsgesellschaft von 1895.
Heimatmuseum: Ausgestellt sind Objekte des
täglichen Bedarfs aus der Zeit um die Wende
zum 20. Jahrhundert, im Außenbereich Wagen
und Karren aus deutscher Kolonialzeit, aber
auch ein typisches Mattenhaus der Nama.

**Weitere Informationen zu Keetmanshoop
finden Sie S. 64.**

ⓘ 🏞 Fish River Canyon
Über die C 37 zu erreichen
Tägl. 6–22 Uhr
Permit erhältlich im Office in Hobas, vgl. auch
Kasten S. 74.

Ais-Ais

🏞 Ai-Ais-Richtersveld Transfrontier Park
www.peaceparks.org, www.nwr.com.na
Parkgebühren: Erwachsene N$ 80, Kinder un-
ter 16 J. frei, Pkw (bis 10 Sitze) N$ 10
Der Park vereint seit August 2003 Ai-Ais Heiße
Quellen/Hunsberge, den Fish River Canyon, die
Huns-Berge und (auf südafrikanischer Seite)
den Richtersveld National Park und umfasst
6235 km² eindruckvollster Landschaftsszenerien.

🏕 Hobas Campground
Buchung: Namibia Wildlife Resorts
Windhoek
☎ (061) 28 57 2 00
www.nwr.com.na

Reservierungen für Canon Lodge, Canon Village und Canon the Roadhouse über:

Die Missionskirche in Keetmanshoop

🛏 Gondwana Collection
Windhoek
☎ (061) 42 72 00
www.gondwana-collection.com

🛏✕🛏⛏ Canon Lodge
An der C 37
30 komfortable, ebenso unauffällig wie eindrucksvoll ins Felsgestein eingebettete Bungalows – und das nur 20 km vom Main View Point
entfernt. Das Restaurant befindet sich im 1910
erbauten Farmhaus; Terrasse mit Blick über die
Canyon-Landschaft.
　Diverse Angebote geführter Wanderungen
und Ausflüge. Gemäß dem Motto »Gib der Natur zurück, was ihr gehört« werden Gewinne
in Maßnahmen zur Wiederherstellung des ursprünglichen Zustands des Geländes, z.B. den
Abbau von Zäunen und den Aufbau von Wasserstellen für Wild, investiert. Übernachtung
$$$$, Restaurant $$$–$$$$

🛏✕🐾🛏 Canon Village
Neueren Datums ist die anspruchsvolle Bun-
galow-Anlage mit insgesamt 60 Betten, 20 km
vom Hauptaussichtspunkt auf den Fish River
Canyon entfernt.
　Nicht nur die Ausstattung durch namibische
Künstler, auch die landschaftlichen Ausblicke
sind sehenswert. $$$–$$$$

🛏✕ Canon the Roadhouse
An der C 37 (17 km hinter dem Abzweig von
der C 12)
Das Roadhouse ist inzwischen (nicht nur un-
ter jungen Leuten) absolut Kult, was nicht

Ab ins wohltuende Nass: Pool in den Ai-Ais Hot Springs

nur am dekorativen Einsatz einiger Oldtimer liegt. Es herrscht eine angenehme Atmosphäre in diesem überschaubaren Haus (24 Betten in geschmackvollen Räumen). Das Camp ist zwar weniger spektakulär als die Lodge, aber angenehm. Tankstelle! $$$

Ai-Ais Hot Springs
Ab 18 Uhr geschl.

Thermalbad am Südausgang des Fish River Canyon. Die gesamte Anlage wurde 2008 einer grundlegenden Neugestaltung unterzogen und wirkt recht ansprechend.

Ai-Ais Rastlager
Namibia Wildlife Resorts
Windhoek
© (061) 285 72 00, www.nwr.com.na
Anfang Nov.–Mitte März geschl.
2009 wurde die gesamte Anlage von Grund auf renoviert und weitgehend neu gestaltet. Massagen und unterschiedlichen Anwendungen stellen ein echtes Wellness-Angebot dar. Die Unterkünfte wurden geschmackvoll erneuert: 2- oder 4-Bett-Apartments ($$) mit direktem Zugang zum Hallenbad oder erstklassig ausgestattete Chalets mit Blick auf den Fluss, offener Küche und Jacuzzi.
$$$

Restaurant in Ai-Ais
Da hier viele Selbstversorger übernachten (eine Folge der Nähe zu Südafrika), bleibt das Angebot des Restaurants bescheiden: Die Auswahl ist begrenzt, das Essen einfach, aber auch schmackhaft, die Preise sind günstig. $–$$

Oldtimer vor dem Canon the Roadhouse in Ai-Ais

E Namibische Grenzerfahrung

Von Keetmanshoop an den Oranje

Extratag: Keetmanshoop – Grünau – Noordoewer – Aussenkehr
(298 bzw. 350 km)

Wenn in den Sommermonaten die Temperaturen in Ai-Ais und im Canyon unerträglich werden oder wenn man (als Wiederholungstäter) dem Canyon keinen weiteren Besuch abstatten möchte, bietet sich diese Route an, die ausschließlich über Teerstraßen führt.

Die Route ist blau in der Karte S. 73 eingezeichnet.

km	Zeit	Route
0	9.00 Uhr	Von **Keetmanshoop** über die B 1 nach Süden;
156	10.30 Uhr	**Grünau** wird passiert und die Fahrt auf der B 1 fortgesetzt, bis
298	12.00 Uhr	**Noordoewer** erreicht ist. Übernachten kann man ca. 10 km Richtung Aussenkehr links der C 13 im
308		**Felix Unite**, oder man fährt weiter am Oranje entlang Richtung Nordwesten bis zum
350	14.00 Uhr	**Norotshama River Resort** kurz vor **Aussenkehr**.

Was die zu bewältigende Wegstrecke bei dieser Route betrifft, so ist sie wahrscheinlich eine der leichtesten auf der Tour und weiß Gott keine Grenzerfahrung. Man rollt ausschließlich über gepflegten Teer, den man sich mit erstaunlich wenigen anderen Verkehrsteilnehmern teilt. Erstaunlich deshalb, weil es Richtung Grenze zu Südafrika geht und somit einiges an Güterverkehr zu erwarten wäre. Dem ist aber nicht so. Also Zeit genug, die allfälligen »Ahs« und »Ohs« fotografisch zu konservieren.

Nachdem es hinter Keetmanshoop zunächst noch einige Zeit sanft gewellt und wenig dramatisch erscheint, führt die Straße bald mehr und mehr in die imposante Großartigkeit der **Karasberge**. Erst nachdem das kleine Grünau hinter uns liegt, verklingt die Felsdramatik und das Landschaftsbild wechselt schließlich zwischen unspektakulären Hügeln und spärlich mit hellem Gras bewachsenen, endlosen Ebenen.

Noordoewer ist nichts als Grenzstation. Es gibt zwei Tankstellen, einen Supermarkt, einige feste Häuser und damit alles, was der »Grenzgänger« braucht. Da man, wenn man nicht auf die andere Flussseite will, nicht einmal den Grenz-

Blumenwunder im Wüstensand

posten einsehen kann, biegt man am besten gleich rechts ab auf die C13 Richtung Aussenkehr.

Felix Unite, direkt am Oranje gelegen, bietet eine gute Möglichkeit, Fluss und Flusslandschaft zu genießen, zu erkunden, vielleicht auch per Kanu zu erfahren. Die Lage ist wahrscheinlich die schönste am ganzen Oranje: eine grüne Flussoase, ein Fluss, der zwischen teilweise steilen Uferböschungen mäandert, eine Furt, in der geangelt wird, und am jenseitigen Ufer eine Berglandschaft von ausgesuchter Schönheit. Das alles kann man natürlich auch von den hübschen, reetgedeckten Cabanas aus sehen – und in Ruhe genießen.

Eine Alternative zum Ausruhen und Schauen stellt auch das ca. 40 Kilometer nordwestlich an der C13 gelegene **Norotshama** dar. Die Lage ist nicht ganz so spektakulär, aber auch hier lassen die Chalets nichts zu wünschen übrig und der Oranje inmitten seines grün eingefassten Bettes schon gar nicht.

Diese namibische Grenzregion könnte das wahre Paradies sein, wenn sie nicht einen Schönheitsfehler hätte – der zu allem Überfluss im ansprechenden Gewand daher kommt. Auf beiden Flussufern werden auf ausgedehnten Arealen Tafeltrauben angebaut, die zur Weihnachtszeit in Europa und zu Neujahr in China reichlich Abnehmer finden. Dass dies Geschäft, betrieben von südafrikanischern, niederländischen und deutschen Investoren, am Oranje Arbeitsplätze schafft, ist im Grunde sehr begrüßenswert. Weniger erbaulich ist die Art des Umgangs mit den aus allen Landesteilen Angeworbenen.

In Aussenkehr (genau wie in der Nähe der übrigen Plantagen) hat man auf einem etwas außerhalb gelegenen Hügel kleine Hütten (etwa zwei mal zwei Meter) aufgestellt. Hier leben die Arbeiter und ihre Familien ohne Elektrizität und Wasser, selbst ohne Gemeinschaftstoiletten. 6000 Arbeiter werden ganzjährig, 20 000 zu den Hauptarbeitsphasen benötigt. Seit mehreren Jahren ist das so und in dieser Zeit wurde an der Situation nichts geändert. Nur einen riesigen Supermarkt gibt es inzwischen, betrieben von einer europäischen Kette.

E **Service & Tipps**

🛏🍴✖🛌✖ **Felix Unite River Adventures CC**
Am Oranje River
Reservierung: ☎ +27 87 354 05 78
www.accommodationsouthernnamibia.com
Camp in wunderschöner Lage am Fluss mit festen Bungalows und Campingmöglichkeiten. Shop und Restaurant, Angebot von Kanutouren. Die Preise beziehen sich nur auf die Übernachtung. Mahlzeiten gibt es im Restaurant. $$

🛏🍴 **Norotshama River Resort**
Aussenkehr
☎ (063) 29 72 15/16
www.norotshamaresort.com
Schön gestaltete Bungalows und ein wunderbarer Blick auf den Fluss. $$ ☀

4 Aus heißem Talkessel zu kühler Höhe

Von Ai-Ais über Rosh Pinah nach Aus

4. Tag: Ai-Ais – Aussenkehr – Rosh Pinah – Aus (327 km)

km	Zeit	Route
0	9.00 Uhr	Abfahrt in **Ai-Ais** und am Ende der Ausfahrt nach rechts auf die C 37 einbiegen, der
61	10.00 Uhr	man bis zur C 13 folgt. Nach rechts auf die C 13 Richtung Rosh Pinah. Die Strecke führt entlang dem **Oranje** und z.T. durch den **Ai-Ais-Richtersveld Transfrontier Park**.
161	12.30 Uhr	**Rosh Pinah** wird erreicht; von hier aus ist die Straße geteert.
327	14.30 Uhr	Weiter bis **Aus** bzw. Klein-Aus Vista.

Seit die C 13 von Rosh Pinah aus geteert und schon wegen der hier verkehrenden Lkws, die die Transporte von und zur Mine durchführen, in exzellentem Zustand ist, stellt die vorgestellte Route kein Problem mehr dar. Die Straße am Oranje entlang ist zwar eine Gravel Pad und enthält auch einige schwierigere Stellen, lässt sich aber auch mit nicht vierradgetriebenem Pkw bei entsprechender Fahrweise problemlos fahren. Nur während der Regenzeit sollte man vor Antritt der Fahrt genauere Auskünfte über den Straßenzustand einholen, weil dann hin und wieder einige Straßenabschnitte unpassierbar sein können.

Im Ai-Ais-Richtersveld Transfrontier Park fühlen sich viele Vogelarten wohl

Es lohnt sich, an diesem Tag ein wenig früher aufzustehen, denn die Fahrt von Ai-Ais durch die Berge und vor allem die Strecke entlang dem Oranje sind einfach ein Traum. Und das Licht des frühen Tages pflegt Landschaftsträume zusätzlich zu vergolden. Bei der bereits am Vortag so gerühmten Strecke heraus aus Ai-Ais lässt sich das besonders gut überprüfen, weil man die Eindrücke vom Tag zuvor noch ganz lebendig vor Augen hat.

Es folgt dann noch einmal ein Stück Weges durch völlig öde Weite, in der selbst die Zäune fehlen. Aber auch Begeisterung muss manchmal abflachen, um auf höchstem Niveau wiederkehren zu können. Und spätestens am Oranje ist dieser Punkt erreicht. Unglaubliche Felsformationen ragen entlang dem Fluss auf, der sich ganz so, wie es ihm gefällt, durch die gigantische Kulisse schlängelt, immer eingebettet in kräftig leuchtendes Grün. Mal umspielt er große, rund gewachsene Felsbrocken, die wie Herden von Hippos im seichten Wasser lagern, mal umspült er von dichtem Pflanzenpelz eingehüllte Inselchen. Und die vielgestaltige Berginszenierung in der Nähe und Ferne verschlägt fast den Atem. Doch bevor das Schwärmen so Überhand nimmt, dass es an Glaubwürdigkeit einbüßt, sei der

Eindruck ganz schlicht auf den Punkt gebracht: Es ist einfach wunderschön!

Auch Tiere lassen sich beobachten: verschiedenste Vögel natürlich und ganze Klippschliefer-Großfamilien, die im steinigen Geröll der Flussböschung zu Hause sind. Meist liegen sie einfach dösend in der Sonne, um blitzschnell in einer Felsspalte zu verschwinden, wenn man sich nähert.

Ob man – außer einem Autofahrer von Zeit zu Zeit – Menschen begegnet, ist fraglich. Vielleicht im Verlauf der Strecke außerhalb des **Ai-Ais-Richtersveld Transfrontier Park** einigen Frauen, die Bündel von Holz auf dem Kopf tragen. Sie müssen früh in Aussenkehr aufgebrochen sein, um ein wenig Brennmaterial zum Kochen nach Hause zu tragen. Dennoch: Die Strecke bleibt wunderschön und eins der großen namibischen Highlights.

Rosh Pinah ist dann eine völlig andere Welt. Dass hier Bodenschätze zu finden sind, wusste man schon 1963, als erste Sulfidvorkommen gefunden wurden. 1969 begann man mit dem Bau der ersten Mine und eine Siedlung entstand. Der Name Rosh Pinah kommt aus dem Hebräischen, lässt sich mit »Eckstein« übersetzen und bezieht sich auf eine israelische Ortschaft gleichen Namens. Schwung kam aber erst in das Minengeschäft, als neue Gewinnungs- und Verarbeitungsmethoden entwickelt wurden. 2001 wurde die Mine unter dem Namen Anglo Skorpion Zinc Mine weitergeführt und ist heute weltweit die Nummer Eins in der Zinkgewinnung mit einer Produktion von 150 000 Tonnen jährlich. Besichtigungen des Minenbetriebs sind möglich; die Modalitäten müssen im Verwaltungsgebäude erfragt werden.

Der gewachsenen Bedeutung der Mine entspricht auch das Bild des Ortes. Der Reisende erlebt eine blitzblanke Siedlung mit zwei Banken, Supermärkten, Restau-

rants und vor allem hübschen kleinen Einfamilienhäusern, umgeben von gepflegten Gärten. 2500 Menschen leben in diesem »Dorf«, das sich derzeit um den Status als Stadt bemüht. Eine namibische Mittelstandsidylle, aber leider auch diese mit Kehrseite. Am Ortsausgang Richtung Aus duckt sich eines dieser schon bekannten elenden Hüttenquartiere ins Geröll. Wahrscheinlich sind Arbeitssuchende aus anderen Landesteilen den Geschichten vom Wohlstand in Rosh Pinah gefolgt, wurden aber nicht eingestellt und strandeten so mittellos am Rande der südlichen Namib.

Da die in der Mine gewonnenen Erze fast ausschließlich über Lüderitz verschifft werden, ist die Qualität der Straße, auf der man sich nun bewegt, von kaum zu übertreffender Qualität. Die Landschaft hingegen verliert an Reiz: Nur in der Ferne sind noch interessante Bergformationen erkennbar, entlang der Straße macht sich Wüste breit. Allenfalls runden sich

Köcherbaum, Grassteppen, karge Berge – die Landschaft im Süden Namibias

hier und da kleinere Kuppen im vegetationslosen Umfeld.

Vor schroffer Bergkulisse, Ausläufern der Randstufe, zeigt sich schließlich das Örtchen **Aus**, das mit seinen ca. 200 Haushalten eigentlich kaum der Erwähnung wert scheint. Und doch ist es ebenso wichtig wie winzig, so bedeutend wie bedeutungslos, vordergründig Fels und Staub und darin verborgen fast vergessene (deutsche) Geschichte. Bedeutend ist der Ort wegen der Bahnstation und seiner Lage am Kreuzungspunkt der nach Rosh Pinah im Süden, nach Maltahöhe im Norden, Keetmanshoop im Osten und Lüderitz im Westen führenden Straßen. Wer immer mit dem Auto in dieser Region unterwegs ist, füllt in Aus seine überlebensnotwendigen Vorräte auf. Und davon leben wiederum die Bewohner. Das bisschen Farmerei, das der karge Boden zulässt, ist nur das notwendige Zubrot. Immerhin scheint man zurechtzukommen, denn für den Bau einer ansehnlichen Kirche und eines »Ablegers« in Form einer winzigen Kapelle hat es auch schon in Zeiten mit geringem Tourismus gereicht.

Heute reicht es für mehr: Die Häuser sind bunt gestrichen und frisch herausgeputzt, das **Bahnhof Hotel** lockt mit einer einladenden Kaffeeterrasse, auf der gegenüberliegenden Seite gibt es sogar einen Biergarten und mit **Klein-Aus Vista** eine durchaus ansehnliche und interessante Übernachtungsmöglichkeit.

Und wenn all das nicht zum Bleiben animieren kann, hilft vielleicht ein Besuch des **Tourist Information Centre** am Ortseingang. Hier werden die Schätze der umgebenden Natur sowie die Spuren der Geschichte auf ebenso ambitionierte wie überzeugende Art präsentiert. Aus, so lernt man hier, ist eben nicht nur Kreuzungspunkt wichtiger Straßen, sondern vor allem im Grenzbereich dreier sehr unterschiedlicher Landschaftszonen gelegen. Sukkulenten Karoo (Steppenge- biet, in dem wasserspeichernde Pflanzen vorherrschen), eines der angeblich bota- nisch interessantesten Gebiete der Welt, Nama Karoo (Grasflächensteppe) und Dü- nen-Namib stoßen aufeinander. Zur Folge hat dies, dass in dieser Region eine au- ßerordentliche Vielfalt unterschiedlicher Pflanzen und Tiere zu finden ist. Allein 500 Pflanzenarten hat man gezählt und auch die Vielfalt der Vogelarten sucht ihresgleichen. Auf einer Reihe geführter Touren, aber auch allein auf gut mar- kierten Wanderwegen kann man all dies erleben.

Sehr viel Glück muss allerdings haben, wer eine besonders rare Attraktion in Aus erleben will: Schnee. Winterliches Weiß am Rand der Namib wäre ebenso spektakulär wie denkbar. 1963 und 1987 zumindest war es für wenige Tage so, was sich mit Fotos belegen lässt. In Lüderitz sind die Ereignisse als Stammtischwitz le- bendig geblieben. Sobald der Wind küh- ler weht, flachst dort garantiert jemand: »Jetzt werden in Aus die Ski gewachst.« Erklären lässt sich das Phänomen ganz einfach: Aus liegt 1446 Meter hoch und damit 75 Meter höher als der Brenner- pass.

Diese Höhenlage ist auch dafür ver- antwortlich, dass es hier überhaupt zu größeren Niederschlagsmengen kommt als in den angrenzenden Regionen. Sie veranlasst die vom Kap heraufziehenden Tiefdruckgebiete sich ihrer nassen Fracht an den Berghängen zu entledigen. Und zwar außerhalb der ansonsten landesüb- lichen Regenzeiten. Mit relativer Sicher- heit sind Regenfälle im Mai/Juni oder August/September zu erwarten – und lösen mit kurzer Zeitverzögerung dann den Zauber großer Blütenteppiche aus.

Vielleicht hat der Besuch des Informati- on Centre auch das Interesse geweckt, ein

Ein schweißtreibendes Unternehmen: als »Biker« durch Namibia

bisschen in die Geschichte einzutauchen, die in Namibia immer auch ein Stück weit deutsche Geschichte ist. Einen deutschen Soldatenfriedhof sowie die Ruinen eines **Kriegsgefangenenlagers** aus dem Ersten Weltkrieg findet man hier. Letzterem wurde sogar der Rang eines National Monument zuerkannt. Die Soldaten der deutschen Schutztruppe, die sich im Juli 1915 den südafrikanischen Streitmäch- ten unterwerfen mussten, wurden hier bis 1919 gefangen gehalten. Eine wenig rühmliche Episode möchte man glauben. Doch das Informationsblatt berichtet vol- ler Bewunderung von der guten Moral der Gefangenen und ihren außerge- wöhnlichen Bemühungen, die Jahre der Gefangenschaft in einem abweisenden Landstrich mit extremen klimatischen Be- dingungen so menschenwürdig wie mög- lich zu gestalten. So bauten sie Hütten aus ungebrannten Ziegeln – deren Reste heute noch zu sehen sind –, legten Blu- men- und Gemüsebeete an, trieben Sport und stellten eine Musikgruppe auf die Beine. In merkwürdiger Verdrehung der Tatsachen wurde ein Zustand geschaffen, in dem die Gefangenen einigermaßen an- genehm lebten, während ihre Bewacher unter primitivsten Bedingungen aushar- ren mussten.

Klein, aber fein: das Bahnhof Hotel Aus bietet neben 21 Zimmern auch einen Biergarten

4 Service & Tipps

ℹ️🛏️🅿️🍴☕🏨🍽️ Klein-Aus Vista

An der B4, 2 km westlich von Aus Richtung Lüderitz, Aus
✆ (063) 25 81 16
✆ (063) 25 80 21
www.klein-aus-vista.com
www.gondwana-collection.com
Café und Shop Tägl. 9–18 Uhr
Die Lodge zählt inzwischen zur Gondwana Collection. Auch hier gehört es zur Unternehmensphilosophie, das touristische Angebot in Einklang mit der Natur der Umgebung zu bringen.

Neben dem **Desert Horse Inn** mit 24 Räumen und dem großen Restaurant, gibt es die **Eagle's Nest Lodge** mit acht in den Fels gemauerten Chalets und traumhaftem Wüstenblick (Mahlzeiten im Desert Horse Inn), das Felsenhaus **Geisterschlucht** für Selbstversorger und einen Campingplatz.

Angeboten werden geführte Wander- und Reittouren, Ausflüge zu den wilden Pferden und in die unberührte Wüstenregion.

Neben einem Außengelände, das einige typische endemische Pflanzen der Gegend zeigt (zur Erleichterung der Wiedererkennung bei eigenständigen Wanderungen), gibt es ein hübsches kleines Café sowie einen Shop mit Kunsthandwerk der Region.

👁️ Ruinen des Kriegsgefangenenlagers

Etwas außerhalb von Aus gelegener Komplex eines Lagers aus den Jahren 1915–19.

🛏️🍴 Bahnhof Hotel Aus

20 Lüderitz Str., Aus
Buchungen: ✆ (063) 25 80 91
www.bahnhof-hotel-aus.com
Was man aus einem wenig einladenden Gastronomiebetrieb aus alten Zeiten mit Geschmack und Einsatz machen kann, ist hier zu bewundern. $$–$$$ ✺

5 Von wilden Pferden und Klunkern im Wüstensand

Von Aus über Kolmanskop nach Lüderitz

5. Tag: Aus – Lüderitz (125 km)

km	Zeit	Route	Die Route finden Sie in der Karte S. 85.
0	9.00 Uhr	Von **Aus** auf die B 4,	
20		Hinweisschild auf **Garub**, die Wasserstelle, die für die wilden Pferde betrieben wird. Gute Möglichkeit, die Tiere zu beobachten und zu fotografieren.	
115	10.30 Uhr	Abzweig nach **Kolmanskop**. Besichtigung der Stadt. Anschließend oder direkt weiter nach	
125		**Lüderitz**.	

Heute lockt die Wüste – und natürlich auch der Atlantik, den man am Ende der Etappe erreichen wird. Doch vor uns liegt erst einmal das »absolute Nichts«, so die Übersetzung des Namens Namib. Zunächst aber keine Spur von Nichts; zunächst weite, durch spärlichen Graswuchs gelb schimmernde Ebenen und immer mal wieder Akazienbäume, die ihre Anspruchslosigkeit unter Beweis stellen. Eine Bahntrasse, die parallel zur Straße in die Unendlichkeit zu führen scheint, erweist sich als die jüngst komplett erneuerte Version der Trasse aus den Tagen der Kolonialherrschaft. Um die in Rosh Pinah gewonnenen Erze besser zum Hafen in Lüderitz transportieren zu können, war ihre Erneuerung vonnöten. Wann die Strecke wieder betriebsbereit sein wird, ist noch unklar.

In der Ferne vibrieren Strauße im flimmernden Licht. Durch das dünne Gras

Durch Dürre und Beutezüge hungriger Hyänen stehen die namibischen Wüstenpferde kurz vor dem Aussterben

streift eine Oryxherde. Kurze Zeit später tauchen Pferde am Straßenrand auf. Allerdings sind solche Begegnungen mit Wildpferden, die im Gebiet um Garub lange Zeit an der Tagesordnung waren, inzwischen Glückssache. Womöglich trifft man die Tiere hier bald gar nicht mehr an, denn aktuell gibt es Bestrebungen, die vom Aussterben bedrohten Wildpferde umzusiedeln.

Die Frage, wie sie ins »Beinahe-Nichts« verschlagen wurden, scheint mittlerweile beantwortet. Anhand von Archivmaterial lässt sich belegen, dass im Ersten Weltkrieg 10 000 Soldaten der Alliierten mit 6000 Pferden für den Zeitraum von fünf Wochen in Garub stationiert waren. Während dieser Zeit wurde von einem deutschen Flugzeug eine Bombe in eine Herde von 1700 Pferden geworfen. Von denen, die entkamen, konnten nicht alle wieder eingefangen werden. So ist anzunehmen, dass sie die Vorfahren der heutigen Wildpferde waren.

Rechts der Straße beginnt der **Namib-Naukluft National Park**, ein ausgewiesenes Naturreservat und deshalb nicht unumschränkt zugänglich, und links erstreckt sich das Diamant-Sperrgebiet *(Restricted Area)*, dessen Betreten so strikt verboten ist, dass es nicht einmal der Einzäunung bedarf. Restriktionen hin oder her – sie berühren uns nicht. Wir sind schließlich mitten drin in dieser atemberaubenden Wüstenlandschaft, in diesem im schütteren gelben Grasbewuchs wogenden Wüstenmeer, auf dem hin und wieder vereinzelte

Scheinbar nichts als Sand: die Wüste im Namib-Naukluft National Park

Bergkuppen zu dümpeln scheinen. Ein Hauch von Rot färbt den Sand und scheint die Realität um uns in eine Welt vager, verschwommener Träume zu verwandeln. Vegetation gibt es bald keine mehr und erste Sicheldünen tauchen auf. Dann auch Hinweisschilder auf Sand und Wind und damit die Gefahr der Verwehungen.

Links der Straße sehen wir bald ein halb verfallenes Häuschen, durch das Bahnschild als »**Grasplatz**« ausgewiesen. Die Namensgeber waren keine Satiriker, noch hatte der Wüstenkoller sie zu solch scheinbarem Widersinn verleitet. Vielmehr wurde an diesem Platz vorzeiten Futter für die Ochsen gelagert, die die Karren mit Fracht von der Küste durch die Wüste zu ziehen hatten: eine tierische Tankstelle mithin.

An diesem kuriosen Ort sollte auch die Geschichte des Diamantabbaus in der Namib ihren Anfang nehmen. Hierher verschlug es im Jahr 1906 den gebürtigen Thüringer August Stauch. Seine Aufgabe bestand darin, eine Art Sisyphusarbeit zu beaufsichtigen: 30 Kilometer des Schienenstrangs der gerade erstellten Bahnlinie von Lüderitz nach Aus mussten vom Treibsand der Wüste, der sich unablässig um 15 bis 20 Meter in der Sekunde bewegt, immer wieder freigeschaufelt werden. Stauch ließ schaufeln, kurierte im trockenen Wüstenklima sein Asthmaleiden und frönte seiner Leidenschaft, der Mineralogie.

Der ruhige Gang der Dinge am »Grasplatz« fand ein abruptes Ende, als der farbige Bahnarbeiter Zacharias Lewala im April 1908 Stauch einen besonderen Fund präsentierte, der sich im Verlauf genauerer Untersuchungen als Diamant entpuppte. Das war der Grundstein des legendären Reichtums von August Stauch und des kleinen Wohlstands von Zacharias Lewala, der immerhin eine Be-

Unweit dieses heute verfallenen Gebäudes am »Grasplatz« fand man 1906 Diamanten

lohnung bekam und sich, wie es Fotos belegen, ein Pferd leisten konnte.

Dem einsetzenden Run auf die Klunker im Wüstensand schob die Regierung in Berlin kurz nach Bekanntwerden der Vorkommen einen Riegel vor. Sie erklärte einen rund 100 Kilometer breiten, parallel zur Küste verlaufenden Streifen vom 26. Breitengrad bis zur südafrikanischen Grenze zum Sperrgebiet und übertrug alle Schürfrechte der »Deutschen Diamanten Gesellschaft« (DDG), die man eigens zur Exploration der unerwarteten Schätze gegründet hatte. Die herrlichen Zukunftsvisionen, die man in Berlin mit den Diamantvorkommen verband, lösten sich jedoch im Verlauf des Ersten Weltkriegs in Nichts auf. Aus der DDG wurde die CDM *(Consolidated Diamond Mines)* und die Gewinne flossen fortan nach Südafrika.

Unerwartet, ja geradezu rätselhaft, erschienen die Funde in der Namib im Übrigen nicht nur dem glücklichen Stauch, sondern auch der geologischen Fachwelt. Gemeinhin geht man davon aus, dass Diamanten, reiner Kohlenstoff, der vor 70 Millionen Jahren im Erdinneren unter massivstem Druck zu härtesten Kristallen gepresst wurde, bei Vulkanausbrüchen zusammen mit dem Magma an die Erdoberfläche geschleudert werden und nur in Blaugrundgestein vorkommen. Blaugrundformationen fehlen jedoch an der namibischen Küste. Woher also kamen die Diamanten im Namib-Sand?

Wissenschaftliche Untersuchungen ergaben schließlich, dass sie im Quellgebiet des Oranje, des Grenzflusses zu Südafrika, aus dem Blaugrund gewaschen und von der Flussströmung zum Atlantik getragen worden waren. Die Meeresbrandung spülte sie dann zurück an die Küste, deren Verlauf sich in Jahrmillionen mehrfach veränderte. Dieser lange »Transportweg« hatte Auswirkungen auf die Qualität der in Namibia gefundenen Steine. Nur Diamanten ohne Verunreinigungen konnten der Gewalt von Strömung und Brandung standhalten, weshalb etwa 98 Prozent der in Windhoek sortierten, raren Mineralien Schmuckqualität aufweisen.

Die Vorkommen in Namibia selbst sind inzwischen beinahe erschöpft, die Namib fast ausgemint. Am Rand der Straße auf einen außergewöhnlichen Fund zu hoffen ist Illusion. Gewinnbringender könnte da schon ein Tauchgang vor der Küste werden. Die Vermutung, dass von dem, was der Oranje ins Meer getragen hat, noch einiges auf dessen Boden zu finden sein muss, hat sich inzwischen als richtig erwiesen. Investitionen in Tauchschiffe und eine Mannschaft wagemutiger Diamantentaucher haben zu erklecklichen Gewinnen geführt.

Nicht in den Ozean, aber zurück zu den Kindertagen der Diamantensuche in der Wüste sollte man auf jeden Fall aufbrechen. Man muss nur frühzeitig (spätestens 10.30 Uhr, sonntags 9.30 Uhr) vor Ort sein, um sich der letzten Besichtigungstour des Tages um 11 Uhr (So 10 Uhr) im zehn Kilometer vor Lüderitz links der Straße liegenden **Kolmanskop** anschließen zu können (Kartenvorbestellungen sind zu empfehlen).

Später am Tag lassen sich Besichtigungen dieser Geisterstadt der frühen Diamantensucher nicht durchführen, weil dann gewöhnlich der Wind auffrischt, was inmitten losen Sands höchst unangenehm sein kann.

Was sich 1908 mit der Entdeckung der ersten Diamanten so märchenhaft anließ und in Form eines Gemeinwesens mit mehr als 300 Bewohnern Gestalt annahm, wäre längst vom Winde verweht, wenn die CDM, kapitalkräftiger Eigner der Schürfrechte in der südlichen Namib, sich nicht 1979 mit plötzlich aufwallender Nostalgie dieses »Es war einmal« besonnen hätte. Fast schon zu spät, denn der Ort, zwischen 1908 und 1910 für die Ewigkeit errichtet, in den 1950er Jahren, weil inzwischen ohne wirtschaftlichen Nutzen, der Wüste sowie professionellen und Gelegenheitsplünderern überlassen, entsprach nur mehr einem Ruinenfeld: Hausskelette, der Fenster und Türen, der gedrechselten Treppengeländer und allen Zierrates beraubt, angefüllt mit Sand, zerrieben, zerborsten, geschunden.

Ein Architektenteam wurde beauftragt, die noch vorhandene Bausubstanz zu begutachten und Pläne für die Erhaltung des Verbliebenen zu erarbeiten. Man stabilisierte marodes Mauerwerk, errichtete schützende Zinkdächer, nagelte Bretter in Fenster- und Türöffnungen und schaufelte Sand aus ehemaligen Wohnstuben und Gemeinschaftsräumen. Dabei zeigte sich, dass die Natur nicht nur zerstört, sondern auch bewahrt hatte. Was unter dem Wüstensand lag, war dem Zugriff der Souvenirjäger entgangen.

Aus dem großenteils verschütteten Schutthaufen entstand so nach und nach wieder das Bild der alten Diamantengräberstadt, ein Bild voller Risse und Sprünge, aber doch plastisch genug, vergangener Lebendigkeit mittels der Fantasie wieder auf die Sprünge zu hel-

Nach dem Ende des Diamantenfiebers wurden die Häuser von Kolmanhop dem Wüstensand überlassen

fen. Recht munter scheint's dazumal an diesem einsamen Wüstenort zugegangen zu sein, immer nach dem Motto: Wenn schon Wüste, dann aber lustig und gesellig und fast wie zu Hause in Deutschland.

Es gehört nicht viel dazu, sich vorzustellen, wie sich in Kolmanskops bester Zeit an die 300 Menschen im Kasino zu geselligem Zusammensein einfanden, wie sie in rauschenden Seidenkleidern und dunklen Anzügen, die steif gestärkten Spitzen der Vatermörder ins Kinn gegraben, Walzer und Polka tanzten. An der Bar werden die Herren später am Abend die Kragenknöpfe gelockert, die viel zu warmen Jacketts abgelegt und sich mit einem Bier erfrischt haben, und vielleicht blieb sogar noch Zeit für eine kleine Kegelpartie. Denn eine Kegelbahn, Urbild deutschen Gesellschaftslebens, gab und gibt es selbstredend auch. Nur eines wird ganz anders gewesen sein als zu Hause in

Deutschland: Bevor die Kolmanskupper nach solchen nächtlichen Streifzügen beschwingt ihr wohnliches Heim betraten, haben sie mit Sicherheit zuerst den Sand aus den Schuhen kippen müssen, Minidünen vor jeder Haustür hinterlassend.

Aber drinnen, da war es so heimelig und blitzblank gefegt wie in jeder guten deutschen Stube mit Chaiselongue und Vertiko und jeder Menge frisch importiertem Gründerzeitpomp. Nur Kleinigkeiten hatte man am importierten Mobiliar geändert, um es afrikanischen Lebensbedingungen anzupassen. Ein Handschuhfach in der Garderobe, das brauchte keiner hier draußen, aber ein Fach für Schlüssel war immer gut. In den Häusern der Minenangestellten blieb ansonsten die Wüste ausgesperrt, da gab es nicht die kleinste Spur von Afrika, kein Hinweis auf dieses fremde Land, in das man gekommen war, um sein Glück zu machen. Jedenfalls empfindet der heutige Besucher das so, wenn er das zwar nicht mit Originalmöbeln, aber doch ganz im Stil der damaligen Zeit eingerichtete Haus des Ladenpächters in Kolmanskop betritt.

Man verdiente gut und man hatte sein Leben eingerichtet. Gab's keinen Tanzabend, dann eine Aufführung der Laienspielschar oder die Vorführung eines Films – Kopien neuester UFA-Produktionen. Wollte man die körperliche Ertüchtigung nicht nur auf das Kegeln beschränken, schloss man sich der Turnriege an, nur zum Spaß und ohne Leistungsdruck. Auch speisen konnte man im Kasino, und selbst der Geist kam nicht zu kurz. Dafür sorgte die Bibliothek. Ein Hospital, im Sprachgebrauch der damaligen Zeit Lazarett genannt, gehörte ebenso zu der kleinen Ansiedlung wie eine eigene Schule. Zwei Lehrer brachten den 44 Kindern von Kolmanskop das ABC und das kleine Einmaleins bei. Nur einen Begriff von Unendlichkeit, den mögen diese Winzlinge auch ohne schulische Nachhilfe gehabt haben. Dazu brauchte man schließlich nur aus dem Fenster zu schauen, hinter dem sich bis zum Horizont und weit darüber hinaus Wüste erstreckte.

Die Deutsche Diamanten Gesellschaft und später die CDM ließen es an nichts fehlen, um ihren Mitarbeitern das Leben angenehm zu machen. Man hatte eine eigene Eisfabrikation installiert, die nicht nur die angeschlossene Schlachterei, sondern auch die einzelnen Privathaushalte täglich mit Eisblöcken zur Frischhaltung der Nahrungsmittel versorgte. Und Durst musste auch keiner leiden: 20 Liter aus Kapstadt eingeführtes Trinkwasser gab es täglich für jeden Bewohner. Unentgeltlich versteht sich, was ein nicht zu unterschätzender Vorzug war, lag doch der Wasserpreis in dieser Region nur geringfügig unter dem Bierpreis.

»Und wenn sie nicht gestorben sind …«, heißt es normalerweise am Ende der richtigen Märchen. In Kolmanskop ist das anders. Sie sind gestorben. Geblieben ist nur ein Hauch des früheren Wesens, eine Geisterstadt der verflogenen Hoffnungen.

Geblieben sind auch die unscheinbaren *Onymacris Hottentotter*, kleine schwarze Käfer, zur Familie der Tenebrio gehörend, die man allenthalben im Wüstensand sieht. Sie ernähren sich von Pflanzenfasern, die sich in Kuhlen auf den windabgewandten Dünenseiten sammeln. *Detritus* nennt sich dieses von Mutter Natur in nährstoffarmer Landschaft zubereitete »Müsli«, eingeweicht mit einem Hauch von Nebelfeuchte am Morgen. Die kleinen Käfer hinterlassen unverhältnismäßig große Spuren im Sand. Großspurig – wie die Menschen in all ihrer unermüdlichen Betriebsamkeit. Doch Mensch und Käfer mögen rennen, wie sie wollen, am Ende hat doch immer die Wüste den längeren Atem.

Wir jedenfalls entkommen ihr auf der B4 Richtung Lüderitz. Der sandige Spuk ist bald vorbei und aus schwarzer Steinwüste ragt alsbald der spitze Turm der Felsenkirche von **Lüderitzbucht** in den Himmel. Dessen Blau verschwimmt in der Ferne mit dem Blau des Atlantischen Ozeans, der am Ende eines Tages voll namibischer Weite und Wüstensand große Anziehungskraft ausübt. Also heißt es: Gemächlich durch das Städtchen mit seinen vielfältigen Eindrücken hindurchfahren, hinunter zum Hafen und auf die Halbinsel **Shark Island** mit dem **Alten Leuchtturm**.

Im sanften Licht der Nachmittagssonne zeigt sich Lüderitzbucht als wahre Postkartenschönheit, die, so ähnlich sie auch manchen norddeutschen Küstenregionen scheinen mag, doch ein Stückchen Afrika ist.

5 Service & Tipps

Lüderitz

⊟⊠≈ Sea View Hotel zum Sperrgebiet
Woermann & Stettiner St.
Lüderitz
✆ (063) 20 34 11/12/13
www.proteahotels.com/seaview
Sehr gutes, neues Hotel mit Aircondition, so-
larbeheiztem Hallenbad und Sauna. À-la-car-
te-Restaurant ($$$). $$–$$$

⊟⊠≋≈≈⚲⑨ Lüderitz Nest Hotel & Wellness Centre
Diaz St., Lüderitz
✆ (063) 20 40 00/2
www.nesthotel.com
Das direkt am Meer gelegene Hotel mit 70
Zimmern und drei Suiten hat seine Angebots-
palette beständig erweitert: Privatstrand,
Gelegenheit zum Surfen, Sauna mit Seeblick,
Swimmingpool und ein Wellness Centre, in
dem Thalassotherapien angeboten werden.
   Austern Bar und gutes Restaurant mit
Schwerpunkt auf Meeresfrüchten. Die Zim-
mer sind allerdings schlicht. Free Wi-Fi. $$$

⊟⊠⊠ Lüderitz Shark Island Resort
Lüderitz
✆ (063) 20 27 52
Buchung: Namibia Wildlife Resorts
Windhoek
✆ (061) 285 72 00
www.nwr.com.na
Staatliches Rastlager auf der Lüderitz vorge-
lagerten Halbinsel um den alten Leuchtturm.
Zeltplätze, Standardbungalows und Komfort-
zimmer im historischen Gemäuer stehen zur
Auswahl. $–$$

⊙⌕ Kolmanskop
Tägl. 9.30–11 Uhr geöffnet
Führungen Mo–Sa 9.30 und 11 Uhr auf Englisch
und Deutsch, So/Fei 10 Uhr
Eintritt N$ 45/25 (Kinder 6–14 J.)
Eintrittskarten erhält man am Eingang von
Kolmanskop oder bei **Lüderitz Safari & Tours**
(Adresse vgl. unten). Dort kann man auch ein
Permit erstehen, das zur eigenständigen Erkun-
dung berechtigt und eine Foto-Genehmigung
beinhaltet (N$ 145).

Sondergenehmigungen für Gruppen müssen direkt bei **Ghost Town Tours**, Goerke,
✆ (063) 20 40 31, www.ghosttowntours.com,
eingeholt werden.
Diamantengräberstadt in der Wüste, die
1908–10 errichtet und 1956 aufgegeben wurde. 1979 rettete sie der CDM (*Consolidated
Diamond Mines*, heute: NAMDEB = Namibia
und De Beer) vor dem Verfall und machte sie
1980 für die Öffentlichkeit zugänglich.

ⓘ⚲⌕⊠⚲ Lüderitz Safaris & Tours
Bismarck St.
Lüderitz
✆ (063) 20 27 19
www.africa-adventure.info
Mo–Fr 9–18 und Sa 8.30–12, So 8.30–10 Uhr
Hier erhält man Hilfe bei allen Fragen und
bucht u.a. die geführten Touren nach Kolmanskop und Bootsausflüge mit der »Sedina«,
z.B. zur Halifax-Insel. Auch Permits für Foto-
touren in Kolmanskop werden ausgestellt.
Mit Shop.

**Weitere Informationen zu Lüderitz finden
Sie S. 106.** ✳

*Verlassene Villa der Diamantenstadt
Kolmanskop*

6 Fern in einer anderen Zeit
Lüderitzbucht

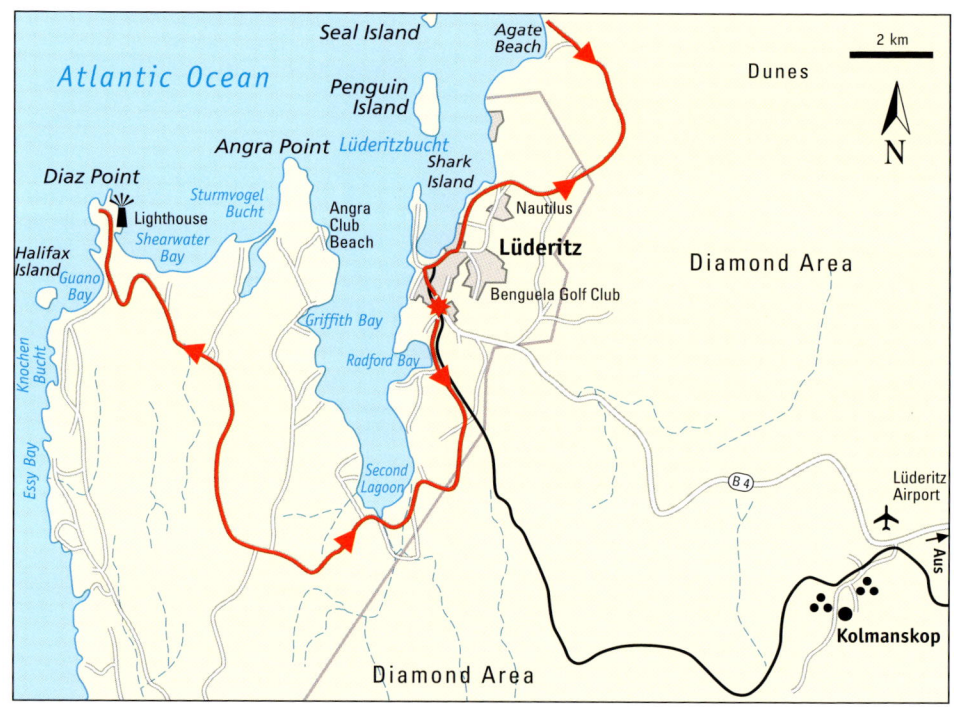

6. Tag: Lüderitz– Agate Beach – Diaz Point – Lüderitz (98 km)

km	Zeit	Route
0	11.30 Uhr	Von **Lüderitz** am Hafen entlang nach Norden zum
8		**Agate Beach**.
16	13.00 Uhr	Zurück nach Lüderitz (Mittagessen).
	14.00 Uhr	Besichtigung von **Goerke-Haus, Felsenkirche, Turnhalle, Woermann-Haus** und **Museum**.
	16.00 Uhr	Auf der Küsten-Pad Richtung Süden, vorbei an Radford Bay und **Second Lagoon** zum
41	17.00 Uhr	**Diaz Point**; zurück nach
66	18.30 Uhr	**Lüderitz**.

Eigentlich spricht alles gegen die Existenz von **Lüderitzbucht**. Der zehn Kilometer breite, wild zerklüftete Küstenstreifen, bestehend aus purem Granit und Schiefer, mag zwar imposant wirken, ist aber gewiss nicht der ideale Standort für eine Siedlung. Was das Hinterland betrifft, so konnte man sich schon bei der Anreise von dessen spezieller Beschaffenheit überzeugen: 40 Kilometer Treibsanddünen und weitere 80 Kilometer Stein- und Geröllwüste machen Verkehrsanbindungen nur im permanenten Kampf gegen eine menschenfeindliche Natur möglich.

Die nächste Stadt, die annähernd diesen Namen verdient, Keetmanshoop, liegt 350 Kilometer entfernt. Trinkbares Süßwasser, immerhin eine unabdingbare Voraussetzung für menschliches Leben und Überleben, muss importiert werden, da das Wasser aus eigenen Brunnenbohrungen vermischt mit den Destillaten der Meerwasserentsalzungsanlagen nur bedingt zu genießen ist. Die Niederschlagsmenge beträgt im Jahresdurchschnitt rund 60 Millimeter, wobei nur etwas mehr als zehn Millimeter als Regen, der Rest in Form von Tau niedergeht.

Die mit elementarer Wucht gegen die Granitküste anrennenden Wasser des Atlantiks, gespeist vom kalten Benguela-Strom antarktischer Provenienz, demonstrieren beständig die vernichtenden Möglichkeiten dieser Naturgewalt. Selbst der meist wolkenlos blaue Himmel kann kaum jemals darüber hinweggetäuscht haben, dass für menschliches Leben, zumal städtisches Leben, an diesem Ort denkbar ungünstige Voraussetzungen gegeben sind.

Trotzdem existiert **Lüderitz**, wie die Stadt gemeinhin genannt wird, und zwar seit 130 Jahren. Was die Bewohner selbst zu erstaunen scheint, charakterisieren sie doch die Gründungsaktion durch den Bremer Kaufmann Adolf Lü-

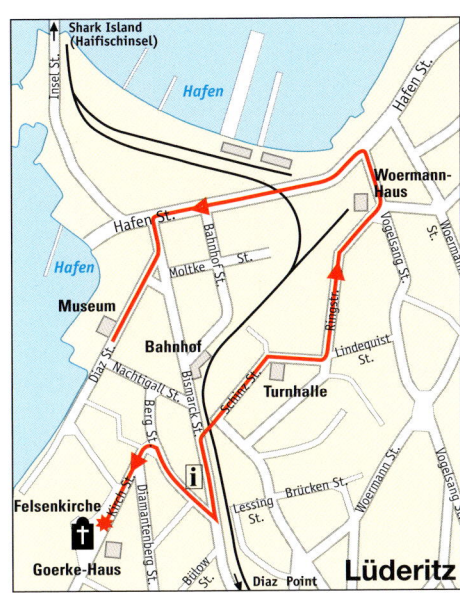

deritz in einer ihrer Broschüren als Tat von »dreister Entschlossenheit«, wenn nicht gar »Vermessenheit«. Eine gehörige Portion Dreistigkeit lässt sich dem Vertragswerk, kraft dessen Lüderitz bzw. sein Unterhändler Vogelsang dem Nama-Häuptling Fredericks die Bucht am Meer, die damals noch Angra Pequena

Kein Häuschen in der deutschen Provinz, sondern koloniale Architektur in Lüderitz

hieß, sowie einen 150 Kilometer breiten Landstreifen vom Oranje bis zum 26. Breitengrad abhandelte, denn auch wirklich nicht absprechen. Das Gelände der heutigen Lüderitzbucht hat er für 100 Pfund in Gold und 200 Gewehre mit Zubehör erworben, und beim weiteren Landkauf ließ man Fredericks bewusst in dem irrigen Glauben, es handele sich bei den erstandenen 20 Meilen um »englische Meilen«, was nur einem Fünftel des beanspruchten Gebiets entsprochen hätte.

Übrigens: Viele der alten Straßennamen wurden im Rahmen kolonialgeschichtlicher Aufarbeitung ausgetauscht. Der geplanten Umbenennung von Lüderitz in !Nami≠nûs trotzen die »Buchter« jedoch bis heute.

Betrug hin, Moral her – nach imperialistischem wie kaufmännischem Verständnis zählt am Ende nur der Erfolg. Und der ließ sich nicht leugnen: Der Grundstein der Stadt Lüderitz wie der deutschen Kolonie war gelegt. Dass Adolf Lüderitz selbst sein afrikanisches Abenteuer mit dem finanziellen Ruin und schließlich sogar mit dem Leben bezahlte (er ertrank 1886 bei einer Schiffsreise von Oranjemund nach Lüderitzbucht), mag vielleicht das Vertrauen auf das Walten einer ausgleichenden Gerechtigkeit wieder herstellen.

Entschlossenheit und Trotz aber blieben auch nach des Stadtgründers Tod die wichtigsten Voraussetzungen der Existenz von Lüderitzbucht. Daran änderten selbst Zeiten kurzfristiger Blüte nichts. Einen ersten Aufschwung brachte 1904 der sogenannte Hottentotten-Aufstand, das Aufbegehren der Nama gegen die Landnahme der Deutschen. Die Bucht avancierte zum Truppenanlandeplatz und Umschlagplatz für den Nachschub aus Deutschland, ein Umstand, der Handel und Wandel nachhaltig belebte, den

Ausbau der Eisenbahnstrecke nach Aus und schließlich 1908 nach Keetmanshoop zur Folge hatte und damit die lebensnotwendige Anbindung ans Hinterland bescherte. Gleichzeitig nahm die Siedlung Lüderitz Gestalt an, wenn auch vorläufig die eines »ausgedehnten Müllhaufens«, wie Zeitgenossen berichten.

Das Stadtbild, wie es sich heute präsentiert, entstand zwischen 1908 und 1914, den Jahren wachsenden Reichtums durch den Diamantabbau in der Wüste. Die ergiebigen Vorkommen verleiteten zu der Vorstellung, dass die Zeit trotzigen Behauptungswillens ein für allemal vorüber sei. Provisorien zu errichten, schien nicht mehr angemessen. Dem neuen Wohlstand entsprachen vielmehr solide, repräsentative Steinbauten.

Doch schon bald machte die geschichtliche Entwicklung die rosigen Zukunftsperspektiven zunichte. Lüderitz existierte zwar weiter, aber in einer Form permanenten Überlebenskampfes: Der Erste Weltkrieg brachte die Internierung der gesamten deutschsprachigen Zivilbevölkerung nach Südafrika und als Kriegsfolge die Übernahme der Diamantenmine durch den Nachbarstaat; die weltwirtschaftlichen Turbulenzen der Zwischenkriegsjahre zeigten auch an der südwestafrikanischen Küste Wirkung; der Zweite Weltkrieg hatte erneute Internierung und damit wiederum die Lähmung des geschäftlichen Lebens zur Folge. 1944 schließlich verlegte die CDM die Geschäftsführung nach Oranjemund, was sich nicht nur auf den Arbeitsmarkt, sondern auch auf den Warenumschlag des Hafens verheerend auswirkte.

Seitdem sind sieben Jahrzehnte vergangen und die Stadt Lüderitz ertrotzt sich nach wie vor ihre Existenz – mit wechselndem Erfolg und entsprechend wechselndem Bevölkerungspotential, abhängig davon, ob es nun gerade

»up« oder »down« geht. Wohin der Zeiger momentan weist, lässt sich für den Reisenden schwer ausmachen. Die im Jahr 2011 durchgeführte Volkszählung ergab für Lüderitz 12 500 Einwohner. Gegenüber der Zahl von ca. 2000 in den 1970er Jahren mag das nach gewaltigem Zuwachs aussehen, angesichts von geschätzten 17 700 Einwohnern im Jahr 2008 klingt das eher nach einem spürbaren Rückgang.

Schwer beurteilen lässt sich auch die wirtschaftliche Situation der Stadt.Der Fischfang scheint nach wie vor die Nummer eins unter den Erwerbsquellen darzustellen. Dabei spielt der seit 1921 betriebene Fang von Langusten eine besondere, wenn auch durch Überfischung inzwischen rückläufige Rolle. Verluste versucht man durch Aquakulturen zu kompensieren: durch Austernzucht, sowie die Zucht verschiedenster Muschelarten und das Ernten von Seetang *(kelp)*, der hauptsächlich in Japan Abnehmer findet.

Auch das Abernten von Vogelkot auf den vorgelagerten Inseln und der Verkauf als Guano zum Düngen von Pflanzen trägt zum Einkommen der Stadtbewohner bei. Mehr bringt wahrscheinlich der Einsatz von Diamantentauchschiffen im Mündungsgebiet des Oranje ein. Doch darüber erfährt man nichts Genaues.

Ebenso wenig genaue Angaben gibt es über die Explorationsmöglichkeiten und einen möglichen Explorationsbeginn des vor der Küste georteten **Kudu-Gasfelds**. Fest steht, dass die verschiedenen Anteile mehrfach verkauft wurden und die immensen Kosten ein Hindernis bei der Realisierung darstellen.

Seit 1911 erhebt sich die Evangelisch-Lutherische »Felsenkirche« über der Hafenstadt Lüderitz

Der **Hafen** selbst hat, nachdem Walvis Bay 1994 an Namibia fiel, die kurz zuvor erst gewonnene Bedeutung wieder eingebüßt. Ob die Fertigstellung und Inbetriebnahme der Eisenbahnlinie zwischen Aus und Lüderitz an dieser Situation etwas ändert, muss abgewartet werden.

Bleibt der Tourismus, der zeitweise eine recht bedeutende Rolle im Wirtschaftsleben der Stadt gespielt hat. Um ihn zu befördern, wurde 2000 die Waterfront errichtet, die nach dem Vorbild Kapstadts Hafen und Stadt miteinander verbinden und ein modernes touristisches Zentrum werden sollte. Restaurants, Galerien und Geschäfte waren geplant. Doch bis heute wirkt der Komplex noch wenig lebendig. Irgendwie will es auch 25 Jahre nach der Staatsgründung in Lüderitzbucht nicht mit Volldampf »up«-gehen.

Was jedoch unverändert die Attraktion des Ortes ausmacht, ist der spezielle altväterliche Charme, die vertraute Fremdartigkeit, wie sie vor allem deutsche Reisende schätzen. Denn kurios ist die Stadt allemal: in ihrem Kern ein Städtchen der deutschen Kaiserzeit, vertraut in der auffälligen Gründerzeitarchitektur und der augenfälligen Vorliebe für Jugendstilornamentik und gleichzeitig befremdlich, weil es eben nur die Kulisse ist.

Dem kann man am Vormittag bei einem Spaziergang durch die Straßen des Ortes (Bismarck Street und Querstraßen) leicht nachspüren. Der beginnt Bismarck/Ecke Bülow Street mit dem ehemaligen Handelshaus von **Krabbenhöft & Lampe**, das heute Teil des **Uugongo-Kunstzentrums** ist, führt dann vorbei an **Turnhalle** (noch mit dem vierfachen F für frisch,

300 Jahre nachdem die portugiesischen Seefahrer die Bucht entdeckten und »Angra Pequena« tauften, wurde hier das Hafenstädtchen Lüderitz gegründet

fromm, fröhlich, frei geschmückt) **und Le-sehalle** bis zum **Woermann-Haus**, einem der ältesten Steinbauten und einstmals im Besitz der Reederei Woermann, die den Schiffsverkehr nach Südwest dominierte.

Die Gebäude, die man besichtigen kann, öffnen erst am Nachmittag ihre Tore und so hat man Zeit. Man könnte sie zum Baden im Meer nutzen, immer vorausgesetzt Wassertemperaturen von maximal 18 Grad machen einem Spaß. Die meisten werden unter den Umständen wohl einen Spaziergang am Atlantik vorziehen. Für beides lässt sich der nördlich von Lüderitz gelegene **Agate Beach** empfehlen. Die anrollende Brandung spült hübsche bunte Kiesel an den Strand, hin und wieder sogar Achate.

Wen der Bazillus des Schatzsucherfiebers angesichts der Geschichten über Diamanten befallen hat, der kann sich

Der Eingang zur alten Turnhalle mit dem vierfachen F über der Tür, das für frisch, fromm, fröhlich und frei steht

also hier am Atlantik kurieren – ohne großen Einsatz aber auch ohne allzu große Erfolgsaussichten. Mehr Gewinn bringt wahrscheinlich der stille Genuss von Sonne und Ozean, Meereswellen auf der einen, Wüstenmeer auf der anderen Seite. Mehr Meer lässt sich kaum finden.

Eine Erfahrung ganz anderer Art ergibt sich zwangsläufig, wenn man auf dem Weg zum Strand und zurück die Viertel der schwarzen Bewohner, Nautilus und Benguela, passiert. Auch sie sind Teile von Lüderitzbucht, nur meistens unsichtbar.

Am frühen Nachmittag ist ohnehin Schluss mit der Meeresidylle. Dann geht's zum **Goerke-Haus**, am Diamantenberg über Lüderitz aufragend. »Grüß Gott, tritt ein«, fordert die Inschrift in der geschnitzten Eichentür auf, und das Spruchband darüber verkündet zusätzlich: »Wer guter Meinung kommt herein, soll lieb hier und willkommen sein.« Also hinein in die deutsche Vergangenheit von Lüderitzbucht. Was die Meinung betrifft, so mag man sich die am besten vor Ort bilden.

Eines ist jedenfalls gewiss: Herr Goerke war ein reicher Mann. Was nicht weiter verwundert, war er doch Teilhaber bei verschiedenen Diamantgesellschaften

Prunkbau aus deutscher Kolonialzeit: das Goerke-Haus in Lüderitz

und Lagerverwalter der Schutztruppe. So ließ er denn 1909/10 auch nicht nur ein komfortables Haus bauen, er errichtete eine Burg im Kleinformat. Der mächtige Sockel aus Bruchsteinen, der eckige Turm, Zinnen, Türmchen und Erker ragen in einer seltsamen Mischung aus Verspieltheit und Machtbewusstsein aus dem Fels der afrikanischen Küste. Selbst die Farbgestaltung, dem einstigen Zustand nachempfunden, spiegelt diese Zwiespältigkeit: Die Außenwände sind mit Ausnahme des schweren graubraunen Sockels in hellem Blau gehalten.

Auch im Inneren ein ähnliches Bild: dunkles, schweres Mobiliar der Gründerzeit auf der einen, Jugendstilornamentik auf der anderen Seite. Auch die Einbeziehung modernster Technik durfte bei einem solchen Bau nicht fehlen. In allen Räumen gab es von Beginn an elektrisches Licht.

Nachdem Goerke das Haus 1912 aufgegeben hatte, wurde es Magistratsresidenz, gehört heute der NAMDEB und dient der Gesellschaft zu Repräsentationszwecken, u. a. als Gästehaus. Zuweilen soll auch der namibische Präsident hier nächtigen. Zumindest wegen des Blicks vom Schlafzimmer über Stadt und Bucht könnte man ihn beneiden.

Etwa auf gleicher Höhe wie das Goerke-Haus, es mit dem spitzen neogotischen Turm freilich noch ein angemessenes Stück überragend, befindet sich die Deutsche Lutherische Kirche, die sogenannte **Felsenkirche**. Neogotik als Stein gewordene Chiffre für die Sehnsucht nach einer Wiederbelebung deutsch-mittelalterlichen Lebensgefühls, das Verlangen nach einer wie auch immer gearteten guten und großen alten Zeit, hat an afrikanischem Gestade etwas geradezu Atemberaubendes, zumal auch noch das Altarfenster vom letzten deutschen Kaiser, Wilhelm II., gestiftet wurde. Ansehen kann man das Kircheninnere allerdings erst am späten Nachmittag.

Anders das **Museum** in der Diaz Street: Es öffnet schon um 15.30 Uhr. Hier dreht sich alles um die Anfänge der Stadt und die Blütezeiten des Diamantenbooms, aber auch um die geologische Beschaffenheit der Umgebung.

Sehr viel weniger gehegt und gepflegt als die Relikte deutsch-kolonialer Geschichte wurde augenscheinlich das steinerne Kreuz *(Padrão)*, das der Portugiese Bartolomeu Diaz 1487 auf einer Landspitze 22 Kilometer südwestlich der Stadt errichtet hatte. Es hatte den Seefahrer in die Bucht von Lüderitz verschlagen, weil er Schutz vor heftigen Stürmen suchte. Damit war er der erste Europäer, der seinen Fuß auf diese unwirtliche Küste setzte. Zur Inbesitznahme hat das, was er sah und in wenigen Tagen erkundete, ihn nicht verleitet. Er hatte schließlich größere Ziele: Den Seeweg nach Indien rund ums Kap galt es zu finden und zu sichern. Aber für alle Fälle ließ er seine »Marke« zurück, ein Steinkreuz, wie es bei den Portugiesen Brauch war.

Spätere Generationen vermuteten vergrabene Schätze am Fuß des Kreuzes. Man grub in dem felsigen Grund und das Kreuz zerbarst. Einzelne Bruchstücke werden heute in Museen in Lissabon, Berlin und Kapstadt aufbewahrt. 1929 errichtete man am alten Ort eine Nachbildung, die aber wohl so unansehnlich war, dass 1987 anlässlich des 500. Jahrestages des ersten europäischen »Fußtritts« an dieser Stelle ein neues Kreuz aufgestellt wurde.

Einen Ausflug dorthin sollte man auf jeden Fall für die späten Nachmittagsstunden planen. Die Fahrt durch die karge Felslandschaft lohnt allein schon wegen der seltenen Vögel, die sich unterwegs nahe **Second Lagoon** beobachten lassen. 600 bis 900 verschiedene Vogelarten hat man in Namibia gezählt, darunter viele seltene Möwen- und Schwalbenarten, wie sie gerade in diesen wenig erschlossenen Küstengebieten zu finden sind. Und ornithologisch weniger Versierte mögen sich einfach an der sanften Schönheit der großen Flamingoschwärme im seichten Wasser erfreuen.

Wenn man sich aus dem Bann dieser Naturschönheiten zeitig genug befreien kann, erreicht man **Diaz Point** gerade eben zum Sonnenuntergang. Die im Meer versinkende Sonne färbt den Himmel blutrot und davor ragt wie ein Scherenschnitt das neue alte Kreuz auf. Wenn es dann noch ein wenig dunkler wird, was in Afrika bekanntlich sehr schnell geht, wandern vom benachbarten Leuchtturm regelmäßig alle neuneinhalb Sekunden Lichtzeichen hinaus aufs Meer und weit über die Einöde.

Nach diesem Ausflug ist vielleicht auch der bösartige Verdacht, der den Reisenden Stunden vorher befallen haben mag, verflogen. Der Verdacht, man würde in Lüderitz zum Abendessen mit Eisbein und Sauerkraut traktiert werden. Am Abend isst man in Lüderitz Langusten. Alles andere wäre absolut abwegig!

Brillenpinguine tummeln sich in der Bucht von Lüderitz

6 Service & Tipps

Coastway Tours
Pioneerspark, Windhoek
☎ (061) 22 22 81
www.finesse-namibia.com
Der Tour Operator gehört zu den wenigen, die für das nördliche Sperrgebiet eine Lizenz zur Durchführung von Trips (auch mehrtägigen) besitzen.

Agate Beach
Nördlich von Lüderitz gelegener Badestrand – und Eldorado für Steinsammler.

Goerke-Haus
Kirch St. (erhöht auf dem Diamantenberg) Lüderitz
Mo–Fr 14–16, Sa/So 16–17 Uhr
Eintritt N$ 25/15
Der koloniale Prachtbau wurde 1909/10 für Hans Goerke errichtet und steht auf der Liste der nationalen Denkmäler in Namibia. Die Innenausstattung ist original erhalten.

Felsenkirche
Kirch St., Lüderitz
Tägl. am späten Nachmittag
Eintritt N$ 5
Neogotische Kirche, die vom Diamantenberg aus die Stadt überragt.

Museum
Diaz St., Lüderitz
Mo–Fr 10–12 und 15.30–17 Uhr
Überblick über Stadtgeschichte und Diamantabbau.

Diaz Point
Auf der Landzunge errichtete Bartolomeu Diaz, nachdem er im Jahr 1487 als erster Europäer an diesem Teil der Küste an Land gegangen war, ein Kreuz zum Zeichen symbolischer Landnahme. Das ursprüngliche Kreuz wurde zerstört, 1929 und 1987 Nachbildungen aufgestellt.

Penguin Restaurant
Nest Hotel, 820 Diaz St., Lüderitz
☎ (063) 20 40 00, tägl. 12–14 und 18–23 Uhr
Beste Adresse für Fisch und Austern. $–$$

Barrels Restaurant and Bar
Nachtigal St., Lüderitz
☎ (063) 20 24 58, tägl. ab 18 Uhr
Urige Kneipe, in der man bei Bier und Wein leicht andere Touristen kennenlernen kann. Der Service ist freundlich, das Essen einfach und gut, die Portionen sind üppig. An manchen Abenden gibt es Livemusik. $

Weitere Informationen zu Lüderitz finden Sie S. 97.

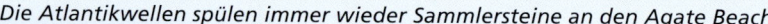

Die Atlantikwellen spülen immer wieder Sammlersteine an den Agate Beach

7 Zwischen Pinguinen und Webervögeln
Vom Atlantik ins NamibRand-Gebiet

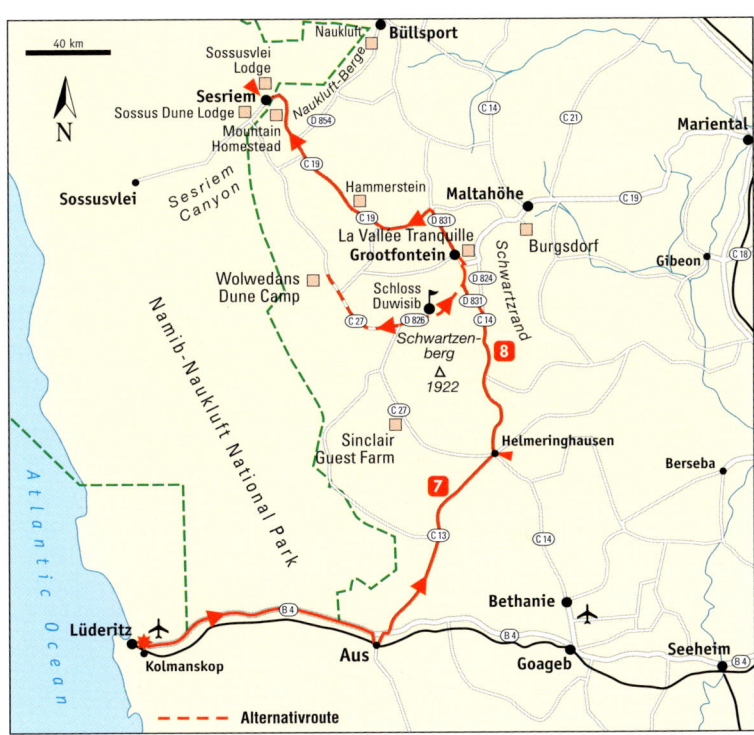

7. Tag: Lüderitz – Aus – Helmeringhausen (233 km)

Morgens   Die Teilnahme an einer **Bootstour** mit der »Sedina« die Küste entlang nach Süden bis zur Halifax-Insel kann nur empfohlen werden. Delfine, seltene Vogelarten und Pinguine lassen sich beobachten. Schon allein die eindrucksvolle Küstenszenerie ist den Trip wert. Der Ausflug dauert je nach Wetterlage zwei bis drei Stunden, Start ist (absolut pünktlich) 8 Uhr; Tickets sollten auf alle Fälle im Informationsbüro vorgebucht werden (Infos S. 97, Karte S. 100).

km	Zeit	Route
0	11.00 Uhr	Von **Lüderitzbucht** auf der B 4 zurück durch die Wüste nach
125	12.30 Uhr	**Aus**, hier Mittagspause im Bahnhof Hotel (vgl. S. 90), danach
128	13.30 Uhr	von der B 4 links ab auf die C 13 (Abschied von den Teerstraßen).
233	15.00 Uhr	**Helmeringhausen**.

Als Übernachtungsmöglichkeiten in der Region können genannt werden: Helmeringhausen Hotel & Guest Farm (vgl. S. 116) oder Duwisib Guest Farm (vgl. S. 123), zu erreichen über C27, D831 und D826.

Will man bis zur Duwisib Guest Farm fahren, verlängert sich die Strecke um rund 80 Kilometer. Angesichts der Länge sollte man überlegen, ob man unter diesen Umständen vielleicht auf die Schiffstour verzichtet.

Wer sich nicht so schnell von Lüderitz trennen mag und keine allzu lange Reiseroute für den Tag geplant hat, sollte für den Vormittag noch eine Bootsfahrt mit der »Sedina« unternehmen, um ein wenig von der atlantischen Seite der Stadt kennenzulernen. Da heißt es vor allem pünktlich zu sein (7.50 Uhr spätestens) und sich warm einzupacken, denn der Benguela-Strom macht auch in subtropischer Zone seinem polaren Ursprung alle Ehre.

Dornig, aber nahrhaft: die Nara-Frucht

Kein Wunder also, dass man sich mit jedem Meter, den man hinausschippert, in eine absolut unafrikanische Welt versetzt fühlt. Der Ort Lüderitzbucht kuschelt sich verträumt ins karge Felsgestein. Das Licht erscheint heller, klarer, alle Konturen betonend. An den Klippen von **Angra Point** und **Diaz Point** brechen sich, in hohen Gischtfontänen aufspritzend, die Meereswogen, und der Leuchtturm, dessen Bedeutsamkeit sich erst hier draußen recht ermessen lässt, ragt mit beruhigendem Gleichmut aus dunklem Felsen, rotweiß geringelt, irgendwie heimatlich.

Ganz fremd dagegen die Delfine, die sich alsbald rund um das Schiff tummeln, hochspringen, abtauchen, als silbrige Schatten unter der Wasseroberfläche dahingleiten. Sie mit dem Fotoapparat einzufangen bereitet angesichts ihrer Schnelligkeit allerdings einige Mühe.

Geeignetere Fotomotive sind da schon die Pinguine, die sich auf **Halifax Island**, südlich von Diaz Point, in verlassenen Bauten häuslich eingerichtet haben. Sie watscheln auf ihre komische Art über den steinigen Strand, klettern eilig die Stufen zu einer der Hausruinen hoch oder beobachten, unter einer Haustür

*Leuchtturm am Diaz
Point vor Lüderitz*

stehend, die neugierigen Besucher. Abgesehen von aller Possierlichkeit dieser Tiere hat es schon etwas Unwirkliches, sie gerade hier an afrikanischen Gestaden zu beobachten.

Bei der Weiterfahrt von Lüderitzbucht aus entfällt jede Auswahlmöglichkeit: zurück auf die B4, aber immer schön vorsichtig, haben doch die Sanddünen in der Zwischenzeit ihre ewige Wanderung nicht für eine Sekunde unterbrochen. Trotzdem kann das Umfeld ganz neu, ganz verändert erscheinen. Wenn der Wind gedreht hat und bei der Rückfahrt vom Meer kommt, ist die gleißende Wüstenhelligkeit einem feucht-trüben, klebrigen Grau gewichen, das die Weite mit einem Schleier der Melancholie überzieht. Doch ehe man sich so recht eingestimmt hat, ist der Spuk bereits verflogen und der Himmel wölbt sich wieder im reinsten, unschuldigsten Blau, das den trüben Dunst wie einen Scherz erscheinen lässt.

Aus ist es kurz nach der Weiterfahrt von **Aus** mit den Teerstraßen – und das für einige Zeit. So bleibt beim zwangsläufig gemächlicheren Fahren auf der *gravel pad* genügend Zeit zum Schauen und Staunen. Weite Ebenen, im hellen Gelb trockenen Grases schimmernd, werden anfänglich begrenzt von einzelnen Tafelbergen, als Vorbereitung sozusagen auf die alsbald auftauchenden, bis zum Horizont reichenden Tafelbergketten der Großen Randstufe, aus der im noch fernen Norden der Schwartzenberg mit stolzen 1922 Metern herausragt.

Schroffe Felsformationen, Demonstrationen lebensabweisender Kargheit, wechseln mit sich weit dehnenden, weich geformten Mulden voll sanften Lichts in einem Rhythmus, der so archaisch erscheint, dass er den Schauenden unwillkürlich einbezieht, mitschwingen lässt im Gefühl einer selbstverständlichen

Absolutheit. Von großer Ruhe auch die Farben: Gelb, ein mattes Rot, gedämpftes Grün, ein Dreiklang, der sich bis zu den Tönen des Straßenbelags fortsetzt. Wie große Maulwurfshügel runden sich am Straßenrand die Termitenbauten, ohne erkennbare Verwandtschaft zu den riesigen spitzen Türmen im Norden des Landes.

Lüderitz bekam in den letzten Jahren einen bunten Anstrich im kapholländischen Stil

Fast drängt sich die Frage auf, ob so viel Schönheit nur möglich ist im beinahe menschenleeren Raum. Denn wenig deutet auf menschliche Existenz hin: Die Zäune vielleicht, aber die sind schon so vertraut, dass sie kaum mehr auffallen, und ganz selten ein anderes Fahrzeug. Die Welt scheint wie so oft in Namibia nicht weit entfernt vom Urzustand ihrer Erschaffung. Da fallen auch unscheinbare Dinge ins Auge – zumindest wenn die Jahreszeit es zulässt. Ab Dezember reifen zum Beispiel die gelblichen, melonenartigen Früchte der Nara-Kürbisse im tiefen Sand am Straßenrand, wo man sie gut ausmachen kann. Wie kaum etwas anderes ist diese Pflanze eng mit den Traditionen der Ureinwohner der

111

Nama in zwei Generationen

Namib verbunden. So sehr, dass die seit Jahrhunderten am Rande der Namib lebenden Topnaar-Nama den Pflanzennamen zu ihrem Stammesnamen erkoren. Diese Menschen, die weder Privatbesitz von Land noch von Vieh kannten, hatten die von Nara bewachsenen Dünen als feste, vererbbare Besitzstände unter sich aufgeteilt.

Die Pflanze gilt als endemisch, kommt also ausschließlich in dieser Region der Erde vor. Mit ihrem langen Wurzelwerk ist sie inmitten sandigen Umfelds immer mit Grundwasservorkommen verbunden. Der Wurzelhauptstamm des eher unscheinbaren Dornengestrüpps ist etwa 20 Zentimeter dick und nicht selten viele Meter lang. Um den Feuchtigkeitsverlust zu minimieren bildet das stachelige Gesträuch kaum Blätter, wenig Anreiz für die Tiere mithin, es als Nahrungsquelle zu nutzen. Die Früchte, groß wie Pampelmusen, gelten jedoch Schakalen, Springmäusen und diversen Käfern als Leckerbissen.

Der hohe Nährwert der Früchte, belegt durch die Erfahrung, dass ihr Genuss selbst einen halb Verhungerten bald wieder zu Kräften kommen lässt, wurde auch mittels wissenschaftlicher Untersuchungen bestätigt: Die Frucht enthält 57 Prozent Öl mit einem hohen Anteil an ungesättigten Fettsäuren, 31 Prozent Proteine und ist reich an Eisen, Kalium, Magnesium und Phosphor.

Kein Wunder also, dass auch die Nama des modernen Namibia zur Reifezeit nach wie vor mit ihren Eselskarren ausfahren, um ihre Nara-Ernte einzubringen. Dann werden die Früchte im dornigen Gestrüpp mit langen Stöcken abgeklopft. Sind sie ein wenig weich, können sie geerntet und nach einigen Tagen der Lagerung gegessen werden. Dazu werden Fruchtfleisch und Kerne aus der Schale gelöst und voneinander getrennt. Zu einem Brei verkocht, wird das Fruchtfleisch entweder direkt verzehrt oder getrocknet, in Scheiben geschnitten und als Trockenobst verwendet. Die Kerne lassen sich zu einem nahrhaften Öl auspressen oder getrocknet als Mandelersatz beim Backen verwenden.

Aber damit ist die Verwendbarkeit der Pflanze noch nicht erschöpft. Die Wurzel wird zu medizinischen Zwecken genutzt, und wenn der Grundsatz Gültigkeit hat, was bitter ist, ist heilsam, dürfte sie in ihrer Wirksamkeit schwer zu übertreffen sein.

Dass sich auch ein berauschendes Getränk, eine Art Bier, aus der Frucht herstellen lässt, erscheint zum Ausgleich für die Fülle der ausschließlich gesundheitsfördernden Verwendungsmöglichkeiten nur angemessen: Bei so viel Gesundheit kann ein kleiner Rausch kaum schaden.

Funde haben belegt, dass die Pflanze schon in frühgeschichtlicher Zeit – lange bevor die Nama ins Land kamen – von Menschen genutzt wurde. Bei Ausgrabungen in der Namib und an der Randstufe wurden Nara-Kerne in großer Zahl entdeckt.

Noch weniger als die Kürbisse lassen sich die Webervögelnester übersehen. Wie riesige goldgelbe Strohballen hängen diese Vogelwohnblocks in den Zweigen der wenigen Bäume oder an den Spitzen von Überlandleitungen. Nester mit und ohne elektrischen Anschluss! Die an sich unscheinbaren Gesellschaftsvögel »weben« die kugelförmigen Behausungen aus den Zweigen von Bäumen, polstern dieses Gerüst mit Stroh aus und richten dabei eine Vielzahl einzelner Kammern mit verschiedenen Eingängen, sprich: Fluglöchern, ein.

Tierische Mehrfamilienunterkunft an einer Akazie: das Nest von Webervögeln

Wenn die Statik in Ordnung ist, die Tragfähigkeit des Baums oder Masts nicht über Gebühr belastet wird, dienen die Nester vielen Vogelgenerationen, manchmal über einen Zeitraum von bis zu 100 Jahren als Nistplätze ..., um am Ende ihrer Tage, von ihren Bewohnern verlassen, wie räudige Wildschweinfelle von den Ästen zu baumeln.

Von der Bauweise lässt sich wahrscheinlich weniger auf das besondere Sozialverhalten der Webervögel als vielmehr auf ihre Anpassungsfähigkeit an die klimatischen Verhältnisse schließen. Die Nester schützen durch ihre Größe vor extremen Temperaturen, verfügen also über eine natürliche Klimaanlage. Ihr einziger Nachteil: Sie schützen wenig gegen Schlangen und andere Eierdiebe. Es ist eben nichts vollkommen!

Über derartigen Beobachtungen und Überlegungen erreicht man, ehe man sich versieht, den (»ungefähr«)-25-Seelen-Ort **Helmeringhausen**, wo man im Helmeringhausen Hotel & Guest Farm übernachten kann.

Nett ist das kleine **Landwirtschaftliche Museum**, das 1984 von der Farmervereinigung eingerichtet wurde. Die Inschrift, die sie in Stein meißelten, um ihre Motivation deutlich zu machen, bezeichnet einen Wesenszug vieler Deutschstämmiger im Land: »Mut und Durchsetzungsvermögen von gestern sind der Wohlstand von heute.« Das Prunkstück ist ganz zweifellos ein Ochsenwagen, auf dem für den Bau des Schlosses Duwisib eingeführte Waren vom Hafen in Lüderitz bis zum Bauplatz transportiert wurden.

Doch wo auch immer man in dieser Region übernachtet, eine Erfahrung dürfte man auf alle Fälle machen: Viel ist von den Schwierigkeiten der hier lebenden Menschen zu hören, aber auch von der Liebe zu ihrem Land, das sie den Besuchern gern bei einer Farmrundfahrt zeigen.

*Morgens im
Namib-Naukluft
National Park*

7 Service & Tipps

⊟ ✕ 🏨 🌸 **Helmeringhausen Hotel & Guest Farm**
Helmeringhausen
☎ (063) 28 33 07
www.helmeringhausennamibia.com/de
Mittleres Landhotel unter der Leitung der deutschen Gastgeber Björn und Katja Basler mit 22 Zimmern und einer Ferienwohnung. Außerdem gibt es einen Campingplatz. Gute Küche, Pool, schöner Garten. $$$

⊟ 🏨 ✕ **Barby Guest Farm**
Helmeringhausen
www.airbnb.de/rooms/14735502
Vier Bungalows und reichlich Platz zum Campen stehen bei Leslie und Marilyn zur Verfügung. Einfach eingerichtet, aber sauber und zweckmäßig. Die freundlichen, aufgeschlossenen Gastgeber kochen selbst und kümmern sich liebevoll um ihre Gäste. $

🏛 **Landwirtschaftliches Museum**
Helmeringhausen
Auf dem Gelände des Hotels, Schlüssel dort erhältlich

Eine Strohballenfamilie preist die Erfrischungen des Hotels Helmeringhausen an

Helmeringhausen
Eintritt frei
Das kleine Museum zeigt Landwirtschaftsmaschinen und Arbeitsgeräte aus alter Zeit, so beispielsweise einen originalen Ochsenwagen, der Material für den Bau von Schloss Duwisib transportierte. ⬖

Bietet neben 22 Zimmern auch Campingplätze: das Hotel Helmeringhausen

8 Träume im Sand

Schloss Duwisib und ins Herz der Namib

8. Tag: Helmeringhausen – Schloss Duwisib – Sesriem (z. B. Sossusvlei Lodge 300 km bzw. Wolwedans Dune Camp/Lodge 182 km)

km	Zeit	Route	
			Die Route finden Sie in der Karte S. 107.
0	9.00 Uhr	Von Helmeringhausen auf der C14 Richtung Maltahöhe,	
59		links abbiegen auf die D831 und Weiterfahrt bis	
86		links Abzweig zur D826.	
100	11.00 Uhr	**Schloss Duwisib**, Besichtigung.	

Entweder

km	Zeit	Route
100	12.00 Uhr	von **Duwisib** weiter auf der D826 in östlicher Richtung,
126		links auf die D831 abbiegen, bis zum Abzweig der D826 fahren,
142		links auf der D831 halten! (geradeaus führt die D824 nach Maltahöhe),
172	13.00 Uhr	links in die C19 (Richtung Solitaire) einbiegen,
227		rechts ab nach **Hammerstein**.

km	Zeit	Route
		Oder weiter geradeaus auf der C19,
273	15.00 Uhr	links ab zum **Mountain Homestead**. Nach 10 km erreicht man die Rezeption, von wo aus man im Jeep zur Lodge gebracht wird (telefonische Voranmeldung mit Angabe der Ankunftszeit unbedingt erforderlich).

km	Zeit	Route
		Oder weiter geradeaus auf der C19,
288		links auf die C27 zur
300	15.30 Uhr	**Sossusvlei Lodge**.

km	Zeit	Route
		Oder an **Sossusvlei Lodge** vorbei zum Gate des Namib-Naukluft National Park und zur
310		**Sossus Dune Lodge**, der einzigen Lodge innerhalb des Parks.

km	Zeit	Route
		Oder
101	12.00 Uhr	von **Duwisib** zurück auf der C 27 in westlicher Richtung, immer der C 27 nach,
162		links ab und den Hinweisschildern »Wolwedans Dune/Lodge« folgen bis zum
182	13.30 Uhr	Farmhaus mit Rezeption der **Wolwedans Dune Camp/Lodge**.

Der Flaschenbaum speichert Feuchtigkeit in seinem Inneren, um in der Dürre überleben zu können

Wer sich bei der Weiterfahrt am Morgen von der Schönheit der Landschaft zwischen der Namib-Wüste und der Großen Randstufe zum Träumen verleiten lässt, mag sich alsbald erstaunt die Augen reiben. Ist es eine Fata Morgana oder am Ende doch steinerne Realität, was sich da in trutziger Kantigkeit aus afrikanischer Steppe erhebt? Am Ende von allem ein bisschen. »Regenbogenplatz« nannten schon die Nama den Ort der irritierenden Erscheinung, und an solchen Plätzen spielt sich nun mal naturgemäß allerhand Traumhaftes ab.

Denn geträumt wurde hier. Hansheinrich von Wolf hieß der Träumer, Spross einer aristokratischen Soldatenfamilie, selbst Soldat von Beruf, Offizier der deutschen Schutztruppe und damit Angehöriger eines Berufsstands, der nicht gerade für seine Neigungen zu Träumereien bekannt ist. Man kann annehmen, dass die Tatsache seiner Verheiratung mit der reichen Amerikanerin Jayta Humphries den braven Soldaten von Wolf beim Träumen beflügelt hat. Schließlich war er Realist genug, seine – nennen wir es getrost so – Spinnereien monumental umzusetzen. Und so etwas kostet Geld.

Die »Rosen der Wüste«: Karakulschafe

Die verrückte, irritierende, unglaubliche Erscheinung lässt sich mithin ganz einfach erklären: Die amerikanische Mitgift verhalf den romantisch-soldatischen Luftschlössern Hansheinrich von Wolfs in Form einer zinnenbewehrten Burg in afrikanischer Einöde zur konkreten Erscheinung. Er baute **Schloss Duwisib** (Duwisib Castle).

Natürlich ließ er bauen. Willi Sander, Haus- und Hofarchitekt der deutschen Oberschicht in Südwest, plante. Italienische Baumeister überwachten die Errichtung des dicken Mauerwerks aus dem roten Sandstein der Region. Zimmerleute aus Irland und Skandinavien bewiesen ihr Geschick im Umgang mit Holz. Und 20 Ochsengespanne karrten die Wagenladungen mit exquisitem Mobiliar und edlen Materialien für den Ausbau von Lüderitz, wohin von Deutschland aus verschifft worden war, 400 Kilometer weit durch die Wüste.

Zum Teil lässt sich diese Fracht auch heute noch in den 22 Räumen des liebevoll restaurierten Schlosses bewundern. Namibia pflegt seine Geschichte, auch die koloniale, bar aller ideologischen Verkrampfungen. Mit Stolz werden barocke Schränke, geschnitzte Truhen, löwenbeinige Tische, mit Adlern versehene Sessel, Schreibschränke mit den zeitüblichen Geheimfächern, Badezimmerarmaturen des beginnenden 20. Jahrhunderts in Luxusausführung, Kupferstiche mit Reitermotiven aus dem 18. Jahrhundert und selbst ein Ölbild des jugendlichen Kaisers Wilhelm II. präsentiert. Und warum schließlich auch nicht? Man muss nur einen Blick aus dem Fenster werfen, um sich zu versichern, dass all dies am »Regenbogenplatz« der Nama nichts ist als exotische Kuriosität. Selbst der umstrittene letzte Kaiser der Deutschen entbehrt so weit entfernt von Europa jeder politischen Dimension. Am Rand der Namib

Hansheinrich von Wolf ließ das Schloss Duwisib im Stile einer Ritterburg mitten in der namibischen Wüste erbauen

erscheint er als blasser junger Mensch: »Little Willy.«

Die einstige Schlossherrin Jayta von Wolf zeigt sich auf einem Bild als waschechte amerikanische Patriotin. Ein Fahnentuch mit Stars and Stripes liegt dekorativ und unübersehbar auf der Chaiselongue im Hintergrund ausgebreitet. Ob sie das namibische Abenteuer, von ihr als »interessantes Experiment« geschildert, genossen hat, lässt sich nicht so ganz ausmachen. Zu ruhigem Genuss wird ihr wahrscheinlich die Zeit gefehlt haben. Zwischen 1909 und 1914, den Jahren, in denen die von Wolfs das Schloss bewohnten, war ihr Mann in der Hauptsache damit beschäftigt, seinen »Traum« zu komplettieren. Mit Geschick und Tücke arrondierte er den zum Schloss gehörenden Grundbesitz auf ein Gebiet von 140 000 Hektar, größer als das halbe Saarland mithin. Standes-gemäß ging er daran, auf diesem Riesenareal eine Pferdezucht einzurichten. Ostpreußische Trakehner, die man lange Zeit für die Ahnen der Wildpferde in der Namib hielt, wurden importiert.

1914, bei Kriegsbeginn, befand er sich nach Auskunft der Quellen gerade in England, um weitere Tiere zur Zucht zu erwerben. Daraus wurde nichts. Von Wolf wurde interniert, konnte sich aber nach Deutschland absetzen, um mit einiger Verzögerung, aber nicht minder pflichtgetreu, seinen Soldatendienst für Kaiser und Vaterland aufzunehmen. An die Westfront entsandt, starb er zwei Wochen später, im Jahr 1916, in der Schlacht an der Somme.

Seine Witwe verkaufte Duwisib. Ohne das gesellschaftliche Leben, das ihr Gatte selbst im Wüstendomizil zu inszenieren verstanden hatte, ohne die Musikabende, bei denen er im Empire-Salon am Stein-way-Flügel zu brillieren wusste, muss die Einsamkeit und Isolation in diesem men-schenarmen Land schwer zu ertragen gewesen sein.

1978 erwarb der Staat den Besitz für 150 000 Rand. Wo edle Pferde gezüchtet werden sollten, knabbern heute Karakul-schafe am spärlichen Gras, und durch die Gemächer des neoromanischen Traumge-bildes wandeln mit staunendem Blick die Touristen. Auch wenn man es kaum zu fassen vermag: Neuschwanstein ist keine exklusiv bayerische Spezialität.

Den nostalgischen Traumgebilden fol-gen die realen sozusagen auf dem Fuße. Immerhin nähert sich die Route nun ei-nem der herausragenden touristischen Highlights Namibias: **Sossusvlei**, dem Herzen der Namib. Diese Wüstenschön-heit kündigt sich an, lange bevor man

sie zu Gesicht bekommt. Ihre Attrakti-vität spiegelt sich auch in der Fülle des Übernachtungsangebots. Bestimmt wird die Auswahl zum einen vom Geldbeutel

Die Aloe ist in den Trockengebieten Namibias vertreten

des Reisenden, zum anderen von der Entfernung zu Sesriem/Sossusvlei und vielleicht auch von der Dauer des Aufenthalts, den man für die Region eingeplant hat. Mehrere Tage im NamibRand-Gebiet zu verweilen dürfte jedenfalls nicht die schlechteste Entscheidung sein. Und eine frühzeitige Buchung ebenso wenig.

Die grandiose Wüstenlandschaft der Namib

Unter den vielen unbestreitbar wundervollen Unterkünften sollen hier nur drei hervorgehoben werden, da jede für sich eine absolute Rarität darstellt.

Die jüngste der Lodges ist die von den staatlichen Namibia Wildlife Resorts (NWR) innerhalb des Reservats Namib-Naukluft National Park errichtete **Sossus Dune Lodge**. Sowohl architektonisch als auch in Bezug auf die Ausstattung lässt sie keinerlei Wünsche offen und hat den absolut unschlagbaren Vorzug zu bieten, dass der Gast für Fahrten ins Vlei (zum Sonnenaufgang oder -untergang) nicht an Parköffnungszeiten gebunden ist. Fällt die Entscheidung für das **Wolwedans**

Dune Camp/Lodge oder das **Mountain Homestead**, dann sollte ein Aufenthalt von mindestens zwei Tagen eingeplant werden. In beiden Fällen ist das Umfeld so grandios, die Fülle dessen, was an landschaftlicher Schönheit geboten wird, so beeindruckend, dass selbst zwei Tage knapp bemessen sind.

In beiden Fällen stellt die Anfahrt kein Problem dar – es sei denn, man ließe sich durch die zunehmende Großartigkeit der Wüstenlandschaft, ihren Farbenzauber wie ihre Gestaltungsvielfalt zu einem Fotostopp nach dem anderen verleiten. Also: Ruhig bleiben! Am Ziel ist es allemal noch schöner.

Der Farbenzauber der Namib-Wüste

8 Service & Tipps

🏛 **Schloss Duwisib** (Duwisib Castle)
An der D 826 südwestlich von Maltahöhe
Tägl. 8–17 Uhr
Bau aus deutscher Kolonialzeit, ein absolutes
Kuriosum am Rand der Namib.

🛏 **Duwisib Guest Farm**
Maltahöhe
✆ (063) 29 33 44
www.farmduwisib.com
Das ordentliche Rastlager hat sich ausgewach-
sen zu einer Gästefarm. Da direkt am Schloss
gelegen, gibt es auch Zimmer mit Schlossblick.
$$ (inkl. Dinner)

🛏✕🛏👁 **Hammerstein Lodge & Camp**
An der C 19 Richtung Sesriem
Maltahöhe
✆ (063) 69 31 11
www.hammerstein.com.na
Zwei- und Vierbett-Bungalows, gute Küche.
Felszeichnungen auf dem Areal. $$
   An der C 19 (25 km vor Sesriem) bietet Ham-
merstein außerdem Campingmöglichkeiten
an.

🛏✕🍸👁 **Hotel Maltahöhe**
Maltahöhe
✆ (063) 29 30 13
www.maltahoehe-hotel.com
Einfaches Haus mit 24 Doppel- und drei Fami-
lienzimmern. Wegen des abendlichen Lebens
in der Bar berühmt.
   Fahrten mit vierradgetriebenen Wagen
in das Sossusvlei, zum Sesriem Canyon oder
Schloss Duwisib werden angeboten. $

🛏✕🐾👁 **Mountain Homestead & Kulala**
Wilderness Reserve
30 km südöstlich von Sesriem
Reservierung: Windhoek
✆ (061) 25 65 80
www.namibian.org
Man kann zwischen vier Unterkunftsmög-
lichkeiten wählen, die alle auf dem Areal des
21 000 ha großen Kuala Wilderness Park nahe
dem Sossusvlei liegen:
– Die **Kulala Desert Lodge** verfügt über 15
strohgedeckte, auf erhöhten Holzdecks errichtete Häuschen mit Bad.

*Der prachtvolle Eingang zur Sossusvlei
Lodge*

– **Little Kulala**, stellt eine Luxusvariante für
max. 24 Gäste dar.
– Das **Kulala Wilderness Camp** bietet 18 Gästen
in Luxuszelten mit eigenem Bad Unterkunft.
– Das **Mountain Homestead** mit seinen neun
äußerst geschmackvoll gestalteten Chalets aus
Bruchsteinen liegt im bergigen Wüstenbereich.
Nicht nur die Unterkünfte sind eine Klasse für
sich, auch die angebotenen Unternehmungen
wie z.B. Heißluftballonfahrten über die Wüste.
Luxus hat seinen Preis: $$$$

🛏✕🐾🏊 **Sossusvlei Lodge**
Am Eingang zum Namib-Naukluft-Park, Ein-
gangstor zum Sossusvlei
✆ (063) 29 36 36
www.sossusvleilodge.com
Reservierung: Taleni Africa Tourism Holding
✆ +27 21 930 45 64
www.taleni-africa.com
reservations@sossusvleilodge.com
Recht luxuriöse, aber auch große »Herberge«
direkt am Eingang zum Namib-Naukluft-Park
und damit in idealer Lage für einen möglichst
frühzeitigen Aufbruch in die Hitze der Wüste.

Inklusive Dinner. Rundflüge und Ballonfahrten werden arrangiert. $$$$

Wolwedans Dune Camp/Lodge/Private Camp
60 km südlich von Sesriem an der C 27
Reservierung: Namib Rand Safaris
Windhoek
☎ (061) 23 06 16, www.wolwedans.com.na
Die sechs Luxuszelte mit Bad im Dune Camp und die acht komfortabel (mit Dusche und WC – alles ökologisch einwandfrei) ausgestatteten Holzchalets mit Zeltwänden in der Lodge garantieren das totale Wüstenerlebnis. Bei genügend Zeit (und Geld) empfiehlt sich ein längerer Aufenthalt in der herrlichen Landschaftsszenerie. Inklusive Vollpension und Panoramafahrten.

Auch Buchung von Ballonfahrten und Flügen möglich. Für Gäste mit wenig Zeit bietet Wolwedans Touren mit dem **Dune Hopper Air Taxi** (www.dunehopper.com) und Nature Wings (www.naturewings.com) an. $$$$

Sossus Dune Lodge
Reservierung: Namibia Wildlife Resorts
☎ (061) 285 72 00, www.nwr.com.na
Elegante Chalets mit Blick in die Weite der Wüste. Unschätzbar der Vorzug, vor Sonnenaufgang bzw. nach Sonnenuntergang an den schönsten Plätzen in der Wüste sein zu können. $$$$

Sossusvlei Desert Camp
5 km von der Sossusvlei Lodge entfernt
☎ (063) 29 36 77
www.desertcamp.com
Reservierung: Taleni Africa Tourism Holding
☎ +27 21 930 45 64, www.taleni-africa.com
reservations@desertcamp.com
Seit Juli 2006 ist diese kleine, geschmackvoll gestaltete Zeltstadt für Selbstversorger eröffnet. Jedes der 20 Zelte hat ein eigenes Bad und wurde auf zementiertem Grund errichtet. An den von der Lodge arrangierten Aktivitäten können die Gäste teilnehmen. Swimmingpool vorhanden. Eine relativ günstige Übernachtungsmöglichkeit direkt vor den Toren des Sossusvlei. $$

Sesriem Camp Site
Maltahöhe
☎ (063) 69 32 49
Reservierung: Namibia Wildlife Resorts
☎ (061) 285 72 00
www.nwr.com.na
16 Zeltplätze stehen zur Verfügung und sind oft wegen der günstigen Ausgangsposition für die Fahrt ins Vlei (der frühe Eintritt kostet N$ 50 zusätzlich) frühzeitig ausgebucht. Campingausrüstung muss mitgebracht werden. N$ 200 pro Person.

Weitere Informationen zum Sossusvlei finden Sie S. 134.

In der Sossus Dune Lodge übernachten die Gäste in kleinen, gemütlichen Hütten

9 Im schönsten Sandkasten der Welt
Die Dünen der Namib

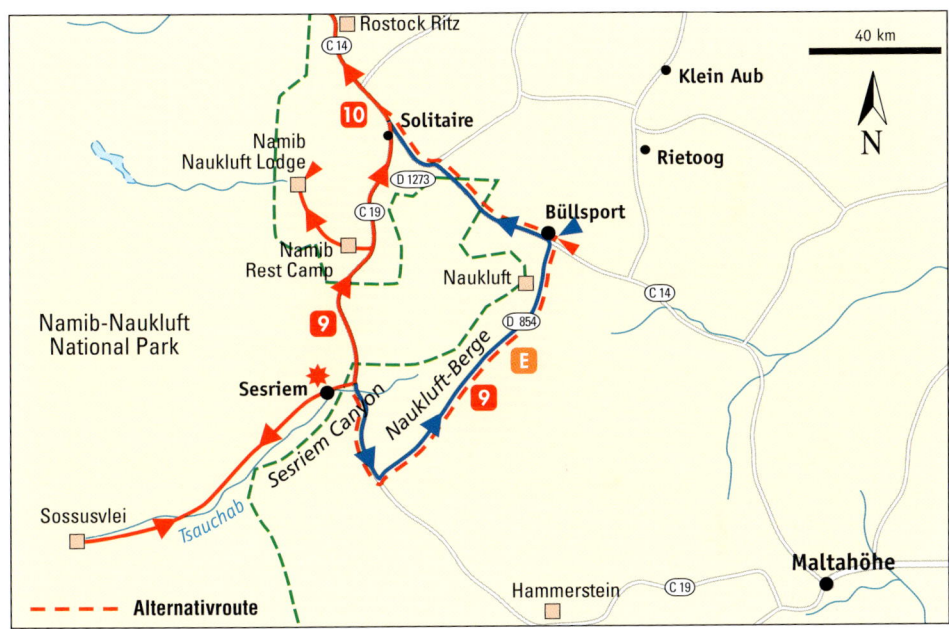

9. Tag: Sesriem – Sossusvlei – Sesriem – Namib Naukluft Lodge (194 km) oder Büllsport (257 km) oder Extratag in und um Sossusvlei

km	Zeit	Route
0	Bei Sonnen-aufgang	Passieren des Gates in Sesriem (Permit erforderlich). Die As-phaltierung der Straße war notwendig, weil der Sand des Stra-ßenbelags sich aufgrund des relativ hohen Verkehrsaufkommens schon mit dem roten Sand der Dünen vermischt hatte, was auf Dauer die Färbung zu verändern drohte.
65	8.00 Uhr	Vom Parkplatz für nicht allradgetriebene Autos geht es über 6 km entweder mit Pendel-Jeeps oder zu Fuß (ca. eine Stunde, unbedingt Wasser mitnehmen!) weiter nach **Sossusvlei**.
	13.00 Uhr	Abfahrt vom Parkplatz,
130		am Gate in Sesriem rechts ab zum
132		**Sesriem Canyon**, hier ca. eine Stunde Wanderung.

Entweder		zurück zur Unterkunft und Sundowner am späten Nachmittag auf Düne 45. Am nächsten Morgen Rundflug über die Wüste, dann Weiterfahrt.
		Oder
134	15.00 Uhr	zurück zur C19, auf die man links Richtung Solitaire einbiegt.
192		Links ab zur
194	16.00 Uhr	**Namib Naukluft Lodge.**
		Oder
134	15.00 Uhr	zurück zur C19 und rechts Richtung Maltahöhe.
179		Links abbiegen auf die D854,
255		auf die C14 links ab nach
257	17.00 Uhr	**Büllsport** (vgl. auch Extratag, S. 135 ff.).

Achtung! Auf der Asphaltstraße ins Vlei werden **Radar-Geschwindigkeitskontrollen** durchgeführt.

Träger von Kontaktlinsen sollten auf alle Fälle bei Unternehmungen in der Wüste der Ersatzbrille den Vorzug geben!

Hinweis: Ein besonderes Erlebnis ist zweifelsohne eine **Ballonfahrt über die Dünen.** Allerdings ist die Durchführung von den Windverhältnissen abhängig. Start ist am frühen Morgen, und nach dem Flug gibt's ein Champagner-Frühstück! Buchungen über Namib Sky Adventure Safaris, Windhoek, ✆ (063) 683188, www.balloon-safaris. com. Das Vergnügen kostet N$ 6500 pro Person (bei mindestens zwei Teilnehmern). Auf Wunsch wird man eine halbe Stunde vor Sonnenaufgang von den Lodges rund um Sossusvlei abgeholt.

Rundflug: Der Champagner fehlt, aber die Wüstenlandschaft ist nicht minder reizvoll, wenn man in einer kleinen Cesna etwa eine Stunde über Sesriem und Sossusvlei kurvt. Buchungen über die Sossusvlei Lodge, ✆ (063) 29 36 36, www.sossusvleilodge. com, ca. N$ 1000 pro Person bei vier Passagieren.

Ein Tag, der nach Sossusvlei führt, beginnt früh und oft genug eiskalt. Ersteres hängt damit zusammen, dass ein Trip ins Herz der Namib-Wüste auf keinen Fall einen Aufschub bis zur Zeit der Mittagshitze duldet. Die frühmorgendliche (und nächtliche) Kälte ist ein typisches Merkmal der Namib-Zone und ihrer Randgebiete. Schuld daran trägt einmal mehr der Benguela-Strom. Die kalte Luft, die über dem Atlantik aufsteigt, wird von den Winden aus südwestlicher bzw. südsüdwestlicher Richtung ins Landesinnere geführt und schiebt sich dort unter die wärmeren Luftmassen. Es entsteht eine Inversionslage. Wolkenbildung und damit Niederschläge werden verhindert. Wolkenloser Himmel wiederum begünstigt im Lauf des Tages die schnelle Erwärmung der Luft, wie er die Wärmeabstrahlung während der Nacht und ein rapides Absinken der Temperaturen fördert. Temperaturschwankungen von Tageshöchstwerten um 40 Grad Celsius auf Nachtwerte um zehn Grad Celsius gehören deshalb zur Namib wie der Sand. Selbst Minustemperaturen können hier gemessen werden. Und – so unglaublich

*Erklimmung der glutroten
Dünen der Namibwüste*

es scheinen mag – auch Schnee ist nachweislich schon gefallen.

Weht der Wind allerdings von Osten, aus dem Landesinneren, was in den Wintermonaten häufig der Fall sein kann, ist es nichts mit der Wüstenkälte. Dann herrschen auch schon am Morgen drückend heiße Temperaturen. Manchmal wird aus dem Wehen auch ein Fegen und das kann sich bis zu einem handfesten Sandsturm auswachsen. Auch eine solche Erfahrung hat ihre Reize: Die Landschaft wirkt wie in Dunst gehüllt, und dort, wo die Dünenkämme sich ansonsten scharf gegen einen strahlend blauen Himmel abzeichnen, hängen jetzt sandige Fahnen im Wind. Zwischendrin, wenn dem Wind kurz die Puste ausgeht, erscheint die Wüste dann urplötzlich wieder in ihrer natürlichen Farbenpracht, um sich gleich darauf erneut zu »verschleiern«.

Aus dem Schlamm der kurzen Regenzeit wird sehr schnell wieder feiner Sand

Klar oder dunstig, heiß oder kalt, ein schwer erklärbarer Zauber erfasst schon bei der geringsten Ahnung des Kommenden den Reisenden. Bilder von purer Schönheit, bislang nichts als ein Versprechen auf Papier, rücken in greifbare Nähe. Voll angespannter Erwartung suchen die Blicke den Horizont nach dem Schimmer der ersten rötlichen Dünen ab – und werden fündig.

Wie kommt der Sand in die Wüste? Kindliche Frage. Vorfreude macht kindlich. Warum also nicht der Frage nachgehen? Zumal die Antwort nicht leicht ist. Ein Bündel von Voraussetzungen musste zusammenwirken zur Gestaltung einer Landschaft aus diesem wenig statischen Material. Der Wechsel zwischen trockenen und feuchteren Zeiten während der letzten eine Million Jahre ist eine davon. In Feuchtzeiten entwickelten die Flüsse, die auf ihrem Weg zum Ozean die Namib durchquerten, ihre gestalterische Kraft. Swakop, Kuiseb, Tsondap und Tsauchab führten mit ihren Wassermassen Geröll und Gestein vom Landesinneren zur Küste, schliffen ihre Betten tief in spröde Felsen, Canyons und weite Schotterebenen zurücklassend. Die folgenden Perioden der Trockenheit gehörten dem Wind. Von der See her blies er den Sand ins Land und vom Landesinneren her in langen Verwitterungsprozessen zerriebenes Gestein.

Alt soll die **Namib** sein, sehr alt, die älteste Wüste der Welt sogar. Doch fragt man nach exakten Daten, stößt man auf widersprüchliche Aussagen der Wissenschaft. Plausibel scheint, dass die Wüstenbildung erst dann einsetzte, als der Benguela-Strom seine Herrschaft über die südwestliche Küste Afrikas antrat. Seine Kälte besiegelte die Trockenheit der Wüstenregion, unterwarf den Küstenstreifen der Zerreißprobe des Temperaturgefälles von kontinentaler Wärme und dem eisigen Atem polaren

Lineare Schönheit aus Sand: die Dünen der Namib

Ursprungs, den er aushauchte und als Nebelfeuchte über das Land breitete. Aber die Dünen der Namib schleppen deshalb noch lange nicht Millionen von Jahren auf ihren beweglichen Buckeln. Kompaktierte Sandfelder deuten auf ältere, in feuchteren Perioden erstarrte Dünenfelder hin. Geronnener Sand, auf den möglicherweise erst in den letzten 30 000 Jahren jüngere Sande geweht wurden, aufgetürmt zu Dünen von 300 Metern Höhe und mehr.

Die Beweglichkeit des Materials und die Kraft des Gestalters, des Windes, ließen je nach Gegebenheit typische Formen entstehen. Im Küstenbereich zwischen Lüderitz und Walvis Bay herrschen Längsdünen vor, deren Kammrichtung, den vorherrschenden Winden entsprechend, von Süd nach Nord verläuft. Hinter dieser Dünenkette, dem Landesinneren zugewandt, haben aus wechselnden Richtungen einfallende Winde Parabel-, manchmal auch Sterndünen gebildet.

Auf diese Art wurden die Gebilde aus Sand in **Sossusvlei** geformt, denen der Reisende, nachdem er die C19 verlassen und das Tor in **Sesriem** passiert hat, entgegenrollt. Und sie sind nicht schlicht sandfarben, nicht gelblich-weiß, wie man es von »ordinären« Dünen erwartet. Sie erstrahlen, schon aus zig Kilometern Entfernung erkennbar, in den vielfältigsten Schattierungen von Rot. Und wie kommt der Sand zu dieser Farbe? Ganz einfach: Granatgestein der Großen Randstufe und der nahen Naukluft-Berge, dort als stecknadelkopfgroße Kristalleinsprengungen vorkommend, wurden in langen Prozessen abgetragen, zerrieben, verweht. Mit dem Sand der Namib untrennbar vermischt, formten sie ein Wüstenkleinod: geschmeidiger Schmuck in einer Fassung aus rauer Natur.

Den Weg zum Sossusvlei schuf der **Tsauchab**, ein Fluss, der, aus den Naukluft-Bergen kommend, über die Jahrtausende auf seinem Weg westwärts zum

129

Ozean von den vorrückenden Sandmassen mehr und mehr behindert wurde. Bis er vor vielleicht 60 000 Jahren den Kampf aufgab und 60 Kilometer vor der Küste im Sand »mündete«. Wie sollte ein Fluss, der nicht fließt, auch münden, mag man sich fragen. Aber nach starken Sommerregen über den Naukluft-Bergen tut er es wirklich, um immer wieder kläglich im Sand stecken zu bleiben.

Sichtbar ist er übrigens auch ohne Wasser. Nicht nur, weil er sich sein Bett in langen Jahrtausenden gerichtet hat und damit die Landschaft gestaltete. Unter der Oberfläche des trockenen *rivier* ist Wasser gespeichert, Existenzgrundlage jahrhundertealter Kameldornbäume. In Form einer linearen Oase zeichnet der Tsauchab seine Spur durch die Wüste.

Allein das Farbenspiel ist der pure Genuss: Gelblich-weiße, ziegelrote, ocker und rosa Töne, durchsetzt mit wenigen grünen Farbtupfern der Vegetation, kontrastiert vom wolkenlosen Blau des Himmels, zaubern eine Farbsymphonie von einzigartiger Intensität. Ein Farbenrausch, der die über 60 Kilometer lange

Die Oryxantilope ist bestens an das harte Wüstenleben angepasst

Wüstenfahrt zu einem einzigen Schauen und Staunen macht.

Es kann durchaus ein Vorteil sein, wenn man sich nicht auf vierradgetriebenem Fahrgestell bewegt. Dann nämlich müssen die letzten sechs Kilometer bis zum *vlei*, zur meistenteils trockenen Pfanne, in die der Tsauchab mündet, zu Fuß bewältigt werden. Sechs Kilometer Wüste, ein Marsch von etwa einer Stunde, Schweiß, Sand und Sonne, das lässt wenig Raum für überbordende Emotionen. Aber Raum für besondere Erfahrungen: das Erspüren der Fragilität dieser roten Sandberge, die in klaren, unverrückbaren Linien in den Himmel gemeißelt erscheinen und doch bei jedem Schritt nachgeben. Ist man mit einem vierradgetriebenen Wagen unterwegs, kann man diese Erfahrung natürlich auch beim Ersteigen einer der großen Dünen im Vlei gewinnen.

Abseits der Straße stößt man auch auf fremdartige Spuren von Leben in der Wüste: das Gerippe eines verendeten Straußes, die Spuren von Käfern oder Reptilien im Sand. Mit etwas Glück erspäht man auch den mächtigsten der Wüstenbewohner, die **Oryx-Antilope**. Die kräftigen, bis zu 200 Kilogramm schweren, rotbraunen Tiere mit den markanten schwarz-weißen Zeichnungen an Kopf und Beinen und den langen, geraden Spießen haben sich auf verblüffende Weise dem Leben in der Wüste angepasst. Eine Temperatur von 45 Grad, für alle übrigen Säugetiere absolut tödlich, können sie bis zu acht Stunden ertragen. Dazu verhilft ihnen ein Netz von Adern direkt unter dem Hirn. Durch Hecheln wird das Blut in der Nasenschleimhaut abgekühlt, ein Hitzeaustausch zwischen venösem und ateriellem Blut eingeleitet und so das vom Herzen zum Gehirn strömende Blut auf eine zuträgliche Temperatur reduziert. Außerdem wird die Körpertemperatur auf 46,5 Grad »angeheizt«, um

Akazie im Dead Vlei des Sossusvlei

Verdunstung und Feuchtigkeitsverlust zu vermeiden. Das weitere Ansteigen der Körpertemperatur wird durch das Einsetzen der Verdunstung nach einigen Stunden verhindert.

Aus den wenigen, oft spröden Pflanzen der Wüste vermag ein Oryx so viel Feuchtigkeit zu ziehen, dass eine zusätzliche Aufnahme von Wasser unnötig ist. Diese aus Pflanzen extrahierte Flüssigkeit wird im Darm gespeichert, eine biologische Besonderheit, um die die Buschmänner wussten. Sie pressten den Darminhalt erlegter Oryx-Antilopen aus, filterten ihn mit Gras und gewannen auf diese Art Trinkwasser.

Kein Wunder also, dass diese Tiere unbeeindruckt im Schatten eines uralten Kameldornbaumes stehen, während wir, im *vlei* angekommen, gierig das vorsorglich mitgebrachte Wasser trinken. Erst nach solcher Stärkung kann der nicht wüstenangepasste Mensch die Pfanne von Sossusvlei angemessen genießen. Dabei erscheint alsbald die Beantwortung der Frage, ob diese Wüstenszenerie wirklich die älteste und höchste der Welt sei, völlig nebensächlich.

Sossusvlei ist Schönheit pur. Und damit Punktum! Und wenn schon Steigerung, dann so: Sossusvlei ist die größtmögliche Ansammlung schlichtester Formen von absoluter Klarheit und unübertroffener Eleganz. Bestechend zudem, weil kaum vorstellbar, die Flüchtigkeit dieser Formenwelt. Wenn es dem Wind gefällt, gestaltet er sie neu, kaum wahrnehmbar, aber nachweislich. Was er schafft, ist nie schöner, nie schlechter als das Gewesene. Er bringt immer schlichteste und unübertreffliche Schönheit hervor.

Eine Steigerung wäre immerhin denkbar: Wenn der Tsauchab »abkommt«, seine Wasser bis in das *vlei* vordringen, wird im Spiegel der entstehenden Seen verdoppelt, was sonst einzig dasteht. Alle Jahre geschieht das freilich nicht. Schon das Verb »abkommen«, im Südwester-Deutsch für wasserführende Flüsse gebräuchlich, zeigt wie ungewohnt, geradezu »ab«wegig den Menschen hier Flussläufe mit strömendem Wasser erscheinen müssen.

Doch das Ergebnis ist Verzauberung. Die Wüste verwandelt sich. Enten, Gänse, Säbelschnäbler statten den Seen in den Pfannen ihren Besuch ab, Pflanzensamen, die lange Zeit im Sand geruht haben, keimen und erwachen zu neuer Vitalität. Bilder belegen es: Schon nach kurzer Zeit verwandelt sich Sossusvlei in ein grünes Paradies. Oder auch ein weißes. Im alten

Office in Sesriem hing ein Foto, das das Vlei unter einer dünnen Schneedecke zeigte. Doch weiß oder grün, der Spuk ist nicht von Dauer, in kurzer Zeit vergangen wie eine Fata Morgana. Was bleibt, ist der Zauber des roten Sandes, die Welt der mobilen Skulpturen. Wen es denn doch treibt, die für Sossusvlei gängigen Superlative zu erproben, sollte sich an der Ersteigung des Big Daddy, der angeblich höchsten Düne der Erde, erproben. Oben angekommen wird er zwar immer noch nicht exakt wissen, ob sie wirklich die höchste ist, aber ganz sicher wird er dann davon überzeugt sein.

Die Rückfahrt nach Sesriem gestaltet sich in der Regel zu einem langsamen, fast zögerlichen Abschied von der grandiosen Wüstenwelt. Jeder skurril vor sanftrotem Hintergrund aufragende, abgestorbene Baumstumpf, jede Farbnuance, jede in genialer Schlichtheit gezogene Linie des Sandes, auf dem Hinweg nur als glanzvolle Einstimmung auf kommende Highlights gewürdigt, verlangt nun danach, ausgiebig betrachtet – und fotografiert zu werden. Hätte man nicht doch noch mehr Zeit vor der großartigen Kulisse der Düne 45 auf dem Rückweg rechts der Straße zubringen sollen? Eine fesselnde Landschaft, der man sich ganz einfach schwer entreißen kann.

Aber schließlich kommt man zurück zum Office in Sesriem, und zum Abschied

Sossusvlei ist Schönheit pur – ein Flug über die Dünenkämme ein besonderes Erlebnis

gibt's dann noch eine weitere Naturattraktion. Fünf Kilometer südlich vom Campingplatz hat der Tsauchab einen 30 Meter tiefen, teilweise nur wenige Meter breiten **Canyon** ins bis zu 18 Millionen Jahre alte Geröll gegraben. Zugegeben, durch Gigantismus kann die Schlucht kaum überzeugen, und die fortwährende Konfrontation mit unmenschlich großen erdgeschichtlichen Dimensionen stumpft ab. Aber auf Spuren der gewaltigen Gestaltungskraft des Wassers gerade in einer Region zu treffen, deren Charakteristikum im weitgehenden Mangel an Wasser liegt, entbehrt nicht des Reizes. Eines gemäßigten, wohltemperierten, versteht sich. Mehr wäre nach einem Tag im Vlei ohnehin von Übel.

Wohltemperiert gestaltet sich denn auch die Wanderung zwischen kühlen, steilen Canyonwänden – fast wie ein heimatlicher Sonntagsspaziergang. Und genau wie zu Hause begegnet man anderen Spaziergängern. Die Enge des Canyons räumt schlagartig auf mit der Illusion menschenleerer Einsamkeit, zuvor in langen Wüstenstunden genussvoll genährt. Auch die Vorstellung von einem erfrischenden Bad in den Kolken am Canyon-Ende gehört schlicht ins Reich der Fantasie. In Zeiten der Trockenheit, und alles andere ist hier nun mal die Ausnahme, gleichen sie eher unappetitlichen Tümpeln, von Attraktion allenfalls für wenig verwöhnte Wüstentiere. Oder für hartgesottene Burschen, wie es die euro-

Die Dünen rund um den Sossusvlei zählen zu den höchsten der Welt

päischen Pioniere in diesem Land gewesen sein müssen. Sie gaben dem Canyon den afrikaansen Namen Sesriem, was sich mit »sechs Riemen« übersetzen lässt. Sechs Riemen eines Ochsengespanns mussten aneinander geknotet werden, wenn man, am Canyonrand stehend, mit Eimern das Wasser aus der Tiefe schöpfen wollte. Eine Wasserstelle achselzuckend verschmähen kann nur, wer sicher ist, später in seiner Unterkunft eine Dusche und einen kühlen Drink vorzufinden.

9 Service & Tipps

🛏🖼 Sossusvlei

Permits werden in Sesriem, Swakopmund und Windhoek (nur Mo–Fr 8–15 Uhr) in den Büros von **Namibia Wildlife Resorts** ausgestellt (vgl. S. 54).
Eintritt N$ 80/2 (unter 16 J.), Pkw N$ 10
Die angeblich höchsten Dünen der Erde in der ältesten Wüste, was noch gar nichts aussagt über den Eindruck dieses Naturerlebnisses. Einfach grandios! Geöffnet wird das Gate zwischen Sonnenauf- und Sonnenuntergang.

🔆🖼 Sesriem Canyon

Enger (2–5 m), nicht allzu tiefer Canyon (bis 30 m), den der Tsauchab sich gegraben hat. In den Kolken versorgten sich die frühen Wüstenreisenden mit Wasser.

🛏🗙🐾🐾🐾 Namib Naukluft Lodge

☎ (061) 37 21 00
www.namib-naukluft-lodge.com
Buchung: African Extravaganza
Sam Nujoma Ave. 316–318, Windhoek
☎ (061) 37 21 00
www.african-extravaganza.com

Komfortable Lodge mit großartigem Ausblick in die Weite der Namib. Sundowner-Fahrten zu den Marmorbergen.
$$$$ (inkl. Dinner)

🛏🗙🖼 Ababis Gästefarm

Maltahöhe
☎ (063) 29 33 62
www.ababis-gaestefarm.de
Die Farm liegt 15 km südlich von Solitaire an der C14. Deutsche Gastlichkeit. Ausgangspunkt für großes Tourenprogramm.
$$$ (inkl. Dinner)

🛏🗙🛏 Gästefarm Büllsport

Maltahöhe
☎ (063) 29 33 71
www.buellsport.com
Die Zimmer bei Familie Sauber sind komfortabel und gemütlich, das Essen ist gut und das Brot selbst gebacken. Nachschub für die Reise ist im Store erhältlich. Zur Farm gehört eine Tankstelle.
$$$ (inkl. Dinner)

Weitere Informationen zum Sossusvlei vgl. S. 123 f. ✳

Sonnenuntergang über dem Sesriem Canyon

E Auf den Spuren von seltenen Zebras und verwegenen Kämpfern

Im Naukluft-Park

Extratag: Büllsport – Erkunden der Naukluft

Die Route nach Büllsport ist in der Karte S. 125 blau eingezeichnet.

Für die Weiterfahrt bieten sich folgende Alternativen:

1. Unter Auslassung der Küstenregion und Swakopmunds Fahrt nach **Karibib** (Etusis Lodge, 324 km) und von dort entweder Richtung Norden über Uis und **Twyfelfontein** weiter nach **Etosha oder**
2. ins **Kaokoveld, oder**
3. über **Okahandja** (z. B. The Elegant Farmstead) nach **Windhoek** zurück (als 14-tägige Route), **oder**
4. von **Büllsport** aus weiter über Solitaire (C 14) der Hauptroute nach **Swakopmund** (328 km) folgen (vgl. 10. Tag, S. 140).

Hinweis: Von der Gästefarm Büllsport aus lassen sich sehr gut Exkursionen in die Naukluft unternehmen – wenn auch außerhalb des Nationalparks, dessen Wanderwege Tagesbesuchern nicht zur Verfügung stehen. Aber vielleicht bekommt man auf den Wanderungen mit Ernst Sauber ja Lust auf größere Unternehmungen im Namib-Naukluft National Park. Auskünfte über Wandermöglichkeiten im Park erteilt: Namibia Wildlife Resorts, Windhoek, ℰ (061) 285 72 00, www.nwr.com.na.

Von den Schönheiten afrikanischer Wüstenlandschaften zu einem gemütlichen deutschen Familientisch ist's in Namibia nicht weit. Die **Gästefarm Büllsport** beispielsweise, vom Ehepaar Johanna und Ernst Sauber seit Jahren liebevoll und mit Geschick betrieben, hält ein solches Ambiente bereit. Bei Braten und Bier erfährt man – auf Deutsch natürlich – viel Typisches über dieses Land: über als Hirten abgerichtete Paviane, über die weiten Entfernungen zum nächsten Nachbarn oder gar zur nächsten größeren Stadt und (nie versiegendes Thema allerorten) über die fehlenden Niederschläge.

Die wünscht der Reisende im Gegensatz zum Farmer natürlich nicht herbei – schon gar nicht, wenn er sich am nächsten Vormittag zu den luftigen Höhen der Naukluft-Berge aufmacht. Das blau schimmernde Dolomitgestein der **Naukluft** gehört zum Bergland der Großen Randstu-

Im Namib-Naukluft-Park allgegenwärtig: Paviane

fe, das sich hier bis zum Wüstenrand vorschiebt. Als die Regierung 1968 die Farm Naukluft als Schutzraum für die in ihrem Bestand bedrohten Bergzebras aufkaufte und ein Areal von 22 000 Hektar zum Naturpark erklärte, legte sie damit den Grundstein für die Errichtung des größten Parks in Afrika und des viertgrößten im weltweiten Vergleich.

Der aus diesen Anfängen hervorgegangene **Namib-Naukluft National Park** reicht heute von den Wüstendünen nördlich der Straße Lüderitz–Aus bis über den Swakop hinaus. Auf einer Fläche von 2,3 Millionen Hektar vereinigt er unterschiedlichste Wüstenlandschaften und die Felsfestung der Naukluft zu einer – nur teilweise erschlossenen – Touristenattraktion von seltener Schönheit.

Mit Hilfe von Ernst Saubers vierradgetriebenem Pick-up lässt sich die »Erstürmung« der Naukluft-Berge einigermaßen locker angehen angehen – alle Konzentration auf die wild zerfurchte Felsszenerie gerichtet. Kletterfeigen scheinen verwachsen mit den senkrecht

aufragenden Felswänden, fest verzahnt mit ihren oberirdisch liegenden Wurzeln im grauen Gestein. Hin und wieder zeichnet ein Köcherbaum seine Silhouette in den blauen Himmel. Akazien und dorniges Gestrüpp nutzen jede Ansammlung von Erdreich zwischen Steinbrocken. Wer genau hinzusehen vermag während der verwegenen Fahrt, könnte sogar hin und wieder *Lithops*, seltene Steingewächse, am Wegrand erkennen.

Das Vertrauen wird am Ende belohnt, und unversehrt entsteigt man auf einem kleinen Plateau dem Gefährt. Welche Höhendifferenz überwunden werden musste, lässt sich nur schätzen: Die Farm liegt auf dem Niveau des zentralen Hochlands, bei etwa 1000 Metern also, und die Naukluft steigt bis auf 2000 Meter an. Auch wenn man sich nicht gerade auf der höchsten Erhebung befindet, kann man doch davon ausgehen, mehrere hundert Meter Felswand bezwungen zu haben.

Kein Grund, voll Zufriedenheit auszuruhen, denn wirklich etwas geleistet hat bisher nur Ernst Sauber. Das ändert sich umgehend. Auf schmalem Felspfad, manchmal nicht mehr als zwei Fuß breit, erhält man bald Gelegenheit, die Naukluft für sich höchstpersönlich zu erobern. Kletterpartien über Felsbrocken fordern dabei vollen Körpereinsatz: Auf Händen und Füßen und zur Not sogar auf dem Hosenboden wird die steinige Welt bezwungen. Und setzt sich doch mit allen Mitteln zur Wehr. Wer nicht aufpasst, greift bei der Kraxelei nur zu leicht in die Ranken des Morgensterns, in Afrikaans treffender als *Duiweltje*, »Teufelchen«, bezeichnet. Die stacheligen kleinen Dornen, in Namibia als *piekers* bekannt, bleiben gewiss noch eine Weile als Erinnerung an den Ausflug erhalten. Es dauert nämlich, bis man sie wieder aus der Haut gepult hat.

»Nur« 20 Minuten dauert dagegen der Kampf mit dem Gelände, dann ist das Ziel, ein Bogenfelsen auf einem Grat zwischen zwei Schluchten, erreicht. Schwer zu sagen, was mehr beglückt, die Schönheit der wilden Landschaft mit ihren Licht- und Schattenspielen oder der (partielle) Sieg über die Festung der Naukluft. Wie dem auch sei, den Wanderer bzw. Kletterer umfängt die steinerne Stille einer menschenleeren Landschaft. Hoch am Himmel zieht vielleicht ein Adler seine Kreise, die Störenfriede nicht aus den Augen lassend. Wahrscheinlich sieht er mit scharfem Auge, was den meisten »Eroberern« verborgen bleibt: ein Bergzebra oder besser noch eine ganze Herde.

Die Hartmann-Zebras, deren natürliches Umfeld es mit der Einrichtung dieses Naturparks zu schützen galt, haben sich in dieser Schutzzone so vermehrt, dass eine begrenzte Anzahl von ihnen jährlich zur Trophäenjagd freigegeben wird. Nur zu Gesicht bekommt man die scheuen Tiere selten. Jedenfalls kaum auf einem Kurzausflug.

Für den, der nach ihnen Ausschau hält, einige Hinweise: Hartmannsche Bergzebras unterscheiden sich von ihren Artgenossen durch die besondere Größe. Sie erreichen eine Schulterhöhe von eineinhalb Metern, was sie von ihrer Statur her an Pferde heranreichen lässt. Schwarze und weiße Streifen sind etwa gleich breit und ringeln sich auch um die Beine, und als Bürstenkamm spannt sich die kräftige Mähne über den Hals. Außerdem kann man bei der Bestimmung ohnehin kaum fehlgehen. Sollte eine Gruppe von Zebras in halsbrecherischem Galopp einen Steilhang erklimmen oder auch nur das Getrappel von Hufen durch die Stille der Berge klappern, handelt es

Zum Schutz der bedrohten Hartmann-Bergzebras wurde die Naukluft einst zum Naturpark erklärt

sich in der Naukluft immer um Hartmann-sche Bergzebras.

Den ärgsten Feind der Zebras, den Leoparden, wird man auch bei längerem Aufenthalt weder sehen noch hören. Tagsüber hält er sich in Felsverstecken verborgen, um im Schutz der Nacht zu jagen. Aber vielleicht bietet der Anblick eines Kudus, eines Springbocks oder Klippspringers ein wenig Entschädigung. Und wem sich auch die nicht zeigen, der muss mit den allgegenwärtigen Pavianen vorliebnehmen oder seinen Ehrgeiz daran setzen, möglichst viele der 193 hier gezählten Vogelarten zu identifizieren.

Doch auch wenn die Naukluft reich an Tieren ist, bietet sie sich nicht gerade zur Tierbeobachtung an. Sie ist nun mal ihrer Natur nach eine Landschaft zum Verstecken. Die relative Unzugänglichkeit bietet Schutz vor Verfolgern und das Vorkommen von Wasser und essbaren Wildpflanzen sichert das Überleben. Wasser, im weiten Umfeld der Naukluft rare Kostbarkeit, wird in den Dolomit- und Kalksteinformationen des Gebirgskomplexes sogar in reichlicher Menge gelagert.

So reichlich, dass klare Quellen aus dem Fels austreten, Wasserfälle bilden und sich in Pools ergießen, in denen man baden kann. Und das Schönste: Der Segen ist nicht von Regenfällen abhängig, die auch in der Naukluft nicht häufiger fallen als im ariden Umland. Gewiss ein Grund dafür, dass das Gebiet schon in Vorzeiten von Menschen bewohnt wurde, wie Funde von Steinartefakten belegen.

Was das Verstecken und Verschanzen in den Naukluft-Bergen betrifft, so taten es die Menschen den Tieren gleich. Hendrik Witbooi, legendärer Führer der Orlam, zog sich während seiner Auseinandersetzung mit der deutschen Kolonialmacht in den Jahren 1891–94 mit Mensch und Vieh in die Naturfestung zurück. Von hier aus versuchte er in einer Art Guerillakrieg, aber auch mit der Kraft seiner Argumente, den Herrschaftsansprüchen der fremden Eindringlinge entgegenzutreten. Im August 1894 schrieb er an Major Leutwein, den Oberbefehlshaber der deutschen Schutztruppe: »..., deshalb glaube und weiß ich, dass es keine Sünde oder Schuld ist, wenn ich ein selbständiges Oberhaupt über mein Land und Volk bleiben will.«

Im September 1894 mussten sich die Witboois, die »Weißen Jungen«, wie sie sich nach ihrem Erkennungszeichen, einem um Hut oder Arm drapierten weißen Tuch, nannten, den Truppen unter Major Leutwein geschlagen geben. Hendrik Witbooi wurde gezwungen, den verhassten »Schutzvertrag« zu unterzeichnen.

In der Naukluft erinnern eine Reihe deutscher Soldatengräber an diesen Kampf. Einige davon finden sich auch auf dem Land der Saubers am Fuß der steilen Berg-Pad neben den Ruinen einer Schutztruppenstation. Hendrik Witbooi wurde im namibischen Staat ein Denkmal anderer Art gesetzt. Sein Bild, auf den Namib-Dollars verewigt, ist nun in aller Hände.

Mitten durch die Berge der Naukluft, durch die sogenannte Bullenpforte, die auch der Farm den Namen gab, führt dann der Weg am Nachmittag zurück in die Wüste. Wohin auch immer die Fahrt geht wird zunächst **Solitaire** angesteuert und damit die letzte Ansiedlung vor der Durchquerung der Wüste.

Wer vor zwanzig Jahren hier Halt machte, um sich für die Wüstenfahrt mit Benzin und Wasser einzudecken, konnte neben Tankstelle (mit handgetriebener Zapfsäule) und Laden noch eine kleine Kirche und ein Autowrack ausmachen – sonst nichts.

Solitaire wirkte wie das Ende der Welt oder zumindest wie der Anfang vom Ende. Heute unterscheiden sich nicht nur die Zapfsäulen in nichts von ihren Pendants in der sogenannten Zivilisation, es gibt sogar inzwischen eine Country Lodge mit allem, was das Herz des Reisenden begehren könnte. Statt des einen Autowracks kann man rundum sogar eine ganze Reihe aufgemöbelter Oldtimer bewundern.

Majestätisch erheben sich die Naukluft-Berge über die Wüste

Namib – die vielgestaltige Leere

Durch die zentrale Namib nach Swakopmund

10. Tag: Namib Naukluft Lodge – Walvis Bay – Swakopmund (240 km)

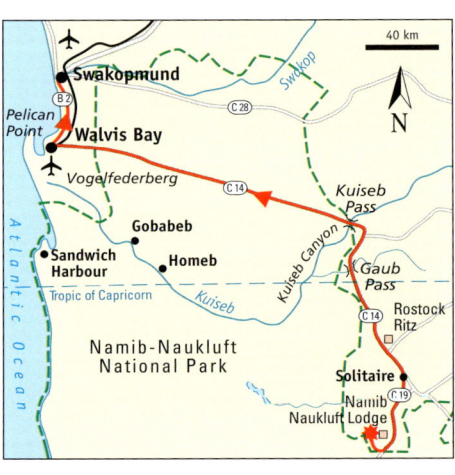

km	Zeit	Route
0	9.00 Uhr	Von der **Namib Naukluft Lodge** zurück auf die C19
2		links auf die C14 in Richtung Solitaire abbiegen.
20		**Solitaire** bietet Gelegenheit zum Tanken und Einkauf von Vorräten (vgl. S. 139).
91	10.30 Uhr	**Kuiseb Pass** und **Canyon**.
250	13.00 Uhr	**Walvis Bay** (Bummel am Hafen und eventuell Abstecher zum **Pelican Point**); weiter auf der B 2 nach
280	16.00 Uhr	**Swakopmund**.

Die Niederschlagsstatistik der letzten Jahre von Solitaire

Einen Stadtplan von Swakopmund finden Sie S. 149.

Hinweis für Abenteurer und Liebhaber außergewöhnlicher Naturerlebnisse: Die Fahrt zum südlich von Walvis Bay gelegenen Sandwich Harbour – quer durch die Dünen direkt am Atlantikstrand entlang – gilt als absoluter Höhepunkt und als extrem gefährlich für ungeübte Off-Road-Fahrer. Deshalb sollte man sich einer geführten Tour anschließen. **Sandwich Harbour 4x4**, ℒ (081) 147 39 33, www.sandwich-harbour.com.
Bootstouren aller Art unternimmt **Mola-Mola Safaris**, Atlantic St., Waterfront, Walvis Bay, ℒ (064) 20 55 11, www.mola-namibia.com.

Der Kuiseb Canyon bildet eine Trennlinie zwischen der südlichen und nördlichen Namib

»Wenn es Krieg gibt, gehen wir in die Wüste«, beschlossen der junge Geologe Henno Martin und sein Freund Hermann Korn im ersten Jahr des Zweiten Weltkriegs. Zweieinhalb Jahre lang gelang es ihnen, sich in der Einsamkeit der Namib versteckt zu halten und so dem Internierungslager zu entgehen. Eine fraglos elementare Erfahrung, die Martin in einem in Namibia viel gelesenen Buch aufarbeitete. Durch eben den Teil der Wüste, der zum Schauplatz des bemerkenswerten Überlebenskampfs wurde, führt die Strecke dieses Tages.

Gehen wir also in die Wüste! Zunächst heißt es, sich von den beeindruckenden Bildern und Erlebnissen der letzten Tage zu verabschieden: von den roten Dünenlandschaften wie den wild zerklüfteten Naukluft-Bergen. Dafür führt unser Weg bei dieser Route zunächst in die Tiefe, hinab in den Canyon, den der Nebenfluss des Kuiseb, der **Gaub,** hier in die Felsen geschnitten hat. Ganz plötzlich taucht man ein in eine wilde Felsschlucht und die Straße schlängelt sich mit einem Mal in engen Kurven hinab und wieder hinauf, um dann wieder weiter in gewohnter Weise über das Hochplateau zu führen. Ungewohnt ist, dass hier ein »Pass« einen Tiefst- und nicht wie bei uns einen Höchstpunkt hat.

Man kehrt nicht in die ruhige Einförmigkeit weiter Wüstenlandschaft zurück. Heftig gewellt, als wäre sie in einem Moment stürmischer Bewegung erstarrt, zeigt sich die Ebene. Ein Vorgeschmack auf eine landschaftliche Schönheit besonderer, doch wenig gerühmter Art: den **Kuiseb Canyon**. Dabei gehört der Kuiseb zu den wichtigsten Flüssen Namibias – auch wenn er natürlich nicht ununterbrochen Wasser führt und nicht einmal eine »ordentliche« Mündung besitzt.

141

Wichtige Wanderroute für viele Tiere: das grüne Flussbett des Kuiseb

Nur 15 Mal in 100 Jahren hat er es geschafft, den Ozean zu erreichen. Ansonsten ist er auf der Strecke, das heißt, im Sand der Namib stecken geblieben. Immerhin reicht sein Wasseraufkommen zur Versorgung der Städte Swakopmund und Walvis Bay sowie der Rössing-Uranmine. Ein mächtiger Wasserlauf also – auch wenn man ihn als Reisender in Trockenzeiten nie zu Gesicht bekommt.

Aber man sieht die Ergebnisse seines Wirkens, und die gehören zu dem Beeindruckendsten schlechthin. Wie beim Gaub führt auch im Bereich des **Kuiseb Passes** die Straße in engen Schleifen hinab und quert vor dem Wiederanstieg eine Brücke über die »Passtiefe«. Die Straße ist gut ausgebaut, also weiter nicht bemerkenswert. Zum Glück! So kann man alle Aufmerksamkeit der wahrhaft gigantischen Landschaft widmen, Felsformationen von

ebenso wilder wie unglaublicher Schönheit. Felsgrate scheinen wie überdimensionale Riesenmuscheln aneinandergereiht. Stein, so vielgestaltig und kunstvoll geformt, dass man eine Zauberwelt zu durchfahren meint.

Und dies ist die Rückzugsbastion, die Henno Martin und Hermann Korn sich seinerzeit als Zufluchtsort in kriegerischen Zeiten erkoren. Den ersten Blick auf den Kuiseb Canyon beschreibt Martin folgendermaßen: »Beklommen blickten wir in die Tiefe hinab, in eine Unterwelt von wilden grauen Felsgraten, schwarzen Schatten und wirren Schluchten. Aber dann sahen wir auch den tiefen Einschnitt des Hauptcanyon: ein weißes Sandbett zwischen unzähligen dunklen Schründen und Klüften. Leuchtende Kalktafeln bereiteten sich vor unserem Blick, dahinter schimmerten blau die gezackten Inselberge; fern unter dem Horizont gewahrten wir die roten Dünen. Fasziniert starrten wir in die grausige Tiefe. Welch grandiose, erbarmungslose Landschaft, undenkbar unter dem Himmel gemäßigterer Breiten! Einem phantastischen Irrgarten gleich umgaben jäh abstürzende, grausam nackte Felsschluchten den Hauptcanyon wie verfilztes, verdorrtes Aderwerk.«

Welcher Bewohner gemäßigter Breiten wollte angesichts solcher Beschreibungen nicht gern diese Region genauer erkunden, in den Canyon hinabfahren, vielleicht auch, nachdem man in Windhoek ein Permit eingeholt hat, mit vier radgetriebenem Wagen dem Flusslauf bis zur Campsite Homeb und zur Forschungsstation Gobabeb, die leider nur selten für Publikum geöffnet ist, folgen? Und wer würde nicht gern einmal das Wunder des Regens in der Wüste erleben? Vielleicht nicht unbedingt die Urgewalt eines Unwetters, wie Martin es schildert, mit prasselnden Wassermassen und »unaufhörlich … über dem brausenden Wasser (rollenden) Donner«. Aber umso lieber die Auswirkungen solch elementarer Entladung: »Es war, als hätte eine gütige Fee ein Zauberwort über ein verwunschenes Land gesprochen … Im Schatten der schrägen Felsrippen entrollten kleine Farne zierliche blassgrüne Blätter, und schon nach 24 Stunden verwandelte die Abendsonne … die jungen Spitzen des Springbockgrases in einen hauchfeinen, goldgrünen Flor. Dann hob sich überall brechend die spärliche Erde, jahrzehntealte Samen erwachten, und Keimblätter entfalteten sich im Licht des Tages. Fast über Nacht schmückten sich die Balsambüsche wie junge Birken. Überall begannen zierliche Ranken über den roten Sand zu kriechen, und bald zeigten die ersten Blüten sonnengoldene Gesichter.«

An Feenwunderwerk denkt der Reisende bei der Weiterfahrt auch: Kaum hat er Canyon und Passstraße hinter sich gelassen, umgibt ihn, als wäre nie etwas anderes gewesen, die grenzenlose, steinig-sandige Weite der Wüste. Nur eine Baumreihe in der Ferne deutet auf das Vorhandensein eines Flussbetts hin. Angesichts der flachen, grau-gelblichen Ödnis ringsum, die am Horizont wieder übergangslos ins fahle Blau des Himmels einzutauchen scheint, kann einem das Erlebnis des Kuiseb Canyons wie ein Traum vorkommen. Von jetzt an also wieder: *Namib Highway straight on!* Eine Straße, die sich im Nirgendwo verliert, Steine, Sand, ein Hauch gelben Grases, ein riesiger, kaum strukturierter Raum, von Horizont zu Horizont menschenleer … weit … lichtflimmernd.

»Worin liegt der Zauber der Wüste?«, fragt Henno Martin an einer Stelle seines Buches. »Warum stärkt der Blick über horizontweite leere Sand- und Schuttflächen das Lebensgefühl mehr

Neugierig: Vogel Strauß im Namib-Naukluft National Park

als die Aussicht über grüne Wiesen und Wälder?« Doch selbst er, der aufgrund seiner intensiven Erfahrung die Lösung des Rätsels kennen müsste, weiß nur vage Vermutungen vorzubringen. »Vielleicht deshalb, weil hier jede Begrenzung durch die Ansprüche fremden Lebens fehlt? Weil die Seele einer Fata Morgana grenzenloser Freiheit erliegt? Jedenfalls: An so weiten Horizonten lockt eine Bergsilhouette wie eine Insel im Ozean.«

Mit Letzterem hat er unzweifelhaft recht. Der **Vogelfederberg**, eine lang gestreckte, weich gerundete Graniterhebung links der Straße, beweist geradezu magische Anziehungskraft. Aber einer Eroberung steht nur dann nichts im Wege, wenn man für den Tag ein Permit besitzt. Ansonsten sind nur die Transitstrecken gebührenfrei und die Zufahrt zum Vogelfederberg gehört nicht dazu.

Da bleibt dann nur weiterhin die Grenzenlosigkeit: die der uns umgebenden Landschaft, aber auch die der vor uns liegenden Stadt. Erst seit Ende Februar 1994, als Südafrika den entsprechenden UNO-Beschluss endlich umsetzte, ist **Walvis Bay**, unser nächstes Eappenziel, seine Grenzen los. Zuvor hatte die 1969 von den afrikanischen Staaten aufgestellte Maxime, dass die von den Kolonialmächten willkürlich gezogenen Grenzen aufrecht zu erhalten seien, die Zugehörigkeit zu Südafrika bewirkt. Denn Walvis Bay war schon zu Zeiten deutscher Kolonialherrschaft Enklave. Sieht man vom Hissen der portugiesischen (1487) und holländischen (1793) Flaggen, die ohne machtpolitische Auswirkungen blieben, einmal ab, so war der Ort von 1878 bis 1884 englisches Hoheitsgebiet, wurde dann Teil der Kapkolonie, um als solcher 1910 in die Südafrikanische Union integriert zu werden. Die Deutschen, die im Umland noch an ihrem »Weltreich« bastelten, betrachteten den Umstand mit verständlichem Unbehagen, ohne an den Gegebenheiten etwas ändern zu können.

Die Veränderung lief in entgegengesetzter Richtung. 1915 musste Deutschland seine kolonialen Träume begraben, und »Süd-West« ging gemäß den Bestimmungen des Versailler Vertrages von 1919 als Mandatsgebiet an die Südafrikanische Republik. Damit schien das Problem gelöst: Die Enklave Walvis Bay wurde seit 1922 als Teil des Mandatsgebietes behandelt. Doch runde 50 Jahre später, als die Unabhängigkeit Namibias »drohte«, erinnerte man sich in Pretoria der alten, günstiger erscheinenden Rechtskonstruktion.

Walvis Bay wurde wieder Teil der Kapprovinz und verblieb als solcher auch nach der Gründung des Staates Namibia 1990 bei der Republik Südafrika. Und wer immer auf der Route durch die Namib nach Walvis Bay kam, und sei es, um auf diesem Wege Swakopmund zu erreichen, musste eine regelrechte Grenze mit Pass- und Zollformalitäten passieren – zweimal, bei der Ein- wie bei der Ausreise.

Von derlei Unbequemlichkeiten abgesehen war diese Situation verständlicherweise ein Dorn im Auge des sich etablierenden Staates Namibia. Zum einen behielt mit der Enklave die ungeliebte ehemalige Mandatsmacht sozusagen einen Fuß in der Tür, was dem Unabhängigkeitsstreben und damit dem Prestige des neuen Staates zuwiderlief, zum anderen waren und sind an den Besitz von Walvis Bay auch sehr reale wirtschaftliche Interessen geknüpft. Es gibt an der gesamten namibischen Atlantikküste keinen annähernd günstigen Standort für einen Hochseehafen und dementsprechend auch keinen anderen Küstenort, der über konkurrenzfähige, moderne Hafenanlagen verfügt. In Walvis Bay aber existieren ein Containerhafen und ein Trockendock, und demgemäß liegt der jährliche Wa-

Bis zu 50 000 Flamingos leben im Südwesten von Walvis Bay

An der Strandpromenade von Walvis Bay

renumschlag 15 Mal höher als der von Lüderitz. Auch die Fischindustrie wird fast ausschließlich von Walvis Bay aus kontrolliert, und eine Produktionssteigerung in diesem Bereich, wie sie ein Land mit derart langer und fischreicher Küste wie Namibia anstreben muss, lässt sich nur durch ungehinderten Zugang zu dem Ort erreichen.

Durch den Wegfall der »Staatsgrenze« hat fürs Erste zumindest der Reisende freie Fahrt gewonnen. Auch wenn die Landschaft sich zunehmend wüster, das heißt sandiger zeigt; die Straße erfüllt alle Voraussetzungen, die man an die Zufahrt zum größten Hafen zwischen Kapstadt und Luanda (Angola) stellen könnte. Sie trägt Teer – da mögen sich die Dünen noch so türmen. Und selbst die kann man trotz ihrer Größe wohl kaum mehr zur puren Wildnis rechnen, sind sie doch »gezählt«. Die Riesendüne in der Ferne wird als »Düne 7« ausgewiesen, wie man erfährt, ein beliebtes Ausflugs-

ziel und ehemals Übungsplatz der südafrikanischen Armee.

Vom endgültigen Ende der Wildnis künden bald auch Strommasten, Schornsteine und zuletzt ein Kreisverkehr, einer mittleren Großstadt würdig. Bei genauerem Hinsehen steckt jedoch nicht allzu viel hinter der zivilisatorischen Kraftmeierei. Etwa 67 500 Menschen leben in und um Walvis Bay, die meisten davon in reinlichen kleinen Bungalows, an breiten Straßen gelegen: eine typische Kleinstadt, und eine, die ihre Existenz immer dem Fischreichtum des Meeres verdankte, weshalb sie besonders unter dem Rückgang der Fangquoten, bedingt durch Klimaveränderungen und über Jahrzehnte praktizierte, rücksichtslose Abfischung der Bestände, leidet.

Dabei spiegeln schon die Stadtnamen die Verbundenheit mit dem Fischfang. Entsprechend den jeweiligen Herren hieß die Ansiedlung *Bahia des Bahleas* (Sardinenküste), *Golfo da Baleia* (Bucht der Wale), *Walvisbaai*, *Whalebay* und in der zeitgemäßen englisch-afrikaansen Version Walvis Bay. Damit wird die Hauptfunktion des Hafens über die Jahrhunderte deutlich. Die Walfangflotten pflegten hier zu ankern.

Das Interesse der Reisenden gilt vor allem der **Lagune** im Südwesten der Stadt. An der nördlichsten Spitze findet man den Pelican Point (nur mit Geländewagen und bei Ebbe erreichbar) u.a. mit einer kleinen Robbenkolonie. Der Nährstoffreichtum des Wassers zieht vor allem Scharen von Zugvögeln an. Insgesamt hat man 50 verschiedene Vogelarten gezählt, von denen die meisten auch ihre Brutplätze hier haben. Pelikane findet man (wie der Name des Ortes erkennen lässt), Kormorane, Seeschwalben, Möwen und die höchst fotogenen Flamingos. Bis zu 200 000 Vögel insgesamt sollen hier leben und brüten. Und so ist Walvis Bay eine Stadt im Wüstensand, die vom Meer lebt und mehr Vögel

als Einwohner zählt. Namibia ist um eine Kuriosität reicher.

Kurios auch der (immerhin mögliche) erste Eindruck der Nachbarstadt **Swakopmund:** eine Stadt im Nebel. Novemberstimmung. Und das nach einem Tag, den man mit der Durchquerung der Namib-Wüste verbracht hat! Durchaus möglich also, dass man die Brücke über den Swakop oder dessen Trockenbett gar nicht sieht und damit das größte Spannbetonwerk des südlichen Afrika unbeachtet lässt. Durchaus möglich, dass man an einem solchen späten Nebelnachmittag überhaupt wenig sieht und froh ist, wenn man sein Hotel gefunden hat.

Möglich wäre in Swakopmund auch noch Folgendes (aber nur im Juli oder August): Man könnte in eine Karnevalsfeier geraten mit Prinz und Prinzessin, Garden und Elferrat, mit Humba-Täterä und Schunkelliedern. Dass statt Karnevalsflitter Namib-Sand in den Haaren klebt, mag dabei als die größte Narretei erscheinen.

Am Pelican Point in Walvis Bay leben Hunderte der namensgebenden Vögel

10 Service & Tipps

Walvis Bay

Wer die Naturschönheiten von Walvis Bay den urbanen Reizen Swakopmunds vorzieht, kann hier übernachten:

Pelican Point Lodge
Pelican Point Peninsula, Walvis Bay
✆ (064) 22 12 82
www.pelicanpointlodge.com
Sehr gutes Haus direkt an der Lagune. $$$

Lagoon Lodge
88 Kovambo Nujoma, Walvis Bay
✆ (064) 20 08 50, www.lagoonlodge.com.na
Gutes Haus mit acht gemütlich gestalteten Zimmern. $$$

Swakopmund

Swakopmund Hotel and Entertainment Centre
2 Theo-Ben Guriab St., Swakopmund
✆ (064) 410 52 00, www.legacyhotels.co.za
Erbaut rund um den historischen Bahnhof von Swakopmund, bietet das Hotel trotz Kasinobetriebs Ruhe und Gediegenheit. Das Restaurant **Platform One** ist durchaus empfehlenswert. $$–$$$$

Ohrenrobbe beim entspannten Bad in der namibischen Sonne

Sea Breeze Guest House
48 Turmalin St., Swakopmund
✆ (064) 46 33 48, www.seabreeze.com.na
Direkt am Strand gelegen, bietet das Haus Zimmer und Apartments für Selbstversorger. $$

Hotel-Pension Schweizerhaus
Bismarck St., Swakopmund
✆ (064) 40 03 31/3, www.schweizerhaus.net
Etwas veraltetes, einfaches Haus, in dem das legendäre Café Anton mit seinem noch legendäreren Kuchen untergebracht ist. Die Lage in direkter Strandnähe hat natürlich auch ihren Reiz. $$

Beach Lodge
1 Stint St., Vogelstrand, Swakopmund
✆ (064) 41 45 00, www.beachlodge.com.na
Durch Fenster wie Schiffsbullaugen sieht man in dieser B&B-Unterkunft (Selbstversorgung möglich) auf den Atlantik. $$$

Sam's Giardino Hotel
89 Anton Lubowski Ave., Swakopmund
✆ (064) 40 32 10, www.giardinonamibia.com
Schweizerisch mit italienischem Flair – diese in Namibia seltene Variante sollte man ruhig mal ausprobieren. Täglich Weinprobe im exquisit bestückten Weinkeller. Gut ist auch das ambitionierte Weinrestaurant im Hause: **Enoteca** (Tischreservierung bis 16 Uhr). $$$

The Tug
Strand St., nahe der Jetty, Swakopmund
✆ (064) 40 23 56, www.the-tug.com
Tägl. 18–22, Sa/So auch 12–15 Uhr
Originell in einem Schiffsrumpf eingerichtet und bekannt für ausgezeichnete Fischspezialitäten. $$

Swakopmund Brauhaus
Sam Nujoma Ave., The Brauhaus Arcade
Swakopmund
✆ (064) 40 22 14
www.swakopmundbrauhaus.com
Treff vornehmlich deutschsprachiger Gäste. Deftige deutsche Küche inklusive Eisbein und Schweinebraten, Hausbrauerei und Ausschank vieler verschiedener Biersorten. $

Weitere Informationen zu Swakopmund finden Sie S. 159 f. und S. 170.

11 Deutsch – deutscher ...

... Swakopmund

11. Tag: Swakopmund

Vormittags   Besichtigung von **Swakopmund**: vom **Leuchtturm** über Theo-Ben Guriab St. zum ehemaligen **Bahnhof** (heute Swakopmund Hotel and Entertainment Centre), weiter über Otavi St. zur **Evangelisch-Lutherischen Kirche**, rechts in die Sam Nujoma Ave., links in die Hendrik Witbooi St., rechts in die Libertina Amathila St. zum **Hohenzollernhaus**; links auf die Tobias Hainyeko St., rechts in die Anton Lubowski Ave. zur alten **Kaserne** und zum **Prinzessin-Rupprecht-Heim** (heute Hotel) gegenüber; auf der Bismarck St. weiter zum **Woermann-Haus**; über Sam Nujoma Ave. zurück zum Leuchtturm und zum **Marinedenkmal**. Dann zur **Mole**.

Mittags   Lunch im **Strand Hotel** oder in der **Alten Brauereistube**.

Nachmittags   Besuch des **Swakopmund Museums** und gegen 17 Uhr Abstecher zur **Jetty**, dem eisernen Landungssteg.

Extratour: Wer eine Besichtigung der **Rössing-Uranmine** nordöstlich von Swakopmund plant, kann diese im Swakopmund Museum direkt oder telefonisch reservieren (vgl. Service & Tipps, S. 160).

»Warum ist es am Rhein so schön?« Es hätte nicht viel gefehlt, und man könnte das Lied ohne jede Ironie an Afrikas Atlantikküste singen. Zumindest wenn es nach dem Missionar Knudsen gegangen wäre, der Mitte des 19. Jahrhunderts im Land tätig war und für den Fluss, dessen Mündung sich in der Nähe der heutigen Stadt **Swakopmund** befindet, den Namen »Rhein« passend fand.

Mag sein, dass deutschnationale Gesinnung ihn zu der Wahl veranlasste. Mag sein, dass er schlicht an Heimweh litt. Aber vielleicht erschien ihm der herkömmliche Nama-Name auch so unaussprechlich unanständig, dass er ihn zu ersetzen wünschte. In europäischen Aufzeichnungen wird dieser »anstößige« Name mit »Exkrementenöffnung« (*Tsoa* = After, *Xoub* = Exkremente) übersetzt. Diejenigen, die den Swakop nach heftigen Regenfällen erlebt haben, rühmen die außerordentliche Anschaulichkeit der Bezeichnung: Der Fluss führt bei seinem »Abkommen« Mengen von Lehm, Sand, Gestrüpp und Tierkadavern mit sich und ergießt diese bräunliche Kloakenmischung gut erkennbar in den Ozean. Je-

Rot-weiß ringelt sich der Leuchtturm in den Himmel über Swakopmund

Bunte Wohnhäuser in Swakopmund

denfalls obsiegte die Bildhaftigkeit, die Prüderie blieb auf der Strecke.

Wie ohnehin in Swakopmund das Afrikanische sich durchzusetzen begonnen hat. Es gibt zwar immer noch einige schöne Gründerzeitbauten, die an die Zeit deutscher Kolonialherrschaft erinnern, wie es immer noch viele deutschstämmige Bewohner gibt. Aber die Stadt ist bunter und lebensfroher geworden und die alten kolonialen Straßennamen wurden mehrheitlich durch afrikanische Namen ersetzt. Sowohl bei Schwarz wie Weiß wächst eine neue Generation mit neuen Orientierungen heran.

Ein wenig ist jedoch immer noch zu spüren von dem früher hier am Ort so deutlich wahrnehmbaren Trotz. Was bei einer Stadt, die ihre Entstehung einer reinen Trotzreaktion verdankt, nicht verwundern kann. Der einzige Ort an der Küste, der sich für die Anlage eines Hochseehafens eignete, Walvis Bay, war okkupiert. Aber

man brauchte einen solchen Hafen zum Aufbau der Kolonie. Anders ließ sich der Nachschub an Waren und Truppen nicht organisieren. Anders ließen sich auf Dauer die Schätze des Landes wirtschaftlich kaum nutzen. Also musste an der Swakop-Mündung ein solcher Hafen entstehen – trotz starker Dünungsbrandung, der Behinderung durch häufige Seenebel und trotz des Fehlens natürlicher Buchten.

Für den Ort sprach neben der zentralen Lage das Vorhandensein von Süßwasser entlang dem Swakop-Bett, das Fehlen schwer überwindbarer Dünengürtel im Hinterland und die Existenz des von Jan Jonker Afrikaner schon 1843 angelegten Baai-Wegs, der die Küste mit Windhoek verband. Wenn die Bedingungen auch nicht optimal waren, aussichtslos musste das Unternehmen nicht erscheinen.

Am 4. August 1892 begann man mit der Realisierung. Das Kanonenboot »Hyäne« setzte nördlich der Swakop-Mündung zwei Baken, was als hoheitsrechtlicher Akt der Inbesitznahme gemeint und verstanden wurde. Schon drei Wochen später landete an dieser Stelle die »Marie Woermann« mit einer Schutztruppe von 120 Mann und 40 Siedlern mitsamt Ausrüstung und Zuchtvieh an Bord, und es gelang, Menschen und Tiere, Kisten und Kasten in vier Landungsbooten vom einen Kilometer vor der Küste ankernden Schiff sicher an Land zu bringen. Sieben Jahre später, 1899, richtete die Woermann-Linie eine monatliche Verbindung mit Schiffen von 5000 und 7000 Bruttoregistertonnen ein.

Das liest sich wie ein Märchen, klingt wie ein Kinderspiel und war doch eine ungeheure Kraftleistung. Das eigentlich Unmögliche wurde ertrotzt, denn einen Hafen gab es nach wie vor nicht. Erst 1903 wurde die Mole eingeweiht, 1905 ein hölzerner Landungssteg in Betrieb genommen, 1912 der Bau einer Eisenbrücke, der »Jetty«, – immense Anstrengungen, die letztendlich erfolglos blieben. Die Mole versandete bereits im Jahr 1904, die Holzbrücke, als direkter Landeplatz für Überseedampfer ohnehin ungeeignet, wurde vom Holzwurm befallen, und die **Jetty**, erst bei Beginn des Weltkriegs fertiggestellt, wurde niemals ihrer eigentlichen Bestimmung übergeben. Die neuen Herren hatten nach dem Krieg keine Verwendung mehr für sie.

35 Kilometer weiter südlich besaßen sie einen Hafen, und der war wesentlich

effektiver. Die eiserne Brücke aber trotzt bis heute Wind und Wellen – als Denkmal eiserner, wenn auch vergeblicher Willensanstrengung. Und natürlich hat es im Lauf der Jahre auch diverse Renovierungsmaßnahmen gegeben, um die Schäden, die ein Wasserdruck von 50 Tonnen pro Quadratmeter auf Dauer anrichtet, zu beheben.

Trotzdem wurden während der Jahre deutscher Kolonialherrschaft ungeheure Mengen an Ladung in Swakopmund gelöscht: 31 000 Pferde und 34 000 Maultiere erreichten in den Jahren vor dem Weltkrieg sicher den Strand, und während der Herero-Aufstände (1904 bis 1907) belief sich der Umfang des Transportaufkommens auf etwa 250 000 Quadratmeter jährlich. Jede Stecknadel, jede Bratpfanne, jede Badewanne, jede Maschine und selbst die Eisenbahnen, die man ins Land brachte, um die großen Entfernungen überwinden zu können, kamen über Swakopmund, den Hafen, der eigentlich gar keiner war. Und dasselbe galt natürlich für jeden Soldaten der Schutztruppe und jeden Siedler, der in der Kolonie sein Glück oder doch zumindest sein Auskommen suchte.

Das funktionierte auf die folgende Weise: Die Dampfer lagen außerhalb des Brandungsgürtels auf Reede. Wenn der

Die »Jetty«, Monument des gescheiterten Versuchs, Swakopmund zum Hochseehafen zu machen

Seegang es zuließ, ruderten sogenannte Kruleute Brandungsboote hinaus, verstauten die Ladung, die mithilfe von Schiffskränen befördert wurde, in den Booten, ruderten diese durch die gefährliche Brandung zurück und schleppten die Lasten durch das eiskalte Wasser des Atlantiks an Land. Vieh wurde auf Landungsflößen, die mit Drahtseilen an Land gezogen wurden, transportiert, wobei die Tiere häufig die letzten Meter schwimmend überwinden mussten.

Dergleichen ging nicht ohne Verluste ab. Bootsladungen versanken in den Fluten, Schiffe strandeten, Menschen verloren ihr Leben. Relativ unbeachtet blieben dabei die Leiden und Leistungen der Kruleute oder *kruboys*, liberianischer »Arbeitssklaven«, die Adolf Woermann in ihrem Heimatland direkt »rekrutierte«. Er, der ein Monopol für den Arbeiter-Export in Liberia besaß, handelte den *chiefs* durch Bestechung die durch ihre

Das Swakopmund Hotel nutzt das Gelände und die Gebäude des alten Bahnhofs

Erfahrung in den heimischen Küstengebieten prädestinierten Arbeitskräfte ab und ließ sie mit jedem Dampfer, dessen Ziel Swakopmund war, dorthin bringen. Überlebten sie den Einsatz, kehrten sie umgehend zurück. 500 bis 600 Mann soll die Linie zeitweilig beschäftigt haben, und selbst 1913 standen noch 74 Kruleute im Dienst der Reederei. Der Aufwand lohnte sich. Nicht für die Kruleute, die bekamen einen Tageslohn von einer Mark. Aber für die Woermanns, die zu einer der reichsten Familien Hamburgs aufstiegen.

Auch für die Stadt Swakopmund lohnte sich der Status der Hafenstadt. Hier schlug sich die zunehmende Prosperität in reger Bautätigkeit nieder. Wo 1892 nichts als »drei elende Wellblechbuden« und »ein Leinwandzelt« (Kurt Schwabe: »Im deutschen Diamantenlande«) gestanden hatten, wo die ersten 40 Siedler in »Höhlen« am Strand Wochen und Monate auf ihre Weiterreise ins Land hatten warten müssen, entstanden an Straßen, breit genug, um vielspännigen Ochsenwagen Wendemöglichkeiten zu geben, repräsentative Prachtbauten: Bahnhof, Kaserne, Lazarett, Kirche, Gefängnis, Gericht und Handelsniederlassungen. Etwas von diesem »Swakop« findet man auch noch zu Beginn des 21. Jahrhunderts. Das hat Charme. Aber es lässt kaum vergessen, dass an den Stadtgrenzen längst der Zuzug von Arbeitskräften, die in die expandierende Uranförderung drängen, die Situation zu verändern begonnen hat.

Ausgangspunkt für einen Rundgang ist selbstverständlich der **Leuchtturm** (Lighthouse). Rot-weiß geringelt überragt er mit 21 Metern Höhe alle Gebäude der Stadt, wie es sich für einen anständigen Leuchtturm gehört, und gibt Orientierungshilfe. Weniger den Schiffen, die ohnehin hier nicht mehr landen, als den auswärtigen Besuchern an den typischen Nebeltagen. Sollte der Frühnebel sich al-

Das historisierende Hohenzollernhaus in der Innenstadt von Swakopmund

so nur langsam auflösen, der Leuchtturm lässt sich in jedem Fall ausmachen.

Ein kleines Stück weiter nördlich zweigt rechts die die Theo-Ben Gurirab Avenue (früher Bahnhof Street) ab, die zum **Swakopmund Hotel** führt, das um den historischen **Bahnhof** (Railway Station) erbaut wurde. 1902 erbaut, weist das Hauptgebäude typische Stilelemente wilhelminischer Baukunst auf. Er erfüllte seinen ursprünglichen Zweck bis weit in die 1990er Jahre. Erst dann entschloss man sich, die architektonische Zuckerbäckerschönheit zum Kernelement eines neuen Hotelbaus umzugestalten. Von dort rechts in die Otavi Street einbiegend stößt man an der Kreuzung Daniel Tjongarero Avenue & Post Street) zunächst auf die alte **deutsche Schule** (German School) und vor allem auf die **Evangelisch-Lutherische Kirche**, die, 1912 vom Architekten Otto Ertl aus Ingolstadt im Neobarock errichtet, inmitten der Fülle von Gründerzeit- und Jugendstilbauten einen eigenwilligen Akzent setzt. Das Straßenschild wies die folgende Qerstraße bis 2001 als Kaiser Wilhelm Street aus, was selbst für deutsche Besucher befremdlich war. Dann wurde ihr der Name des aktuellen Staatsoberhaupts, Sam Nujoma, zuteil. Ein Stück weit mag man auf der Avenue entlangschlendern und das etwas provinzielle Ambiente der Küstenstadt auf sich wirken lassen.

Doch schon bald muss links in die Hendrik Witbooi Street (ehemals Roon Street) eingebogen werden, um einem der fotogensten und sicher auch auffälligsten Häuser der Stadt, dem **Hohenzollernhaus**, einen Besuch abzustatten. Dorthin kommt man, indem man links in die Albertina Amathila Avenue (früher Brücken Street) einbiegt, wo der Prachtbau an der Ecke zur Tobias Hainyecko Street in hellstem Weiß erstrahlt.

Das Haus wurde im Stil Berliner Miethäuser etwa 1905 erbaut und weist reiche Stukkaturen, Neidköpfe an jedem

155

Das Woermann-Haus im Zentrum von Swakopmund

Fenstersturz, weinlaubumrankte Säulen, Puttengesimse und als Krönung einen die Erdkugel stemmenden Atlas auf. In gewisser Weise passt die Figur der griechischen Mythologie recht gut an die südwestafrikanische Straßenkreuzung, spiegelt sie doch die Kraftanstrengung, die der Ausbau der Kolonie den ersten Siedlern abverlangte wider.

Ohne den Einsatz des Militärs wären allerdings alle Bemühungen nutzlos gewesen, und so scheint nichts folgerichtiger, als dass man über Libertina Amathila Avenue und Bismarck Street einbiegend vor dem mächtigen Bau der **Alten Kaserne** steht, der heute Schul- und Jugendgruppen bei Reisen an die Küste als Unterkunft dient.

Direkt gegenüber liegt lang gestreckt das **Prinzessin-Rupprecht-Heim**. 1901 als Lazarett geplant und in den ersten Jahren auch in dieser Funktion genutzt, sollte seine Lage in der Nähe des Meeres die Wiederherstellung der Soldaten fördern.

Von 1913 an bediente sich der Bayerische Landesverband des Deutschen Roten Kreuzes des Gebäudes als Erholungsheim. Heute ist es ein Hotel.

Das **Woermann-Haus**, stadteinwärts an der Bismarck Street gelegen, gehörte zunächst der Damara-Namaqua-Handelsgesellschaft, die später von »Woermann & Brock« übernommen wurde, wodurch das Gebäude zu seinem Namen kam. Bei der Außengestaltung sind die Fachwerkelemente auffallend, die auch im **Damara-Turm** wiederkehren. Von seiner Aussichtsplattform aus sollten einlaufende Schiffe und Ochsentrecks beobachtet werden. Doch selbst wenn man solche Verkehrsmittel heute nicht mehr sichtet, lohnt sich der Aufstieg wegen des Rundblicks über Stadt und Umland.

Das Haus beherbergt eine Leihbibliothek und die Ausstellungsräume des Kunstvereins. Selbst wer den Aufenthalt in Swakopmund nicht mit einem zusätzlichen Kulturprogramm befrachten möchte, sollte sich im Hausinneren umsehen: Im Bogengang rund um den Innenhof entfaltet der Bau erst seine am Jugendstil orientierte Pracht.

Nachdem mit der alten **Adlerapotheke** in der Sam Nujoma Avenue (nicht weit von der Bismarck Street) ein weiteres Stück Deutschland bewundert wurde, führt der Weg zurück zum Leuchtturm. Eingebettet in die Parkanlagen zu seinen Füßen, erhebt sich das ehemalige Kaiserliche Bezirksgericht, das **Alte Amtsgericht**, das dem Präsidenten Namibias nun als Sommerresidenz dient. Weder ihn noch sonst irgend jemand scheint das wenige Schritte entfernte **Marinedenkmal** (Marine Memorial) zu irritieren. Mit dem schwer nachempfindbaren Pathos von Kriegerdenkmälern erinnert es an die Gefallenen des Marine-Expeditionskorps, das maßgeblich an der Niederschlagung der Herero- und Nama-Aufstände 1904 bis 1907 beteiligt war.

Nach so viel Geschichtsträchtigkeit empfiehlt es sich, stracks hinaus auf die **Mole** zu wandern – sofern denn die Bauarbeiten am neuen Strand Hotel das zulassen. Dort könnten man sich mit dem Blick auf die ewig wiederkehrenden Wellen des Ozeans der geschichtslosen Weite der Natur zu versichern, obwohl man, ob man will oder nicht, doch auf dem Boden der Geschichte bleibt. Die Betonklötze der Mole wurden schließlich um die Wende zum 20. Jahrhundert nicht für müßige Spaziergänger aufgeschichtet. Doch auch das Scheitern der ursprünlichen Pläne kann heute als Gewinn betrachtet werden: statt Hafenbecken **Palm Beach** – wirklich keine schlechte Alternative.

Der Strand heißt übrigens wirklich so. Und das sogar zu Recht. Üppige Gärten mit exotischen Bäumen, Palmen inbegriffen, grenzen ihn vom Getriebe des Städtchens ab. Auch dies eine Trotzleistung,

Blick auf das Meer vom Tiger Reef Strandrestaurant in Swakopmund

Das Wreck Restaurant in Swakopmund ähnelt einem gestrandeten Dampfer

denn ohne ständige Bewässerung mit Brauchwasser wäre solche Vegetation in der Wüstenregion nicht möglich. Wenn schon nicht Hafen, dann eben Seebad!

Und das nun wirklich: Im Windschatten der Mole räkeln sich sommers wie winters Badegäste in der fast immer scheinenden Sonne und einige hält selbst die niedrige Wassertemperatur nicht vom Baden ab – nicht im Dezember bei immerhin bis zu 20 Grad und auch nicht im Juli bei 15 Grad. Einheimische können über diese *crazy people* nur den Kopf schütteln. Wenn schon baden, dann doch lieber im beheizten Schwimmbad am Ende der Bucht bei 26/27 Grad, meinen sie. Doch ob man unbedingt auf die Meinung von Menschen hören soll, die in Begeisterung ausbrechen, wenn sich die feuchten Nebelschwaden wieder einmal

über die Stadt senken, scheint fraglich. Novembrig-feuchte Kühle als *beautiful* einzustufen, ist auch ganz schön *crazy*. Oder einfach Geschmackssache.

Apropos Geschmackssache: Nach dem Rundgang ist es nun Zeit für einen Imbiss. Das Restaurant des **Strand Hotels** an der Mole oder das **Wreck Restaurant** empfehlen sich schon wegen der Lage. Oder man versucht es ganz in der Nähe beim legendären **Café Anton** mit seiner noch legendäreren Schwarzwälder Kirschtorte.

Man kann natürlich auch gleich in die neue **Alte Brauereistube** gehen, die dem **Swakopmund Museum** angebaut ist. Dann ist man für den nächsten Programmpunkt gleich vor Ort. Auch hier wird die Pionierzeit thematisiert, aber einen Ochsenwagen, das Hauptverkehrsmittel von ehedem, bekommt man sonst nicht so leicht zu Gesicht und die Kutsche des letzten deutschen Gouverneurs schon gar nicht. Daneben werden aber auch die verschiedenen ethnischen Gruppen des Landes in ihrer herkömmlichen Lebensweise vorgestellt. Fauna und Flora der Region sowie ihre geologische Beschaffenheit finden breiten Raum – als Rüstzeug für die Beobachtungen vor Ort sozusagen. Und im Rössing-Saal kann sich derjenige, der weder Zeit noch Lust zu einer Besichtigung der Rössing-Uranmine hat, über diesen Wirtschaftszweig des modernen Namibia informieren.

Bei aller Bewunderung für das kleine Museum sollte am Nachmittag genügend Zeit bleiben, das »Seebad Swakop« schätzen zu lernen. Vielleicht ein Spaziergang am Strand entlang, am besten in Richtung Süden. Dort stößt man dann auf den eisernen Landungssteg, die Jetty, diese andere vergebliche Kraftanstrengung. Nur darf nicht gerade mal wieder Nebel sein. Dann muss man sich mit einem Fischessen in einem der guten Restaurants der Stadt trösten.

Swakopmund

ⓘ Swakop Info
The Courtyard Building, Woermann Haus
1 Tobias Hainyeko St., Swakopmund
☏ (081) 155 40 00
www.swakopinfo.com
Mo–Fr 8–15.30, Sa/So 9–12 Uhr
Informationen und Buchung von Unterkünften und Aktivitäten.

ⓘ 🏨 Namibia Wildlife Resorts Ltd.
Ritterburg Building, Bismarck St.
Swakopmund
☏ (064) 40 21 72, www.nwr.com.na

◉ 🏛 🎨 Woermann-Haus
Bismarck St., Swakopmund
Im ersten Stock befindet sich eine Dauerausstellung traditioneller namibischer Kunst und moderner europäischer Grafiken. Lohnend ist auch ein Aufstieg auf die Aussichtsplattform des zum selben Komplex gehörenden **Damara-**

Turms mit Rundumblick über Stadt, Meer und Wüste (N$ 10).

🏛 ✕ Swakopmund Museum
Strand St., Swakopmund
☏ (064) 40 20 46
www.scientificsocietyswakopmund.com
Tägl. 10–17 Uhr
Eintritt N$ 25/20/5 (Studenten/Schüler)
Ausstellung zur deutschen Kolonialzeit, zu den verschiedenen ethnischen Gruppen Namibias, zu Flora und Fauna der Region und zum Uranabbau in der Rössing-Mine. Buchungen für einen Minen-Besuch können im Museum erfolgen: N$ 40/30.

Das Museum wurde um eine größere Eingangshalle und ein kleines Restaurant, die Alte Brauereistube, erweitert.

☕ Café Anton
Im Hotel Schweizerhaus
Bismarck St. & Daniel Tjongarero Ave.
Swakopmund
Ganz wie zu Hause: Schwarzwälder Kirschtorte und Apfelkuchen mit Schlagsahne!

Fallschirmspringer über Swakopmund

⊠ ⊭ 🛏 **Strand Hotel**
An der Mole
Swakopmund
✆ (064) 411 40 00/10
www.stranhotelswakopmund.com
Tägl. 12–22 Uhr
In dem Hotel am Meer gibt es gleich drei Restaurants, die von der Mole aus zugänglich sind.

⊠ **The Wreck**
1 Stint St., am Vogelstrand
Swakopmund
✆ (064) 41 45 28
www.the-wreck.com
Mo–Sa 17.30–23 Uhr
Internationale Gerichte von Surf'n'Turf bis Curry mit fantastischem Blick auf den Atlantik und zum Vogelstrand. Mit schöner Terrasse.

🏛 **Hobby Horse Gallery**
Brauhaus Arcade, Sam Nujoma Ave.
Swakopmund
Angebot an namibischem Kunsthandwerk, besonders Zeichnungen und Töpferwaren.

🏛 **Woermann & Brock Arcade**
Haupteingang Sam Nujoma Ave. & Hendrik Witbooi St.
Swakopmund
Hier findet man (fast) alles: vom Internetcafé über den Supermarkt bis zum exquisiten Kunsthandwerk.

🏛 🛍 **Ankerplatz**
Eingang Sam Nujoma Ave.
Ladenkomplex direkt neben der Woermann Arcade. **Desert Life** bietet heimisches Kunsthandwerk, **African Kirikara** (www.kirikara.com) das erlesenste Kunsthandwerk weit und breit.

🏛 **Straßenmärkte** in Swakopmund gibt's an der Südring Street und unterhalb vom Café Anton.

🏛 🛍 **African Art Jewellers**
– Hendrik Witbooi St., im Gebäude des Hansa Hotels
– Filiale in der Sam Nujoma Ave.
Swakopmund
✆ (064) 40 57 38
Traditionelle afrikanische Formgebung wird hier auf spannende Weise mit modernem Design verbunden.

🏛 🛍 **Die Muschel**
Brauhaus Arcade & Tobias Hainyeko St.
Swakopmund
✆ (064) 40 28 74, www.muschel.iway.na
Exklusive Buchauswahl und eine kleine, aber feine Sammlung bekannter namibischer und südafrikanischer Künstler laden zum Stöbern ein.

Weitere Informationen zu Swakopmund finden Sie S. 148 und S. 170. ✤

Sandboarding in den Dünen um Swakopmund

12 Entfernte Verwandte
Rund um Swakopmund

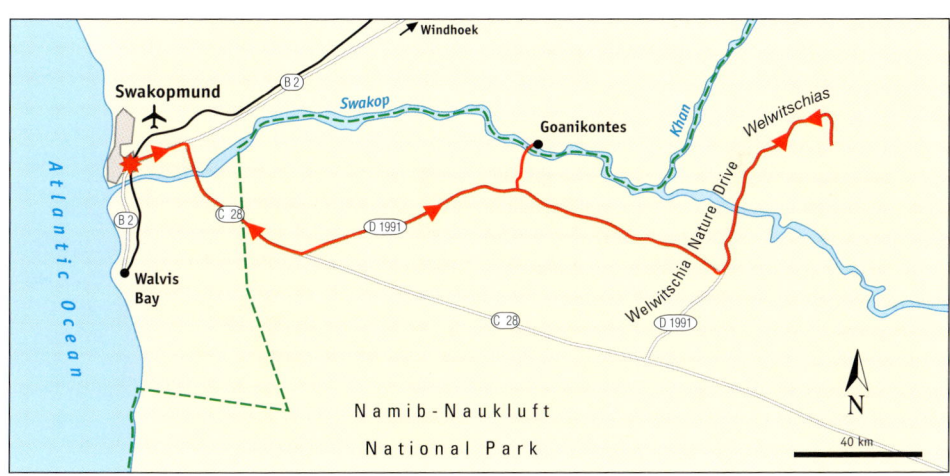

12. Tag: Rund um Swakopmund (129 km)

km	Zeit	Route
0	9.00 Uhr	Von **Swakopmund** auf der B2 (Teerstraße) in Richtung Karibib/Okahandja/Windhoek.
2		Lokomobil »**Martin Luther**«,
3		rechts ab auf die C28,
22		links ab auf die D1991 (Wüstenschotterpiste),
56	10.30 Uhr	weiter auf der D1991 (Welwitschia Nature Drive) zur
68		**Welwitschia mirabilis-Kolonie** mit den größten Pflanzen dieser Art. Zurück über die D1991,
87		rechts ab zur
92	12.00 Uhr	**Flussoase Goanikontes** (Gelegenheit zur Rast), danach über die D1991 zurück zur C28,
103		links ab und auf der B2 nach
129	16.00 Uhr	**Swakopmund**.

Alternativen für den Nachmittag:
Sonnenbad am Palm Beach, Angeltour, Besuch des Aquariums, des Meerwasserhallenbads oder der Teppichweberei.

Einen Stadtplan von Swakopmund finden Sie S. 149.

Wichtig: Der Welwitschia Nature Drive ist inzwischen Teil des Namib-Naukluft National Park. Wer für den Park über ein Permit verfügt, braucht für den Welwitschia-Trail kein zusätzliches.

»Martin Luther? Den kenne ich, der steht draußen vor Swakopmund.« So die Antwort aus Kindermund auf die Frage nach dem Reformator. Da Kinder bekanntlich die Wahrheit sagen, sollte man der Sache, auch wenn sie noch so unwahrscheinlich klingen mag, nachgehen. Außerdem führt die Route des heutigen Tages ohnehin vor die Tore der Stadt. Und wirklich steht da, kaum hat man die letzten Häuser hinter sich gelassen, jemand – oder besser etwas. Denn Ähnlichkeiten mit dem Wittenberger sind nur schwer auszumachen.

Schwarz und klobig, ein Fremdkörper in sandiger Wüstenumgebung, steht er (oder es?) da und kann nun wirklich nicht anders, hat eigentlich nie anders gekonnt. Der »**Martin Luther**« von »Swakop« ist nämlich ein Dampflokomobil, ei-

Bunte Stoffe mit landestypischen Drucken als Souvenir

ne kleine Lokomotive, gedacht für den Verkehr auf der Straße als Ersatz für die Ochsengespanne. Eine Straße bekam dieses Lokomobil aus einer Halberstädter Maschinenfabrik jedoch kaum zu Gesicht.

Edmund Troost, seines Zeichens Oberleutnant der kaiserlichen Schutztruppe, kaufte es, weil er glaubte, mit seiner Hilfe das Transportwesen in der Kolonie verbessern zu können. Er ließ das Lokomobil nach Walvis Bay bringen, denn 1896 konnten Kolosse dieser Art in Swakopmund noch nicht gelöscht werden. Dort stand das Ding zum ersten Mal, so lange, dass der eigens mit eingeschiffte »Lokomotivführer« meinte, sich aus dem Namib-Sand machen zu müssen. In eben diesem blieb das Lokomobil, als man es endlich nach Swakopmund fahren wollte, alle paar Meter stecken. Außerdem erwies es sich als gieriger Wasserschlucker. »Um am Sonnabend arbeiten zu können, musste man von Montag bis Freitag Wasser herbeischaffen«, notierte Troost wohl schon etwas entnervt, was nicht verwundert, wenn man an die Kosten dieser raren Flüssigkeit denkt.

Trotzdem bewegte sich das Ding. Äußerst gemächlich, aber beständig näherte es sich Swakopmund. Die 35 Kilometer Entfernung wurden in einem Vierteljahr zurückgelegt. Auf einigermaßen festem Grund gelang es dann doch, das Lokomobil für einige Frachtfahrten einzusetzen, bevor es, mangels sachgemäßer Wartung

Das restaurierte Lokomobil »Martin Luther« am Stadtrand von Swakopmund

und Ersatzteile, wieder »stand«. Dieser Zustand erinnerte einen Swakopmunder Bürger an den Ausspruch Luthers »Hier stehe ich, ich kann nicht anders«, womit die Verwandtschaft zwischen Reformator und Lokomobil besiegelt war. Und bedenkt man es recht, entspringt die »Standhaftigkeit« wirklich einem ähnlichen Trotz.

Wie dem auch sei, Swakopmund ist seither um ein wenig effektives Verkehrsmittel ärmer, aber um eine Attraktion reicher. Was einmal mehr beweist, wie Scheitern sich zum Guten kehren kann. Wahrscheinlich aus diesem Grund brachten die Swakopmunder dem alten »Dampfochsen« (schließlich sollte das Lokomobil die Zugochsen entlasten) so viel Fürsorge entgegen, dass er die Zeitläufte glänzend überstand. Heute ist er gar durch ein Backsteinhäuschen mit Glasfront vor jeder Unbill geschützt.

Mit dem Abbiegen von der geteerten Hauptstraße scheint sich auf einen Schlag alles sinnfällig Hintersinnige, alle Historie, ja, selbst jede Erinnerung an das, was wir Zivilisation nennen, aufzulösen. Rundum nichts als Natur pur, Wüste pur. Sandstürme, nicht gerade eine Seltenheit in einer Region, in der heiße Wüstenluft und kalte Luft vom Meer aufeinander stoßen, könnten zudem alle Konturen verwischen, alles vage, fließend erscheinen lassen. Nichts als gleißendes Licht und Sand, flimmernder Sand, glitzernde Körnchen, Millionen winzigster Sonnen.

Dass plötzlich schroffe Felsrücken dem strukturlosen Fließen Einhalt gebieten und dem Auge Orientierungspunkte, ändert nichts am Eindruck der Fremdartigkeit. Nicht umsonst erhielt das Felslabyrinth, geschaffen in erdgeschichtlichen Prozessen durch die Wasserkraft des Swakop, der hier verläuft, den Namen

»Mondlandschaft«. Besser lässt sich das Fremdartige, das Bizarr-Abweisende der Landschaft kaum beschreiben: Es scheint, als wäre es nicht von dieser Welt, zumindest nicht von unserem Planeten, außerirdisch eben.

Und doch geht die Fahrt über erkennbare Straßen, harte, steinige *pads*, von Menschen gemacht und deshalb nicht ziellos ins Nichts führend. **Welwitschia Nature Drive** nennt sich der Weg und bezeichnet damit das Ziel: die *Welwitschia mirabilis*. Damit ist nicht etwa eine Zauberfee gemeint, sondern eine Pflanze ganz besonderer Art. Besonders schön ist sie freilich nicht, aber selten. Namib-en-

dabei das Alter der Spezies an sich. Man zählt sie zu den fieberblättrigen Nacktsamern, einer bis ins Devon zurückreichenden Art. Nur wenige Abkömmlinge dieses mehr als 350 Millionen Jahre alten Familienstamms haben sich erhalten, und die Welwitschia gehört dazu – als lebendes Fossil.

Wer auf einen derartigen Stammbaum zurückblicken kann, muss nicht durch Schönheit glänzen. Und so mag die erste Reaktion des botanischen Laien angesichts dieses graugrünen, faserigen Häufchen Elends im Wüstensand durchaus Enttäuschung sein. Was als Baum deklariert wird, gibt sich eher den Anschein einer

Wappenpflanze Namibias und der Stadt Swakopmund: die Welwitschia mirabilis

demisch nennen die Biologen sie und meinen damit, dass sie ausschließlich im Gebiet der Namib vorkommt. Und hier in der Nähe von Swakopmund, wo Swakop und sein Nebenfluss Khan Wasser ins sandige Nichts führen (oberflächlich betrachtet, zwar selten feststellbar), haben sich besonders mächtige Exemplare dieser Pflanze angesiedelt. Mächtig auch das Alter dieser Wüstenbewohner. Die größte von ihnen soll 1000 bis 1500 Jahre alt sein.

Botanisch interessanter als das Alter der einzelnen Pflanze, das nach wie vor unter Fachleuten umstritten scheint, ist

vom Wind aufgehäuften Ansammlung von Pflanzenresten. Da muss man sich schon der immensen Lebenskraft dieser Pflanzen vergewissern, um sie mit dem nötigen Respekt betrachten zu können.

Der »Baumstamm« ähnelt einem kurzen karottenförmigen Topf, und das gesamte Blattwerk besteht aus zwei meterlangen, am Boden nachwachsenden Blättern. Dass es nach »mehr« aussieht, verdankt es dem Einfluss des Windes, der immer wieder die Blattenden zerfasert. Erkennbar weiterhin die Keimblätter, deren Gestalt auch eine Zuordnung in weibliche und männliche Exemplare er-

möglicht. Die Befruchtung, so hat man herausgefunden, ist dem Wirken von Insekten zu verdanken.

Möglicherweise interessanter, für das Überleben im Sand auf jeden Fall wesentlicher, ist der unterirdische Pflanzenteil. Der Stamm endet in einer Pfahlwurzel, die bis zu drei Meter in den Boden hineinreicht und damit die sichtbare »Baumhöhe« übertrifft. Die Wasserversorgung aber erfolgt über ein weit gespanntes Netzwerk feiner Wurzeln, das die Pflanze in einem Radius von ein bis zwei Metern umgibt und somit in der Lage ist, die Nebelfeuchte, die von den ausladen-

Der seltenen Welwitschia sollte man sich zum Schutz ihres Wurzelsystems nicht zu sehr nähern

*Nur scheinbar leblos:
die Wüste vor den Toren
Swakopmunds*

den Blattenden abtropft, aufzunehmen. Deshalb: Vorsicht bei der Annäherung an dieses Wüstengewächs! Jeder Schritt könnte das empfindliche Wurzelgespinst zerstören.

Überdauert hat die Welwitschia wahrscheinlich nicht nur aufgrund dieser besonderen Beschaffenheit, sondern auch wegen ihrer relativen Ungenießbarkeit. Die Tiere der Wüste verschmähen sie ganz einfach, und nur in Zeiten größter Dürre hat man Zebras, Oryxe und Nashörner ziemlich lustlos an ihren Blättern knabbern sehen.

Den Namen verdankt die Pflanze dem österreichischen Botaniker Friedrich Welwitsch, der in der Mitte des 19. Jahrhunderts im Süden Angolas auf sie stieß und seine Entdeckung der staunenden Fachwelt unterbreitete. Die fachliche Anerkennung war ihm gewiss, genau wie der Fortbestand seines Namens – solange es denn die Welwitschia mirabilis geben wird. Des Schutzes bedürftig scheinen diese Fossilien heute jedenfalls zu sein, ist doch zumindest das größte Exemplar, das man am Ende des Drive findet, durch einen Drahtzaun gesichert. Was Jahrmillionen nicht vermochten, könnte die Popularität der Pflanze in unserer Zeit zur Folge haben: das Ende der Welwitschia.

Entfernte Verwandtschaft besteht laut Auskunft der Botaniker zwischen der bizarren Wüstenpflanze und Kiefern. Dem Laien mag das kaum erkennbar sein, doch so ist das nun mal in der Namib: Das Vertraute kehrt hier in völlig veränderter Gestalt wieder, die Kiefer als Welwitschia und Martin Luther als altes Lokomobil.

Der Rückweg führt wieder durch fremdartige Wüstenzauberwelt und Mondlandschaft. Doch diesmal biegen wir ab, hinein ins Felslabyrinth, um über kurvenreiche Straße das Bett des Swakop und die **Flussoase Goanikontes** zu erreichen. Wie die Gegend von Swakopmund

aussähe, gäbe es nur genügend Wasser, lässt sich angesichts der üppigen Vegetation in der Oase leicht ausmalen. Palmen, Feigenbäume, verschiedene Akazienarten, Kameldorn- und Anabäume, Ebenholz- und Eukalyptusbäume, Stechapfel- und Rizinusbüsche, Tamarisken und Tabaksträucher demonstrieren mit ihrer Existenz das Spektrum möglicher Vegetation. Dass der Platz trotz des üppigen Bewuchses für eine dauerhafte landwirtschaftliche Nutzung ungeeignet ist, belegen die Ruinen von Farmhäusern. Aber als Rast- und Campingareal bietet er sich geradezu an: rundum nichts und hier (fast) alles.

Zurück auf der B2, der Teerstraße Richtung **Swakopmund**, ist es Zeit, sich Ge-

danken über die weitere Tagesplanung zu machen. Der Verlockung von **Palm Beach** zu erliegen lässt sich im Seebad Swakopmund durchaus vertreten. Ganze Scharen von Touristen reisen schließlich nur deshalb an. Sollte das Wasser des Atlantiks zu kalt für ein Bad sein, kann man stattdessen das beheizte **Meerwasserhallenbad** besuchen. Auch Angeltouren lassen sich arrangieren, sind aber nicht nur durch Nebel, sondern auch durch starken Seegang und Gezeiten gefährdet.

Völlig wetterunabhängig und auf jeden Fall lohnend erweist sich ein Besuch des **Aquariums** oder der **Teppichweberei**. Ersteres zeigt auf beeindruckende Weise das Leben vor Namibias Küste. Beim Zweiten erfährt man, was außer Pelzmänteln aus der Wolle der Karakulschafe gemacht werden kann.

Angesichts der schwarzen Handwerker an den Spinnrädern und Webstühlen dort wird man sich zudem einer Tatsache bewusst, die man in Swakopmund immer wieder aus den Augen verliert: Dies ist eine afrikanische Stadt. Das erfährt man auf Schritt und Tritt, wenn man sich einer der geführten Township-Touren anschließt. Der Name der einen, Hata Angu, bringt es auf den Punkt: In der Übersetzung meint dieser Begriff der Damara-Sprache »Lass uns einander kennenlernen«.

Hier kann man sich nach dem Besuch der Wüste gut abkühlen: Palm Beach in Swakopmund

Swakopmund

⊚ Lokomobil »Martin Luther«
An der B2
2 km nordöstlich von Swakopmund
Lokomobil aus der Kolonialzeit.

✿ Welwitschia mirabilis-Kolonie
An der D1991, ca. 68 km östlich von Swa-
-kopmund, durch Markierungen auf Stein
ausgewiesen
Ansammlung endemischer Namib-Pflanzen,
1860 vom österreichischen Botaniker Friedrich
Welwitsch entdeckt.

➔⊚ Aquarium
Strand St.
Swakopmund
Tägl. außer Mo 10–16, Fütterung 15 Uhr
Das meist verborgene Leben vor der Küste wird
dem Betrachter hier zugänglich gemacht.

➔⊡ Mola Mola
Atlantic St., Walvis Bay
☎ (064) 20 55 11
☎ (081) 127 25 22 (mobil)

In einer Karakulweberei

www.mola-namibia.com
Bootsausflüge ab Walvis Bay zur Delfinbeob-
achtung oder zum Fischen.

⊡➔ Sunrise Fishing (Tours & Safaris)
8 Hendrik Witbooi St., Swakopmund
☎ (064) 40 45 61
www.sunrisetours.com.na
Organisation von Boottrips und Angeltouren.

⊡ Mondesa Township Tours
Swakopmund
☎ (081) 273 43 61(mobil)
www.facebook.com/mondesatownshiptours
Bieten Township-Führungen an.

⊡ Hata Angu Cultural Tours
Swakopmund
☎ (064) 46 11 18
www.hata-angu.com
Bietet u.a. eine vierstündige Township-Tour.

≋ Hallenschwimmbad in Swakopmund
Beheiztes Meerwasserschwimmbad von olym-
pischen Ausmaßen mit Sauna und Außen-
rutsche.

⛊ Karakulia (Teppichweberei)
2 Rakotoka St., Sakopmund
☎ (064) 46 14 15
www.karakulia.com.na
Einblick in die Teppichherstellung und Möglichkeit der Bestellung nach eigenen Wünschen. Die Preise sind angemessen.

⛊ Stonetique
27 Libertina Amathila Ave., Swakopmund
☎ (064) 40 54 03
Steinartefakte aller Art, den Elefanten fürs heimische Buchregal eingeschlossen, auch Gold-
und Silberschmuck.

⛊ Swakopmunder Buchhandlung
Tobias Hainyeko St., Swakopmund
☎ (064) 40 26 13
Mo–Fr 9.30–13 und 15–18, Sa 9.30–13 Uhr
In dieser Buchhandlung findet man einiges an
Literatur über das alte Swakopmund oder die
»alten Tage in Südwest«.

**Weitere Informationen zu Swakopmund
finden Sie S. 148 und S. 159 f.** ✹

Ab durch die Mitte

Von Swakopmund zurück nach Windhoek – fünf Alternativrouten zum Abschluss einer 14-tägigen Rundreise

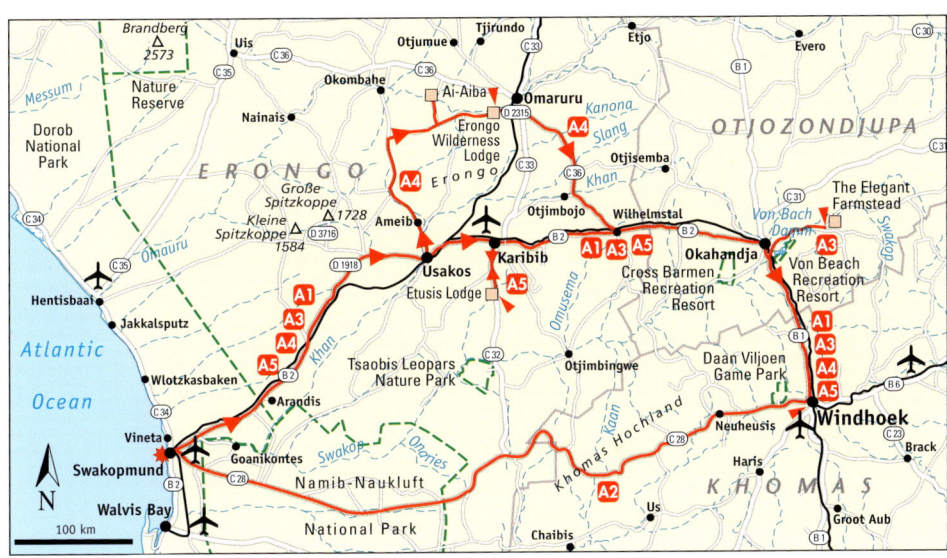

Alle fünf Alternativrouten sind in der Karte mit A1 bis A5 markiert.

Alternativroute 1: Swakopmund – Karibib – Okahandja – Windhoek (363 km Teerstraße)

km	Zeit	Route
0	10.00 Uhr	Auf der B2 über **Karibib** nach
292	13.30 Uhr	**Okahandja,** wo der Holzschnitzermarkt (vgl. 20. Tag) besucht werden kann.
	14.30 Uhr	Weiterfahrt auf der B1 Richtung
363	15.30 Uhr	**Windhoek.**

Alternativroute 2: Swakopmund – Bosua Pass – Windhoek (317 km Schotterpiste)

Diese Strecke ist für all diejenigen ein Vergnügen, die gerne auf der Gravel Pad fahren und zum Abschluss noch einmal namibische Landschaft in ihrer speziellen Schönheit erleben wollen.

km	Zeit	Route
0	9.00 Uhr	Auf der C 28 durch den Namib-Naukluft National Park,
154	11.30 Uhr	am Abzweig der C 32/33 weiter geradeaus auf der C28, über den **Bosua Pass** und auf kurvenreicher Strecke durchs Khomas Hochland nach
317	14.00 Uhr	**Windhoek**.

Hinweis: Wer auf der Alternativroute 1 bzw. 2 in einem Tag von Swakopmund zurück nach Windhoek fährt, kann vorher natürlich noch einen weiteren Tag an der Küste verbringen und z.B. die Route des 13. Tages zum Cape Cross und zurück (258 km) fahren.

Alternativroute 3: Swakopmund – Okahandja – Windhoek (412 km) oder direkt zum Flughafen (462 km)

km	Zeit	Route 1. Tag
0	10.00 Uhr	Auf der B 2 über **Karibib** nach
292	13.30 Uhr	**Okahandja**; dort auf die B1 und kurz danach links auf die D2102 vorbei am **Von Bach Damm**, einem der landesweit größten Staudämme.
320	14.00 Uhr	**The Elegant Farmstead**.

km	Zeit	Route 2. Tag
0	10.00 Uhr	Abfahrt am **Elegant Farmstead** und über D 2102 bis zur B 1,
19		dort links ab Richtung Windhoek;
92	11.30 Uhr	Stadtgrenze von **Windhoek**.

Alternativroute 4: Swakopmund – Usakos – Ai-Aiba Lodge/Erongo Wilderness Lodge – Okahandja – Windhoek (458/501 km)

km	Zeit	Route 1. Tag
0	9.00 Uhr	Von **Swakopmund** auf der B 2 bis
145	11.00 Uhr	**Usakos**. Dort links auf die D 2306 Richtung Okombahe.

Bizarre Felsformationen prägen das Bild des Erongo-Massivs

km	Zeit	Route 1. Tag
202		Rechts auf die D2315 Richtung **Omaruru**,
212		links zur **Ai-Aiba Lodge** oder
255	13.00 Uhr	links zur **Erongo Wilderness Lodge**.

km	Zeit	Route 2. Tag
0	9.00 Uhr	Von **Ai-Aiba/Erongo Wilderness Lodge** auf der D2315 durch das Gebiet der Conservancy,
46	10.00 Uhr	links auf die D2315 Richtung **Omaruru**. Bevor der Ort erreicht ist,
49		kurz auf die C33, dann nach links auf die C36 nach
116	11.00 Uhr	**Wilhelmstal**, wo man wieder auf die B 2 Richtung
180		**Okahandja** fährt, dort auf die B1 nach
246	12.30 Uhr	**Windhoek**.

Die Route von der Erongo Wilderness Lodge aus verkürzt sich an diesem Tag gegenüber der von Ai-Aiba aus um 43 km.
40 km länger ist die Route über die C33 (Karibib), hat dafür jedoch den Vorteil von 70 km mehr Teerstraße.

Die Route führt vorbei an »Namibias Matterhorn«, der **Spitzkoppe**. Gut 100 Kilometer von Swakopmund entfernt zeichnet sich im Norden bald die markante Silhouette dieses Berges ab, der wegen seines leicht schräg auslaufenden Gipfels gern mit dem Schweizer Original verglichen wird. An Höhe (1728 m) jedenfalls kann er sich nicht mit ihm messen. Allerdings macht er durch die isolierte Lage als Inselberg in brettebener Steppenlandschaft schon etwas her. Flankiert wird er zudem von einem kleinen Ableger, der kleinen Spitzkoppe.

Da im Bereich dieser Formationen die Niederschlagsrate höher und damit das Vorkommen von Wasser gesicherter ist als im trockenen Umfeld, zog es Mensch und Tier seit alters hierher. Felszeichnungen im Bushman's Paradise und an der Nashornwand belegen dies höchst eindrucksvoll und künden einmal mehr von Kunstfertigkeit und Lebensumständen der frühen Bewohner. Für alle, die weder den Brandberg noch Twyfelfontein besuchen werden, wahrscheinlich eine der letzten Gelegenheiten, sich davon einen Eindruck zu verschaffen.

Alternativroute 5: Swakopmund – Karibib – Etusis Lodge – Karibib – Okahandja – Windhoek (430 km)

km	Zeit	Route des 1. Tages
0	10.00 Uhr	Von **Swakopmund** auf der B 2 bis **Karibib**;
175	12.00 Uhr	dort rechts ab auf die C 32,
195	12.15 Uhr	rechts den Hinweisschildern nach Etusis folgen,
210	12.30 Uhr	Ankunft in der **Etusis Lodge**.

km	Zeit	Route des 2. Tages
0	9.00 Uhr	Von der **Etusis Lodge** über Farm Pad und C 32 bis **Karibib**,
35	9.30 Uhr	wo man rechts auf die B 2 einbiegt, der man bis
149	10.45 Uhr	**Okahandja** folgt. Dort rechts auf die B 1 bis
220	11.30 Uhr	**Windhoek**.

Ein Aufenthalt in der Etusis Lodge auf 20 000 Hektar großem Areal, dominiert von dem fast 2000 Meter hohen Bergmassiv des Otjipatera und mit schönen Ausblicken in die Weite der Savanne, bietet sich in erster Linie für Wanderungen an. Besonders eindrucksvoll gestaltet sich die Tour zum Wasserfall, dessen Wasser allerdings nur in regenreichen Zeiten die volle Höhe der gigantischen Felswand hinunterstürzt, um sich dann im Tal über große Felsbrocken in einen See zu ergießen.

Der See ist unabhängig von Regenfällen vorhanden und speist sich mit großer Wahrscheinlichkeit aus an seinem Grund verborgenen Quellen. Seine genaue Tiefe ist nicht bekannt.

Man kann auf Etusis solche Touren auf dem Pferderücken unternehmen, sich aber auch gemächlich mit dem Landrover über das Areal kutschieren lassen. Auch Wildbeobachtungen (Zebras, Oryxe, Kudus, Springböcke, Steinböcke und viele andere Arten) sind möglich.

Die Spitzkoppe im Norden von Swakopmund

Service & Tipps

The Elegant Farmstead
Okahandja
Reservierungen: Elegant Collection Reservation Office
Von Eckenbrecher & Ziegler St. 56
Klein Windhoek
℡ (061) 30 19 34, ℡ (081) 30 22 82 55 (mobil)
www.the-elegant-farmstead.de
Ländlichen Charme und komfortables Ambiente vereint diese Ende 2010 in einem alten Farmhaus entstandene Lodge. Hier lässt sich gut am Ende der Reise ausspannen – bei exzellentem Essen, herzlichem Service und Sonnenbad am großen Pool.

Auch die Savannenlandschaft und deren Tierwelt können noch einmal bei Farm-Drives genossen werden. $$$ (inkl. Dinner)

Spitzkoppe
1728 m ragt der Berg aus der Hochebene und wird wegen seiner besonderen Form als »Matterhorn Namibias« bezeichnet. Spuren früher Besiedlung finden sich in den Felsmalereien der **Nashornwand** und von **Bushman's Paradise**.

Philipp's Cave
Felshöhle im Gebiet der Ameib Ranch, die über einen 45-minütigen Fußweg erreichbar ist. Die bekannteste Felsmalerei ist der **Weiße Elefant**. Infos: Namib-i-Office an der Shell-Tankstelle in Usakos.

Erongo Wilderness Lodge
Omaruru
www.erongowilderness-namibia.com
Buchung online über einen Website-Link oder
℡ (061) 23 91 99
Zehn luxuriöse Zelt-Chalets, landschaftlich sehr schön inmitten von wilden Felsformationen der Erongo Mountains gelegen – eine wahre »Verwöhnadresse« zum Reiseabschluss.

Von der Lodge aus sind verschiedene Ausfahrten möglich. Dabei bietet sich den Gästen die Möglichkeit zur Beobachtung von Bergzebras, unterschiedlichen Antilopenarten und manchmal sogar Leoparden. $$$$ (inkl. Dinner)

Ai-Aiba – The Rock Painting Lodge
Omaruru
℡ (064) 57 03 30, www.aiaiba.com
Buchung online über einen Website-Link oder
℡ (061) 23 91 99
Lodge für maximal 40 Gäste, die in reetgedeckten Doppelbungalows untergebracht sind. In den bizarren Felsformationen des Umfelds lassen sich zahlreiche Felsmalereien betrachten, aber man kann auch einfach am Pool relaxen. $$$

Etusis Lodge
Farm Etusis Nr. 73, Karibib
℡ (064) 55 08 26, www.etusis.de
Buchung online über einen Website-Link oder
℡ (061) 22 47 12, 25 07 25
Hübsche Unterkünfte in kleinen Bungalows, Reiterhof, Swimmingpool, ausgezeichnetes Essen, kostenloses WLAN, vor allem aber die herzliche Gastfreundschaft des Managerehepaares zeichnen diese Lodge aus.
$$$$ (inkl. Dinner)

13 Ein Blick ins verlorene Paradies

Von Swakopmund zum Cape Cross und weiter in den Skeleton Coast National Park

13. Tag: Swakopmund – Hentiesbaai – Cape Cross – Terrace Bay
(375 km)

km	Zeit	Route
0	9.00 Uhr	Auf der C34 von **Swakopmund** nach Norden Richtung Hentiesbaai. Die Salzpiste kann bei Nässe schlüpfrig sein, deshalb Vorsicht!
67		**Hentiesbaai**, weiter auf der C34 Richtung Cape Cross
121		links Abzweigung zum Cape Cross;
124		Passieren des Tors und
125		Entrichtung der Eintrittsgebühr am Office.
129	11.00 Uhr	Vom Parkplatz am **Cape Cross** Spaziergang zum Steinkreuz und zum Robbenreservat.
	13.00 Uhr	Weiterfahrt via Office und Tor zur C34.
		Rückfahrt nach Hentiesbaai für Reisende ohne vierradgetriebenes Fahrzeug:
137	13.00 Uhr	rechts ab auf die C34 Richtung
199	14.00 Uhr	**Hentiesbaai**.
		Weiterfahrt zum Skeleton Coast Park:
137	13.00 Uhr	links auf die C34,
211	14.00 Uhr	**Ugabmund**, südliches Gate des Skeleton Coast Park (**muss unbedingt vor 15 Uhr passiert werden**),
326		**Torra Bay** (das Camp ist nur im Dezember und Januar geöffnet),
375	17.00 Uhr	**Terrace Bay**.

> **Hinweis:** Diese Route durch den südlichen Teil des Skeleton Coast Park führt, sollte **nur mit vierradgetriebenen Fahrzeugen** durchgeführt werden. Von Terrace Bay aus geht es dann auf der C39 weiter nach Twyfelfontein (14. Tag, S. 191). Wer die Fahrt durch den Skeleton Coast Park scheut, kann von Cape Cross nach Hentiesbaai zurückkehren und von dort am nächsten Tag nach Twyfelfontein starten.
> Eine atemberaubende, aber kostspielige Alternative ist eine **Flugsafari in den Skeleton Coast Park** (vgl. S. 184 ff.) von Swakopmund aus (man kann auch in Windhoek starten), die in vier Tagen bis an den Kunene im äußersten Norden führt.

Für Mitteleuropäer ist die Himmelsrichtung Norden zwangsläufig mit der Vorstellung von Kälte verbunden. Und wer von Swakopmund aus in Richtung Norden die Küste hinauffährt, wird in diesen Denkmustern bestätigt – auch wenn er sich, da auf der Südhalbkugel reisend, in Richtung Äquator und damit in Richtung Wärme bewegt. Auf vergleichbaren Breitengraden der Nordhalbkugel findet man etwa Mexiko, die Sahara oder das nördliche Indien. Doch derlei Vergleiche greifen hier nicht, und schuld ist wieder einmal der Benguela-Strom.

Dass kühle Nebelfeuchte an der Küste nicht gerade eine Rarität darstellt, weiß man zwar schon, aber im Zusammenwirken mit (zumindest auf den ersten Blick) vegetationsloser, relativ ebener und damit eintöniger Wüstenlandschaft und schnurgeraden Salzstraßen ist ihre Wirkung neu. Unwillkürlich tauchen Erinnerungen an Seemannsgeschichten von unwirtlichen Gestaden vor dem inneren Auge auf. Denn was man real vor Augen hat, erscheint wie der natürliche Schauplatz solcher Storys. Kein Wunder also, dass diese Küste in ihrem nördlichen Abschnitt mit dem Namen **Skelettküste**

Am Rande der Robbenkolonie von Cape Cross streifen Schakale umher

(Skeleton Coast Park) belegt wurde. Selbst im gleißenden Sonnenlicht verliert sich der Eindruck von Verlorenheit nie ganz. Und die Temperaturen erreichen auch dann nie tropische Grade. Mehr als 20 Grad Celsius werden selten gemessen.

Erscheinungen wie Nebel und Kälte, Empfindungen wie Unwirtlichkeit und Verlorenheit ändern aber nichts an der Tatsache, dass der Küstenstreifen eine beliebte Ferienregion ist – zumindest für Menschen, die in Afrika beheimatet sind. So sieht man etwa 30 Kilometer nördlich von Swakopmund links der Straße die ausgedehnte Feriensiedlung **Wlotzkasbaken** liegen und trifft nach weiterer 36 Kilometern auf den aufstrebenden Ort **Hentiesbaai**, ganz zu schweigen von diversen Camping- und Caravanplätzen. National West Coast Tourist Recreation Area nennt sich das Gebiet zwischen Swakopmund und dem rund 200 Kilometer weiter nördlich beginnenden Skeleton Coast Park. Ende 2010 wurde es zum **Dorob National Park** ausgerufen. Das Wort *Dorob* bedeutet in der Sprache der Topnaar, der ursprünglichen Bewohner der Region, »Wasser, das im Sand versinkt«, eine sehr treffende Bezeichnung mithin. Wen es hierher zieht, sucht genau das, was Europäer vergrault: Kühle. Deshalb herrscht in diesen Orten vornehmlich dann Leben, wenn die Quecksilbersäule im Inland unerbittlich steigt. Außerhalb der Monate Dezember und Januar sind die »aufstrebenden« Feriensiedlungen wie ausgestorben.

Relaxen heißt die Devise in Hentiesbaai und den anderen Ferienorten. Unterbrochen wird diese Hauptbeschäftigung allenfalls vom Angeln, das ganzjährig – auch von der schwarzen Bevölkerung – vom Strand aus betrieben wird. Mit riesigen Hochseeruten ausgerüstet, wird der fischreichen See tagsüber die Beute entlockt, die sich am Abend beim Bier

Der Eingang zum Skeleton Coast Park

leicht zu immenser Größe auswächst. Den meisten Besuchern ist das Unterhaltung genug, denn zum Baden lädt das kalte Atlantikwasser kaum ein. Für Angelfreaks aus Europa mag dergleichen eine Erfahrung sein, die Übrigen werden diese Orte eher als Kuriosität betrachten.

Doch unser Ziel ist zunächst das Kreuzkap, **Cape Cross**, Ort der ersten europäischen »Landnahme« an dieser abweisenden Küste und Heimat von Zigtausenden von Ohrenrobben.

Dass die portugiesischen Seefahrer auf der Suche nach einem Seeweg nach Indien um die Südspitze Afrikas ihre Landeplätze mit einem steinernen Kreuz markierten, um so mögliche Besitzansprüche der portugiesischen Krone sinnfällig zu machen, hat der Reisende bereits am Diaz Point südwestlich von Lüderitzbucht erfahren

(vgl. S. 104 f.). Ein Jahr vor Diaz versuchte Diego Cão sein Glück. Er fand zwar nicht den gewünschten Weg ums Kap, konnte aber den Ruhm für sich beanspruchen, als erster Europäer (jedenfalls, soviel bekannt ist) diesen Teil afrikanischen Bodens betreten zu haben. 400 Jahre lang kündete der von ihm errichtete zwei Meter hohe und 360 Kilogramm schwere *Padrão* von dieser Tat wie von dem – nie realisierten – Besitzanspruch Portugals.

»Seit Erschaffung der Welt sind 6684 Jahre vergangen und seit Christi Geburt 1484 Jahre (?), und so hat der berühmte Prinz Heinrich befohlen, dieses Kreuz zu errichten von seinem Ritter Jacobus Canus«, konnten diejenigen, die es in diese Einöde verschlug und die des Lateinischen mächtig waren, auf dem Kreuz lesen. Das mögen nicht viele gewesen sein und

Portugiesischer Besitzanspruch in der Einsamkeit: Cape Cross

wahrscheinlich hat es sie wenig beeindruckt. Es war nur reine Symbolik.

Als jedoch der deutsche Kapitän Becker 1893 am Kreuzkap an Land ging, muss das fremde »Herrschaftszeichen« ihn gestört haben. Er nahm das alte Kreuz mit nach Deutschland, wo man ein Replikat anfertigte, das sich vom Original durch die ausdrückliche Betonung der Ansprüche des Deutschen Reichs unterschied. 1894 wurde das neue Kreuz – diesmal im Namen Kaiser Wilhelms, Deutscher Kaiser und König von Preußen – am alten Platz aufgestellt. Ordnung muss sein!

Das alte Kreuz wanderte ins Museum. Nach dem Zweiten Weltkrieg richtete man es im Hof des ehemaligen Museums für Geschichte in Ostberlin (heute Deutsches Historisches Museum) auf, einem Ort, der zumindest weniger von Stürmen heimgesucht wird als das Kreuzkap.

Die Zeiten und die Herrschaftsansprüche änderten sich indes im südwestlichen Afrika, und die südafrikanischen Mandatsherren mögen ihr Kreuz mit dem »deutschen« Granitexemplar gehabt haben. Jedenfalls setzten sie 1980 eine zweites Replikat neben das aus Deutschland stammende – dem Original getreuer und selbstverständlich ohne deutsche Inschrift. Außerdem gestalteten sie den Standplatz der Kreuze neu und sinnreich: Die Pflasterung markiert das Kreuz des Südens und hebt die Bedeutung der Sterne als Orientierungsmittel der frühen Seefahrer hervor. Damit wird die Rolle und Leistung dieser Pioniere der Meere zurechtgerückt: Sie werden weniger als Wegbereiter der Konquistadoren, der rigorosen Eroberer und Unterjocher, gesehen, sondern als tollkühne Abenteurer, die die wissenschaftlichen Erkenntnisse der frühen Neuzeit mit den begrenzten technischen Mitteln, die ihnen zu Gebote standen, in die Tat umsetzten.

Doch in der Regel ist es nicht so sehr das Andenken an die Kindertage der Seefahrt oder gesteigertes Geschichtsinteresse, was die Reisenden zum Cape Cross lockt. Worum es hier vor allem geht, wird schon bei der Zufahrt am Eingangsportal klar, das von zwei Robben in Imponiergebärde flankiert ist. Es geht um den *Arctocephalus pusillus pusillus*, gemeinhin als Zwergpelzrobbe, Ohrenrobbe oder Seelöwe bekannt. Und es geht nicht um Einzelexemplare dieser possierlichen Tiere, sondern um unübersehbare Scharen. Auf 80 000 bis 100 000 beziffert das am Office erhältliche Faltblatt die Größe der Kolonie. An anderer Stelle ist sogar von 250 000 Tieren die Rede. Wie dem auch sei: Es sind unendlich viele.

Das größte Gedränge herrscht auf den Klippen des Kaps angeblich in der Brunftzeit. Dann nämlich, im September/ Oktober, gesellen sich die Bullen, ansonsten eher »aushäusig«, zwecks Sicherung des Nachwuchses zur Herde. Das Gerangel um Territorien und »Haremsdamen«

bringt in diesen Zeiten zusätzlich Action ins sonst geruhsame Leben der Kolonie. Bedenkt man, dass ein Harem fünf bis 25 weibliche Tiere umfasst, die erkämpft, bewacht und geschwängert sein wollen, ist es verständlich, dass die Bullen zuvor in ruhiger Abgeschiedenheit Kräfte sammeln. Mit bis zu 360 Kilogramm Körpergewicht angetreten, verlassen sie um fast die Hälfte ihres Gewichtes leichter nach sechs bis acht Wochen wieder den Ort des Geschehens.

Zurück bleiben trächtige Kühe und Robbenbabys. Gewöhnlich werfen die Weibchen kurz vor der Brunftzeit ein Junges, Ergebnis der letztjährigen Bemühungen um Nachwuchs. Ein bis zwei Wochen später sind sie erneut paarungsbereit. Doch die Befruchtung der Eizelle ist nicht gleichbedeutend mit sofortiger Trächtigkeit. Erst nach drei bis vier Monaten Ruhezeit beginnt sich die Eizelle zu entwickeln, und ungefähr neun Monate später kommt dann das Junge zur Welt – gerade rechtzeitig vor der nächsten Brunftzeit.

Trotz intensiver mütterlicher Fürsorge – die Jungen werden fast ein Jahr lang gesäugt – überleben nur etwa zwei Drittel aller Jungtiere. Einige verhungern, wenn die Mütter zu viel Zeit bei der Nahrungssuche im Meer benötigen oder bei ihren »Fischzügen« getötet werden. Andere ertrinken bei ersten eigenen Schwimmversuchen oder werden, wenn sie noch schwach sind, von Schakalen und Strandwölfen gerissen. Die größte Gefahr geht aber vom Gedränge in der Kolonie aus. Die häufigste Todesursache bei Jungtieren sind Verletzungen infolge von Unachtsamkeit größerer Tiere.

Trotz dieser relativ hohen Todesrate bei Jungtieren sind die Robbenbestände an Namibias Küste angeblich nicht gefährdet. Die weitgehende Ausrottung der natürlichen Feinde, der Killer- oder Schwertwale, hat ihre Zahl in den letzten Jahrzehnten sogar anwachsen lassen. Von Befürwortern einer Quotenerhöhung bei der staatlich kontrollierten Robbenjagd wird dies gern als Argument ins Feld geführt: Der Mensch hat das natürliche Gleichgewicht zerstört, also muss er es durch kontrollierte Eingriffe künstlich wiederherstellen.

Zur Jagd auf Robben bläst indes auch die Fischereiindustrie und damit ein wesentlicher Wirtschaftszweig Namibias. Sie argumentiert, dass Robben täglich acht Prozent ihres Körpergewichts an Nahrung benötigen und davon wiederum 50 Prozent in Form von Fisch. Ein Weibchen mit einem durchschnittlichen Gewicht von 75 Kilogramm verspeist demnach am Tag drei Kilogramm Makrelen oder Sardinen. Wenn man diese Zahlen auf die geschätzte Robbenpopulation von 1,6 Millionen Tieren vor Namibias Küste hochrechnet, lässt sich die Position der Fischindustrie problemlos verstehen.

Parkranger bei der Büroarbeit im Skeleton Coast Park

Außerdem klagen Fischer immer wieder über Robben, die ihre Netze zerstören.

Das »Ernten« der Robben, wie das Abschlachten oder Culling beschönigend genannt wird, ist lukrativ. Unter dem glanzlosen, strähnigen Fell der Jungtiere verbirgt sich ein zweiter Pelz von kurzem, weichem Haar, eine Einrichtung der Natur, die die Tiere vor Unterkühlung im Wasser schützt. Aber auch ein Grund, der sie zu Objekten der Begierde in der Pelzindustrie macht. Die Fettschicht, von der Natur ebenfalls zur Kälteisolation gedacht, eignet sich vorzüglich zur Gewinnung von Rohmaterialien für die Kosmetikindustrie. Für Fleisch und Knochen hat sich noch keine Verwendungsmöglichkeit gefunden. Doch der hohe Kalzium- und Phosphatanteil der Knochen hat die Idee aufkommen lassen, sie als Düngemittel einzusetzen. Für die getrockneten Genitalien der Bullen schließlich tut sich im fernen Asien ein lohnender Markt auf: Sie gelten dort als Aphrodisiakum und erzielen Gewinne von mehreren hundert Dollar pro Kilogramm.

Doch davon bekommt der Besucher des Kreuzkaps zum Glück nichts mit. Auf dem Areal mit seinen schroff zum Meer abfallenden Klippen spielt sich vor dem Besucher des Kreuzkaps, nur durch ein Mäuerchen von ihm getrennt, der Robbenalltag ab: Babys werden gesäugt, die Nachbarn lautstark beschimpft, hier räkelt sich einer verschlafen im Sand, dort robbt ein anderer zum Wasser, um sich in die Brandung zu stürzen – aus purer Lust oder Hunger. Oder auch nur, um für einige Zeit dem Gedränge zu entgehen, denn das Leben ist hier äußerst »dicht«. Vor lauter Robben sieht man kaum den Sand, und es grenzt ans Wunderbare, dass, wer einmal seinen Platz verlässt, ihn jemals wiederfindet. Aber die Natur weiß sich zu helfen. Robben verständigen sich akustisch. Und so hängt ein vielstimmiges Blöken, Brüllen,

Grunzen über dem Strand, in seiner Intensität nur noch übertroffen – vom Gestank. Cape Cross und seine Robbenkolonie als rundum sinnliche Erfahrung.

Irgendwo am Rand kann man gewiss auch einen Schakal herumstreifen sehen. Die Gesundheitspolizei wacht, was bei derartigen Massenansammlungen kein Fehler sein kann.

Wer am Abend nach Hentiesbaai zurückkehren möchte, dem sei folgender Umweg empfohlen: eine Tour zu den inzwischen allerdings recht spärlichen Resten des **Schiffswracks der »Winston«**. Dazu muss man (genau wie diejenigen, die zum Südtor des Skeleton Parks wollen) auf der C 34 weitere 79 Kilometer nach Norden fahren. Über festgefahrene Spuren im Sand erreicht man dann das, was Meer und Sturm von dem Wrack übrig gelassen haben: verrostende Metallteile im Sand, bei gelungener Dramaturgie in wabernde Nebelschwaden gehüllt und so mit der Aura des Unheimlichen ausgestattet.

Ohrenrobben auf Cape Cross, soweit das Auge reicht

Wer im Skeleton Coast Park übernachten will, fährt unbeirrt weiter auf der C 34 bis **Terrace Bay**. Ihm bietet sich eine auf den ersten Blick wenig abwechslungsreiche, aber dennoch atmosphärisch sehr dichte Wüstenszenerie.

Da die herbe Schönheit dieser Landschaft sich bei der Durchfahrt nur sehr marginal erschließt, wird im Folgenden eine viertägige Wüstentour per Flugzeug beschriben, die (wie auch die unter Service&Tipps empfohlene Wandertour) einen sehviel intensiveren Kontakt zu diesem außergewöhnlichen Umfeld ermöglicht.

Von der Promenade auf Cape Cross aus lassen sich die Robben gut beobachten

Flugsafari in den Skeleton Coast National Park

So sicher wie es auf die Frage, was paradiesisch ist, annähernd so viele Antworten wie Menschen gibt, so gewiss wird kaum jemandem als Assoziation zum Garten Eden eine der unzugänglichsten Wüstenregionen der Erde einfallen. Schon der Name weist keinesfalls auf Paradiesisches, allenfalls auf Überlebenskampf und Tod. Und wirklich ist die Zahl der Schiffe, die hier strandeten, Legion. Nebel, widrige Strömungen oder heftige Stürme ließen sie scheitern. Als Mahnmale des Untergangs rosten ihre stählernen Leiber im Sand, allenfalls pittoreske Fotomotive für die wenigen, die sie zu Gesicht bekommen. Denn: Der Zugang zu den stählernen Gerippen ist fast ausschließlich mit Flugzeugen möglich. Was den Umkehrschluss nahe legt, dass, wer hier je an Land gespült wurde, noch lange nicht gerettet war. Dem Tod durch Ertrinken entronnen, wurde er nun vom Tod durch Verdursten bedroht – es sei denn, ihm gelang das fast Umögliche, zu Fuß das sich längs der Küste auftürmende Dünen- und Felsenmeer zu bezwingen. Die Wahrscheinlichkeit eines Erfolges bewegte sich gegen null. Und somit ist jeder rostende Schiffsrumpf ein stummer Hinweis auf ungezählte menschliche Tragödien, auf nie erzählte, nie aufgeklärte Schicksale, geschluckt und zugedeckt vom Wüstensand.

Wie kann man einen solchen Landstrich als Paradies empfinden, der sich schon bei der ersten Annäherung als Ort des Scheiterns ausweist? Kurz vor der Grenze des Parks pflegen die kleinen Cessnas der Flugsafaris nahe des Wracks der 1970 gestrandeten »Winston« zu landen. Schon beim ersten Schritt auf den Strand stößt man auf das ausgebleichte Skelett einer Robbe. In Sichtweite ragt ein Walschädel

Ungezählte Schiffe fielen Wind, Strömung und Nebel vor der Küste zum Opfer

aus dem Schlick. Ein Paradies der letzten fassbar unfassbaren Dinge vielleicht?!

Dass den Reisenden keinerlei Schauder überfällt, muss an der Schönheit dessen liegen, was der Vormittag der Anreise geboten hat. Von Windhoek aus kommend, wurde das zentrale Hochland mit seinen felsigen Schründen und Klüften und dem 2351 Meter hoch aufragenden Gamsbergmassiv überquert. Die bizarre Schönheit des Kuiseb Canyons schien aus der Vogelperspektive fast noch gesteigert – wie die grandiose Eleganz des roten Dünenmeers der zentralen Namib. Mochte das gut erhaltene Wrack der bereits 1909 gescheiterten »Eduard Bohlen«, das man bei Erreichen der Küste umkreise, auch etwas gespenstisch Irreales ausstrahlen, der Zauber der immensen Flamingoschwärme in der Tiefe über dem Blau des Ozeans fing es mit Leichtigkeit auf, ließ

nichts übrig als atemloses Staunen. Und dieses Staunen bleibt – eine Fassungslosigkeit angesichts der Schönheit der unberührten Natur, deren Gnadenlosigkeit darüber in Vergessenheit gerät.

Was anderes könnte man schließlich auch tun als fassungslos staunen beim Flug über das Flussbett des Ugab, der, wie könnte es anders sein, kein Wasser führt, aber erkennbar ist an den Einschnitten im Fels wie an der Vegetation. Was die Natur hier im Verlauf des Ugab inszeniert hat, sprengt indes jede, auch die namibische Normalität. Aufs Kunstvollste gefältet, plissiert, drapiert und arrangiert bietet sich der nackte Fels dar, sparsam eingefärbt, auf dass dem Auge nicht zu viel zugemutet wird. Ugab-Formationen – ein Rausch in Stein.

Da tut fester Boden unter den Füßen Not. Und so wird im Flussbett gelandet.

185

Lotrecht ragen Felswände, erinnern an Ruinenstädte der Antike. Doch kein Mensch hat je Hand angelegt an dieses Kunstwerk, kein Wille hat es aus dem Boden gestampft, kein ästhetisches Formgefühl es geplant. Es ist reiner Ausdruck der Schöpfung selbst und man sieht: Es ist gut!

Das erste Camp liegt wenig außerhalb des Parks am Huab. Sein Trockenbett durchzieht die typischen braunen Damaraland-Flächen, vom späten Tageslicht in sahnigen Schokoladenglanz getaucht. Die Nebel am anderen Morgen, von der Kälte des Benguela-Stroms und der Wüstenhitze über Nacht gezeugt und vom Westwind landeinwärts geschoben, schlucken die Farben. Doch nichts ist mit »Bonjour Tristesse«. Nebel bedeutet Feuchtigkeit und damit Leben. Weder die Buschmannkerzen mit ihren hübschen rosa Blütenkelchen am stachelig dürren Geäst noch die struppigen Welwitschia-Wedel könnten ohne diese Feuchtigkeit existieren. Wahrscheinlich gäbe es ohne sie auch keine menschlichen Lebensspuren, wie man sie auf kurzem Fußmarsch in die bizarre Bergwelt aufspüren kann: Steinwerkzeuge der Buschleute, Felsgravuren, Reste einer Grabstätte.

Ebenso überraschend wie überwältigend dann der Besuch einer weiteren gigantischen Natur-Kunst-Ausstellung: Formationen von Schiefer und Basalt, Wände, gestaltet in kunstvollem Arrangement von Platten und Säulen, Dome in Gelb, Grau, Braun, Ocker. Kunst ohne Künstler, Schönheit ohne Zweck.

Am Nachmittag sind Sandspiele angesagt. Östlich von Terrace Bay wird gelandet, um einzutauchen in ein Meer hellgelber Quarzkörnchen, in scheinbar unendlicher Folge aufgetürmt zu anmutig geschwungenen Dünenkämmen. Rutscht man auf dem Hosenboden einen solchen Sandhang hinab, indem man sich immer wieder mit Händen und Füßen abstößt und so möglichst viele der Sandkörner in Bewegung setzt, dann gerät die gesamte Düne in Schwingung, was sich akustisch als Brummen oder Röhren entlädt.

Der Weiterflug über die Meeresdünung präsentiert ein weiteres Schiffswrack, eine große Robbenkolonie, steil ins Meer abfallende Dünen. Dann geht es wieder landeinwärts, diesmal entlang dem Huarusib, nach Purros. Einige Oryxe preschen erschreckt davon, aufgescheucht von dem großen »Vogel«, der plötzlich in ihre Wildnis einbricht. Eine Springbockherde huscht wie der Schatten einer Wolke über den sandigen Boden.

Der Huarusib, an dessen – natürlich trockenen Ufern – das Camp liegt, ist ein Revier der legendären Wüstenelefanten. Die Bäume längs der Flussoase versorgen sie mit dem nötigen Grünfutter. Wasser finden sie in einigen Tümpeln oder verborgen unter der Oberfläche des Treibsandes im Rivier. Dass sie auch ins Camp kommen, beweisen ihre Hinterlassenschaften. Angenehmer ist es allerdings, wenn Begegnungen erst bei der für den nächsten Morgen angesetzten Pirschfahrt stattfinden.

Beim Weiterflug – wieder quer über die Wüste – fragt man sich unwillkürlich, warum unsere Sprache nur diesen einen Begriff »Wüste« kennt, um die Fülle der möglichen Erscheinungsformen zu benennen. Wüste ist nie Leere, selten Eintönigkeit. Hier: zuerst weißer Sand, zart schwarz gepudert, so dass die Dünenkonturen sich plastisch abheben, dann steiniges Gelände, das sich nach kurzer Zeit in einer weiten, flachen Ebene zu verlieren beginnt.

Und dann überfliegt man das Hartmann Valley, benannt nach dem deutschen Geologen, der gegen Ende des 19. Jahrhunderts die Region als Erster zu Fuß

Mit viel Glück kann man nahe der Skeleton Coast auch Wüstenelefanten erspähen

Himba-Junge in einem Dorf unweit des Kunene-Flussbettes

und Pferd erkundete. Weit, fast lieblich spannt sich das Tal zwischen den Berggipfeln. Das trockene, gelbe Gras wogt leicht im Wind. Äsende Springbockherden verschwimmen im Flimmern der Mittagshitze – paradiesisch.

Das letzte Lager am Kunene wird per Landrover angesteuert. Der Weg führt durch ebenso fantastische wie die Fantasie beflügelnde Gneis- und Basaltformationen, einen Skulpturenpark mitten im Nirgendwo. Dann wieder weißes Dünenmeer, von den Strahlen der schräg stehenden Sonne in diffuses Licht getaucht. Jedes Gefühl für Entfernung, für Hohen und Tiefen verliert sich in dieser allem Realen scheinbar enthobenen Welt.

Steil windet sich der Weg hinunter ins Tal, zum Kunene. Üppiges Grün rahmt den Flusslauf. Darüber türmt sich der Fels auf beiden Seiten, in Namibia wie in Angola. Kein Zöllner bewacht diese Grenze. Nur die Himba, die letzten Nomaden der

Wüste (vgl. S. 32 ff.), überqueren bisweilen durch eine Furt den immer Wasser führenden Fluss.

Am nächsten Tag hat man Gelegenheit, eines ihrer Dörfer zu besuchen. Sie bieten ihre Handwerksprodukte zum Kauf an, feilschen und streiten. Nach den notwendigen Verhandlungen werden die Touristen ihre Kameras auf sie richten, per Teleobjektiv in jede ihrer Falten dringen. Drei junge Männer lehnen in unnachahmlicher Grandezza auf ihrem Stock und beobachten – die Besucher.

Das Ende führt zurück: nach Windhoek, nach Etosha, oder nach Swakopmund, zurück zu dem, was wir Zivilisation nennen. Vier (oder mehr) Tage an der Skelettküste erscheinen wie ein Wimpernschlag, wie ein einziger atemloser Augenblick, ein Moment, in dem man die unverstellte Schönheit unseres Planeten schauen darf, die Erde, wie sie war (fast) an ihrem Beginn, im Zustand des Paradieses.

🔢 Service & Tipps

🔵 ℹ️ 📷 Cape Cross

Tägl. 10–17 Uhr
Gebühren: N$ 50/10 (6–12 J.), Pkw N$ 20
Robbenreservat und Padrão, ursprünglich von
Diego Cão im Jahr 1486 errichtet; Toilette und
Trinkwasser sind vorhanden, desgleichen Pick-
nickplätze, die aber wegen des Gestanks von
den Tausenden Ohrenrobben wenig einladend
sind.

🛏️ 🚐 📷 Cape Cross Lodge

Hentiesbaai
✆ (064) 69 40 12/7
Buchung: ✆ (064) 46 16 77
www.capecross.org
In der Nähe der Robbenkolonie gelegen, ist
diese Lodge als Ausgangspunkt für Fahrten in
den Skelettküstenpark ideal.
$$$ (inkl. Dinner)
Es gibt außerdem einen gut ausgerüsteten
Campingplatz mit 21 Stellplätzen.

🛏️ Fisherman's Guesthouse

2007 Auss St., Hentiesbaai
(081) 303 26 94 (mobil)
www.huntandfishnamibia.com
Im Jahr 2000 eröffnetes Haus mit neun hübsch
eingerichteten Zimmern. $$

🏞️ 📷 Skeleton Coast National Park

Küstenzone zwischen dem Kunene im Norden und dem Ugab im Süden (rund 500 km
lang/16000 km²), seit 1971 Naturschutzgebiet.
Der nördliche Teil zwischen Hoanib und Kunene ist Konzessionsgebiet und kann nur per
Fly-in-Safaris bereist werden.

Der Südteil ist für Individualreisende offen,
allerdings sollte man auf jeden Fall über ein
vierradgetriebenes Auto verfügen und sich
darauf einrichten, die ausgeschilderten Straßen (die Küstenstraße C34 und die Verbindung
zum Damaraland C39) nicht zu verlassen.

Tagesbesucher dürfen den Park nicht nach
15 Uhr betreten und müssen ihn vor 17 Uhr
verlassen haben. Permits für die Durchreise erhält man an den Parkeingängen in Ugabmund

*Ein Fahrzeug mit Allradantrieb zur Erkundung des Skeleton Coast National Parks ist
unbedingt notwendig*

(Südgrenze) und Springbockwasser (Ostgrenze). Wer in Torra Bay (Campingplatz, nur Dez. und Jan. offen) oder Terrace Bay übernachten möchte, muss bei der Einreise in den Park gültige Buchungsbelege vorweisen. Erhältlich bei: **Namibia Wildlife Resorts**, Independence Ave., Windhoek, © (061) 285 72 00, www.nwr.com.na.

Wildes Campen sowie der Besuch von Torra Bay oder Terrace Bay durch Tagesbesucher sind nicht gestattet. Die Mitnahme von Haustieren wie das Fahren mit Motorrädern sind nicht erlaubt. Parkgebühren: Erwachsene N$ 80, Kinder unter 16 Jahren frei, Pkw (bis 10 Sitze) N$ 20.

⌂✕✈ℹ Terrace Bay Resort

Reservierungen: Namibia Wildlife Resorts Swakopmund
© (064) 69 40 04 oder 40 21 72
www.nwr.com.na
Einfache, vor einiger Zeit renovierte Unterkünfte, bei Anglern sehr beliebt, mit Restaurant. Auch Laden und Tankstelle sind vorhanden. Eine frühzeitige Reservierung ist unbedingt erforderlich. $$ (inkl. Dinner)

⌂⛺ Ugab-Wanderung

April–Okt. jeden 2. und 4. Di im Monat Gruppenwanderung für 6–8 Personen
Kosten N$ 220/Person, Buchung: **Namibia Wildlife Resorts**, vgl. oben
Ausgehend vom Südtor des Parks werden in drei Tagen 50 km zurückgelegt. Verpflegung und Campingausrüstung müssen mitgebracht

Nickerchen an der Skeleton-Küste

werden. Ein aktuelles Gesundheitszeugnis (max. 40 Tage alt) muss vor Beginn der Wanderung vorgelegt werden.

Wanderungen am Ugab werden zudem angeboten von Bwana Tucke-Tucke (www.bwana.de) und Zingg Event Travel (www.zinggsafaris.com). Letztere können auf 40 Jahre Afrika-Erfahrung zurückblicken.

✈⛺⛺📷 Skeleton Coast Fly-in-Safaris

Windhoek
© (061) 22 42 48
www.skeletoncoastsafaris.com
Mo–Fr 7.30–16 Uhr
4–6-tägige Flugsafaris mit Übernachtung
Preise: US$ 7300–13000/Person
Die Safaris werden von den Angehörigen der Familie Schoeman, die seit 1977 die Konzession für den Park besitzt, arrangiert und durchgeführt.

4-tägige Flugsafaris führen von Windhoek aus über Kuiseb Canyon, Namib-Naukluft National Park, Swakopmund bis hinauf zum Kunene, unterbrochen durch Landrover-Exkursionen in die landschaftlich reizvollsten Gebiete der Skelettküste. Übernachtet wird in Camps außerhalb der Parkgrenzen.

Man kann auch im NamibRand-Gebiet oder in Swakopmund zu den Kleingruppen stoßen.

✈⛺⛺⌂⛺ Wilderness Safaris – Skeleton Coast Camp

Buchung unter:
© (021) 70 27 500 oder (011) 25 75 000
www.wilderness-safaris.com
Preise nur auf Anfrage
Die Wilderness-Gruppe unterhält eine Reihe von Camps am Rand der Skelettküste. Von dort werden Wanderungen, Touren mit dem Landrover und Flüge unternommen. Die Unterbringung in den Camps ist teilweise recht luxuriös.

✈📷 Zingg Event Travel

Kirchgasse 2
CH-8907 Wettswil am Albis/Zürich
© +41 44 709 20 10
www.zinggsafaris.com
Das Unternehmen verfügt über jahrzehntelange Erfahrung in der Durchführung von Reisen in Afrika. Angebote und Preise auf Anfrage. ✦

14 Dem kulturellen Erbe auf der Spur
Zum Brandberg und nach Twyfelfontein

14. Tag: Hentiesbaai/Terrace Bay – Twyfelfontein (342/249 km)

km	Zeit	Route	Die Route finden Sie in der Karte S. 177.
0	8.00 Uhr	Ab **Hentiesbaai,**	
7		auf die C35 rechts abbiegen Richtung Uis, links das **Brandberg-massiv** mit dem Königstein, der höchsten Erhebung Namibias.	
127		In **Uis** besteht die Möglichkeit zum Tanken und zum Einkauf von Verpflegung (Mitnahme von Wasser nicht vergessen). Nördlich von Uis folgt man weiter der C35 nach links Richtung Khorixas;	
152		links auf die D2359 abbiegen; dem Schild »White Lady« folgend, erreicht man den	
180	11.30 Uhr	Parkplatz als Ausgangspunkt für den Fußmarsch zur **Tsis-ab-Schlucht** mit Felsmalereien, u.a. der **»White Lady«** (hin und zurück mindestens zwei Stunden Wanderung und eine Stunde Aufenthalt in der Höhle).	
208	14.30 Uhr	Von der D 2359 links ab auf die C 35 Richtung Khorixas,	
244		Brücke über den (meist trockenen) Ugab,	
266		links auf die D 2612 einbiegen,	
325	16.30 Uhr	links der Straße zum **Camp Kipwe.**	
		Oder	
331		links auf die D 3214 einbiegen und ihr folgen	
342	17.00 Uhr	bis zur **Twyfelfontein Country Lodge.**	

Für Reisende aus Richtung **Skeleton Coast Park** ist die Reise kürzer (sie müssen allerdings auf den Brandberg verzichten):

km	Zeit	Route
0	8.00 Uhr	Ab **Terrace Bay** auf der C 34 zurück über Torra Bay
62		bis zum Abzweig der C 39,
154	10.30 Uhr	auf dieser bei der Einmündung der C 43 weiter rechts Richtung Khorixas,
229	11.30 Uhr	rechts ab auf die D 2612,
249		an der rechts **Camp Kipwe** liegt.
		Oder
244		rechts ab auf die D 3214 nach
249	12.00 Uhr	**Twyfelfontein.**

Das Auseinanderbrechen des Urkontinents hob das Brandbergmassiv aus der Erde

Es empfiehlt sich, diesen Tag früh zu beginnen. Zum einen kann die Strecke je nach aktuellem Straßenzustand viel Zeit kosten, zum anderen gibt es eine Reihe von einzigartigen Kunstwerken zu sehen – ganz abgesehen von den einmal mehr grandiosen Landschaftsbildern, die »erfahren« werden.

Schnurgerade dehnt sich die Piste zum Horizont, an dem alsbald vereinzelte Bergsilhouetten auszumachen sind. Was sich zunächst nur vermuten ließ, wird zunehmend zur Gewissheit: Immer deutlicher zeichnet sich das mächtige **Brandbergmassiv** ab. Eine wahrlich herausra-

gende Erscheinung! Und das nicht nur wegen der durchschnittlichen Höhe von 2000 Metern, mit der es die Halbwüste überragt, und auch nicht einmal wegen des **Königsteins**, der alle anderen Erhebungen des Massivs, ja sogar des ganzen Landes mit seinen 2573 Metern an Höhe übertrifft.

Die Entstehung des Bergkomplexes – denn um einen solchen und nicht etwa um einen einzelnen Berg handelt es sich – war eng verbunden mit dem Auseinanderbrechen des Urkontinents Gondwana. Der Vorgang, von Geologen auf etwa 150 Millionen Jahre zurückdatiert, war mit gewaltigen Erschütterungen und vulkanischen Aktivitäten verbunden. In den folgenden Jahrmillionen wurde dann das harte Granitgestein, einst unter Lavaschichten verborgen, von den Kräften der Erosion freigelegt. Das Massiv erstreckt sich über eine Grundfläche von 20 mal 25 Kilometer und weist neben dem Königstein sechs weitere Bergspitzen auf, die die 2000er Marke klar überragen.

Kein Wunder also, dass über viele Kilometer und lange Zeit der Blick des Reisenden von diesem »Verbrannten Berg« oder *Daureb*, wie er in der Sprache der hier lebenden Berg-Damara heißt, wie von einem Magneten angezogen wird. Andere Erscheinungen wie das Fehlen jeglicher Zäune, das Auftauchen vereinzelter Bäume und kleiner ärmlicher Ansiedlungen, in deren unmittelbarer Nachbarschaft meist provisorisch aus wenigen Holzstücken zusammengeschusterte Verkaufsstände mit wenig einladenden Waren, schlichten Bastelarbeiten oder einfachen Mineralien, aufgebaut sind, werden dagegen nur am Rand wahrgenommen. So überwältigend die Natur, so erbarmungswürdig erscheint das Leben der Menschen hier.

Vielleicht legt man in **Uis** eine kurze Rast ein, um zu tanken und sich mit Wasser für den bevorstehenden Fußmarsch zu versorgen. Uis Myn hieß der Ort noch vor wenigen Jahren, zu Zeiten, als es noch eine Zinnmine gab oder doch zumindest die Hoffnung darauf, dass die Förderung durch verbesserte Abbauprozesse wieder ertragreich gestaltet werden könnte und noch einmal in Gang käme. Die Hoffnung ist gestorben und der Namenszusatz Myn (= Mine) verschwunden. Von der Ansiedlung selbst ist außer Tristesse kaum etwas geblieben. »Born to suffer«, hat einer der verbliebenen Bewohner auf seinen Donkey-Karren geschrieben.

Zurück zum Brandberg! Diesmal nicht nur, indem wir ihn weiträumig umkreisen, sondern über die D 2359 geradewegs auf ihn zu fahren. Dabei macht bereits das Schild bei der Abzweigung deutlich, dass der Abstecher nicht nur dem Berg gilt, sondern einer geheimnisvollen Dame: der **»White Lady«**.

Die Geschichte dieser Lady oder ihrer Deutung ist zunächst einmal ein typisches Beispiel des wissenschaftlichen Umgangs mit Zeugnissen afrikanischer Kultur bis weit ins letzte Jahrhundert hinein. Die Felszeichnung, denn um eine solche handelt es sich, wurde 1918 vom deutschen Landvermesser R. Maack bei Forschungsarbeiten im Brandbergmassiv durch Zufall entdeckt. Dem bekannten französischen Prähistoriker Abbé Breuil war es vorbehalten, ihr die Bezeichnung »White Lady« anzuhängen.

Breuil glaubte wie der Entdecker Maack, bei der etwa 40 Zentimeter großen Figur mediterrane Züge feststellen zu können. Einig waren sich auch folgende Generationen von Wissenschaftlern in der Beurteilung, dass die Zeichnung wie andere Felsbilder im Brandberg »nicht in Einklang zu bringen sind mit der Mentalität des Buschmannes« (M. Weyersberg). Und das bedeutete: Sie mussten europäisch inspiriert sein. Originäre afrikanische Kunst schien einfach undenkbar – zumal, wenn sie Qualität erkennen ließ.

Die berühmteste Felsmalerei Namibias: die »White Lady«

Das »Weiß« der Dame, das zur Untermauerung solcher Thesen herhalten musste, wird dagegen heute als rituelle Körperbemalung gesehen, wie sie Himba und Herero nachweislich praktizierten. Auch lässt sich an der Ausstattung der Figur mit Pfeil und Bogen und am Fehlen von Brüsten unschwer erkennen, dass sie gewiss keine Frau darstellt. Selbst die Wissenschaft sieht eben manchmal, was sie sehen will. Doch einmal als »White Lady« klassifiziert, wird die wohl berühmteste Felszeichnung Afrikas diesen Namen weiter tragen müssen – als Hinweis darauf, wie schwer es für Europäer war (und ist), Afrika unvoreingenommen zu begegnen.

Auch der Gedanke, dass es sich bei Zeichnungen an Felswänden, wenn sie denn Afrikanern zuzuschreiben wären, in jedem Fall um »Buschmann-Kunst« handeln müsse, gilt heute als widerlegt. Archäologische Forschungen im Bereich des Brandberges, in dessen Höhlen außer der berühmten »Dame« noch rund 45 000 andere Felszeichnungen dokumentiert wurden, weisen darauf hin, dass der größte Teil der Malereien in den zwei Jahrtausenden vor der Zeitwende entstanden ist. Damit ist ausgeschlossen, dass nur eine ethnische Gruppe als Urheber angesehen werden kann. Fehlende Parallelen bei der Gestaltung der »Lady« zu Zeichnungen, die eindeutig als Buschmann-Artefakte bestimmt werden können, legen den Schluss nahe, dass »sie« der Kunstfertigkeit einer anderen Ethnie zu verdanken ist. Doch welcher Afrikaner hier auch gemalt haben mag, er verstand sein Handwerk.

Chromatographische Untersuchungen der Bindemittel legen für das heiß diskutierte Felsbild selbst ein Alter von 1500 plus/minus 300 Jahren fest. Wenn es denn noch weiterer Beweisführung bedürfte: Zu dieser Zeit ist ein Einfluss europäischer Kulturen auf den Südwesten Afrikas nicht nachweisbar.

Was aber bedeutet die Felszeichnung? Was bedeuten die Tausende im Brandberg gefundenen Abbildungen? Angesichts der offensichtlichen Fehleinschätzungen ihrer Vorgänger sind die heutigen Wissenschaftler überaus vorsichtig mit ihren Thesen. Das Spektrum der Deutungsmöglichkeiten reicht von der Wiedergabe besonderer Ereignisse durch zeichnende Chronisten über Belehrungen für die Jugend bis zu bildnerischem Ausdruck mythologischer Vorstellungen, die in Tranceriten entstanden sein mögen. Auch als bildnerische Beschwörungsformeln, als Jagd-, Regen- oder Analogiezauber, werden sie gesehen.

Zweifelsfrei fest steht: Es handelt sich um einzigartige historische Dokumente, deren Deutung wesentlich zur Erhellung der Kulturgeschichte des Kontinents beitragen kann. Sie belegen, dass es eine vorkoloniale afrikanische Geschichte und eine vorkoloniale Kultur gibt. Das Erkennen dieser kulturellen und historischen Wurzeln und die Kenntnis davon mögen gerade in einem so jungen Staatsgebilde wie Namibia wesentlich zu Integration und Identitätsfindung beitragen.

Nur am Rande sei angemerkt: In den Huns-Bergen im Süden Namibias wurden Malereien gefunden, die nachweislich 26 000 bis 28 000 Jahre alt sind. Die Wissenschaftler der Forschungsstelle Afrika des Instituts für Ur- und Frühgeschichte der Universität zu Köln ziehen daraus den Schluss, »dass der ›geschichtslose Kontinent‹ nicht nur die Heimat der Menschheit ist, sondern ihr neben den frühesten Formen von monumentaler Architektur, Keramiktechnologie oder Literatur auch die bildende Kunst geschenkt hat«. (Text zur Ausstellung »Weiße Dame – Roter Riese«, 1991.)

Im Brandbergmassiv, dem Ayers Rock Namibias

Warum gerade der Brandberg eine solche Vielzahl von Felszeichnungen aufweist, lässt sich leicht mit den geografischen Gegebenheiten erklären. Am Übergang von der Halbwüste zur Savanne liegend, sorgt seine relative Höhe für besondere klimatische Bedingungen. Er wird in der Regenzeit nicht nur mit einem hohen Maß an Niederschlägen bedacht, die Feuchtigkeit wird darüber hinaus in den Schluchten und Spalten des Massivs länger als in den Wüstenregionen der Umgebung gespeichert. Eine reichere Pflanzen- und Tierwelt sind die Folge. Damit sind die Lebensbedingungen günstiger als im Umland, was wiederum den Brandberg über die Jahrtausende zu einem von Menschen bevorzugten Lebensraum machte und – der Vergleich ist durchaus angebracht – zum Ayers Rock Namibias. Das wussten auch die Herero. Sie nannten ihn *Omukuruwaro*, Berg der Götter.

Zum Glück hinkt der Vergleich im Hinblick auf die Zugänglichkeit und Popularität. Die Infrastruktur am Brandberg ist kaum ausgebaut. Allgemein zugänglich ist nur der Maacks Shelter mit der »White Lady«. Das heißt, nur diese von Maack entdeckte Höhle lässt sich relativ problemlos erreichen. Weiterführende Exkursionen beanspruchen mehrere Tage, gute Kondition, angemessene Ausrüstung und gemäss den Richtlinien der Naturschutzbehörde einen kundigen Führer – zum Schutz des Besuchers, aber auch zum Schutz der Artefakte.

Doch selbst der Zugang zur »Dame« verlangt Mühe. Die Straße mündet in einen Parkplatz, und von da an geht's etwa eine Stunde zu Fuß weiter durch die **Tsisab-Schlucht** und zur Grotte.

Die Popularität hat der »Lady« mehr geschadet, denn genützt. Wegen der aufgetretenen Schäden sah man sich gezwungen, sie durch ein Gitter zu schützen. Trotzdem ist das, was geblieben ist, bemerkenswert schön. Da mögen die Fachleute die ansonsten im Bergmassiv auffindbaren Felszeichnungen noch so sehr als weitaus schöner rühmen, für den reisenden Laien ist das, was er in dieser Grotte zu sehen bekommt, die Mühe des Anmarsches immer wert.

Neben der »Lady« finden sich zudem Jagddarstellungen von großer Anmut und Lebendigkeit, die die afrikanische Fauna recht naturgetreu spiegeln. Alter wie Technik der verschiedenen Darstellungen unterscheiden sich im Übrigen erheblich. Am ältesten, auf jeden Fall älter als 1500 Jahre sind die Zeichnungen von Springböcken an der hinteren Felswand.

Der Weg zurück aus namibischer Frühzeit führt wieder auf die C35. Zur Linken bleibt uns das Brandbergmassiv noch eine Weile lang treu und rundum nehmen die Ebenen zunehmend die Farbe gelbgrünen Grases an, den Übergang zur Savanne ankündigend. Die Brücke über das Ugab-Rivier lässt darauf schließen, dass auch in diesem trockenen Bett in Regenzeiten mächtig Wasser dahinströmt. Bergformationen, immer häufiger aus der Fläche aufragend, begrenzen den Blick und erinnern nachdrücklich daran, dass wir in die raue, karge Schönheit des Damaralands, Teil der Kuene Region, einzutauchen beginnen.

Mittlerweile hält ein Gitter vor der »White Lady« die Touristen auf respektvollen Abstand

Uis

◉☂ Brandberg

Der Parkplatz am Ende der D 2359 nördlich von Uis ist Ausgangspunkt für die Wanderung zu den Felsmalereien im Brandbergmassiv, darunter die ebenso berühmte wie wissenschaftlich umstrittene »White Lady«. Im Brandberg wurden 45 000 Felszeichnungen dokumentiert. Nach letzten Untersuchungen liegt die Entstehungszeit der meisten Malereien mehr als 1500 Jahre zurück. Der Wanderweg zur Höhle der »White Lady« ist gekennzeichnet, aber Führungen durch einen der geschulten Daureb Mountain Guides sind obligatorisch. Für festes Schuhwerk und ausreichend Wasser sollte man selbst sorgen. Die Wanderung dauert mindestens 1 1/2 Stunden (einfache Strecke). Auskünfte: **Daureb (Brandberg) Mountain Guides**, Uis, ✆ (064) 50 41 62.

ℹ☂♿ Information Centre Uis

Hier sollte man Wissenswertes über die Region erfahren und die Tour zur White Lady wie auch größere Touren ins Brandbergmassiv buchen können. Doch außer Tafeln, die vom Schicksal der Mine berichten, findet sich kaum etwas. Angeschlossen ist ein Shop mit regionalem Kunsthandwerk.

▤ Vicky's Coffee Shop

Uis
Möglichkeit zu einem Stopp – vom ehemals vorhandenen Internetzugang keine erkennbare Spur.

Twyfelfontein

▤✕☂ Twyfelfontein Country Lodge

An der D 3214
www.twyfelfonteinlodge.com
Buchung über die Website oder
✆ (021) 855 03 95
Der Charme der 2000 eröffneten, relativ großen Lodge mit 56 Zimmern liegt zweifelsfrei in ihrer direkten Nachbarschaft zu den touristischen Highlights des Gebiets südlich des Kaokovelds, das als Damaraland bezeichnet wird und zur Kunene Region zählt.
$$$$

Entspannung am Pool in der Twyfelfontein Country Lodge

▤✕▨⛰ Mowani Mountain Camp

✆ (067) 69 70 08, www.mowani.com
Buchungen: Visions of Africa
Windhoek, ✆ (061) 23 20 09
Relativ neue, im Naturschutzgebiet Twyfelfontein liegende Lodge, geschmackvoll gestaltet, Unterbringung in Zelten mit eigenem Bad.
$$$$ (inkl. Dinner)

▤✕▨⛰ Camp Kipwe

An der D 2612
www.kipwe.com
Buchungen: Visions of Africa
Windhoek, ✆ (061) 23 20 09
Geschickt inmitten großer runder Felsblöcke errichtetes Camp, das Natur und Umgebung völlig einbindet. Sehr stilvoll in Einrichtung und Anlage. $$$$

▤✕▨⛰ Doro Nawas Camp

D 2612 zur C 39 und kurz danach links ab
Buchung: Wilderness Safaris
www.wilderness-safaris.com/camps/doro-na-was-camp
Windhoek, ✆ (061) 27 45 00
Lodge in der Nähe von Twyfelfontein, die wegen ihrer der Umgebung angepassten Bauweise, ihrer Abgeschiedenheit und Ruhe sowie der Möglichkeit, Wüstenelefanten zu sehen, gerühmt wird. $$$$+ (inkl. Dinner)

Weitere Informationen zu Twyfelfontein finden Sie S. 205. ✺

15 Steinerne Raritäten

Von den Steingravuren in Twyfelfontein zum Verbrannten Berg, den steinernen Orgelpfeifen und zum Versteinerten Wald

15. Tag: Twyfelfontein – Khorixas – Huab Lodge (214 km)

km	Zeit	Route	Die Route finden Sie in der Karte S. 177.
0	8.00 Uhr	Abfahrt von der Lodge zu den Steingravuren von **Twyfelfontein**,	
10		Ausgangspunkt für die ca. 1 1/2-stündige Führung ist das Informationszentrum.	
	10.00 Uhr	Weiter geht über die D 3214 (an der sich für Interessierte das **Living Damara Museum** befindet, Besuch ca. eine Stunde)	
15		zur D 3254, auf der man, nach rechts abbiegend,	
21		den **Verbrannten Berg** (Burnt Mountain) erreicht und, auf derselben Straße zurückkehrend,	
23		die **Orgelpfeifen** (Organ Pipes). Weiter auf der D2612, dem Wegweiser Richtung Torra Bay folgend,	
49		rechts ab auf die C 39 (teilweise als D 2620 ausgeschildert) Richtung Khorixas,	
80	11.30 Uhr	links ab zum **Versteinerten Wald** (Petrified Forest). Von dort weiter auf der C 39 bis	
125		**Khorixas** (Möglichkeit zum Tanken und für einen Imbiss).	
	13.30 Uhr	Von Khorixas auf der C 39 weiter Richtung Outjo,	
133		links ab auf die C 35 Richtung Kamanjab/Ruacana (gute Schotterpiste), der man bis zum	
179		Hinweisschild »Huab Lodge« folgt; links ab auf die Farm-Pad (Tore nach Durchfahrt schließen!)	
214	15.30 Uhr	zur **Huab Lodge**.	

Alternative:

125	13.30 Uhr	Von **Khorixas** auf der C 39 (Teerstraße) Richtung Outjo bis zum
178		Abzweig auf die D 2743 nach rechts; dieser folgen bis
198	14.30 Uhr	zur **Vingerklip** (Fingerklippe) und der **Vingerklip Lodge**.

Um von hier aus wieder an die Hauptroute anzuschließen, geht es über die D2743 zurück zur C39 bis Outjo und dann weiter über die C38 bis Okaukuejo (215 km, davon 194 km Teerstraße).

Twyfelfontein hieß die Farm, auf deren ehemaligem Areal sich Namibias UNESCO-Weltkulturerbe, die größte Ansammlung von Felsbildern in ganz Afrika, befindet. Der Name verrät bereits, aus welchen Gründen der landwirtschaftliche Betrieb hier schon vor geraumer Zeit aufgegeben wurde: Die einzige vorhandene Quelle war von höchst zweifelhafter Zuverlässigkeit. Die Damara nennen den Ort hingegen *Ui-ais*, was die »Dauerhafte« bedeutet. Aber viel oder wenig, Wasser gab es fast immer – und das machte den Ort über die Zeitläufte hinweg zur Attraktion für Tiere wie Menschen.

Dass dies keine reine Spekulation ist, belegen nicht weniger als 2500 Steingravuren und Malereien sowie Funde von Werkzeugen aus der Mittel- und Jungsteinzeit auf dem ehemaligen Farmgelände. Um die Gesamtheit der Artefakte zu betrachten, benötigte man Tage. Eine eineinhalbstündige geführte Rundwanderung zeigt jedoch einen repräsentativen und beeindruckenden Ausschnitt und macht deutlich, was die UNESCO mit der Erhebung in den Status eines Weltkulturerbes im Jahr 2007 ausdrückte: Dies ist ein besonderer Ort der Menschheitsgeschichte.

Die Tierwelt Afrikas gibt sich hier ein Stelldichein, in Stein geritzt, nicht bis ins Detail naturgetreu, aber unverkennbar. Elefanten, Giraffen, weiße und schwarze Nashörner, verschiedene Antilopenarten, Raubkatzen und Strauße belegen mit ihrer steinernen Gegenwart, dass der Wildbestand des Landes in den letzten Jahrtausenden unverändert blieb. Auf etwa 10 000 Jahre schätzt man die äl-

Die Steingravuren in Twyfelfontein zeigen eine große Seltenheit des namibischen Nordwestens: den Wüstenelefanten

Wunderwerke der Natur: steinerne Orgelpfeifen und …

testen dieser Abbildungen, während die Mehrzahl sich jedoch »nur« 2500 Jahre zurückdatieren lässt.

Nicht nur künstlerisches Geschick kann man den Gestaltern dieser Bildnisse attestieren, sondern auch ein ausgeprägtes pädagogisches Talent. Geht man nämlich, wie viele Forscher es tun, davon aus, dass die Darstellungen zum Teil als Anleitungen zum Fährtenlesen zu verstehen sind, so belehrten sie auch unter Zuhilfenahme der humorvollen Verfremdung. Wer's nicht glauben mag, sehe sich nur den Löwen mit dem keck nach oben abgeknickten, von einem Prankenabdruck statt einer Quaste gekrönten Schwanz an.

Organisation, Unterhaltung und Pflege des Platzes sowie die Realisierung der Führungen gehören zu den Aufgaben der Conservency, einer Crew junger Menschen aus den umliegenden Ansied-

lungen. Jeder erhält seinen Anteil an den Einnahmen für seine Arbeit. Wer künstlerisches Geschick besitzt, kann die Einkünfte zudem durch die Bearbeitung von Makalani-Nüssen (Früchte der gleichnamigen Palmen) aufbessern. Kunstvolle, teilweise ausgesprochen witzige, eingeritzte Tierdarstellungen verwandeln jede dieser eisenharten Nüsse in ein dekoratives Schmuckstück oder einen Schlüsselanhänger, auf jeden Fall in ein hübsches Souvenir. Die Tradition der Steingraveure von ehedem hat so eine zeitgemäße Form gefunden.

Angesichts der Popularität von Twyfelfontein geraten die geologischen Raritäten der Region leicht ins Hintertreffen. Dazu zählt der zehn Kilometer von Twyfelfontein entfernt gelegene **Verbrannte Berg** (Burnt Mountain). Das heißt zunächst rollt man über den »verbrannten« Weg, einen pechschwarzen Schotterweg, der zum Berg führt. Vor 200 Millionen Jahren bildeten Karoo-Schiefer und Sandstein den Hügel, der mit einer Höhe von nur 200 Metern nie besondere Berühmtheit erlangt hätte, wäre nicht 80 Millionen Jahre später Dolorit-Lava in den Stein eingedrungen.

Die Lava führte zu bemerkenswerten farblichen Veränderungen des Gesteins: Rötliche und violette Farbnuancen werden durch das tiefe Schwarz des Berghangs betont, was den Eindruck erweckt, der Berg habe gebrannt. Um das Spiel der Farben wirklich richtig auskosten zu können, empfiehlt sich ein Besuch am frühen Morgen oder späten Abend.

Das gilt auch für die **Orgelpfeifen** (Organ Pipes), Basaltsäulen in einer Felsschlucht, nur zwei Kilometer vom Verbrannten Berg entfernt. Sie bildeten sich, als vor 120 Millionen Jahren, zu der Zeit also, als auch der Berg sein heutiges Aussehen erhielt, Lavamassen ins Schiefergestein eindrangen und zu eckigen Säulen erstarrten. Die Erosion tat einmal mehr ein Übriges und legte das Ergebnis dieses Vorgangs frei.

So beeindruckend diese Naturerscheinungen im Einzelnen sein mögen, so typisch sind sie letztendlich für die gesamte Landschaft, durch die wir uns auf der Weiterfahrt Richtung Khorixas bewegen. Das **Damaraland** präsentiert sich längs der Strecke als eine Region voll Schroffheit und Härte und dennoch immer wieder von verblüffender Schönheit.

Die Bezeichnung Damaraland ist recht neuen Datums: Im Zuge der Homeland-Politik erklärte die südafrikanische Regierung 1973 4,7 Millionen Hektar Land zum Damara-Siedlungsgebiet, Land, das den Damara weitgehend schon seit 1870 auf Drängen der Rheinischen Mission von den Herero abgetreten worden war. Und so bewirtschaften sie denn noch heute, wenn die Dürre es gestattet, kleine Farmen, so armselig, dass man sie erst beim zweiten Hinsehen als bäuerliche Anwesen ausmacht: eine Wellblechhütte, ein klappriger Verschlag, das Wrack eines ausgedienten oder am Straßenrand »gestrandeten« Autos, ein oder zwei magere Rinder. Manchmal findet sich an der Straße auch ein roh zusammengezimmerter Stand, nur mit einiger Fantasie als solcher erkennbar und auch das nur, wenn einige besondere Steine oder schlichte handwerkliche Produkte oder gar ein Pappschild mit dem Hinweis »Craft« dem Betrachter auf die Sprünge helfen.

Da mag es fast wie Hohn erscheinen: Das Landschaftsbild erscheint nachgerade überwältigend. Bergwände brillieren in den verschiedenen Braun- und Rottönen, präsentieren ihr reiches geologisches Innenleben ganz unverhüllt und überraschend farbenfroh. Spärlicher Bewuchs setzt nur selten grüne Akzente, lässt allenfalls das Vorhandensein von Erdkrume erahnen. Dazwischen wellt sich das helle Band der Sandpiste wie eine Achterbahn (allerdings meist ohne die entsprechenden Kurven).

… Versteinerter Wald

Halb verzaubert, halb durchgerüttelt erreicht man so ein weiteres außergewöhnliches Naturschauspiel: den **Versteinerten Wald** oder Petrified Forest. Abtragungsprozesse legten hier das Resultat eines Ereignisses frei, das sich vor rund 300 Millionen Jahren zugetragen hat. Damals, so beschreiben es die Geologen, wurden Baumriesen (der größte misst immerhin 30 Meter bei einem Umfang von sechs Metern) von einer Flutwelle ins Damaraland gespült. Die parallele Lage der Stämme sowie das Fehlen von Ast- und Wurzelwerk untermauerte diese Theorie.

Auf jeden Fall wurden die Baumstämme sehr bald von Decksanden luftdicht eingeschlossen, so dass der Prozess der Vermoderung nicht einsetzen konnte. Kieselsäurehaltiges Wasser drang ein, verdrängte die organischen Stoffe und konservierte die Stämme »naturgetreu«. Über weitere 200 Millionen Jahre blieb das Ergebnis, die sogenannte Versteinerung, unter Erdschichten verborgen. Erst den Abtragungsprozessen in den folgenden ariden Zeiten war es vorbehalten, die Bäume wieder ans Licht der Sonne zu bringen.

So kann man heute zwischen den Relikten aus fernster Vorzeit herumwandern und sich der Illusion hingeben, sie wären gerade erst gefällt worden. Wie illusorisch diese Vorstellung ist, merkt man erst, wenn man die steinharte Konsistenz mit Händen tastet. Aber natürlich ist es verboten, »Holzstücke« aufzuheben oder gar nach Hause zu tragen. Ansonsten drohte durch die Flutwelle des modernen Tourismus das, was Jahrmillionen hier zuwege brachten, splitterweise in überseeische Regalwände gespült zu werden.

Gewiss könnte solchen »Trophäen« auch die Nachbarschaft der prachtvollsten Zimmerlinde keinen Ersatz für die Welwitschias bieten, die hier in ihrem Umfeld sprießen. An Größe können sie sich zwar nicht mit ihren Artgenossen draußen in der Mondlandschaft vor Swakopmund messen (vgl. S. 164 ff.) und sicher auch nicht an Alter. Aber sie sind Fossilien – lebende.

Welwitschia war auch der Name, den die Stadt **Khorixas** (sprich: Khorichas) ehemals trug, Europäischen Zungen mag das geläufiger erschienen sein. Doch am Ende setzte sich der aus der Khoikhoi-Sprache entlehnte Name durch. Angeblich soll auch er an eine Pflanze erinnern, an einen kleinen Busch mit essbaren Früchten und der Zahnhygiene dienenden Wurzeln. Man sollte nicht versäumen, in dem Städtchen Benzin und Vorräte aufzufüllen – was auch schon fast alles ist, was der rund 1000 Einwohner zählende Ort hergibt.

Der weitere Tourenverlauf hängt ab von der Entscheidung zwischen dem Flussbett des **Huab** oder dem **Urstromtal des Ugab** als Tagesziel. Wendet man sich Letzterem zu, fährt man von Khorixas in östliche Richtung und damit in zunehmend fruchtbare Landstriche. Bald schon lassen die kantigen Umrisse von über dem Buschland aufragenden Tafelbergen erkennen, dass der angestrebte Flusslauf nicht mehr fern ist. Denn die Erhebungen sind das Produkt seines Wirkens. Vor rund 30 Millionen Jahren wälzten sich durch das heute meist trockene Flussbett träge, aber beständig die Wasser eines mächtigen Stroms und trugen Sand und Gesteinkonglomerate mit sich. Diese lagerten sich in den Ebenen ab und füllten sie auf. Am Ende des Tertiärs hob sich die Ablagerungsfläche und das Klima wurde feuchter, was die Erosionsprozesse beschleunigte. Durch die Schicht alter Ablagerungen grub sich der Fluss sein Bett neu.

Als markantestes Relikt dieses 15 Millionen Jahre zurückliegenden Prozes-

Herausragendes Ergebnis der Erosion: die Vingerklip

ses blieb die **Vingerklip** (Fingerklippe) erhalten, eine 35 Meter hohe Säule mit einem Umfang von 44 Metern aus Sandsteinkonglomeraten. Warum gerade dieses Gebilde von den Erosionskräften verschont geblieben ist, kann nur mit der Launenhaftigkeit der Natur erklärt werden.

Der Fuß der Klippe lässt sich relativ leicht ersteigen (fünf Minuten Zeit nimmt der Aufstieg in Anspruch; passendes Schuhwerk ist die einzige Voraussetzung), was sich wegen des Ausblicks über das Ugab-Tal zweifelsfrei lohnt. Wer es dem Erstbesteiger des Felsfingers, dem Amerikaner Choate, gleichtun will, braucht neben der bergsteigerischen Erfahrung auch einiges mehr an Zeit. An Weitblick wird er durch die 35 Meter Höhendifferenz allerdings kaum gewinnen.

Den kann er auch in aller Ruhe von der **Vingerklip Lodge** aus genießen, deren Chalets im Savannenland unweit der Klippe errichtet wurden. Empfohlen wird (falls nicht gerade Regenzeit ist), bei der Weiterfahrt am nächsten Tag nicht auf kürzestem Wege zur Teerstraße zurückzukehren, sondern die Farm-Pad D 2351 bzw. D 2752 zu wählen. Hier durchquert man das **Ugab-Rivier**, gesäumt von mächtigen Bäumen und dichtem Buschwerk, und hier taucht man auch ein wenig ins bäuerliche Namibia ein.

Weiter geht es dann über Teerstraßen und durch ebene Savannenlandschaft nach Outjo und zum Etosha-Nationalpark (vgl. 16. Tag).

Wer indes den **Huab** als Ziel gewählt hat, wendet sich kurz hinter Khorixas gen Norden – und erneut der kargen Schönheit des Damaralands zu. Die Straße führt zunächst durch dürre Savannenlandschaft vorbei am Örtchen **Fransfontein**, das sich hier im Umfeld einer Missionsstation gebildet hat und Heimat

Das grüne Tal an der Huab Lodge

der Nachkommen jener Swartbooi-Nama ist, die 1864 vor den Gefolgsleuten Jan Jonker Afrikaners von Rehoboth hierher flohen.

Schon bald nach dem Ort taucht man in eine Welt der Steine ein: Hügel aus Felsbrocken, Steinblöcke, verwegen aufgetürmt, ein spielerisches Durcheinander in einem gigantischen Steinbaukasten. Dazwischen gedeiht struppiges, geducktes Buschwerk, während spärliche gelbe Gräser unverzagt Weichheit und Anmut behaupten.

Wo die steinerne Struktur sich gerade wieder in der Ebene zu verlieren beginnt, tut sich mit dem Abzweig zur **Huab Lodge** eine überraschend andere Sphäre auf. Die Vegetation nimmt zu. Bäume gedeihen hier, setzen kräftiges Grün gegen das satte Rot der Erde, Farbspiele, die dem nahen Flussbett des Huab zu danken sind, dessen Grundwasser-

spiegel auch in absoluten Trockenzeiten die relative Fülle ermöglicht.

In dem privaten Naturschutzgebiet konnte sich die Natur frei entfalten. Sie ließ sich nicht lange bitten, wie man auf der nachmittäglichen Pirschfahrt erfahren wird: Oryxe, Klippspringer, Bergzebras, Kudus und Paviane fanden sich ein, und selbst die Wüstenelefanten des Damaralands besuchen auf ihren Wanderungen durchs Huab-Rivier inzwischen regelmäßig das Areal. Dass daneben die Artenvielfalt der Vogelwelt nicht übersehen wird, ist eines der vielen Verdienste des Besitzers Jan van de Reep, der nicht müde wird, auf jedes Exemplar der 150 hier vertretenen Arten, auf jeden besonderen Baum, jedes Pflänzchen aufmerksam zu machen. Und selbst über die Konstellationen des afrikanischen Sternenhimmels bei Nacht weiß er höchst unterhaltsam zu berichten.

15 Service & Tipps

◉ Twyfelfontein
Am Ende der D 3214 gelegen
Felsgravuren früher Bewohner, die auf 1 1/2-stündiger geführter Rundwanderung erkundet werden.

🏛◉ Living Damara Museum
An der Straße nach Twyfelfontein
www.lcfn.info/damara/damara-home
Eintritt N$ 80/40 (2–12 J.)
Moderne Damara, die schon lange ihren Traditionen entwachsen sind, stellen hier Lebensweisen und Verrichtungen vor, wie sie dereinst in ihren Dörfern üblich gewesen sein mögen. Es geht um die Kenntnis der Kräuter, um kunsthandwerkliche Fähigkeiten, um das Entzünden des Feuers und traditionelle Tänze.

Das Museum erfreut sich bei den Besuchern großer Beliebtheit, vielleicht weil es die Illusion schürt, in vorzivilisatorische Zeiten einzudringen. Den Darstellern scheint es auch Spaß zu machen und eröffnet ihnen zudem die Möglichkeit, ihren Lebensunterhalt zu bestreiten.

Weitere Informationen zu Twyfelfontein finden Sie auf S. 197.

◉ Verbrannter Berg (Burnt Mountain)
Am Ende der D 3254 gelegen Felsformation mit spektakulärem Farbenspiel.

◉ Orgelpfeifen (Organ Pipes)
Felswand, geformt aus Basaltsäulen, die vor etwa 120 Millionen Jahren aufgrund vulkanischer Tätigkeit entstanden sind.

◉✿ Versteinerter Wald (Petrified Forest)
Direkt an der C 39 westlich von Khorixas gelegen 300 Millionen Jahre alte Baumriesen, die konserviert und durch Erosion wieder freigelegt wurden. Zwischen den Stämmen findet man Welwitschias.

🛏✕🌳🔑 Huab Lodge
Am Ende der D 2670
Kamanjab
℡ (067) 31 20 70, www.huab.com
Buchung online über Website-Link
Die Lodge mit ihren ausgesprochen groß-

zügigen, harmonisch in die Landschaft des Huab-Rivier eingebetteten Bungalows ist ein Ort der Ruhe und der intensiven Erfahrung von Natur.

Das 8500 ha große Gelände wurde vormals landwirtschaftlich bewirtschaftet, bis es von den jetzigen Eignern sukzessive wieder der Natur überlassen und zum privaten Nature Reserve ausgebaut wurde.

Die Wildtiere, allen voran die Wüstenelefanten, kehren nach und nach zurück, was der Gast auf geführten Wanderungen und Pirschfahrten erleben wird. Dass die Lodge zudem entspannende Bäder in einer eigenen Thermalquelle, gute Küche und anregende Gespräche mit den engagierten Betreibern bietet, macht sie zu einer Topadresse für einen Aufenthalt (auch von mehreren Tagen). Landeplatz vorhanden. $$$$ (inkl. Vollpension, Getränke, Aktivitäten)

🛏✕≈🌳🔑 Vingerklip Lodge
℡ (067) 29 03 19
www.vingerklip.com.na
Reservierung: ℡ (061) 25 53 44
reservation@vingerklip.com.na
Mit dem Blick auf die vom Ugab in langen Zeitläuften ausgewaschenen Flussterrassen übernachtet man hier in Stroh gedeckten Chalets. $$$$ ❄

Namibisches Umweltbewusstsein

E Im Revier der Wüstenelefanten
Von Twyfelfontein ins Damaraland Camp

Extratag 1: Twyfelfontein – Damaraland Camp (86 km)

Wer von Twyfelfontein aus (oder bei der Anreise dorthin, vom Skeleton Coast Park kommend) weiter in die Wildnis des Damaralands vorstoßen möchte, kann das (auch ohne vierradgetriebenen Pkw) bei einem Aufenthalt im **Damaraland Camp**.

Am Morgen vor der Anreise kann man, von Twyfelfontein kommend, die Sehenswürdigkeiten, die beim 15. Tag (vgl. S. 198 ff.) beschrieben wurden (Steingravuren, Verbrannter Berg, Orgelpfeifen), problemlos besichtigen. Besonders lohnend ist es, wenn man für das Damaraland Camp mindestens einen ganzen Tag (also **zwei Übernachtungen**) einplant.

Vor der Anreise muss man unbedingt den ungefähren **Ankunftstermin** telefonisch im Camp durchgeben, weil Gäste ohne vierradgetriebenen Pkw vom Parkplatz bei der Ziegenfarm an der Straße abgeholt werden müssen.

Um den Anschluss an die Route des 16. Tages zu bekommen, muss man wieder über die C39 (D 2620) zurück nach Khorixas (110 km), sollte dann aber auf den Schlenker zum Vingerklip verzichten und auf der Teerstraße C39 direkt über Outjo zum Etosha-Nationalpark (C38) fahren (Damaraland Camp – Okaukuejo = 358 km).

Die Route ist bis km 23 identisch mit dem 15. Tag ohne Besichtigungen.

km	Zeit	Route	Die Route finden Sie in der Karte S. 177. Sie ist mit E1 gekennzeichnet.
0	8.00 Uhr	Abfahrt von der Lodge auf D3214 und	
23		weiter auf der D3254, dem Wegweiser Richtung Torra Bay folgend,	
49		links ab auf die C39 (teilweise als D2620 markiert) Richtung Torra Bay,	
86	10.00 Uhr	links ab, wo bei einem kleinen Farmhaus der Pkw geparkt werden kann (Schilder beachten). Von hier Transfer zum **Damaraland Camp**.	

Die Welt des Damaraland Camps ist ein Kosmos für sich. Dabei kündigt sich schon während der Anfahrt von Twyfelfontein aus auf der C39 eine allmähliche Veränderung der Landschaft an: Es beginnt der Übergang zur Wüste, zu den Ausläufern der Skelettküste. Zwischen markanten Felsformationen und braunem Damaraland-Geröll schleicht sich die ein oder andere Sanddüne ein, deplaziert wirkend und doch am rechten Ort.

Die Fahrt von der Ziegenfarm hinauf zum Camp vermittelt dann endgültig den Eindruck einer Grenzüberschreitung: Steil und steinig windet sich die *pad* durch braune Steinödnis hinein ins absolut Abseitige. Elf Kilometer sind nur zu überwinden, eine gute halbe Stunde Rumpeln und Schütteln im Landrover, und doch erscheint die Ankunft im Camp wie die Landung auf einem anderen Stern.

Weit und öd und von unglaublicher Stille ist dieser Stern. Im sahnigen Schokoladenton glänzt das Geröll bis hinauf zu den Spitzen der Berge. Die grünen Puschel der Euphorbien (Wolfsmilchgewächse) behaupten Lebendigkeit und sind doch so giftig, dass sie (selbst als Feuerholz beim Grillen verwendet) noch tödlich wirken.

Bei den Pirschfahrten vom Camp aus fasziniert alsbald die kaum glaubhafte Vielfalt des Areals, das, nirgends durch Zäune begrenzt, pure Wildnis ist. Einmal mehr erlebt man die beeindruckende Schönheit von Felsgestein, rund um weite Mulden aufragend, die sich wie gigantische Schüsseln spannen und wohl auch ähnlich funktionieren: In ihnen fängt sich die wenige Feuchtigkeit und lässt Buschwerk und Gras gedeihen. Äsende Springbockherden ziehen geruhsam ihre Bahn, Strauße staksen in scheinbar un-

Das Objekt der Begierde bei einer Tour ins Damaraland sind die legendären Wüstenelefanten

Ein Kosmos für sich: die Wildnis des Damaralands

gelenkem Galopp über die Ebene. Dann wieder Sandfelder, die die unmittelbare Nähe der Namib anzeigen. Und schließlich das ausufernde Flussbett des Huab, trocken und dennoch an den Ufern dicht bewachsen.

Damit ist das Umfeld erreicht, wo man zu sehen hofft, was ob seiner Rarität das spezielle Objekt der Begierde ist: die legendären Wüstenelefanten! Durch das Bett des Huab ziehen sich ihre Wander wege. Eine Route, die ihnen in der Dürre der Wüste die Versorgung mit Flüssigkeit durch das Grundwasser und Nahrung durch die das *Rivier* säumenden Bäume (unter anderem Akazien) garantiert.

Natürlich lässt sich eine solche Begegnung weder planen noch verlässlich versprechen. Mit Bestimmtheit sagen kann man aber, dass die gut geschulten Guides des Camps alles daran setzen, die Tiere aufzuspüren und zwar auf eine Weise, die weder die grauen Riesen der Wüste irritiert noch die Besucher gefährdet. Und findet man dann eine Herde, so ist dieses Erlebnis jeder Mühe des Suchens und Wartens wert.

Über die für den ungeschulten Blick viel unscheinbarere Fauna und Flora der Region wird man auf kleineren oder größeren Wanderungen – ganz nach Wunsch – aufgeklärt. Um dann am Nachmittag im Naturfelspool das erhitzte Gemüt wie den Körper im klaren, kalten Wasser wieder abzukühlen oder mit dem Blick auf die weite, karge Schönheit der Hochebene in der fast körperlich fühlbaren, weil absoluten Stille dieses entrückten Kosmos die Bilder des Tages noch einmal vorbeiziehen zu lassen.

E Service & Tipps

⌨️✂️🦌🛏️🎿🌸 The Damaraland Camp

Buchung unter:
☎ (021) 70 27 50 oder (011) 27 50 00
oder online: www.wilderness-safaris.com

Das Camp gehört zur Wilderness-Gruppe und wurde mehrfach als beispielhaftes Unternehmen des Ökotourismus ausgezeichnet. Bemerkenswert ist auch der gelungene Versuch, die örtliche Bevölkerung an dem Projekt zu beteiligen. Das Camp liegt am Nordufer des Huab-Trockenbetts in einer Landschaft, die – nur 90 km von der Skelettküste entfernt – zum Teil Wüstencharakter trägt. Wüstenelefanten, schwarze Nashörner, Oryxe, Kudus und Springböcke lassen sich auf den Pirschfahrten beobachten, die spezielle Wüstenflora kann man bei Wanderungen erkunden.

Das Camp verfügt über einen Swimmingpool in einer Felsmulde und einen Landeplatz. Die Unterbringung erfolgt in acht Luxuszelten, die mit eigenen Sanitäreinrichtungen ausgestattet sind.
$$$$ (Vollpension und Aktivitäten inkl.) 🔆

Zelt mit Privatbad in einem Camp im Damaraland

Auch bei einer Pirschfahrt durch das Damaraland wird man bestens verköstigt

E Jenseits in Afrika
Kaokoveld für Einsteiger

Extratage 2: Twyfelfontein – Palmwag – Khowarib
(188 km, Reisedauer: 4–5 Tage)

Die Route finden Sie in den Karten S. 177, 218 und 222 blau eingezeichnet. Sie ist mit E2 gekennzeichnet.

km	Zeit	Route
0	9.00 Uhr	Von Twyfelfontein über die D 2612 bis
10		zur C39 Richtung Palmwag, auf dieser bis
68	10.00 Uhr	zum Abzweig der C43 nach **Palmwag**.
107		Der C43 folgen bis
188	12.30 Uhr	zur **Khowarib Lodge**.

Rücktour mit Anschluss an die Route des 16. Tages zum Etosha-Nationalpark:

km	Zeit	Route
0	9.00 Uhr	Von **Khowarib** auf der C 43 zurück nach
77	10.30 Uhr	**Palmwag** (Veterenary Point);
82		links auf die C 40 Richtung Kamanjab.
102	11.00 Uhr	Einfahrt zum Parkplatz der **Grootberg Lodge**. Wenn man nicht bleiben möchte,weiter auf der C 40 nach
177	12.00 Uhr	**Kamanjab**. Von dort weiter auf der C 40 bis
251	13.00 Uhr	**Otjikondo** (eventueller Besuch des Schuldorfs). Weiter über die C40 wie beim 16. Tag (S. 222).
448	15.30 Uhr	Ankunft in **Okaukuejo** (entsprechend später bei Aufenthalt in Otjikondo).

Eins vorweg: Ob man Palmwag, Khowarib Lodge, Fort Sesfontein oder einen Campingplatz im Umfeld der Lodges als Standort für die Tage am Rande des Kaokovelds wählt, ist nicht wirklich entscheidend. Alle genannten Möglichkeiten haben ihre speziellen Reize und können nur empfohlen werden. Die folgenden Ausführungen konzentrieren sich auf die **Khowarib Lodge**, weil sie das jüngste der genannten Unternehmen ist.

Die Fahrt von Twyfelfontein Richtung Palmwag bietet vor allem auf ihrem letzten Stück bis zum Abzweig der Straße nach Torra Bay alles an Damaraland-Schönheit, was man sich nur wünschen kann: schokoladenfarbenes Gestein gemischt mit dem Gelb des Wüstensands, den es an einigen Stellen hierher geweht hat, und zaghafte, in Grün und Gelb changierende Grasbüschel.

Kurz vor Palmwag wird der Veterinarian Point passiert, eine Grenze, die (so würde man es in Europa sagen) dem Verbraucherschutz dient. Südlich des Zauns weidet das Vieh auf eingezäunten Flächen, während es im Norden frei umherläuft und nicht auf Krankheiten untersucht wird. Mögliche Fleisch- und Viehtransporte sollen hier kontrolliert werden. Kurz dahinter befindet sich auch eine der wenigen Tankstellen der Gegend, die einigermaßen zuverlässig über Treibstoff verfügt.

Schon bald kann man unweit des Straßenrands mit äsenden Giraffen, Springböcken und Oryxen rechnen, die ungehindert durch Zäune ihrer Wege ziehen. Im Gegensatz zu den Reisenden, die durchaus mit dem ein oder anderen Hindernis in Form trockener oder (lästiger) mit stehendem Wasser gefüllter Flussbetten zurechtkommen müssen. Das Problem besteht darin, dass die Wassertiefe vor der Durchfahrt meist schwer einschätzbar ist.

Hin und wieder tauchen etwas abseits der Straße Hüttendörfer der Damara oder Herero auf und auf den trocken schorfigen Flächen rundum magere Rinder- und Ziegenherden, die nach dem wenigen Grün suchen. Auch Verkaufsstände mit ärmlichem Angebot (Steine, bizarre Holzstücke, schlichte handwerkliche Arbeiten) finden sich manchmal. Die Besitzer scheinen selbst nicht mit Käufern zu rechnen, denn nur selten lässt sich in der Nähe ein Mensch ausmachen.

Die Khowarib Lodge wurde mit geräumigen Zelt-Chalets an den Steilufern des Hoanib errichtet. Ein leichter Luftzug schafft Kühlung und große Mopane Bäume spenden zusätzlich Schatten. Menschen mit Kenntnis der Herero-Sprache würden wissen, dass *Khowarib* fließendes Wasser bedeutet. Der Normalsterbliche ist verblüfft: Der Hoanib führt hier Wasser, das die Tiere anzieht und die Gäste der Lodge von Zeit zu Zeit zu Ohrenzeugen lautstarker Auseinandersetzungen der Paviane macht. In der Nacht macht nimmt man eine andere Tierart wahr: Frösche, die bei Einbruch

Auf den Weg durch Kaokoveld

Kaokoveld

50 000 Quadratkilometer umfasst das schwer zugängliche Gebiet zwischen dem Kunene (der Grenze zu Angola) im Norden, dem Ovamboland und dem Etosha-Nationalpark im Osten, der Skelettküste im Westen und dem Damaraland im Süden. Bis zur Unabhängigkeit Namibias 1990 war das Kaokoveld für den Tourismus völlig gesperrt, ein Zustand, dessen Wiederherstellung nicht wenige der Verantwortlichen in Namibia mit Nachdruck befürworten – zum Schutz der Himba, die sich durch den Einfluss des Tourismus von ihren traditionellen Lebensformen lösen, zum Schutz der sensiblen Ökologie und zum Schutz all der »blauäugigen« Abenteurer, die die Anmietung eines vierradgetriebenen Wagens für die einzige Voraussetzung zur Eroberung der Wildnis halten.

Eine der Voraussetzungen ist es allerdings, denn es existiert weder ein annähernd gut ausgebautes Straßennetz (manche Streckenabschnitte stellen höchste Ansprüche an das fahrerische Können auch geübter Off-Road-Spezialisten), noch gibt es eine verlässliche Beschilderung oder zweifelsfrei exakte Karten. Vertretbar für den Individualtouristen ist allenfalls, die letzten Bastionen touristischer Erschließung – **Palmwag** (von Khorixas über die C39 und C43 = 154 km), **Khowarib** (von Palmwag über die C43 weitere 82 km nach Norden) oder **Sesfontein** (von Palmwag 115 km weiter nördlich an der C43) – anzusteuern, wobei die Anmietung eines vierradgetriebenen Fahrzeugs auch hierbei kein unnötiger Luxus wäre. Zwar sind die *gravel pads* hier im Großen und Ganzen recht ordentlich, dennoch muss dort, wo die Straße ein »trockenes« Flussbett kreuzt, auch in Trockenzeiten mit Wasserlöchern von nicht leicht einschätzbarer Tiefe gerechnet werden.

Alle drei Lodges bieten Touren zu den landschaftlichen Highlights sowie zu den Himba-Dörfern, selbstverständlich immer unter sachkundiger Führung (teilweise durch Himba-Mitarbeiter), und verfügen zudem über ausgezeichnete Campingmöglichkeiten.

Recht problemlos (und abenteuerfrei) lässt sich inzwischen die Hauptstadt des Kaokovelds **Opuwo** von Kamanjab aus erreichen: Die C35 und die C41 wurden geteert. Auch die Straße zu den **Ruacana Falls** (C35) wie die Pad zu den **Epupa Falls** (C43) gelten mittlerweile als unbedenklich. Doch das erträumte große Abenteuer ist hier nicht mehr zu finden. Wer das sucht, denkt wahrscheinlich vor allem an die im Nordwestteil des Kaokovelds gelegenen Regionen wie **Hartmann's Valley** und **Marienfluss** und an Herausforderungen wie den legendären **Van Zyl's Pass** (572 m Höhendifferenz auf 10,4 km Strecke). Inzwischen werden auch dorthin geführte Touren für Selbstfahrer angeboten, die die Risiken mindern, ohne auf den Kitzel zu verzichten.

Überhaupt kann nur die Empfehlung ausgesprochen werden, sich einer **geführten Tour** anzuschließen, wenn man mehr erleben will, als die problemlos erreichbaren Ziele zu offerieren in der Lage sind. Das Angebot ist vielfältig und beinhaltet immer den hoch einzuschätzenden Vorzug, dass die notwendige Campingausrüstung vom Veranstalter gestellt wird. Der Extratag »Tour ins Kaokoveld« (S. 218 ff.) stellt eine solche Tour vor.

Wem all dies zu viel Einengung und zu wenig Abenteuer verspricht, muss sich um Gleichgesinnte bemühen, so dass die **Fahrt im Konvoi** angetreten werden kann.

Auch was den Kontakt mit den Himba betrifft, wird nachdrücklich zu geführten Besuchen der Dörfer geraten. Dies mindert die Gefahr, die Dorfbewohner in die Rolle von gewieften Bettlern zu drängen. Es wird für den Besuch statt mit Geld mit notwendigen Lebensmitteln (in vorher vereinbarter Menge) gezahlt. Die Guides verhindern in der Regel auch die Erfüllung des Wunsches mancher Himba nach Hustensäften oder Kopfschmerztabletten. Beides ist eben nicht nur *muti* (Medizin), sondern aufgrund der aufputschenden oder narkotisierenden Wirkung eine Art Drogenersatz.

Himba-Mädchen tragen dicke Zöpfe, die nach vorne geflochten werden

der Dunkelheit in ein vielstimmiges und lautstarkes Konzert einstimmen, das wegen seiner relativen Eintönigkeit aber durchaus einschläfernd wirkt.

Für den Morgen bietet die Lodge eine Tour durch die Khowarib-Schlucht an. Der Guide, Corné, manövriert souverän mit dem Landrover durch Sand und Gestein – vorbei an steil aufragenden Felswänden, die den Betrachter einmal mehr das Staunen lehren. Hin und wieder sieht man auch einzelne Menschen am Fluss: Hirten mit ihren Herden, Frauen mit Wasserkanistern. Nur Dörfer sieht man nicht, auch wenn sie irgendwo verborgen liegen. »Es gibt ein Leben jenseits der Pad«, schmunzelt Corné.

In Khowarib kann man genau darauf einen Blick erhaschen, sei es beim Gespräch mit den Mädchen aus einem der umliegenden Dörfer, deren Aufgabe der Service im Restaurant ist. Unter Kichern erklären sie, wie die derzeit in Namibia hoch im Kurs stehenden Glatthaarfrisuren der Frauen entstehen: durch Einknoten von Kunsthaar.

Der Barmann Robin weiß anderes zu erzählen. Er ist Himba und in einem traditionellen Dorf geboren worden, in dem seine Eltern heute noch leben. Eine Nachbarin überzeugte den Vater, dass es besser sei, den Jungen zur Schule zur schicken, selbst wenn die Bereitstellung des Schulgelds den Verkauf eines Rinds erforderlich mache. Das Rind als späteres Erbe aufzusparen hielt sie jedenfalls für weniger sinnvoll als lesen, schreiben und eine Fremdsprache zu lernen. Ausschlaggebend für den Vater war letztendlich wohl die Aussicht, dass der Sohn ihm einmal bei jeglichem Schriftverkehr behilflich sein könnte.

Die Investition zahlte sich aus: Robin lernte eifrig, spricht ein ordentliches Englisch und verdient einiges Geld in der Lodge, wo er zudem als Guide ausgebildet wird. Alle sechs Wochen kehrt er in sein Dorf zurück, kleidet sich dafür auf traditionelle Weise und reinigt sich am Heiligen Feuer im heimatlichen Kral von allen schädlichen Einflüssen. Er ist auch damit einverstanden, dass sein Vater ihm gemäß den Traditionen eine Frau aussucht. Ein schwieriger Spagat ohne Zweifel, dessen Ausgang ungewiss ist. Dem Reisenden geben solche Berichte die Möglichkeit, Entwicklungen wahrzunehmen, die ihm normalerweise verborgen bleiben.

Die Fahrt zur **Grootberg Lodge** führt zurück über Palmwag, dann Richtung Kamanjab. In steilen Windungen erklimmt die sehr gut ausgebaute Straße den Grootbergpass, wo sich die Zufahrt zur Lodge befindet. Wer die letzte Steilstrecke nicht fahren will, kann den Wagen auf dem bewachten Parkplatz stehen lassen und sich auf 1800 Meter Höhe hinauf bringen lassen – zur ersten Lodge Namibias, die sich im Besitz der einheimischen Bevölkerung, vertreten durch die Conservancy, befindet.

Es weht ein strammer, recht kühler Wind und man tut gut daran, schleunigst ein wärmendes Jäckchen aus dem Gepäck zu klauben. Am besten noch bevor man sich anschickt, den wahrhaft grandiosen Ausblick zu bestaunen: auf eine 65 Kilometer lange und vier Kilometer breite Talsenke, die sich vor dem Bergrücken, an den sich die Lodge anzuschmiegen scheint, ausbreitet. Das ist ganz ohne Übertreibung einer der schönsten Ausblicke, den ein Beherbergungsunternehmen in Namibia zu bieten hat.

Zu den besonderen Angeboten der Lodge gehört ein Rhino-Tracking in diesem Tal. Begleitet von einem Guide und zwei Spurensuchern bricht man früh am

Der Grenzfluss Kunene mit seinem weit verzweigten System von Katarakten im Kaokoveld

Morgen auf. Zunächst geht es geraume Zeit in gemächlichem Tempo durch das Buschwerk der Talsohle, während die Tracker die vom frühen Morgenlicht ausgeleuchteten Hänge mit ihren geübten Blicken abzutasten scheinen. Als sie fündig werden, wird der Landrover verlassen und es geht zu Fuß weiter – schweigend über Stock und vor allem eine Menge Gestein und in nicht geringer Eile. Plötzlich scheint die Spur verloren und die Sucher verteilen sich im Gelände, während die Gäste möglichst lautlos im Busch ausharren. Schließlich kommt das Signal für einen weiteren Fußmarsch, bis der graue Koloss in ca. 70 Metern Entfernung hinter dürrem Geäst erkennbar wird. Da Rhinos schlecht sehen und der Wind günstig steht, muss ein Angriff des gewaltigen, urzeitlich anmutenden Tieres nicht befürchtet werden – zumindest laut Aussage der Tracker. Sogar den Wechsel des Standorts, hin zu einem Punkt mit unbehinderter Fotosicht, halten sie für unbedenklich. Kein Blatt und Zweig ragt schließlich noch ins Bild. Nach ausreichendem Shooting kehrt das Rhino den Kameras den mächtigen Hintern und

hat wieder seine Ruhe. Seine Verfolger können aufatmen: reiche Fotobeute ohne gefahrvolle Momente.

Doch so beeindruckend derartige Ausflüge fraglos sind, so umwerfend sich die Aussicht über das gigantische Tal bei jedem Blick hinaus zeigt, so zweifelhaft erscheint gerade hier das (an sich überzeugende) Modell der Conservancy. Zum einen scheint die Zusammenarbeit zwischen den Vertretern der Bevölkerung (Conservancy) und den kommerziellen Betreibern nicht reibungsfrei, zum anderen wird auch deutlich, dass eine Bewusstseinsveränderung der Landbevölkerung im Hinblick auf den Naturschutz noch einiger Anstrengungen und entsprechender Zeit bedarf. Die genaue Zahl der im Tal lebenden Rhinos (es sind sieben) darf in den Dörfern nicht erwähnt werden. Solche Kenntnis würde die allenfalls schlummernde Jagdlust sofort erwecken. Auch das ist eine interessante Erfahrung für Reisende.

Über Kamanjab geht es am nächsten Tag Richtung Outjo und damit wieder auf die Strecke der Hauptroute (16. Tag, vgl. S. 222).

Nashörner sind im Kaokoveld beeindruckende Fotomotive, denen man sich aber stets mit Vorsicht nähern sollte

Die Palmwag Lodge im Kaokoveld im äußersten Nordwesten Namibias

E Service & Tipps

Khowarib Lodge
1 km von der D3706, nahe der C43
östlich von Khoriwab
☏ (064) 40 27 79, www.khowarib.com
Schöne Lodge am Ufer des Hoanib und am Eingang der Khowarib-Schlucht. Möglichkeit zum Camping. Angebot geführter Touren und von Besuchen eines Himba-Dorfes in Begleitung eines Himba. Auch mehrtägige Touren können hier gebucht werden. $$$$ (inkl. Dinner)

Palmwag Lodge
An der C43, nördlich des Abzweigs der C40
☏ (081) 620 68 87 (mobil)
www.palmwaglodge.com
oder Buchung über Eden Travel:
☏ (061) 23 43 42, eden@mweb.co.na
In typischer Damaraland-Szenerie gelegen, gehört die Lodge zu den Beherbergungsunternehmen mit Tradition. Das verleiht ihr eine Ausstrahlung von Gemütlichkeit. Gutes Essen, ansprechend ausgestattete Bungalows, spektakulärer Sonnenuntergang zwischen Makalani-Palmen, hohe Wahrscheinlichkeit der Begegnung mit Wüstenelefanten oder sogar Rhinos. Campinggelände. $$$$
Von hier aus werden Touren mit unterschiedlicher Dauer und verschiedenen Schwerpunkten (u.a. Bicornis-Safaris auf den Spuren der Wüsten-Rhinos oder Besuch eines Himba-Dorfs) angeboten. Wilderness Safaris vermittelt die Unterkünfte im Desert Rhino Camp im 450000 ha großen Palmwag-Consession-Gebiet. Dieses Camp ist ein wahres Kleinod für Wildbeobachtungen. www.wilderness-safari.com.

Fort Sesfontein, Lodge & Safaris
Opuwo
☏ (065) 68 50 34, (081) 31 69 44 (mobil)
www.fort-sesfontein.com
Sehr geschmackvoll in einem alten deutschen Fort eingerichtete Lodge – und das in einem Umfeld, das durch traditionelle Siedlungen der Damara und Herero ausgesprochen »schwarz« und damit ursprünglich erscheint. Als letzter Vorposten europäischer Lebensart vor den Epupa-Fällen besonders geeignet für (auch eintägige) Vorstöße ins Kaokoveld (durch die Girabis-Ebene ins Rivier des Hoanib, zu abseits gelegenen Himba-Dörfern, zu den Felszeichnungen von Sassos oder zum Bad im natürlichen Pool von Ongongo). $$$

Grootberg Lodge
☏ (067) 33 32 12, www.grootberg.com
Buchung online über Website-Link. Die Lodge wird gemanaged von Journeys Namibia
☏ (061) 22 81 04
www.journeysnamibia.com
Der schönste Ausblick über das Klip River Valley weit und breit und ein interessantes Angebot von Aktivitäten wie Beobachtung von Elefanten und Nashörnern oder begleitete Wanderungen zeichnen diese erste von einer Conservancy geführte Lodge aus. $$$

Kaokoveld mit allem Drum und Dran

Extratage 3: Khowarib – Sesfontein – Opuwo – Epupa Falls (610 km) (Reisedauer 8–10 Tage)

Die Route ist in der Karte mit **E3** **gekennzeichnet.**

Kaokoveld-Taufe: Eine rötliche Staubwolke hüllt den Wagen wie eine undurchdringliche Nebelwand ein, pudert ihn bis zum Dach und die Insassen bis zu den Haarspitzen. Von Hobatere kommend, der Lodge im Westen Etoshas (wo man sich der geführten Tour zugesellt hat), verliert die Pad sich bald im sandigen Nichts. Nur die Radspuren der Vorgänger bieten noch Orientierung.

Wenig später geht es über fast unwegsam scheinende Geröllfelder in die **Khowarib-Schlucht**, durch die der Hoanib sein Bett gegraben hat. In bizarrer Schroffheit ragt der nackte Fels zu beiden Seiten in den Himmel. Auf einer kahlen Felsnase wächst in unbegreiflicher Selbstverständlichkeit ein Baum. Angeblich lässt sich *Kaoko* mit »Berge« übersetzen. Das scheint passend – genau wie die ebenfalls zu findende Deutung »links des Kunene«.

Nach Sand und felsiger Kargheit überrascht am Ende der Schlucht der Anblick von Wasser: Träge verströmt sich der Fluss in flachen Pools. Ein

Vorgeschmack auf mehr des hierzulande seltenen Elements. 20 Kilometer weiter nordwestlich sprudeln warme Quellen aus dem Fels und ergießen sich in breitem Wasserstrahl in ein Kiesbecken: die **Ongongo Falls**. Baden kann man hier und sogar ein paar Züge schwimmen oder schlicht den Anblick genießen, den knorrige Feigenbäume, längst eins geworden mit den lotrecht aufstrebenden Felsen und sich im klaren Grün des Tümpels spiegelnd, bieten.

Entlang dem weiteren Weg nach **Sesfontein** sieht man ein ums andere Mal Damara- und Herero-Ansiedlungen. Durch keinen Zaun behindert streunen die Rinderherden auf der Suche nach dem spärlichen Gras umher. Es ist, als würde man eine imaginäre Grenze überschreiten, die Grenze zum »schwarzen« Afrika. Alles geht seinen ruhigen Gang, Bewegung gerinnt zur *slow motion*, Zeit tröpfelt dahin, um alsbald ganz zu versiegen.

In der Weite des sich anschließenden Berglands verlieren sich zusehends auch die Zeichen menschlicher Existenz. Das Land wird wüster, wird zur Wüste, bis es in der augenscheinlichen Unbegrenztheit der **Girabis-Fläche** in der Konturlosigkeit zu verschwimmen beginnt. Erst mit dem Erreichen der Trockenflüsse Gomadommi und Hoarusib trifft man wieder auf Vegetation und Leben. Recht beachtliches Leben sogar: Springböcke, Oryxe, Kudus, Giraffen und Wüstenelefanten lassen sich hier beobachten.

Bei der Weiterfahrt Richtung Nordwesten, entlang der Grenze des Skelettküstenparks kehrt man in scheinbar unbelebtes Terrain zurück. Entschädigung bieten die Vielgestaltigkeit und Vielfarbigkeit der hügeligen Steinwüste. Von der klar umrissenen Pyramide bis zum feinsten Sandfeld, von tiefem Schwarz bis zu intensiven Rottönen ist alles vorhanden. Die unbelebte Materie entfaltet das Spektrum ihrer Möglichkeiten und darin eine Pracht, die nie an Mangel denken lässt.

Selbst am westlichsten Punkt, den man auf den Spuren im Sand des Kaokovelds erreicht, dort, wo der Übergang zur Skelettküste fließend ist, herrscht nicht das Nichts. Es herrscht die Illusion, und sie schafft ihre eigenen Bilder: flirrende Wasser bis zum Horizont.

Das Khowarib-Flusstal im Kaokoveld, wo der Hoanib sich entlangschlängelt

Da mag man kaum mehr den eigenen Augen trauen, wenn die Wüstenunendlichkeit sich schließlich in weite Lieblichkeit wandelt: In zartem Grüngelb wogt eine (absolut reale) Grasfläche bis zu den Rundungen der fernen Berge, ein sanft lächelndes Paradies, in dem Springböcke in großen Herden umherziehen.

Mit den Weidemöglichkeiten nimmt auch die Zahl der **Himba-Dörfer** zu, wobei deren Lage selten mit den auf der Karte eingezeichneten Punkten identisch ist. Diese bezeichnen oft nur Brunnen, Weggabelungen, ein rostendes Fass im Nirgendwo, manchmal auch einen verlassenen Kral. Doch man trifft auch auf bewohnte Dörfer, errichtet nach immer demselben überlieferten und rituell be-

Von besonderem Zauber: die Epupa Falls

gründeten Grundriss: in der Mitte der Viehkral, rundum die runden, aus Ästen und Lehm errichteten Hütten, umringt und geschützt mit dornigem, zu undurchdringlicher Palisade verzahntem Geäst.

So sehr diese Dörfer den Eindruck unberührter Ursprünglichkeit vermitteln, so sehr entspringt diese Sichtweise europäischem Wunschdenken. Die Zeit ist auch hier nicht stehen geblieben, sie hat Veränderungen mit sich gebracht und tut es noch auf unabsehbare und einschneidende Weise. Für die Himba haben sich diese Veränderungen in der Regel kaum als Segen erwiesen.

Eine Vorstellung davon mag man in **Opuwo** gewinnen, der mit etwa 4000 Einwohnern einzig nennenswerten Ansiedlung. Hier ist das Verwaltungszentrum der Region. Es gibt eine Tankstelle, einen Supermarkt, ein Hotel und eine Menge ärmlicher Hütten, in denen die Himba zwischen Zivilisationsmüll und ohne den leisesten Hauch pittoresker Unberührtheit hausen.

Zu Zeiten der südafrikanischen Mandatsherrschaft und dann während der Überwachung des Unabhängigkeitsprozesses durch die UN boten die hier stationierten Streitkräfte Arbeitsplätze und Auskommen. Aber sie förderten auch die Auflösung der traditionellen Verbände, ein Vorgang, der nicht mehr umkehrbar ist und durch den Tourismus beschleunigt wird. Man überlebt, indem man sich den durchreisenden Touristen als Fotomotiv zur Verfügung stellt, wobei die typische Haltung voll lässigen Stolzes leicht zur Pose verkommt.

Weiter nördlich findet man nahe der Pad zu den Epupa Falls das Grab eines bedeutenden Himba-Häuptlings. Die Gehörne der Rinder aus seinem Besitz stehen an Stöcken befestigt um seine letzte Ruhestatt. Er muss ein reicher Mann gewesen sein, denn es sind derer viele

– und es gibt einen Grabstein nach europäischem Vorbild. Auch in den Riten um den Tod verzahnen sich also bereits die alten Traditionen mit den Bräuchen der westlichen Welt.

Veränderung auch im Bereich der Natur: Die **Epupa Falls**, im äußersten Norden am Kunene gelegen, sollen ehrgeizigen politischen Plänen gemäß einem Staudammbau zum Opfer fallen. Die Umsetzung ist bisher durch den andauernden Streit um den Nutzen für die Energieversorgung nicht in die Gänge gekommen. Da heißt es, die möglicherweise noch verbleibende Zeit nutzen.

Denn die Fälle sind schön! Unvermittelt tauchen sie bei der Anreise auf, zuerst nichts als eine üppig wogende Oase inmitten spröde sich türmenden Gesteins. Nach und nach erkennt man, dass sich der Kunene in einem weit verzweigten und deshalb kaum auf einen Blick fassbaren System von Katarakten in enge, tiefe Schluchten stürzt. Diese Weiträumigkeit verhindert zwar jeden Gigantismus, überwältigt aber durch die Vielzahl überraschender Aus- und Einblicke. Nie wird das Tosen der stürzenden Wassermassen ohrenbetäubend, nie der Anblick der Naturgewalt beängstigend.

Im Gegenteil: Es ruht ein schwer zu beschreibender Zauber auf diesem Ort, ein Zauber mit vielen Facetten. Das Rascheln der Wedel großer Makalani-Palmen im Wind ist eine davon, wie das Gluckern und Rauschen des schnell dahin schießenden Flusses. Dazwischen ertönt das in nicht enden wollender Wiederholung sich erprobende Gurren der Tauben, übertönt vom Gezwitscher und Geplapper der Maskenbülbül, kecker, grauschwarzer Vögel mit gelben Knopfaugen. Beinah reißerisch dazu der effektvolle Einsatz des Lichts: helles, in den Strudeln des Wassers vielfach gebrochenes Gleißen am Tag, das am Abend ausklingt im rostroten Glanz, ausgegossen wie Wasser über Felswände, die Menschen am Fluss und über das in absoluter Ruhe auf einer Landzunge dösende Krokodil gigantischen Ausmaßes.

E Service & Tipps

▣♣✎ Abenteuer Afrika Safari
Kraal St., Swakopmund
℡ (064) 40 40 30, www.abenteuerafrika.com
Das Unternehmen bietet u. a. gut organisierte und ausgerüstete Fahrten ins Kaokoveld an, die von Windhoek (oder Swakopmund) ausgehen und aus eigener Erfahrung nur empfohlen werden können. Preis auf Anfrage.

▣♣✎ Cheetah Tours & Safaris
Windhoek
℡ (061) 23 02 87, www.cheetahtours.com
Angebot u.a. einer 13-tägigen Geländewagen-Expedition für Selbstfahrer, Preis auf Anfrage.

▣♣✎ Gravel Travel
Windhoek
℡ (061) 25 70 53, www.gravel-travel.com

Ansprechpartner in Deutschland:
Annette Tollkühn, Velgen Nr. 27,
29582 Hanstedt, ℡ (058 22) 17 17
Das Unternehmen hat in den letzten Jahren mit seinen Selbstfahrertouren, die z.T. vom ADAC unterstützt wurden, Furore gemacht. Hauptbetätigungsfeld ist das Kaokoveld. Eine 14-tägige Tour dorthin kostet 2017 € 5800 (inkl. Flug).

▭✕♣ Epupa Falls Camp
Windhoek
℡ (061) 23 72 94
℡ (081) 250 82 25 Reservierung Lodge
℡ (081) 149 28 40 Reservierung Campsite
www.epupafalls.com, www.epupa.com.na
Wunderschönes Zeltcamp oberhalb der Fälle am Fluss gelegen. Die festen Zelte sind gut eingerichtet und mit elektrischem Licht ausgestattet. Sehr gut geeignet für Gäste, die per Flugzeug einfliegen. $$$$ ✺

16 Von trockenen Rivieren zum »Ort des trockenen Wassers«

Etosha

16. Tag: Huab Lodge – Otjikondo – Outjo – Okaukuejo (266 km)

km	Zeit	Route
0	9.00 Uhr	Auf der Farm-Pad von der **Huab Lodge** zurück zur C 35,
35		in die man rechts Richtung Khorixas einbiegt,
50	10.00 Uhr	links ab auf die D3236, weiter über die D2666,
123		rechts ab auf die C40 (Teerstraße) Richtung Outjo; Besuch des **Schuldorfs Otjikondo** (rechts der Straße).
154	12.00 Uhr	An der Einmündung in die C38 entweder rechts ab nach **Outjo** zum Lunch und Tanken (plus 18 km) oder links ab Richtung Etosha National Park;
248	13.30 Uhr	nach dem Passieren des **Andersson Gate** Einfahrt in den Etosha National Park.
266	14.00 Uhr	Ankunft im Rastlager **Okaukuejo**, Möglichkeit zu einer ersten Pirschfahrt.

Bei der Fahrt Richtung Outjo und den Etosha National Park durch ebene, von wenigen Erhebungen unterbrochene Buschsavanne bietet sich ein Besuch des **Schuldorfes Otjikondo** an. Besonders das Kirchlein, dessen Fenster nach Entwürfen der hier lebenden Internatsschüler aus allen Ethnien Namibias gefertigt wurden, lohnt den Besuch. Es demonstriert sinnfällig den Erfolg der Arbeit, die hier, initiiert von Reiner und Gillian Stommel, geleistet wurde und wird. Diesem Lebenswerk des Ehepaars Stommel wird unter Namibiern vorbehaltlos Achtung gezollt, wobei selten vergessen wird, auf die besonderen Umstände ihrer Eheschließung hinzuweisen. Sie, eine Cousine der britischen Königin, und er, ein katholischer Laienbruder, hatten einige Schwierigkeiten zu überwinden, bevor sie zusammenkommen konnten. Am Ende wurden sie nicht nur ein Paar, sondern brachten auch dieses bemerkenswerte Projekt zum Erfolg. Im klatschfreudigen, weil ereignisarmen Namibia erfreut man sich solcher Geschichten über lange Zeit.

Ob man, an der C 38 angekommen, dem 4000-Seelen-Städtchen **Outjo** noch einen Besuch abstattet, wird von der Notwendigkeit zu tanken oder sich selbst mit Proviant zu versorgen bestimmt. Sehenswürdigkeiten bietet der Ort nicht.

Der Reisende wird sich, zumal die Landschaft und das gerade Band der Teerstraße wenig Abwechslung bieten, auf das bevorstehende Highlight freuen: den **Etosha National Park**. Die Zahl von etwa 200 000 Besuchern im Jahr spiegelt die

Stets auf der Hut: Erdmännchen

Beliebtheit des Parks, der mit einer Größe von 22 912 Quadratkilometern zwar immer noch größer als Hessen ist, aber doch nur noch ein knappes Viertel des ihm ursprünglich zugedachten Landes umfasst. In den Grenzen, die von der Schaffung des Parks 1907 bis 1947 Gültigkeit hatten, war der Etosha-Park der größte Wildpark

Treffpunkt Wasserloch im Etosha National Park

der Erde. Heute ist er »nur« noch einer der bekanntesten und beliebtesten.

War 1907 die berechtigte Sorge um den Fortbestand afrikanischer Wildtierarten die Triebfeder für die Einrichtung des Tierreservats, so lag bei der Reduzierung der Größe im Jahr 1970 die Notwendigkeit zur Gewinnung landwirtschaftlich nutzbarer Flächen zugrunde. Im Konflikt Tierschutz oder Sicherung der menschlichen Existenzgrundlagen zogen die Tiere fürs Erste den Kürzeren, was verständlich erscheint – auch wenn die abgetrennten Gebiete der Schaffung von Homelands dienten, in denen die unterschiedlichen Ethnien zum Zwecke »aparter« Entwicklung und besserer Kontrolle angesiedelt wurden.

Dass die Grenzen des Etosha-Parks auch nach der Überwindung der Apartheid unverändert blieben, ist auf den tatsächlichen Landbedarf der wachsenden Bevölkerung zurückzuführen. Heute versucht die Regierung Namibias, die Alternative Mensch oder Tier aufzulösen, indem sie die ländliche Bevölkerung an den Einnahmen aus dem Tourismus, der wiederum nicht unerheblich vom Wildtierbestand lebt, partizipieren lässt. Elefanten, die die Ernte zerstören, Leoparden, die die

Rinder reißen, sind die natürlichen Feinde des Bauern. Ziehen dieselben Tiere aber Touristen ins Land, ob als stille Beobachter oder als Jäger, die nicht unerhebliche Summen für den kontrollierten Abschuss hinblättern müssen, wird man sie schützen. Im Zuge dieser Politik rückt denn auch wieder eine Ausdehnung Etoshas, zumindest die Schaffung eines Korridors, der den Park mit der Skelettküste im Westen verbindet und so den Lebensraum des Wildes erweitert, in den Bereich des Möglichen. Für die Tierwelt Etoshas wäre das ein großer Gewinn. Der 1700 Kilometer lange Zaun, der den Park umgibt, behin-

Wildkatzen, Leoparden, allen voran Geparden, leben im Etosha- Park unbehelligt von Jägern und Farmern

dert die natürliche Migration einzelner Tierarten drastisch und schränkt damit ihren Lebensraum und ihre Überlebenschancen ein. Auch dem Problem der Entstehung von Überpopulationen und Überweidung würde damit begegnet. Gab es bei der Gründung des Parks 1907 nicht einen einzigen Elefanten mehr, weil Großwildjäger und Elfenbeinhändler ganze Arbeit geleistet hatten, so zählt man heute bis zu 3000 Dickhäuter. In den Augen der Naturschützer eine zu große Zahl, bedenkt man die Mengen an Wasser und Grünzeug, die ein einziges dieser Tiere täglich braucht. Begegnet wird dem Problem mit kontrolliertem Abschuss und zunehmend auch durch Umsiedlung von Tieren auf Wildfarmen. Auch die Zahl von 500 im Park gezählten Löwen erscheint Fachleuten im Verhältnis zu anderen Tierarten zu hoch. Also besteht eine der Aufgaben der Parkranger in der Verabreichung von empfängnisverhütenden Präparaten an die Großkatzen.

Umgekehrt hat sich die Zahl der Gnus von ehemals 25 000 auf nur mehr 1500

verringert. Das Umgreifen von Milzbrand ist eine der Ursachen. Andere mögen in der Einschränkung des Lebensraumes dieser an große Wanderungen gewöhnten Tiere sowie im Anwachsen der Löwenpopulation zu suchen sein.

Von Outjo kommend, passieren wir die Grenze des Etosha-Parks am **Andersson Gate**. Dass dem Schweden Charles Andersson hier ein Denkmal gesetzt wurde, lässt sich schwer begreifen. Gerade er war es – natürlich im Verein mit einigen anderen Jägern, Händlern und Abenteurern –,

Im Nationalpark kann das kleine Spitzmaulnashorn groß werden, ohne von Wilderern bedroht zu werden

Elefanten vermehren sich im Schutz des Etosha-Parks so stark, dass regulierende Eingriffe der Parkverwaltung hin und wieder nötig werden

der nicht unerheblich dazu beitrug, dass der Norden des heutigen Namibia zu Anfang des 20. Jahrhunderts fast »leer geschossen« war. Mit beinahe kindlicher Freude kündete er von seinen Erfolgen bei der Elefantenjagd und ermunterte so manchen Gleichgesinnten zu ähnlichen Raubzügen. 1880 war »das Riesengeschlecht besiegt«, wie Adolf Fischer, der erste Wildschutzwart des Etosha-Parks, 1914 rückblickend schrieb. Nehmen wir also an, man gedenkt Anderssons in Form dieses Gate, weil ohne seine unselige Jagdleidenschaft und ihre Folgen der Gouverneur der deutschen Kolonialverwaltung, von Lindequist, gar nicht auf den Gedanken der Einrichtung eines Wildtierreservats hätte kommen können.

Während Andersson völlig ungehemmt unter den Wildtieren der Gegend wütete, wird dem Reisenden heute vor Eintritt in den Park ein Papier zur Unterschrift vorgelegt, das sein Verhalten (zum Schutz der Tiere wie zum eigenen Schutz) streng reglementiert. Wie alles

In der Regenzeit erblickt der Nachwuchs der Zebras das Licht der Welt

Kleingedruckte sollte man auch dies nicht ungelesen beiseite legen. Es empfiehlt sich sogar, recht bald nachzulesen – auch wenn man es verständlicherweise eilig hat, den Großen der afrikanischen Tierwelt zu begegnen.

Frischer Elefantendung auf der Straße lässt die Nähe solch ungewohnter Verkehrsteilnehmer ahnen und verändert auch ohne Vorschriften den Umgang mit dem Gaspedal. Giraffen lugen neugierig zwischen Bäumen auf die Neuankömmlinge, Springböcke und Impalas äsen friedlich zwischen den Büschen und kreuzen seelenruhig die Pad, unmissverständlich bekundend, wer hier Vorrang genießt.

Okaukuejo, ältestes Rastlager des Parks und Sitz der Parkverwaltung wie des ökologischen Instituts, das für Forschung und Naturschutzmaßnahmen im Park zuständig ist, wird bald erreicht. Zur Ableitung des Namens gibt es verschiedene Erklärungen. Die einen behaupten, er leite sich von *Okooquea* ab, der Bezeichnung für eine Brunnenwinde. Andere wiederum meinen, die Herero-Bezeichnung *Otjiherero*, »Ort der Frauen«, habe Pate gestanden.

Wie dem auch sei, belegt ist, dass von hier aus die Maßnahmen der deutschen Kolonialverwaltung gegen die 1897 ausgebrochene Rinderpest geleitet wurden, was 1901 zur festen Installation eines Militärpostens, später einer Polizeistation führte. Der Posten wurde zur Anlaufstelle für die ersten Reisegruppen, die seit 1946 nach Etosha kamen, und von 1952 an im Zuge des offiziellen Ausbaus der touristischen Nutzung ständig erweitert.

Als der erste Game Ranger, de la Bat, 1953 in Okaukuejo seine Stellung bezog, musste er mit einem Kamelstall als Unterkunft vorliebnehmen. Die Verhältnisse haben sich gründlich geändert: Zahlreiche Bungalows, Campingplätze,

Nach der Safari findet man abends Entspannung im voll ausgestatteten Okaukuejo Camp

zum Teil mit fest installierten Zelten, Restaurant, Laden, Tankstelle, Verwaltungsgebäude und ein Swimmingpool haben den ehemaligen Außenposten in ein Dorf verwandelt, das Tausenden von Touristen jährlich als Ausgangspunkt für Pirschfahrten in den Park dient. Dass mit dieser Größenordnung eine etwas unpersönliche Atmosphäre einhergeht, mag man bedauern. Doch der Etosha-Park ist nun einmal auf kontrollierten Massentourismus hin angelegt.

Das spürt man sehr bald, wenn man sich vom Rastlager aus zu einer der ausgeschilderten Wasserstellen aufmacht. Selten hat man die Wildnis für sich allein. Fast immer ist man umgeben von anderen Fahrzeugen, aus denen nicht nur die Objektive der Kameras und die Linsen der Ferngläser herausragen, son-

dern manchmal auch vielstimmiges Palaver in babylonischer Sprachenvielfalt schallt. Und am höchst beliebten, nachts beleuchteten Wasserloch direkt im Lager fühlt man sich hin- und hergerissen zwischen der Faszination angesichts großer Elefantenherden, die im Licht der untergehenden Sonne ihr abendliches Bad nehmen, und dem Unbehagen, das aus der Tatsache resultiert, dass das Wildlife-Ereignis in einer Art Arena vor den staunenden Augen einer vielköpfigen Menge abläuft. Die Wildnis ist hier nicht exklusiv – und das bewusst. Sie soll allen zugänglich sein, was gewiss lobenswert ist, ihr aber einen Teil ihres natürlichen Reizes nimmt. Aber lassen wir uns überraschen von den Tagen am »Ort des trockenen Wassers«, wie *Etosha* laut einer der Deutungen des Namens heißt.

16 Service & Tipps

◉ **Otjikondo – Schuldorfstiftung**
Outjo
✆ (067) 31 38 00
www.otjikondo.com
Internatsschule, in der Kindern unterschiedlicher Ethnien nicht nur eine fundierte Ausbildung in den Klassen ein bis sieben geboten wird. Man ist darüber hinaus bestrebt, spezielle Interessen und Fähigkeiten durch ein breites Angebot von Arbeitsgemeinschaften zu fördern. Als Ergebnis solcher Arbeit ist die schmucke kleine Kirche besonders sehenswert, deren Buntglasfenster nach Entwürfen der Kinder gestaltet wurden.

Etosha National Park

🖼🖼🖼🖼 **Etosha National Park**
www.etoshanationalpark.org
Täglich von Sonnenauf- bis Sonnenuntergang
Eintritt N$ 80 pro Person und Tag, unter 16 J. frei, N$ 10 pro Fahrzeug
1907 unter der deutschen Kolonialherrschaft entstandenes Wildreservat, das mit einer Größe von 22 912 km² in etwa die Fläche Hessens abdecken würde. Die größte Ost-West-Entfernung im Park beträgt 295 km, die größte Nord-Süd-Ausdehnung 110 km. Allerdings sind nur Teile des Parks der Öffentlichkeit auf entsprechend ausgeschilderten Straßen zugänglich. Neben den »Big Five« – Elefant,

Busch- und Baumsavannen sind die Heimat des Gelbschnabeltokos

Nashorn, Löwe, Leopard und Büffel – sind 114 Säugetierarten und rund 340 verschiedene Vogelarten im Park zu finden. Eine der größten auf der Welt verbliebenen Populationen von Geparden lebt in Etosha – allerdings abseits der touristisch erschlossenen Wege.

Der Park verfügt über vier Camps: **Okaukuejo**, **Halali** (vgl. S. 246) und **Namutoni** (vgl. S. 246), die seit der Hundertjahrfeier des Parks im März 2007 in neuem Glanz erstrahlen. Ein viertes, sehr exklusives, **Onkoshi** (vgl. S. 246), wurde 2008 am Ostende der Pfanne, direkt an ihrem Rand errichtet und seit 2011 gibt es ein fünftes Camp am bislang völlig unzugänglichen Westrand des Parks: **Dolomite**.

Verboten sind: offene Fahrzeuge, Krafträder, das Verlassen der Straßen oder der Fahrzeuge außerhalb der Rastlager, Mitnahme von Tieren, Reisen als Anhalter.

🖼🖼🖼🖼🖼🖼 **Okaukuejo Rastlager**
An der C 38, 18 km vom südlichen Tor des Etosha National Park
Buchung: **Namibia Wildlife Resorts**
✆ (061) 285 72 00
www.nwr.com.na oder
www.etoshanationalpark.org
Pünktlich zur Feier des 100-jährigen Bestehens des Parks 2007 wurden die Rastlager renoviert und dem Zeitgeschmack angepasst. Nach wie vor besteht die Auswahl zwischen unter-schiedlichen Unterbringungsmöglichkei-

ten: Chalets am Wasserloch, Familienchalets mit zwei Räumen und vier Betten, Bush Chalets, aber auch Stellplätze für Camper.

Das Camp ist – wie alle Camps in Etosha – vor Sonnenaufgang und nach Sonnenuntergang geschlossen. Restaurant ($$), preiswert und gut; Laden, Tankstelle und Swimmingpool sind vorhanden. Okaukuejo verfügt über ein beleuchtetes Wasserloch, an dem sich bis in die Nacht hinein im Schutz einer Mauer Tiere beobachten lassen.

Reservierungen sind unbedingt erforderlich und sollten möglichst frühzeitig erfolgen. Im März und April sowie von Juli bis Oktober ist die Besucherzahl besonders hoch.

Ein besonderes Angebot sind geführte Touren am frühen Morgen, am Nachmittag und auch in der Nacht (sollten zusammmen mit den Übernachtungen vorgebucht werden). $–$$$$

Etosha Safari Camp und Etosha Safari Lodge
10 km vor dem Andersson Gate an der C 38 gelegen
Buchung: Gondwana Travel Centre
℡ (061) 42 70 00

www.gondwana-collection.com
50 schlichte, aber geschmackvoll eingerichtete Chalets, jedes mit eigenem Bad ($$).
Eine benachbarte Lodge hat 55 Bungalows ($$$). Außerdem gibt es noch eine gut ausgerüstete Campsite.

Ongava Lodge & Tented Camp
Buchung:
Wilderness Safaris
℡ (021) 702 75 00 oder (011) 257 50 00 oder
enquiry@wilderness.co.za
www.wilderness-safaris.com
Auch das ist möglich: Die Ongava Lodge bietet exklusiven Komfort direkt vor den Toren Etoshas verbunden mit täglichen Pirschfahrten durch den Park.

Die Lodge liegt im Ongava-Wildreservat, versteckt im Busch zwischen Outjo und Okaukuejo. Man hat die Wahl zwischen der Unterbringung in Bungalows und Luxuszelten. Zu bedenken ist: Exklusivität hat ihren Preis. $$$$

Weitere Informationen zum Etosha National Park finden Sie auf S. 246 f.

Nach einem langen Tag kann man sich im Etosha Safari Camp an einem reichhaltigen Buffet stärken

17 Von einem Fuß auf den anderen hüpfend

Im Etosha National Park

17. Tag: Etosha National Park/Okaukuejo – Namutoni (ca. 350 km)

Eins steht fest: Es ist wenig planbar in Etosha. Das hat durchaus seinen Reiz, denn Etosha ist nun mal kein Zirkus, sondern ein riesiges Naturschutzgebiet. Also suchen Sie nach Möglichkeit die verschiedensten Wasserlöcher in den unterschiedlichen Landschaftsregionen des **Etosha National Park** auf und wappnen sich mit Geduld. Für die Routenplanung muss nur beachtet werden: Die Route 18 (vgl. S. 253) hat ihren Ausgangspunkt am östlichen Tor, dem Von Lindequist Gate.

Extras: Landschaftlich reizvolle Regionen innerhalb des Etosha National Park, die man unbedingt besuchen sollte: **Ghost Tree Forest**, ziemlich weit im Südwesten gelegen, am besten von Okaukuejo aus zu erreichen. Hier wachsen die endemischen Moringa-Bäume in seltener Häufung. **Etosha**, die einzige Möglichkeit, ein kleines Stück weit in die Pfanne (Etosha Pan) zu fahren, um die spezielle Atmosphäre zu erleben. Die waldreiche Gegend rund um **Fisher's Pan** im Osten des Parks ist durch natürliche Quellen und in kleineren Pfannen sich sammelndes Wasser besonders reich an Vögeln.

Für die Tage des Aufenthaltes im **Etosha National Park** braucht man eigentlich nur eine Karte, in die die Straßen und Wasserlöcher eingezeichnet sind, ausreichende Wasservorräte, Geduld und ein Quäntchen Glück. Ansonsten kann man sich getrost treiben lassen und auf diese Weise leicht 300 bis 400 Kilometer innerhalb von zwei bis drei Tagen zurücklegen.

Zur Übernachtung im Park stehen fünf Camps zur Verfügung, von denen die drei älteren (Okaukuejo. Halali, Namutoni) am Südrand der Pfanne, jeweils 70 Kilometer auseinander liegen. Die Entfernung zwischen diesen Camps beträgt also im Ganzen ca. 140 Kilometer, eine Strecke, die man mühelos an einem Tag bewältigen kann.

Neu aus der Taufe gehoben wurde 2008 das Camp **Onkoshi**, unmittelbar am östlichen Rand der Pfanne gelegen. Wer dort übernachtet, wird in Namutoni abgeholt, wobei die Hin- wie Rückfahrt gleichzeitig als Game Drive genutzt wird. Vor Ort erwartet die Gäste ein aus 15 Rundhütten und einem Zentralbau bestehendes Camp, dessen Ausstattung an eine Fata Morgana glauben lässt: Luxus pur inklusive Abkühlung im Pool und Dinner unterm Sternenhimmel. Ein Vergnügen, das rein gar nichts mehr von einem Rastlager hat, was sich natürlich im Preis niederschlägt.

Das neueste Camp (2011), **Dolomite**, liegt an der bislang für Etosha-Besucher gesperrten Westseite des Parks und ist für dort logierende Gäste durch das Galton Gate (Otjivasundu Gate) erreichbar. Es handelt sich dabei um ein gut ausgestattetes Zeltcamp, dessen besonderer Vorzug in der Tatsache liegt, dass aufgrund der äußerst beschränkten Besucherzahl in diesem Bereich des Parks sehr viel bessere Möglichkeiten zu Tierbeobachtungen bestehen. Allerdings scheinen die Zufahrtswege noch der Verbesserung zu bedürfen. Jedenfalls ist von Fahrten ohne Vierradantrieb und aktuelles Kartenmaterial abzuraten.

Wer weder das große Abenteuer noch den kostspieligen Luxus der neuen Camps sucht, das Ambiente der älteren Rastlager aber trotz aller durchgeführten Neuerungen nicht schätzt, kann in den privaten Lodges Etosha Safari oder Ongava nahe Okaukuejo (vgl. 16. Tag) bzw. Mokuti, Onguma und Mushara (alle nur wenige Kilometer außerhalb des Von

Neben verschiedenen Tierarten werden auch bedrohte Pflanzen wie der Moringabaum in Etosha-Nationalpark geschützt

Blüten des Bleistiftstrauchs am Namutoni-Camp

Lindequist Gates im Osten und alle nicht extrem preiswert) nächtigen.

Zur Erleichterung der Standortwahl, aber auch im Hinblick auf ihren speziellen Stellenwert im Park hier einige Informationen zu den noch nicht beschriebenen Rastlagern: **Halali** wurde relativ spät, 1967 erst, eröffnet. Seine Lage wird bestimmt durch zwei Dolomithügel mit dem Namen »Helio«. Der wiederum stammt aus deutscher Kolonialzeit und erinnert daran, dass die aus der Ebene herausragenden Hügel als Standort für einen Heliographen genutzt wurden. Nach dem Prinzip von Signallampen auf

Etoshas kleinste Antilopenart, das Dik-Dik, ist ungefähr so groß wie ein Hase

Schiffen funktionierend: Mit Hilfe des Geräts wurden Botschaften durch per Spiegel reflektierte Sonnenstrahlen ausgesandt. Den Namen »Halali« verdankt das Camp der *South West Africa Hunters' Association*, die Geld für die Einrichtung eines in der Nähe liegenden Wasserlochs zur Verfügung gestellt hatte. Kleiner als Okaukuejo bietet das ebenfalls zur 100-Jahr-Feier renovierte Camp Halali ähnliche Unterbringungsmöglichkeiten und Infrastruktur. Es verfügt zudem über ein sehr schön angelegtes, beleuchtetes Wasserloch.

Eine Besonderheit stellt der ausgeschilderte Lehrpfad auf dem im Bereich des Lagers liegenden Dolomithügel (Höhe: 20 m) dar. Neben den in der Gegend häufigen Mopane-Bäumen kann man an diesem Weg verschiedene Akazienarten, Balsam-Bäume und Exemplare der in Namibia endemischen, seltsam knochig-kahlen Moringa-Bäume entdecken. Die frühen Bewohner der Etosha-Region, die Heikum-Buschmänner, ein Mischvolk aus Damara und San, erklärten sich das außergewöhnliche Aussehen des Baums sowie sein Vorkommen inmitten von Mopane-Wäldern am Berghang auf ihre Weise. Nachdem Gott die Erde geschaffen und allen Tieren und Pflanzen ihren Platz zugewiesen hatte, stellte er fest, dass einige Moringas übrig geblieben waren. Schnell steckte er sie kopfüber, mit den Wurzeln zum Himmel zeigend, an einige ausgesparte Plätze seines Schöpfungswerks. Und zufällig lagen die im Norden Namibias.

Durch geografische wie historische Gegebenheiten wurde der Ort des dritten Camps, **Namutoni**, bestimmt. Nachweislich wurde der Platz, da er über eine mit Ried bewachsene, beständig Wasser führende Quelle verfügte, schon im 19. Jahrhundert von den Ovambo als Viehtränke geschätzt. Die Nähe der Quelle

Fort Namutoni war in der Kolonialzeit eine deutsche Polizeistation, Besucher des Nationalparks Etosha finden hier das Besucherzentrum und ein Übernachtungslager

wie die strategisch günstige Lage auf einer leichten Bodenerhebung ließen ihn dann 1897 als geeignet zur Anlage eines deutschen Vorpostens erscheinen. *Namutoni* wird als »hoher, von Weitem sichtbarer Platz« übersetzt.

Die Aufgabe des Postens bestand zunächst darin, der vom Ovamboland südwärts sich ausdehnenden Rinderpest Einhalt zu gebieten. Aber natürlich wollte man mit der militärischen Präsenz auch die Völker des nördlichen Bereichs des Schutzgebiets in Schach und unter Kontrolle halten. 1904, während der Herero-Kriege, wurde die inzwischen entstandene Feste von 500 Ovambo-Kriegern angegriffen und konnte trotz energischer Gegenwehr von den vier Angehörigen der Schutztruppe und drei Farmern, die sich in den Mauern befanden, nicht gehalten werden. Die Deutschen flohen im Schutz der Nacht und die Ovambo machten das Fort dem Erdboden gleich.

Nach dem Sieg über die Herero gingen die Deutschen an den Wiederaufbau. Diesmal legten sie das Fort in Form eines Karrees an, mit vier Türmen bewehrt und einen Innenhof umschließend, der im Notfall als Schutzraum für das Vieh hätte genutzt werden können. Solch martialische Präsenz erwies sich jedoch bald als überflüssig, und das Fort wurde aufgegeben. Es verfiel, ein Turm wurde durch Blitzeinschlag zerstört. Erst 1951, als die touristische Nutzung des Etosha-Nationalparks sich zu entwickeln begann, dachte man an seine Restaurierung. 1956 wurde Namutoni als Touristencamp eröffnet – lange Zeit ein wenig prätentiöses Rastlager wie die anderen auch. Allein der Charakter als Fort und die historische Bedeutung hoben es hervor. Die Renovierungs- und Ausbaumaßnahmen anlässlich der 100-Jahr-Feier des Parks 2007 haben Namutoni indes so ausgestattet, dass es zum Angelpunkt der Aktivitäten im Park geworden ist. Bestehende Unterkünfte wurden aufwendig renoviert, neue, ambitioniert gestaltete geschaffen. Die alten Fortanlagen werden nur mehr für Restaurants und kleine Geschäfte genutzt. Als letztes der Camps im Park bekam Namutoni auch ein beleuchtetes Wasserloch und die Möglichkeit, von den Zinnen aus Wildtiere zu beobachten und dem täglichen Schauspiel des majestätischen Abgangs der Sonne beizuwohnen. Keine schlechte Karriere für eine Militäranlage.

Zurück zum Park selbst! Und zwar direkt zu seinem Herzstück, der **Etosha-Pfanne**, die schließlich dem Ganzen den Namen gegeben hat. Namensdeutungen finden sich mehrere – »großer, weißer Platz«, »Ort des trockenen Wassers« oder »Wo man wegen des heißen Bodens von einem Fuß auf den anderen hüpfen muss« –, doch erst alle zusammen beschreiben sie recht exakt die Charakteristika des Ortes.

»Groß und weiß« – dem lässt sich nicht widersprechen. Mit rund 6000 Quadratkilometern hat die Etosha-Pfanne etwas mehr als die zehnfache Größe des Bodensees und die Salze aus dem verdunstenden Grundwasser bilden an der Oberfläche eine weiße Kruste. Auch mit dem »trockenen Wasser« hat es seine Richtigkeit. Hätte man vor zwei bis zehn Millionen Jahren (genauer weiß man's leider nicht) an diesem Ort gestanden, hätte man einen riesigen Binnensee vorgefunden. Dem wurde der Lebensnerv geraubt, als der Kunene, der ihn in der Hauptsache gespeist hatte, sein Bett verlagerte. Der See trocknete aus, der trockene, vegetationslose Boden erodierte, wurde vom Wind verweht. Auf die Art entstand die *pan*, eine normalerweise staubtrockene, flache Mulde, die sich in

Ein Gepard, das schnellste Landtier der Welt, lauert in der Etosha-Pfanne auf Beute, ...

... wie etwa Großen Kudus , deren Männchen das markante Schraubengehörn tragen

regenreichen Jahren (zuletzt 2008) mehr oder minder mit Wasser füllt. Doch der Segen ist nie von Dauer. Kaum hat er Zeit, das Leben in der Salzwüste der Pfanne neu in Gang zu setzen, schon löst er sich wieder in Luft auf. Bei den Temperaturen, die in Etosha gemessen werden, kein Wunder. Auf 50 bis 60 Grad Celsius soll die Oberflächentemperatur des Bodens in den Sommermonaten steigen. Da käme man wirklich heftig ins Hüpfen, wenn man die Pan barfuß zu durchschreiten versuchte.

Da solche Art der Fortbewegung im Park ohnehin untersagt ist, fahren wir über große Strecken entlang der Pfanne und einmal, bei der mit **Etosha Outlook** gekennzeichneten Stelle, auch ein Stück weit hinaus ins weiße Nichts. Die Luft flimmert, gaukelt Trugbilder von fernen Wassern vor. Den Augen ist nicht mehr zu trauen. Entfernungen, Grenzen verschieben sich. Nichts erscheint mehr kon-kret, nur das gar nicht Existente scheint greifbar. Greifbar wie das einsame Gnu in der Ferne. Langsam trottet es dahin, als müsste es sich jeden Augenblick neu seine eigene Existenz bestätigen. Das sind die Augenblicke, in denen man Etosha lieben lernt.

Wie sich überhaupt sagen lässt, dass die Faszination des Parks mit der Verweildauer zunimmt. Man wird vertrauter mit den Gepflogenheiten, gerät auch zunehmend in eine Art Jagdfieber, weil es immer noch irgendein Tier gibt, das man nicht zu Gesicht bekommen hat. Und man lernt die sich innerhalb des Parks verändernden Vegetations- und damit Landschaftsformen schätzen.

Während aufgrund unterschiedlicher Niederschlagsmengen der Westen des Parks hauptsächlich aus Busch- und Dornsavanne besteht, herrscht im Osten Baumsavanne vor. Neben den Mopane-Bäumen, die 80 Prozent des Baumbe-

Rast für Mensch und Tier am Halali-Wasserloch (Etosha National Park)

Gerangel um den besten Platz zum Schlammbaden

stands ausmachen, finden sich rund um Namutoni nicht nur eine Reihe von Akazienarten, Tambuti- und Terminalia-Waldungen, sondern auch Makalani-Palmen. Einige davon sind auch wirklich an dem mit **Twee Palms** auf der Etosha-Karte bezeichneten Ort zu finden.

Anders sieht das natürlich bei den Tieren aus. Ob man am **Olifantsbad** Elefanten, am **Rhino Drive** Nashörner oder am **Leeubron** königliche Großkatzen zu Gesicht bekommt, ist höchst zweifelhaft. Der Wasserstand der teils natürlichen, teils künstlich angelegten Wasserstellen verändert sich entsprechend der Niederschlagsmenge und der Jahreszeit und damit ändert sich auch das Vorkommen der Tiere.

Wer sich an einem der Wasserlöcher postiert, das laut Expertenauskunft guten Zulauf erwarten lässt, muss unter Umständen zwar eine geraume Zeit ruhigen und geduldigen Ausharrens in Kauf nehmen, wird aber gewiss durch ungewöhnliche Naturschauspiele belohnt. Zebraherden ziehen zum Greifen nah am Wagen vorbei, trinken und verschwinden, aufgereiht wie Perlen an einer Schnur, wieder im Busch.

Ganz anders die Giraffen. Es kann passieren, dass sie sich über Stunden nicht entschließen können, ihr Misstrauen zu überwinden und die Sicherheit ihrer hohen Beobachtungswarte gegen die höchst unsichere Trinkposition zu tauschen. Die Vorderbeine weit auseinander gespreizt, den Hals zur Wasseroberfläche gebogen, sind sie leicht angreifbar. Mit dieser Erfahrung in ihren kleinen Köpfen gestalten sie den Gang zum Wasserloch zu einem Ballett mit äußerst komischer und dazu spannungsreicher Choreografie. Stundenlang kann das dauern, und obwohl sich Bewegungen und Abläufe immerzu wiederholen, starrt man gebannt hin und wartet darauf, dass die

Einst waren Löwen über den gesamten afrikanischen Kontinent verbreitet, heute beschränkt sich der Bestand nur auf wenige zehntausend Tiere

Singhabichte und andere Greifvögel lauern in den Bäumen auf Beute

Tiere sich entscheiden zu trinken oder zu türmen oder dass die Vorsichtsmaßnahmen sich als berechtigt erweisen und eine Großkatze aus der Deckung des Unterholzes hervorprescht und angreift.

Zunehmend sind es die kleinen, auf den ersten Blick nicht sonderlich spektakulären Beobachtungen, die in Bann schlagen. Man lernt: Es bedarf nicht unbedingt der Löwen, um eine Pirschfahrt zu krönen. Damara-Dik-Diks, die kleinsten der Antilopen, im Unterholz entdeckt, das ihnen Schutz und Nahrung bietet, sind mit ihren großen Kulleraugen ein rundum erfreulicher Anblick.

Seltenheitswert hat die Entdeckung von Elen-Antilopen. Nur rund 250 dieser größten Antilopen bevölkern Etosha, und es ist schon ein Erfolgserlebnis, wenn man ihrer ansichtig wird. Die zweitgrößte Antilopenart, die Kudus mit ihrem mächtigen Korkenziehergehörn, trifft man schon häufiger an. Wenn man Glück hat in paradiesischer Gemeinschaft mit anderen wilden Tieren. Es ist durch-

aus möglich, acht oder mehr Tierarten rund um ein einziges Wasserloch versammelt zu sehen. Solange sie alle zu den Herbivoren, den Pflanzenfressern, zählen, sieht keiner im anderen eine Bedrohung. Was nichts daran ändert, dass man sich der Rangordnung durchaus bewusst scheint. Wo sie verletzt wird, etwa indem ein Zebra einen Elefanten bei seinem ausgiebigen Bad stört, stellt der Stärkere sie mit großartiger Imponiergebärde und unter lauten Trompetenstößen wieder her. Und wie im richtigen, menschlichen Leben siegt auch hier Frechheit: Die kleinen Warzenschweine sausen ungerührt mit hoch erhobenem Schwanz an den Beinen der imposantesten Elefanten vorbei ins Wasser. Mögen die anderen in verschreckter Ehrfurcht vor den Dickhäutern warten, bis diese das Wasserloch freigeben, sie kümmert all das bombastische Stampfen und Prusten und Ohrenwackeln einen Dreck.

Geradezu atemberaubend wird es auch, wenn man sich auf den scheinbar öden Grasebenen rund um die Pfanne mit einem Mal von riesigen Herden von Huftieren umgeben sieht: Zebras, Springböcke, Gnus, nach Gattung getrennt oder in bunter Mischung, auf jeden Fall aber zu Hunderten. Das ist wie eine Mischung aus Paradies und den aus dem Film »Serengeti« bekannten Bildern – nur dass man selbst mittendrin ist.

Im Ostteil des Parks, in der Gegend von Namutoni, avanciert zwangsläufig auch die Vogelwelt zum Gegenstand des Interesses. Einige der kleinen Pfannen, die man hier findet, Fisher's Pan beispielsweise, sind relativ beständig mit Wasser gefüllt. Eine artenreiche Vogelpopulation hat sich deshalb an den Ufern niedergelassen. Man sieht Flamingoschwärme dekorativ im Wasser stehen, Trappen stolzieren durchs Gras, und mit Gewissheit lässt sich irgendwo das schwarz-weiß getüpfelte Federkleid der Perlhühner oder *Guinea Fowls* ausmachen. Adler kann man bei ihren majestätischen Flügen beobachten, Sekretäre bei ihren komischen Landemanövern belächeln, kleine Gabelracken ob ihres prächtigen, lilablau getönten Federkleids bewundern. Für differenziertere Vogelbeobachtungen empfiehlt sich die Mitnahme eines ornithologischen Nachschlagewerks. Aber Vorsicht! Dergleichen kann zur Sucht werden, die nicht ruhen lässt, bevor auch das letzte Etwas im Federkleid exakt bestimmt ist.

Auf die häufig gestellte Frage, wann die beste Zeit für einen Besuch des Etosha-Parks sei, kann man mit absoluter Gewissheit nur sagen: Nicht während der namibischen Ferienzeiten, nicht über Ostern und Weihnachten! Im Sommer (November bis April) kann es ungemütlich heiß (etwa 35 Grad am Tag) rund um die Etosha Pan werden. Fällt ausreichend Regen während dieser Monate, grünt und blüht es zwar, aber die Tiere sind dann nicht gezwungen, die Wasserstellen aufzusuchen, was die Tierbeobachtung erschwert. In den Wintermonaten (Mai bis September) klettert die Quecksilbersäule immer noch auf 25 bis 30 Grad, aber es ist durchweg trocken, und das lässt die Attraktivität der Wasserlöcher für Mensch und Tier sprunghaft ansteigen.

Ein Spitzmaulnashorn erfrischt sich im kühlen Nass der Fisher's Pan

*Spektakulärer
Sonnenuntergang im
Etosha-Nationalpark*

Etosha National Park

⊟✕⊞🛈🖼🖼🖼 **Halali Camp**
Etwa auf halber Strecke zwischen dem südlichen und dem östlichen Tor des Etosha-Parks
Buchung über:
Namibia Wildlife Resorts
℡ (061) 285 72 00, www.nwr.com.na oder
www.etoshanationalpark.org
Auch hier wurde gründlich modernisiert.
Angeboten werden Familien-Chalets, Bush
Chalets, Doppelzimmer, Vierbettzelte sowie 40
zusätzliche Stellplätze für Caravans und Zelte;
Restaurant, Post, Laden, Swimmingpool, Tankstelle und beleuchtetes Wasserloch. Geführte Touren morgens, nachmittags und nachts
stehen auch hier auf dem Programm – neben
naturkundlichen Wanderungen im Bereich
des Camps (Buchung im Voraus erforderlich).
$–$$$

⊟✕⊞🛈🖼🖼🖼 **Namutoni Camp**
An der C 38, nahe dem östlichen Tor des Eto-
sha-Parks
Buchung: Namibia Wildlife Resorts oder
www.etoshanationalpark.org (s.o.)
Restauriertes Fort aus deutscher Kolonialzeit,

*Lagerfeuerromantik nach einem langen Tag
im Etosha-Nationalpark*

das so hergerichtet wurde, dass sich von hier
das benachbarte Wasserloch mitsamt allem
»tierischen« Treiben und der Sonnenunter-
gang genießen lassen. Unterkunft findet man
in Bush Chalets, Doppelzimmern oder auf dem
Campingplatz.
Zwei Restaurants, Lounge, Bar, Swimming-
pool, Läden mit Kunsthandwerk, Andenken,
Schmuck und Büchern. Beleuchtetes Wasser-
loch und geführte Touren (morgens, nachmit-
tags und nachts, Buchung im Voraus erforder-
lich). $–$$$

⊟✕🖼🖼🖼 **Onkoshi Camp**
Buchung: Namibia Wildlife Resorts (s.o.)
Im Ostteil des Parks, unmittelbar an der Pan
gelegen. Besucher werden in Namutoni abgeholt.
Ein luxuriöses Kleinod haben die staatlichen
Stellen des NWR mit diesem Camp auf die
Beine gestellt: ein ebenso abgeschiedener wie
traumhafter Kosmos für sich, der zudem von
einer fabelhaften Crew gemanagt wird. Auch
der Preis ist ausgesprochen luxuriös.
$$$$ (alles inklusiv)

⊟✕🖼🖼🖼 **Dolomite Camp**
Buchung: Namibia Wildlife Resorts (s.o.)
Das jüngste Camp des NRW gehört ebenfalls
zu den kostspieligen, bietet jedoch angesichts
seiner absoluten Abgeschiedenheit und des
großen Tierreichtums einzigartige Möglichkeiten zur Wildbeobachtung. Entfernung zu
Okaukuejo 175 km. $$$$

⊟✕🖼🖼 **Mokuti Etosha Lodge**
Tsumeb
℡ (067) 22 90 84
Buchung: (061) 207 53 60
www.mokutietoshalodge.com
Das Flaggschiff der ersten Stunde des namibischen Staates ist zwar relativ groß und auch ein
bisschen in die Jahre gekommen, hat aber immer noch seinen speziellen Reiz. Schöne Zimmer, freundlicher Service, sehr gute Lage (am
Von Lindequist Gate). $$$–$$$$ (inkl. Dinner)
Kinder unter 6 Jahren zahlen nichts.

⊟✕🖼🖼 **Mushara Lodge, Villa Mushara,
Mushara Bushcamp & Mushara Outpost**
Tsumeb
℡ (067) 22 91 06

Schattiger Ausblick aufs Wasserloch im Halali Camp

www.mushara-lodge.com
Ebenfalls in unmittelbarer Nähe (8 km) des Von Lindequist Gates gelegen, bietet die Lodge Platz für max. 24 Gäste. Ausgesprochen ambitioniert wirkt die Atmosphäre im Haupthaus, um das sich großzügige Chalets gruppieren. $$$$

Inzwischen ist das Angebot um drei weitere Unterkünfte erweitert worden: die Villa Mushara (zwei exklusive Villen mit je 140 m2 Wohnfäche und, da absolut alles im Preis inbegriffen ist, nicht mit dem hier üblichen Schema darstellbar), das Mushara Bushcamp (besonders kinderfreundlich) $$$–$$$$ und den Mushara Outpost (Luxuszelte) $$$$ (alle inkl. Dinner)

🛏❌📷🐾 **Onguma Game Reserve**
📞 (061) 23 70 55
www.onguma.com
Auf einem 34 000 ha großen privaten Natur-reservat an der Ostseite des Etosha-Parks entstanden fünf höchst anspruchsvolle und einladende Unterkunftsmöglichkeiten.

Onguma The Fort: Zwölf Mini-Suites mit Blick auf die Etosha-Pfanne (nur Vollverpflegung) $$$$+

Onguma Tented Camp: Sieben Luxuszelte mit Blick auf ein Wasserloch. $$$$+(inkl. Dinner)

Onguma Tree Top Camp: Vier Baumhäuser inmitten großer Bäume auf Stelzen erbaut, Blick auf ein Wasserloch. (Inkl. Dinner) $$$$

Onguma Bush Camp: Außer einer Reihe von Standardzimmern gibt es auch Familienzimmer mit mehreren Betten. $$$$

Onguma Etosha Aoba Lodge: Die Anlage der Aoba Lodge wurde nach gründlicher Renovierung in das Angebot von Onguma integriert. Vier Bungalows. $$$$

Weitere Informationen zum Etosha National Park finden Sie auf S. 230 f. 🔅

Die Herero

Bantu-Volk aus dem Norden

Der zahlenmäßige Anteil der Herero an der Bevölkerung liegt mit etwa 239 000 nur bei ca. zehn Prozent der Gesamtbevölkerung. Allerdings erwecken vornehmlich die Frauen durch ihre farbenprächtige Tracht gesteigerte Aufmerksamkeit, die sie vor allem in den städtischen Zentren Windhoek und Okahandja nutzen, um sich als Fotoobjekte ein Zubrot zu verdienen.

Darin ist durchaus kein Verrat an althergebrachten Traditonen zu sehen, denn weder die bodenlangen, bunt gemusterten Röcke, aus zehn und mehr Metern Stoff gefertigt, wie die ausladenden Kopfbedeckungen entsprechen dem traditionellen Habit. In vorkolonialer und frühkolonialer Zeit kleideten sich die Herero, wie frühe Fotografien belegen, mit Stücken von Leder und Fellen. Verheiratete Frauen trugen eine Lederhaube, deren drei Zipfel wie die Spitzen einer Krone aufragten. Dies wie die Gewohnheit, sich mit Perlenketten, Arm- und Beinreifen zu schmücken, zeigte große Ähnlichkeit mit dem Erscheinungsbild der Himba, die bekanntlich mit den Herero verwandt sind und teilweise heute noch in traditioneller Weise im Kaokoveld leben. Eine derart »spärliche« Bekleidung passte jedoch nicht ins puritanische Weltbild der europäischen Missionare um die Wende zum 20. Jahrhundert, und so gingen sie nicht nur daran, ihrem Gottesbild Geltung zu verschaffen, sondern auch im Sinne zeitgenössischer Moralvorstellungen auf die Kleidung Einfluss zu nehmen. Gottgefällige Kleidung war europäische Kleidung, orientiert an viktorianischen und wilhelminischen Mustern.

Was die Herero-Frauen daraus machten und gelegentlich heute noch mit unnachahmlicher Grandezza präsentieren, ist beileibe kein schlichter Abklatsch irgendeiner vergangenen europäischen Kleidermode. Was prüde Sinnenfeindlichkeit hervorbrachte, gestalteten sie um zu Zeichen reiner Sinnenfreude. Und zum Zeichen ihrer Verbundenheit mit den überkommenen Traditionen: Aus der züchtigen, schlichten Kopfbedeckung der Frauen wurde ein überdimensionaler Turban, dessen vorn spitz zulaufende Ausformungen an die bei den Herero in hohem Ansehen stehenden Rinder erinnern sollen.

Herero-Puppen – ein beliebtes Souvenir

Unübersehbar demonstrieren sie so: Die Herero sind ein eigenwilliges, ein starkes, ein äußerst vitales Volk.

Besäßen sie diese Vitalität nicht, gäbe es heute mit Sicherheit keine Herero mehr. Dann wäre Wirklichkeit geworden, was General Lothar von Trothas erklärtes Ziel war: »Ich glaube, dass die Nation als solche (der Herero, Anm. d. Verf.) vernichtet werden muss oder, wenn dies aus taktischen Gründen unmöglich ist, aus dem Land vertrieben werden muss ...« (von Trotha, Archive). Der General, mit der

Die Herero entwickelten aus der prüden Kleidung, welche die Missionare ihnen aufzwangen, einen ganz eigene, farbenprächtige Tracht

Niederschlagung des Herero-Aufstands im Jahr 1904 betraut, vertrat den Standpunkt, die Kolonie könne dem Deutschen Reich und den deutschen Siedlern langfristig nur von Nutzen sein, wenn sie von der einheimischen schwarzen Bevölkerung »gesäubert« wäre. Diese Position wurde zwar von der Regierung in Berlin nicht vorbehaltlos geteilt, da man dort davon ausging, man brauche die Schwarzen als Arbeitskräfte, aber im Kampf von Trothas gegen die Herero stellte sie die Handlungsbasis dar.

Dementsprechend wurde nach dem Sieg über die Herero in der Schlacht am Waterberg am 11. August 1904 nichts unversucht gelassen, dieses Volk systematisch auszulöschen. Am 2. Oktober 1904 richtete von Trotha die folgende Proklamation an die Herero: »Innerhalb der deutschen Grenzen wird jeder Herero mit oder ohne Gewehr, mit oder ohne Vieh erschossen. Ich nehme keine Weiber und Kinder mehr auf, treibe sie zu ihrem Volk zurück oder lasse auf sie schießen. Das sind meine Worte an das Volk der Herero. Der große General des mächtigen deutschen Kaisers.« (Rust: »Krieg und Frieden«, S. 385)

Was der »große General« ankündigte, wurde in die Tat umgesetzt: Die Herero wurden mitsamt den ihnen verbliebenen Herden von der Schutztruppe in die wasserlose Kalahari getrieben, die Umkehr mit Waffengewalt verhindert. Den Flüchtenden blieb die Wahl, von den Deutschen erschossen zu werden oder zu verdursten. Die genaue Anzahl der so Getöteten lässt sich nicht ermitteln. Neueste Forschungen gehen davon aus, dass bei der von Trothaschen Säuberungsaktion zwischen 40 000 und 60 000 Herero ihr Leben ließen. Was damals geschah, war unbestreitbar der Vorsatz eines Völkermords und damit eines der dunkelsten Kapitel der Kolonialgeschichte.

Dem Aufstand war von deutscher Seite der Versuch vorausgegangen, die Herero als Verbündete gegen die sich von Anfang an unter ihrem Kapitän Hendrik Witbooi der deutschen Landnahme widersetzenden Nama zu gewinnen. Ein Versuch, der zunächst zu gelingen schien, hatte es doch von langer Hand zwischen Herero und Nama blutige Auseinandersetzungen gegeben. Die Kolonialverwaltung bediente sich bei diesem Unterfangen der Person des Herero-Führers, Samuel Maherero, einer ebenso schillernden wie innerhalb seines eigenen Volkes umstrittenen Persönlichkeit. Maherero konnte seine Führungsposition nur mithilfe des Schutzes und der Unterstützung der Deutschen erreichen und sichern, was ihn andererseits wieder zu Zugeständnissen an die neuen Landesherren zwang. Konzessionen aber waren gleichbedeutend mit Landabtretungen und so mit dem schrittweisen Verlust der Lebensgrundlagen.

In die Enge getrieben wurden die Herero darüber hinaus durch das Geschäftsgebaren der Händler, die sie großzügig mit Waffen, Alkohol und mehr oder weniger überflüssigen Gegenständen des täglichen Bedarfs belieferten, um am Ende Schuldenrechnungen zu präsentieren, die nur durch die Übergabe der Rinderherden hätten beglichen werden können.

Der Verlust der Rinder aber war für die Herero keine bloße Frage der ökonomischen Existenz. Die Rinderherden bestimmten Einfluss und Ansehen, sie waren Grundlage ihres Selbstverständnisses. Dementsprechend wurden Rinder auch nicht als Schlachtvieh genutzt. Allenfalls bei festlichen Anlässen, der Beerdigung oder Einsetzung eines Häuptlings etwa, wurden eigens dafür bestimmte »heilige« Tiere geschlachtet. Man ernährte sich von der Milch der Tiere, von der Jagd, die die Männer ausübten, und von den Pflanzen, die die Frauen sammelten. Privatbesitz war unbekannt. Auch die Rinderherden waren Besitz des Stamms, Ausweis seiner Größe und Stärke. Die Verfügung über Weidegründe und Wasserstellen bildete die Voraussetzung für die Erhaltung der Herden. Ihre Nutzung war nicht verbunden mit einem Besitzdenken, wie es europäischen Gewohnheiten entsprach.

Unverständnis gegenüber den Formen der Landnahme, wie die Europäer sie mit der beginnenden Kolonisation betrieben, bestimmte daher zunächst auch das Handeln der Herero. Landabtretungen wurden unterzeichnet in der Gewissheit, dass man das abgetretene Land weiterhin als Weide nutzen könne, Schuldscheine bedenkenlos unterschrieben, weil der Geldwert einer Ware unbekannt war. Erst allmählich wurden die Herero sich der Folgen ihres Handelns bewusst. 1904 war ein Punkt erreicht, an dem unübersehbar wurde, dass sie ihrer Lebensgrundlage, ihrer Weiden, ihrer Jagdgründe und ihrer Herden, verlustig gingen. Nicht ganz zu Unrecht machte man innerhalb des Volkes Samuel Maherero für diese Entwicklung mitverantwortlich. Den Widerstand in den eigenen Reihen spürend, blieb für diesen, wollte er seine Stellung behaupten, nur die Flucht nach vorn. Er rief zum bewaffneten Kampf gegen die Deutschen auf, ein Kampf, der die Herero-Nation ins Desaster und Maherero selbst für den Rest seines Lebens ins Exil ins Nachbarland Botswana führte.

Nach seinem Tod wurde sein Leichnam am 23. August 1923 nach Okahandja überführt. Alljährlich findet dort an seinem Grab am ersten Sonntag nach dem 23. August ein großes Fest statt – zum Gedenken an die Ereignisse 1904 und zur Demonstration der ungebrochenen Kraft und des Zusammenhalts der Nachkommen.

Die Nachfahren derer indes, die mit Maherero nach Botswana fliehen konnten, warten auch heute noch vergeblich auf ihre Rückkehr nach Namibia. Die Regierung zeigt sich zwar prinzipiell bereit, sie wieder aufzunehmen – aber ohne ihre Rinderherden. Das Land, durch Überweidung ohnehin gefährdet, könnte den Zustrom weiterer Rinder nicht verkraften. Ganz zu schweigen davon, dass die nicht gegen Maul- und Klauenseuche gefeiten Herden der Botswana-Herero den Fleischexport Namibias nach Europa gefährden könnten. Da aber kein Herero seine Rinder zurücklassen würde, wird sich für diese Menschen in absehbarer Zeit nichts ändern.

Die Ausrichtung auf den Besitz von Rinderherden besteht nämlich unter den Herero bis zum heutigen Tag ungebrochen fort. Selbst ein in der Stadt in Lohn und Brot stehender Mann träumt davon, seine Ersparnisse in Rindern anzulegen, um zumindest im Alter die traditionelle Lebensform wieder aufnehmen zu können.

Erhalten hat sich darüber hinaus bei dem Bantuvolk, das der Überlieferung nach im 15./16. Jahrhundert aus dem nordöstlichen Afrika in den Norden Namibias einwanderte, das typische duolineare Verwandtschaftssystem wie die feste Verankerung des Einzelnen im Rahmen dieses Systems. Väterlicherseits gehört ein jeder Herero zur *otuzo*, mütterlicherseits zur *eanda*. Während die *otuzo* den Wohnsitz und die Rolle innerhalb des Familienverbands bestimmt und für die Einhaltung der Riten zuständig ist, regelt die *eanda* die Erbfolge. Die Einbindung in dieses Familiensystem bietet dem Herero Sicherheit und Schutz, verpflichtet ihn aber seinerseits auch zur Gewährung von Hilfe an alle Familienangehörigen – bei den veränderten Lebensbedingungen eine oft schwere Belastung. Wer über Arbeit und Wohnung verfügt, hat die Pflicht, selbst weitläufige Verwandte, die weniger glücklich sind, zu unterhalten und zu beherbergen – und das auf unbegrenzte Zeit und unabhängig von der Höhe des Lohns und der Größe der Wohnung.

Herero-Frau

Auch andere Traditionen wie die Bewahrung des Heiligen Feuers oder der Ahnenkult wurden entweder wieder aufgenommen oder unverändert fortgeführt. Und auch wenn sie weit verstreut leben – als Arbeiter auf den Farmen der Weißen, in den Townships der Städte oder in den Gebieten, die ihnen durch die Südafrikaner als Homelands zugewiesen wurden – das Nationalbewusstsein der Herero scheint ungebrochen. General Lothar von Trotha scheiterte in seinen Bestrebungen, trotz aller zeitweisen »Erfolge«. Die Herero-Nation ließ sich nicht ausrotten, sie existiert fort als schillernde Blüte im bunten Strauß der Völker Namibias.

Diese Löwin im Etosha
Nationalpark lässt sich
durch den »Besuch« nicht
aus der Ruhe bringen

18 Vielerlei Facetten

Von der Begegnung mit den San zur Begegnung mit dem All

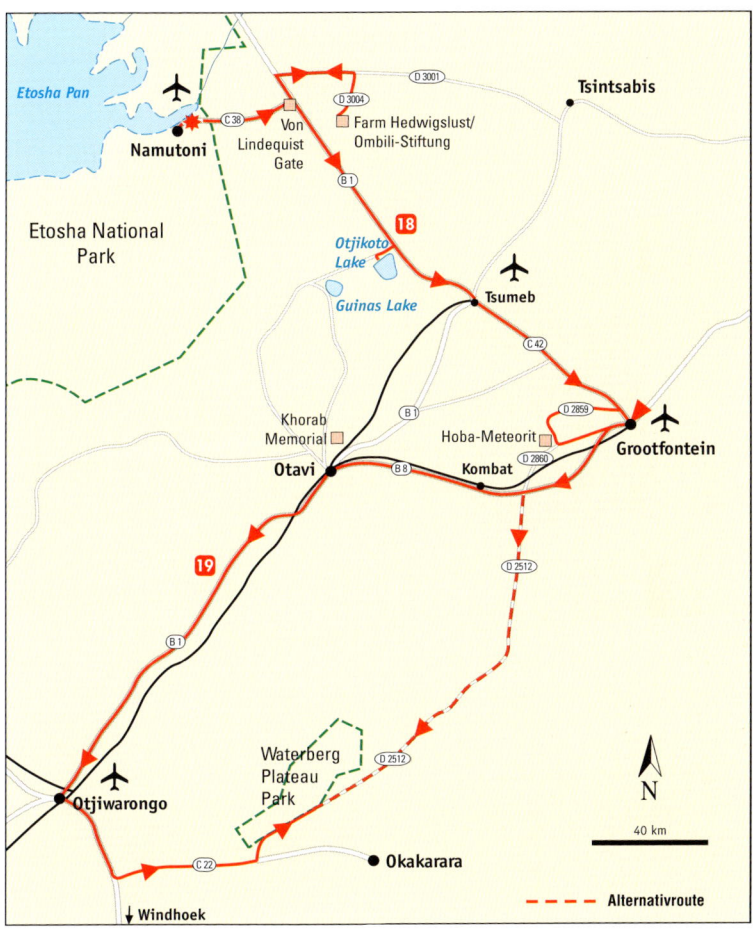

18. Tag: Etosha – Farm Hedwigslust (Ombili-Stiftung) – Tsumeb – Grootfontein (244/259 km)

km	Zeit	Route
0	9.00 Uhr	Ab **Etosha** (Von Lindequist Gate) auf der C 38,

km	Zeit	Route
35		links ab auf die B 1 (Teerstraße) Richtung Oshakati,
43		rechts ab auf die D 3001,
62	10.00 Uhr	rechts in die D 3004 einbiegen,
65		links dem Hinweisschild »Ombili-Stiftung« folgen,
68		**Farm Hedwigslust/Ombili-Stiftung.**
	12.30 Uhr	Rückfahrt auf demselben Weg (D 3004, D 3001, B 1), dabei die B 1 nun Richtung Tsumeb fahren.
185	14.00 Uhr	**Tsumeb**, wo evtl. noch das Museum besucht wird. Weiter über die C 42 nach
244	16.00 Uhr	**Grootfontein.**

Kommt man erst am späten Nachmittag in der Region Grootfontein an, empfiehlt es sich, den Besuch des Hoba-Meteoriten auf den nächsten Morgen zu verschieben, was weder von der Routenführung noch vom Zeitaufwand her problematisch ist. Ansonsten folgt man ab km 215 folgender Route:

km	Zeit	Route
215	16.00 Uhr	Rechts ab auf die Schotterpiste D 2859 Richtung Hoba-Meteorit,
235		rechts ab, dem Hinweisschild folgend, zum
236		**Hoba-Meteorit.**
237		An der D 2859 rechts Richtung Grootfontein,
242		links abbiegen auf die D 2860,
254		links ab auf die Teerstraße B 8 nach
259	17.00 Uhr	**Grootfontein.**

Wer von Etosha aus den hier beschriebenen Umweg nach Norden auf sich nimmt, tut dies in der Gewissheit, Vertretern der Volksgruppe zu begegnen, die nie in die machtpolitischen Auseinandersetzungen um das Land eingriff und doch die fundiertesten Rechte darauf für sich in Anspruch nehmen könnte: die **San.**

Denn vieles spricht dafür, dass die verschiedenen, auch in der Sprache sich unterscheidenden Gruppierungen der San-Buschleute Nachfahren der ersten Bewohner Namibias sind. Lange, wahrscheinlich Jahrtausende vor allen anderen Ethnien durchstreiften sie jagend und sammelnd das Land. Dabei vollzog sich ihr Leben in kleinen Jagdscharen, die relativ egalitär strukturiert waren. So gab es zwar einen Führer, aber ihm stand allenfalls das Recht zu, den Wohnplatz festzulegen und im neu errichteten Lager das erste Feuer zu entzünden. Ansonsten pflegte man, Entscheidungen in der Gruppe gemeinsam herbeizuführen. Familienzusammengehörigkeiten und der gemeinsame Kampf um den Lebenserhalt bildeten das Band, das solche Gruppen zusammenhielt und ihnen Struktur verlieh.

Dem Fehlen einer klar geregelten sozialen Rangordnung entsprach ein nur in Ansätzen vorhandenes Eigentumsrecht: Alles Essbare wurde grundsätzlich unter den Gruppenmitgliedern aufgeteilt, nur die Werkzeuge und Jagdwaffen wurden als Besitz des Einzelnen betrachtet.

Ihre meisterhaft ausgebildete Fähigkeit, die Erscheinungen der Natur zu be-

San – ein Nachfahre der Ureinwohner Namibias

obachten und zu deuten, war in erster Linie Voraussetzung für das physische Überleben der San. Darüber hinaus war es jedoch auch die entscheidende Voraussetzung für das bildnerische Schaffen dieser Nomaden, wie man es überall im Land in Form von Felszeichnungen bewundern kann. Sie griffen nie verändernd in die Natur ein, sie machten sich allenfalls ihr eigenes Bild von ihr, Ausdruck des scheinbar urmenschlichen Bedürfnisses nach kreativer Aneignung der Schöpfung.

Bekannt ist auch die große Musikalität der San, zum Ausdruck gebracht mittels einfachster Instrumente und bei den unterschiedlichen Zeremonien wirkungsvoll in Tanz umgesetzt. Die meisten der bekannten Zeremonien dienten dazu,

die Lebenden in Einklang mit der Welt der Geister (sehr oft der Verstorbenen) zu bringen. Die Gottesvorstellungen, die sich bei den verschiedenen Gruppierungen unterscheiden, zeigen aber alle monotheistische Züge.

Bis zum Beginn der Kolonialzeit war es diesen friedliebenden, niemals in größeren gesellschaftlichen Verbänden organisierten Menschen immerhin noch gelungen, sich der Unterdrückung durch besser organisierte und deshalb machtvollere Volksgruppen mittels Rückzug zu entziehen. Das trockene, von anderen Gruppierungen gemiedene Kalahari-Randgebiet wurde so im letzten Jahrhundert zu ihrem Lebensraum. Mit der zunehmenden landwirtschaftlichen Nutzung aber und der damit einherge-

Während die Männer der San auf der Jagd sind, gehen die Frauen ihrem Handwerk nach

henden Durchsetzung der Idee von der Aufteilung des Landes in Privatbesitz wurden ihnen solche Rückzugsmöglichkeiten versperrt. Heute können nur noch knapp 2000 von etwa 40 000 in Namibia lebenden San auf traditionelle Art als Wildbeuter in der Kargheit der Kalahari notdürftig ihr Leben fristen. Langfristig überleben kann diese Volksgruppe jedoch nur, wenn ihnen die Möglichkeit zu einer schrittweisen Anpassung an zeitgemäße Lebensbedingungen eröffnet wird.

Zwar hat der namibische Staat den Buschleuten per Gesetz besonderen Schutz und Unterstützung bei der Integration zugesichert, doch zeigt dies kaum praktische Auswirkungen. Allein private Initiativen verfolgen dieses Ziel mit teilweise bemerkenswerter Konse-

quenz. Sie werden meist von Farmern getragen, die San schon lange als Arbeiter beschäftigten und durch die Auseinandersetzung mit ihren Traditionen und Lebensformen ihre geradlinige und (im positiven Wortsinn) naive Menschlichkeit schätzen lernten.

Beate Mais-Rische gehört zu diesen Menschen – und zwar in vorderster Front. Vor mehr als 40 Jahren durch die Heirat mit einem Farmer nach Namibia gekommen nahm sie sich mit unerhörter Tatkraft des Problems der San an. 1989 gründete sie zu diesem Zweck die **Ombili-Stiftung**, als deren materielle Grundlage die von ihrem Mann zur Verfügung gestellte Farm Hedwigslust diente. 30 Hektar des Farmlands befinden sich im Besitz der Stiftung. Rund 350 San wurde die Möglichkeit geboten, sich darauf in traditionellen Grashütten einzurichten. Eine Schule, ein Gemeinschaftszentrum, Werkstätten und Wohnungen für die hier Beschäftigten wurden auf dem Gelände errichtet und ein großer Garten zur Selbstversorgung angelegt. Darüber hinaus steht das gesamte Farmgelände mit insgesamt 10 000 Hektar den Buschleuten zum Sammeln von Feldfrüchten und Naturmaterialien für ihre Handarbeiten zur Verfügung.

Durch regelmäßige Arbeit im Farmgarten und auf den Feldern, durch Handwerksarbeiten an den Gebäuden und in den Werkstätten und durch die Produktion von Kunsthandwerk zum Verkauf an Touristen lernen die Älteren ihren Lebensunterhalt eigenständig zu bestreiten. Den Kindern – und das ist das zentrale Anliegen der Stiftung – soll durch eine abgeschlossene Schulbildung der Zugang zur modernen namibischen Gesellschaft ermöglicht werden. 130 Kinder besuchen die Schule – von der Vorschule bis zur siebten Klasse.

Der eingeschlagene Weg ist mühevoll, und die Probleme sind vielschichtig. Ohne die Hilfe von Sponsoren aus Deutschland wäre das Projekt (zumindest in finanzieller Hinsicht) kaum durchführbar. Weshalb interessierte Besucher, die die Arbeit der Stiftung zu würdigen wissen, (nach Voranmeldung) gern gesehene Gäste sind.

Dem Reisenden bietet sich bei einem solchen Besuch die seltene Gelegenheit zum (ausgesprochen diskreten) Kontakt mit Namibias Ureinwohnern. Man kann den San-Frauen dabei zusehen, wie sie, neben ihren Hütten in Gruppen auf dem Boden hockend und unter großem, melodisch klickendem Palaver, ihre Schnitz- und Flechtarbeiten ausführen. Andere Frauen wiederum sind damit beschäftigt, Mais zu stampfen, während ihnen ihre Jüngsten um die Beine wuseln.

Einige ältere Männer hocken zusammen und spielen auf ihren traditionellen Musikinstrumenten – oder versuchen es zur Abwechslung mit einem uralten Transistorradio. Die gesamte Habe der Bewohner vom rostigen Topf bis zum eindeutig aus deutschen Spendensendungen stammenden Kuscheltier liegt auf Gestellen außerhalb der Hütten ausgebreitet. Im Hütteninneren wäre kaum Platz dafür, wie der (verschämte) Blick durch den offenen Hütteneingang zeigt.

Da Frau Mais-Rische die Leitung der Stiftung inzwischen aus Altersgründen abgegeben hat, steht sie nicht mehr als Führerin bei einem Rundgang durch die Hüttendörfer zur Verfügung. Doch kompetente Mitglieder des derzeitigen Führungsteams gestalten solche Besuche in ihrem Sinne: Es gibt kein Betteln, keine direkte Bezahlung, allenfalls später

San-Junge in der Ombili-Stiftung: Ziel der Organisation ist es, die Tradition der Buschleute zu bewahren

(und das wissen alle Beteiligten) eine Spende für die Schule. Die Regeln sind eindeutig und eindeutig akzeptiert. Eine davon ist das strikte Alkoholverbot. Alkoholkonsum, das zeigt die Erfahrung, würde diese Menschen zerstören. Und gerade das gilt es bei diesem Projekt zu verhindern. Daraus spricht Verantwortungsgefühl für den ethnisch anderen, wie aus dem gesamten Projekt ein hohes Maß an Achtung vor seiner Besonderheit spricht. Hier werden Haltungen gelebt, ohne die ein Staat wie der namibische auf lange Sicht nicht existieren kann. Dergleichen macht Mut und eröffnet dem Reisenden eine leicht zu übersehende Facette dieser Gesellschaft. Ombili hat Beate Mais-Rische ihre Stiftung mit einem Wort der Ovambo-Sprache genannt und das bedeutet Frieden.

Im Übrigen: Auch die Landschaft nordöstlich von Etosha ist den Schlenker wert.

Forderturm im bodenschatzreichen Norden Namibias

Sie ist reich an hohen, wunderschönen Bäumen und zeigt damit ein in Namibia seltenes Bild.

Ganz anders das Landschaftsbild, wenn sich der Reisende nach dem Besuch bei den San auf der B1 Tsumeb nähert. Die Fahrt geht wieder durch flaches Buschland, das in keiner Weise erahnen lässt, dass man sich auf eine Region zubewegt, die verschwenderisch mit Bodenschätzen gesegnet ist und daher sowohl die meisten städtischen Ansiedlungen als auch das am besten ausgebaute Verkehrsnetz aufweist: das Städtedreieck Otavi–Grootfontein–Tsumeb. Nicht alle, aber alle wichtigen Straßen, die die Hauptstadt Windhoek mit dem relativ dicht besiedelten Nordteil des Landes und darüber hinaus mit dem Caprivi-Streifen sowie den Nachbarstaaten Angola, Sambia, Botswana und Simbabwe verbinden, führen durch das Dreieck.

Die verkehrstechnisch wichtige Lage ist jedoch keine Errungenschaft des 20. Jahrhunderts. Die Wege kreuzten sich hier bereits, als Asphaltstraßen und städtische Siedlungsformen noch unbekannte Größen waren. Namen von Bergen und Ortschaften belegen, dass Damara, Buschleute, Ovambo und Herero die Region bevölkerten. Das Buschland bot ausreichend Jagdgründe, Niederschlagsmengen von 450 bis 600 Millimeter jährlich sorgten für ausreichenden Weidegrund, ja sogar für Anbaumöglichkeiten.

Der Name *Tsumeb* z. B. wird auf ein Wort in der Sprache der San zurückgeführt: *tsomsoup*, was mit »ein großes Loch in den Boden graben« übersetzt wird. In einer Region mit Bodenschätzen scheint das sehr naheliegend. Von den Damara ist zudem bekannt, dass sie die Fähigkeit der Kupfergewinnung beherrschten und mit den Erzeugnis-

Einer der beiden einzigen Seen im wasserarmen Namibia: der Otjikoto Lake

sen ihrer Kunstfertigkeit einen regen Handel trieben. Als Hochöfen dienten die allgegenwärtigen Termitenhügel, in denen Holz und malachithaltiges Gestein aufgeschichtet wurden. Das Holz wurde entzündet und mit steigender Temperatur das Metall aus dem Gestein gelöst. Etwa zehn Pfund Kupfer sollen bei derartigen Brennvorgängen gewonnen worden sein.

Nachdem 1893 die reichen Erzvorkommen in der Nähe von Tsumeb entdeckt worden waren (217 verschiedene Mineralien sollen es sein), gab es für die Kolonialmacht, die Rohstoffgewinnung zum Ziel hatte, kein Halten mehr. Zur Jahrhundertwende erreichten die ersten Ochsenwagen, beladen mit der Last von neun Tonnen Erzen, Swakopmund, und die Schiffe der Woermann-Linie konnten endlich gewinnträchtige Fracht in die Heimat mitnehmen. Der weitere Minenausbau wie der Bau einer Schmalspurbahn ließen Produktion und Gewinn von 1907 an sprunghaft ansteigen: 25 700 Tonnen Erze erbrachten im Jahr 1907/08 einen Gewinn von 12 98 731 Reichsmark. Neben Kupfer und Blei wurden bald auch Zink und Silber gewonnen, und durch den Bau neuer Verhüttungsanlagen in den 1960er Jahren expandierten die Tsumeb-Minen derart, dass ihre Produkte in alle Welt exportiert werden konnten. 20 Prozent des Weltbedarfs an Germanium, eines für die Elektronik wichtigen Grundstoffs, wurden aus dem südwestafrikanischen »Dreieck« gedeckt.

Nachdem sinkende Weltmarktpreise in den 1990er Jahren zum Niedergang der Minenbetriebe führten, die 1998 sogar die Förderung komplett einstellen mussten, ging es im Jahrzehnt nach der Jahrtausendwende ebenso unaufhaltsam wieder bergauf: Die Mine wurde von einem neuen Betreiber übernommen, schreibt mittlerweile seit 2003 wieder schwarze Zahlen und plant neben der Gewinnung von Kupfer sehr bald 50 Prozent des weltweiten Germanium-Bedarfs zu decken.

24 Kilometer vor Erreichen der Stadtgrenze von Tsumeb wird man noch auf ein – zumindest in Namibia – seltenes Naturereignis aufmerksam gemacht: die beiden einzigen Seen des wasserarmen Landes. Da der eine, der **Otjikoto Lake**, nah bei der Straße liegt, spricht wenig dagegen, ihm einen kurzen Besuch abzustatten. Dieses »schönste Wunder der Mutwilligkeit der Natur«, wie Charles Andersson es nannte, war von der Natur selbst als Höhle gedacht. Durch den Einsturz der Decke entstand das kreisrunde Wasserauge, das sich im Lauf der Zeiten mit Leben, vor allem einer kleinen Brassenart, füllte.

Zwischenzeitlich füllte sich das tiefe Wasser auch mit ganz anderem, sehr martialischem Gerät. 1915 versenkte die deutsche Schutztruppe hier ihre Geschütze, um so zu verhindern, dass sie den Südafrikanern in die Hände fielen. Aber um die zu sehen, muss man heute nicht ins Wasser tauchen. Sie zieren, blank geputzt, die Räume des Museums von Tsumeb.

In die nahe Stadt flossen und fließen auch erhebliche Mengen des Seewassers. Man braucht es für die Mine und die Bewässerung der städtischen Anlagen. Um 20 Meter ist der Wasserspiegel deshalb während der letzten Jahrzehnte gesunken.

Kaum hat man dem Otjikoto-See den Rücken gekehrt, fallen die ersten Anzeichen für die Nähe einer Industriestadt ins Auge: Ein dichtes Netz von Überlandleitungen spannt sich durch die hügeliger werdende Landschaft. Viel mehr Parallelen zu europäischen Industriezentren lassen sich zum Glück nicht ausmachen: keine dicke Luft, kein hektisches Treiben.

Aber **Tsumeb** mit seinen nur 19 200 Einwohnern ist nicht mehr die verträumte, subtropische Gartenidylle, als die es lange Zeit galt. Die findet man allenfalls in den ruhigeren Seitenstraßen. Die Zufahrtsstraße ins Zentrum ist inzwischen vierspurig, entlang den Hauptstraßen reihen sich moderne Supermärkte, an den Kreuzungen stehen Ampeln. Der kleine Förderturm an der Hauptstraße existiert zwar noch, erweckt inzwischen jedoch nur noch den Eindruck eines Aushängeschilds für die »Minenstadt«.

Nach wie vor existent ist auch das kleine **Museum** in der alten deutschen Privatschule an der Main Street, in dem die Initiatorin Ilse Schatz ihr Leben lang zusammentrug, was sie für erhaltenswert befand – und das sind wahre Schätze. Zunächst scheint alles wie gehabt, also ähnlich der musealen Aufarbeitung des Vergangenen, wie man sie häufig in Namibia zu Gesicht bekommt: deutsche Waffen aus der Zeit vor dem Ersten Weltkrieg (unter anderem die aus dem Otjikoto-See geborgenen), der deutsche Reichsadler auf weiß-schwarzem Fahnentuch, die Porträts vom Alten Fritz, von Bismarck und Hindenburg, die einzig die Tatsache verbindet, dass sie mit Afrika nun wirklich nichts am Hut hatten. Natürlich fehlt auch der Kaiser nicht (Wilhelm II., wer sonst!). Den sieht man in drei Wochen Namibia ohnehin häufiger als in einem ganzen Leben in Deutschland.

Die Besonderheit dieses Museums liegt indes darin, dass es nicht nur die Kolonialgeschichte würdigt, sondern auch einen nachhaltigen Eindruck von der Kultur der Himba wie der San vermittelt. Vor allem die Buschleute hatten es der Museumsgründerin Ilse Schatz angetan. Ihr Leben lang war sie eng mit ihnen verbunden: Sie lernte sie als Farmarbeiter kennen, aber auch an ihren Riten, ihren vielfältigen Lebensäußerungen nahm sie teil. Die unverhohlene Achtung vor der fremden Kultur ist im Museum spürbar. Mit Stolz erfüllte Ilse Schatz, dass ihre Kinder in solcher Nähe zu den San aufwuchsen, dass sie deren Art des Denkens zum Teil übernahmen. Ihr Wissen hat sie in einem Büchlein niedergelegt, das in namibischen Buchhandlungen erhältlich ist und dessen Lektüre diejenigen, die Ilse Schatz nicht mehr persönlich kennenlernen können, ein wenig entschädigen mag.

Nicht übersehen sollte man die andere Kostbarkeit, die das Museum bereithält: eine Mineraliensammlung, die das Herz jedes Kundigen höher schlagen lässt und selbst den Unkundigen durch ihre Schönheit und Vielfalt zu begeistern vermag. Außerdem werden Besichtigungen der Mine organisiert.

Die weitere Route führt zu einer völlig anders gearteten namibischen Berühmtheit, einer, die von fernen Galaxien und undenklichen Zeiten berichten kann. Mit 60 Tonnen und neun Kubikmetern ist sie oder besser er – denn es handelt sich schließlich um den größten auf der Erde bekannten Meteoriten – in jeder Weise gewichtig. Zusätzlich beladen mit einem Alter von 100 bis 300 Millionen Jahren schlug er vor etwa 80 000 Jahren mit galaktischer Urgewalt in der Nähe von Grootfontein ein, was die Gegend nachhaltig verändert haben muss. Nun liegt er da in einer liebevoll gestalteten

Im kleinen Museum in der Bergarbeiterstadt Tsumeb sammelte die Initiatorin Ilse Schatz allerlei Kostbarkeiten der namibischen Geschichte

Arena. Mit mattem, dunklem Glanz spiegelt seine Oberfläche die Strahlen der afrikanischen Sonne und lässt die Kraft fremder, ferner Sonnen erahnen. Unsere Erde scheint ihn kaltzulassen: Der zu 82 Prozent aus Eisen bestehende Kubus des **Hoba-Meteoriten** ist von abweisender Kühle. Das mag auch daran liegen, dass er der Neugier der Menschen müde ist. So manches Stück wurde seit seiner Entdeckung im Jahr 1920 aus ihm herausgebrochen, um in Labors untersucht, in fernen Museen ausgestellt oder als Briefbeschwerer missbraucht zu werden. Damit jeglicher Zweckentfremdung ein Riegel vorgeschoben sei, hat die namibische Regierung ihn unter ihren besonderen Schutz gestellt. Ein Wärter wurde in Dienst genommen, der neben dem Meteoriten ein Häuschen bezog, dort in kleinem Rahmen eine bäuerliche Wirtschaft betreibt und die Gäste aus aller Welt führt und im Auge behält.

Der lange zurückliegende »Steinschlag« mag die Umgebung ordentlich durchgerüttelt haben, aber in ihrer Fruchtbarkeit hat er sie nicht beeinträchtigt. Rundum erstrecken sich Maisfelder. Geschäftiges bäuerliches Treiben ist zu beobachten, und die Vielzahl der Farmen am Wegesrand deutet darauf hin, dass es sich in dieser Gegend leben lässt.

Das wussten auch die Durstlandtrecker, eine Gruppe burischer Siedler, deren (Leidens-) Geschichte eng mit der Region verbunden ist. Diese 45 Familien hatten unter Führung des farbigen Jägers, Händlers und (heute würde man sagen) Journalisten Jordan vergeblich versucht, sowohl in Angola als auch in der Nähe von Rehoboth Siedlungsland käuflich zu erwerben. Die Zeiten (das 19.

Der größte bekannte Meteorit der Erde: der Hoba-Meteorit

Jahrhundert neigte sich seinem Ende zu) waren schlecht für ein derartiges Unternehmen: Der Kuchen war weitgehend verteilt und wo die Aufteilung noch keine endgültigen Fakten gesetzt hatte, griffen größere Mächte als diese kleine Siedlergemeinschaft danach.

So war auch der Versuch der Durstlandtrecker, sich im Gebiet Grootfontein niederzulassen, zum Scheitern verurteilt. Zwar konnten sie 1885 ausreichend Siedlungsland (das gesamte »Dreieck« gehörte dazu) vom Ovambo-Häuptling Kambonde für den Gegenwert von 300 englischen Pfund, 25 Gewehren, einem geimpften Pferd und einem Fass Branntwein erwerben, doch waren die ursprünglichen Besitzverhältnisse nicht so eindeutig, dass der Handel widerspruchslos hingenommen worden wäre. Die Herero reklamierten sofort ihre Rechte an dem Land, in das sie immer wieder ihre Rinder trieben und auch in Zukunft zu treiben gedachten. Die überkommenen Vorstellungen von Landbesitz als kollektivem Nutzungsrecht, das die Nutzung durch andere nicht ausschloss, geriet, wie man hier deutlich sieht, zunehmend in Konflikt mit der europäischen Vorstellung von exklusivem, privatem Eigentum.

Dass der Herero-Führer Maherero die Deutschen für die Durchsetzung seiner Rechte gewinnen konnte, half zwar, das Siedlungsprojekt der Durstlandtrecker zu vereiteln, aber nicht alte Rechtsverhältnisse wiederherzustellen. Jordan wurde 1886 – auf wessen Veranlassung wurde nie geklärt – ermordet, die Durstlandtrecker mussten das Feld räumen und ins südliche Afrika zurückkehren, und das Land kam in deutschen Besitz – als Argument diente die Präsenz der Schutztruppe.

Dieser Geschichtsepisode ist es zu verdanken, dass das **Museum Grootfontein** (denn Museum muss nun mal sein!) mit einer speziellen Facette aufwarten kann: Exponaten aus der Zeit des Burentrecks. Da das ehemalige deutsche Fort, Keimzelle der Ansiedlung **Grootfontein**, heute als Heimstatt des Museums dient, fehlt es natürlich auch nicht an Ausstellungsstücken aus der deutschen Kolonialzeit. Neben den üblichen martialischen Relikten finden sich jedoch auch recht interessante Hinweise auf das zivile Wirken in deutscher Zeit: eine komplette Wagenschmiede sowie eine Hebammenausrüstung und medizinische Gerätschaften. Letztere weisen auf das segensreiche Wirken des Militärarztes und späteren Bezirkschefs von Grootfontein, Dr. Kuhn, hin, der sich durch die vom relativ feuchten Klima begünstigten Malariaplagen veranlasst sah, erstmals ein Serum gegen diese Krankheit zu entwickeln.

Sehenswert auch die erste Karte, die R. Maack von »Südwest« fertigte, mitsamt den Werkzeugen dieses frühen Kartografen. Die Höhe einer Landmarke, so erfährt man, wurde mittels der Zeit, die Wasser zum Sieden benötigte, errechnet.

Die Höhe der Zinnen des Forts will wohl keiner genau wissen, aber ersteigen sollte man sie – wegen der Aussicht über das Städtchen und das fruchtbare Umland. Der üppige Baumbewuchs rundum macht augenfällig, was der Name des Ortes nahelegt: Eine reiche Quelle sprudelt hier.

Der Wasserreichtum zeigt sich auch in Form eines modernen, schön angelegten Schwimmbads, in dem man den Tag in Namibias Industriegebiet angenehm beenden kann. Dem historisch Unersättlichen sei ein Rundgang über den alten deutschen Friedhof empfohlen, wo er anhand der alten Grabinschriften den Schicksalen deutscher Siedler und Soldaten nachspüren mag.

18 Service & Tipps

Tsumeb

ℹ️ 🅲 Ombili-Stiftung
Farm Hedwigslust, Tsumeb
📞 (067) 23 00 50
www.ombili.org
Private Stiftung, die es sich zur Aufgabe gemacht hat, den San-Buschleuten der Region durch schulische Ausbildung der Kinder und Einbeziehung der Eltern in Farmarbeit und kunsthandwerkliche Produktion für den touristischen Markt einen Weg zur Integration in das moderne Namibia zu eröffnen. Nach telefonisch vereinbarter **Terminabsprache** führt ein Mitglied des derzeitigen Führungsteams durch Schule und Buschmanndörfer.

◉ Otjikoto Lake
An der B 1

24 km nordwestlich von Tsumeb
Einer der zwei natürlichen Seen Namibias, entstanden durch den Einsturz einer Höhlendecke.

🏛 Museum Tsumeb
President Ave., Tsumeb
📞 (067) 22 04 47
www.museums.com.na/museums/central/tsumeb-museum
Mo–Fr 9–12 und 14–17, Sa 9–12 Uhr
Eintritt N$ 30/5 (7–13 J.)
Interessant vor allem wegen der mineralogischen Sammlung sowie der Exponate von Buschmann-Erzeugnissen. Die Gründerin des Museums, Ilse Schatz, ist im März 2017 verstorben, doch ihre reichen Erfahrungen, die sie im Umgang mit Buschleuten gewonnen hat, sind nachzulesen in einem in Namibias Buchhandlungen erhältlichen Büchlein: Ilse Schatz, »Unter Buschleuten«, N$ 30.)

Traditionelle Ovambo-Hütte im Tsumeb Cultural Village

🏛️🐾 **Tsumeb Cultural Village**
Tsumeb
✆ (067) 22 07 87
Tägl. durchgehend geöffnet, Eintritt N$ 10
Community-Projekt (an der B1 südlich von
Tsumeb gelegen), das über Geschichte, tradi-
tionelle Lebensformen und typisches Kunst-
handwerk der namibischen Ethnien informiert.

🛏️❌🍴 **Hotel Makalani**
Ndilimani Cultural Troupe St.
Tsumeb
✆ (067) 22 10 51
www.makalanihotel.com
Ordentliches Hotel mit À-la-carte-Restaurant,
Biergarten und Swimmingpool. $$

🔭 **TACC – Tsumeb Arts and Crafts Centre**
18 Main St., Tsumeb
✆ (067) 22 02 57
Mo–Fr 8.30–13 und 14.30–17.30, Sa 8.30–13
Uhr
Verkaufs- und Ausstellungsräume einer Ver-
einigung, die sich zum Ziel gesetzt hat, mit
dieser Initiative das traditionelle Handwerk
bzw. Kunsthandwerk, das jahrzehntelang
vernachlässigt wurde, neu zu beleben. Au-
ßerdem soll hier Künstlern und Kunsthand-
werkern der Region, speziell den Frauen,
Gelegenheit geboten werden, mit den Pro-
dukten ihrer Kunstfertigkeit am Tourismus zu
partizipieren. Schnitz-, Flecht- und Textilarbei-
ten werden angeboten.

Grootfontein

👁️ **Hoba-Meteorit**
Nahe der D2859, westlich von Grootfontein
Eintritt N$ 15/1 (Kinder)
Größter bekannter Meteorit der Erde, ein Qua-
der von etwa 295 x 295 x 55 bis 122 cm, einem
Gewicht von 60 t und einem Eisengehalt von
82 %. Sein Alter wird auf 100 bis 300 Millionen
Jahre geschätzt, der Zeitpunkt seines Eintritts
in die Erdatmosphäre 80 000 Jahre zurückda-
tiert. Der Meteorit wird bewacht.
    Rest Area mit Grillplätzen und sanitären
Anlagen, die Wasserversorgung erfolgt durch
den Platzwart.

🏛️ **Altes Fort Museum Grootfontein**
Zwischen Upingtonia und Eriksson St.

Gut geschützt auf Mutters Rücken

Grootfontein
✆ (067) 24 24 56
www.altefortmuseum.de
Mo–Fr 9–12.30 und 14–16.30, im Winter bis 16
Uhr, ansonsten nach Vereinbarung
Eintritt: Spende zum Erhalt des Museums
Das Museum ist im restaurierten alten Fort,
also bereits in musealer Umgebung, unter-
gebracht. Neben Exponaten aus deutscher
Kolonialzeit finden sich Gegenstände, die
an die Durstlandtrecker erinnern, ärztliches
Gerät sowie das Handwerkszeug des Karto-
grafen R. Maack mitsamt der ersten Karte des
südwestlichen Afrika.

🛏️🍴 **Courtyard Guesthouse**
2 Gauss St., Grootfontein
✆ (067) 24 00 27
Ordentliche Zimmer und ebensolche Küche,
sichere Parkmöglichkeiten, Pool.
$$

🚐 **Olea Caravan Park**
Woodlands Dr.
Grootfontein
✆ (067) 24 31 01
healthinspector@grootfonteinmun.com.na
Gepflegte Anlage mit Stellplätzen und vier
Bungalows. Trotz Bewachung nicht unbedingt
diebstahlgesichert. $ ✳️

E Ins andere Namibia

Region Sambesi

Extratage: Region Sambesi/Caprivi-Streifen (Reisedauer: 5–10 Tage)

km	Route
0	Von **Grootfontein** auf die B 8 Richtung Rundu.
250	Ankunft in **Rundu**; weiter auf B 8 (Caprivi Hwy.)
455	bis **Divundu**. Von dort auf der B 8 nach
655	**Kongola**. Von dort weiter nach
785	**Katima Mulilo**.

Für die Strecke in die Region Sambesi (Caprivi) ist Grootfontein der natürliche Ausgangspunkt. 791 km ist die Route **Grootfontein – Katima Mulilo** lang und führt ausschließlich über die **Teerstraße B 8** (ab Rundu Caprivi-Highway genannt). Wo man im einzelnen Station macht und einige Tage bleibt, ist dem individuellen Geschmack überlassen. Die Lodges (vgl. Service&Tipps), die meist auch über Campingmöglichkeiten verfügen, lassen sich allesamt empfehlen. Die weite Anfahrt lohnt sich auf jeden Fall – vorausgesetzt, man hat mindestens fünf bis zehn Tage zur Verfügung. Möchte man die besondere Welt der Region während eines kürzeren Aufenthalts und ohne die Erschwernisse der Anfahrt kennenlernen, gibt es noch die Möglichkeit einer Anreise per Linienflug mit Air Namibia bis Katima Mulilo und anschließender Weiterfahrt mit einem Mietwagen oder privatem

Charterflug zu einer der großen Lodges, ein fraglos kostspieliges Unternehmen. Wegen der Übersichtlichkeit der Straßenverhältnisse wird auf eine genauere Routenbeschreibung verzichtet.

Von Grootfontein bis Ngoma, der Grenzstation zu Botswana, führt durchgehend die B 8, die lückenlos geteert und in ausgezeichnetem Zustand ist. Allenfalls die in dichter besiedelten Gebieten (vor allem auf den letzten ca. 50 km vor Rundu) immer wieder die Straße überquerenden Rinder und die im Bwabwata National Park kreuzenden Elefanten verlangen besondere Aufmerksamkeit. Die zu den Lodges führenden Gravel Pads befinden sich durchgängig in ordentlichem Zustand, so dass sie ohne vierradgetriebene Fahrzeuge befahrbar sind. Will man auf eigene Faust einen der Nationalparks besuchen, benötigt man allerdings ein Vierradgetriebe. Manchmal hilft sogar das nicht weiter, weshalb vor einem Parkbesuch unbedingt genaue Auskünfte über den Zustand der Pisten eingeholt werden sollten.

Wer ganz in den Osten des Zipfels, nach Kasane und an den Chobe River will, fährt über den Caprivi Highway (B 8) bis zur botswanischen Grenze nach Ngoma (66 km von Katima Mulilo aus) und weitere 46 km durch Botswana bis Kasane.

Wenn im Folgenden statt der inzwischen geläufigen Bezeichnung **Caprivi** für das im äußersten Nordosten gelegene Staatsgebiet Namibias (zum überwiegenden Teil) der Name **Region Sambesi** verwendet wird, so entspricht das einer Entscheidung des Parlaments in Windhoek vom August 2013.

Kanufahrt durch die Wasserwelt der Region Sambesi

Völlig »unnütz« erschien lange Zeit der Erwerb des nordöstlich an Deutsch-Südwestafrika angehängten Landzipfels, den Bismarcks Nachfolger Leo Graf von Caprivi 1890 den Engländern im Zuge des Helgoland-Sansibar-Vertrags abhandelte. Die gewünschte Verbindung zu Deutsch-Ostafrika, dem heutigen Tansania, kam nie zustande, und auch ansonsten wusste man mit dem kaum erschlossenen, malariaverseuchten Gebiet wenig anzufangen.

Dass die heutige Zentralregierung in Windhoek noch genau so wie die ehemaligen Kolonialherren über den Appendix ihres Staates urteilt, kann man nicht unterstellen. Doch gibt die Bereitwilligkeit, mit der sie 1999 den Caprivi den angolanischen Verbündeten als Operationsbasis im Kampf um die Macht überließ, zu denken. Die Regierung begründete ihren Schritt allerdings damit, dass der SWAPO ihrerseits während des Unabhängigkeitskampfs Operationsbasen in Angola eingeräumt wurden. Jedenfalls hatte man seit Bestehen des Staates sei-

Der Okavango ist Tummelplatz der Flusspferde

ne liebe Not mit dem Anhängsel. Schwer kontrollierbar und unruhig empfinden die Politiker in Windhoek die ferne Provinz wohl auf jeden Fall.

450 Kilometer ragt der merkwürdige »Wurmfortsatz« von namibischem Staatsgebiet aus nach Osten und erreicht dabei eine Breite von punktuell 100, über weite Strecken jedoch nur 32 Kilometern. Die Landschaft ist Teil einer flachen Hochebene, die von 1100 Metern über Meeresniveau im Westen kaum spürbar auf 930 Meter im Osten abfällt. Mehr als die Hälfte des Gebiets besteht aus Kalahari-Busch und wird von tiefen Kalahari-Sanden bedeckt.

Landschaftsprägend erweisen sich vor allem die großen Flussläufe, die die Region Sambesi durchqueren (wie Okavango und Kwando) oder seine Grenzen bezeichnen (wie Linyanti, Chobe und Sambesi). Artenreiche Wälder mit mächtigen Bäumen säumen die Ufer, den Eindruck urweltlichen Pflanzenreichtums erweckend. Beeindruckend vor allem, wenn diese uralten Riesen sich im stillen Wasser der Flußläufe spiegeln und so ihre Schönheit verdoppeln. Solche Bilder bewegen mehr als manches spektakuläre Naturschauspiel und lassen hinnehmen, dass zum Beispiel die Popa Falls eigentlich nichts als überdimensionierte Stromschnellen sind. Ein beeindruckendes Erlebnis sind hingegen die weiten Flussebenen, durchzogen von alten Flussarmen und ausgedehnten Sumpfgebieten. In ihrer ganzen Ausdehnung lassen sie sich fast ausschließlich aus der Luft wahrnehmen. Für andere Fahrzeuge als Boote sind sie meist unzugänglich.

Was im übrigen Namibia Seltenheitswert besitzt, ist hier in Fülle vorhanden: Wasser. Und nicht nur die Flüsse bringen diesen Segen, auch der Himmel öffnet seine Schleusen mit relativer Regelmäßigkeit über dem Land. Jährliche Niederschlagsmengen von 700 Millimeter im Norden bis etwa 500 Millimeter im Süden werden gemessen.

Die hier lebenden Stämme der **Kavango und Caprivianer** (Fwe und Subia) verfügen nach wie vor über stabile Stammesstrukturen, und ihre Häuptlinge behaupten im Verwaltungsgefüge des Staates eine kaum zu kontrollierende und sich vor Ort immer als dominierend erweisende Macht. Jedem Dorf steht ein Stammesältester vor, der dem *senior headman* oder *ngambela*, dem Vertreter mehrerer Dörfer, bei den regelmäßigen Stammeszusammenkünften *(kuta)* Bericht erstattet. Der Ngambela wird vom Stammeskönig ernannt, damit der Austausch zwischen Stamm und Häuptling gewährleistet ist. In der Hauptsache findet er in der Kuta statt, die die höchste Instanz auf Stammesebene darstellt. Diese Struktur behindert nachweislich das Funktionieren der Conservancys, was von Lodge-Betreibern wie einfachen Dorfbewohnern gleichermaßen beklagt wird. Den Ersteren erschwert es die Arbeit, weil verbindliche Verträge kaum zu haben sind, und die Landbevölkerung kann oft, wenn es zu Ernteschäden kommt, die durch Wild verursacht wurden, kaum oder gar nicht mit Entschädigungen rechnen.

Die wichtigste städtische Ansiedlung und Hauptstadt der Region Sambesi ist Katima Mulilo mit 28 200 Einwohnern. Für namibische Verhältnisse ist dies eine erkleckliche Größe. Hierin spiegelt sich die Tatsache einer hohen Bevölkerungsdichte in der gesamten Region. Im Verlauf des letzten Jahrhunderts stieg die Bevölkerungszahl von ehemals 6000 auf über 90 000 (1991). Heute wird die Einwohnerzahl mit 73 750 beziffert, ein Rückgang, der sowohl als Folge der hohen Zahl der Aidserkrankungen wie des Mangels an Arbeitsmöglichkeiten gedeutet werden kann.

Farbenfroh und putzmunter: Bea Eaters (Bienenfresser) bevölkern die Steilwände am Sambesi-Ufer in der Region Sambesi

Doch will man all diese Fakten mit Leben füllen, muss man sich erst einmal von Grootfontein aus auf den Weg machen. Die Straße ist ausgezeichnet und relativ wenig befahren, dabei trotzdem nicht langweilig. Zunächst bleibt die Landschaft geprägt von einer florierenden Landwirtschaft. Große Farmen mit teilweise herrschaftlichen Farmhäusern und pompösen Zufahrten erwecken zumindest diesen Eindruck. Die zunehmende Stabilität und Höhe der Farmzäune lässt außerdem den Schluss zu, dass sich darunter auch eine Reihe von Jagdfarmen befinden.

Etwa 100 Kilometer vor **Rundu** ist dann ganz Schluss mit den Zäunen. Hier ist Gemeindeland. Immer mehr Dörfer liegen am Rand der Straße, sehr geordnete Anwesen zumeist, und alle zehn bis zwanzig Kilometer gibt es eine Schule. Dazwischen weiden Rinder, einige Ziegen und manchmal Esel. Das Leben gewinnt mehr und mehr afrikanische Züge: An einer Schule wird ein Markt abgehalten, der offensichtlich eine erhebliche Attraktion besitzt. In den Dörfern selbst sind Keramikerzeugnisse, Schnitzereien, zumindest aber Schalen mit Orangen zum Verkauf ausgestellt.

Mit der Zeit erscheinen die Ansiedlungen immer ungeordneter, improvisierter: hier ein von Touristen zurückgelassenes Iglozelt als Unterkunft, dort Teile eines Schrottautos, überall Plastikmüll, Zivilisationsabfall, der Stadtnähe ankündigt. In Rundu dann markieren mehrere China Shops, Vertreiber allen billigen Plunders, den kein Mensch wirklich braucht, die derzeitigen zivilisatorischen Glanzpunkte. Es geht so quirlig und lebhaft zu, dass man froh ist, auf dem Caprivi Highway davonrollen zu können. Dort reihen sich zwar noch für eine Weile die Dörfer aneinander, aber nach etwa 20 Kilometern scheint alles Leben vom Wald verschluckt zu sein.

Wem das auch nicht recht ist, kann eine der Abzweigungen linker Hand wählen. Sie führen fast alle auf die **D 3402**, eine parallel zur Teerstraße (und zur angolanischen Grenze) verlaufende Pad, die sich am Kavango entlangschlängelt und vorbei an ungezählten Dörfern – fast ohne Müll und voll traditionellen Lebens. Die Menschen sind freundlich, winken und haben nichts dagegen, wenn man sie bei ihren alltäglichen Verrichtungen fotografiert. Es gibt Tante-Emma-Läden, die sich »Supermarkot« nennen, Kneipen hinter bröckelnden Mauern, die sich als »Nightclub« ausgeben, aber auch wacklige Torpfosten auf einer Wiese am Fluss, die damit als Fußballfeld identifizierbar ist. Es gibt sogar – und das ist nun wahrhaft eine zivilisatorische Errungenschaft – eine Kindergartengruppe, die mit ihrer jungen Leiterin zu Fuß auf der Pad unterwegs ist. Sehr vertraut wirken auch

die kleinen Friedhofsanlagen, unseren Dorffriedhöfen sehr ähnlich.

Ungewohnt hingegen die vielen säuberlich aufgeschichteten Riedgrasbündel am Straßenrand. Sie wurden als Material zur Erneuerung der Hüttendächer geschnitten und gebündelt. Da man Regenfälle erwartet, werden sie nicht lange auf Käufer warten müssen, die sie dann auf dem Kopf nach Hause transportieren.

So viel es hier zu sehen gibt, so eintönig ist die Strecke zwischen **Divundu und Kongola**, rund 200 Kilometer durch den Bwabwata National Park. Nichts als subtropische Waldlandschaft und dazwischen in einer breiten Schneise das dunkle Band der Straße. Nur die Elefanten, die auf großen Schildern alle paar Kilometer als drohende Gefahr angekündigt werden, sieht man nicht.

An der Straße nach **Katima Mulilo** hat sich in den letzten Jahren viel verändert: Verschwunden sind die provisorischen Siedlungen am Rand, aber auch die endlosen Schnitzer-Outlets mit ihrem fantasievollen Angebot, ganz zu schweigen von vereinzelten Schneiderwerkstätten bestehend aus Nähmaschine und Schneiderin. Nichts als Ordnung. Eine einzige Ausstellung von Schnitzereien findet sich schließlich: Elefanten in allen Größen, aber immer dasselbe Modell.

Dem entspricht der Eindruck, den die Stadt macht: neue Fabrikationsanlagen, neue Verwaltungsgebäude, neue Einkaufszentren, alles an sauber geteerten Straßen gelegen. Und im Zentrum steht eine neue Markthalle, ziemlich genau dort, wo früher der offene Marktplatz war, auf dem die Händler der Umgebung in buntem Durcheinander ihre Waren anboten. Jetzt hat jeder seinen Stand, wo Fisch und Fleisch, Gemüse, Haushaltswaren und Textilien – alles fein säuberlich geordnet und getrennt – dargeboten werden. Sogar eine Friseurin gibt es,

Affenbrotbäume säumen häufig die Wege in der Sambesi-Region

die kunstvolle Flechtfrisuren anfertigt. Natürlich bedeutet diese Entwicklung Fortschritt, und natürlich ist es vermessen, wenn man als reisender Europäer die alten Verhältnisse vermisst.

Gegenüber der Markthalle befindet sich nach wie vor das **Caprivi Arts Centre** mit dem gesamten Spektrum des kunsthandwerklichen Angebots aus Namibias Norden: Schnitzereien, Körbe und Keramik. Die Fülle ist noch immer überwältigend, aber Qualität der Ausführung sowie Orginalität und Kreativität überzeugen nicht mehr so recht.

Gänzlich unverändert und unverändert fantastisch zeigt sich in der Region Sambesi die subtropisch üppige Pflanzen- und Tierwelt, wie man sie in den Parks (**Mahango Game Park**, südlich von Divundu; **Bwabwata National Park** zu beiden Seiten der Strecke zwischen Divundu und Kongola; **Mudumu National Park** und **Mamili National Park**, beide südlich von Kongola) und im Umfeld der Lodges er-

lebt. Hippos lagern in großen Gruppen im Wasser und drohen den Eindringlingen mit weit aufgerissenem Maul und wildem Imponiergehabe. Krokodile dösen scheinbar teilnahmslos an den Ufern der Flüsse, suchen Schutz im Schilf oder im Schatten weit ausladender Baumriesen. Eine unglaublich vielgestaltige, bunte Vogelwelt begeistert Fachkundige wie Laien.

Die Baumfülle (vor allem an Mopane-Bäumen) erfreut nicht nur den Betrachter, sie trägt auch dazu bei, dass die Region der ideale Lebensraum für eine der größten Elefantenpopulationen des Kontinents ist: 5000 bis 6000 soll es hier geben, die wiederum nur der ständig wechselnde Teil einer Gesamtpopulation von 120 000 bis 130 000 Tieren sind, die, menschliche Grenzziehungen nicht achtend, das Gebiet von Botswana, Sambia, Angola und Simbabwe durchwandern. Nur an wenigen Stellen des Kontinents kann man Herden solcher Größe beobachten.

E Service & Tipps

Region Sambesi

🚐 Budget Car Hire Katima Mulilo Town Centre
Stand 31 Boma, Katima Mulilo
www.drivesouthafrica.co.za
✆ +27 21 423 19 12
Wer nach Katima fliegt, um von dort aus die
Region Sambesi zu erkunden, kann hier einen
Wagen anmieten.

🛏 Die Lodges der Region Sambesi sind in der
Regel höchst komfortabel, aber auch im obe-
ren Preissegment angesiedelt. Wer hier preis-
günstig reisen will, sollte über Camping-Equip-
ment verfügen und eine der empfehlenswer-
ten **Community Campsites** aufsuchen. Als
ausgezeichnet gelten: **N//goabaca Community Campsite** an den Popa-Fällen, **Kubunyana
Community Campsite** am Kwando, 7 km von
Kongola entfernt, und **Salambala Community
Campsite**, etwa 50 km von Katima Richtung
Ngoma. Auch eine Reihe der aufgeführten
Lodges bieten sehr gute Campingmöglichkeiten an.

🛏✕🍴🌳🐾 Divava Okavango Lodge & Spa
Bagani Area – Okavango

West Caprivi
✆ (066) 25 90 05, www.divava.com
Buchung: Reservation Destination
✆ (061) 22 47 12
www.resdest.com
Am Ufer des Okavango, wenige hundert Meter von den Popa-Fällen entfernt gelegene
Lodge mit 20 Chalets, die eine herrliche Flusslandschaft, das Erleben der afrikanischen Tierwelt und ein angenehmes Ambiente zu bieten
hat. $$$$+ (inkl. Dinner)

🛏🚐✕🚫📷🐾 Nunda River Lodge
Divundu
✆ (066) 25 90 93
www.nundaonline.com
In direkter Nachbarschaft zu Divava und ebenfalls am Okavango und in der Nähe von zwei
Tierreservaten, dem Mahango Park und dem
Bwabwata-Nationalpark, gelegen, aber etwas
weniger ambitioniert. Sieben Zelt-Chalets und
acht Campingplätze. Es werden eine Reihe interessanter Besichtigungen und (inkl. Dinner)
Ausflüge angeboten. $$$

🛏✕🐕🐾✕ Lianshulu Lodge
Buchungen: ✆ (061) 22 44 20
www.caprivicollection.com
Im Mudumu National Park und damit im Her-

zen des Caprivi am Ufer des Kwando River gelegen, ist die Lodge in Wildnis eingebettet. 400 Vogelarten, Flusspferde und große Elefantenherden bieten schier unerschöpfliche Möglichkeiten der Tierbeobachtung bei Wanderungen, Bootstouren, Pirschfahrten oder sogar vom eigenen Bungalow aus.

Insgesamt sehr gute Unterbringung und Verpflegung. $$$$+ (inkl. Dinner)

Namushasha River Lodge
Gehört zur Gondwana Collection
℡ (061) 23 00 66
℡ (081) 129 24 24 (mobil)
www.gondwana-collection.com
Am Ufer des Kwando gelegene, ältere, aber von Grund auf renovierte Lodge mit vielfältigem Ausflugsangebot. Elefanten, Flusspferde, Vögel und Pflanzen können hier beobachtet werden. $$$

Camp Kwando
An der C 49, 24 km südl. von Kongola am Kwando gelegen
℡ (066) 68 60 21
℡ (081) 358 22 60 (mobil)
www.campkwando.com
Schöne Unterkünfte in geräumigen Baumhäusern oder Chalets, mit Swimmingpool, gute Küche, vielfältiges Angebot für Unternehmungen. $$$

Mazambala Island Lodge
4 km südlich des Caprivi Hwy. zwischen Kwando und Kongola
Ngwezi, Katima Mulilo
℡ (066) 25 46 25, (081) 219 48 84
www.mazambala.com
Schön in üppige Gärten eingebettete Lodge auf einer Insel im Kwando River, zu der man vom (bewachten) Parkplatz per Boot gefahren wird.

Die 16 Chalets sind einige Jahre alt, aber ordentlich, das Essen gut, die Ausflugsangebote ausgezeichnet. $$–$$$

Lizauli Traditional Village
An der Grenze des Mudumu National Park gelegen, von der B8 (Rundu–Katima Mulilo) fährt man auf die D 3511, von der nach 32 km die Pad zum Dorf abzweigt
Mo–Sa 9–17 Uhr, Eintritt 20 N$
Ein Community-Conservation-Projekt. Es werden traditionelle Behausungen, Arbeitsweisen und -techniken gezeigt, sowie Tänze und Musik dargeboten. Möglichkeit zum Kauf von Kunsthandwerk.

Caprivi Arts & Cultural Association
Im Zentrum von Katima Mulilo
Tägl. 8–17.30 Uhr
Hier wird gutes Kunsthandwerk angeboten, das zuvor Qualitätskontrollen zu passieren hatte. Zum Komplex gehört auch ein Café, wo von Zeit zu Zeit auch kulturelle Live-Veranstaltungen stattfinden.

Gutes Kunsthandwerk wird außerdem angeboten bei:
Ngoma Crafts Centre
nahe dem Grenzübergang nach Botswana in Ngoma
℡ (081) 415 68 15 (mobil)
Mashi Crafts Centre
in Kongola in der Ost-Sambesi-Region
℡ (081) 387 87 15 (mobil).

Mokoro-Fahrt auf dem faszinierenden Okavango

19 Zum Ort heilenden Erinnerns

Von Grootfontein zum Waterberg Plateau Park

19. Tag: Grootfontein – Otavi – Otjiwarongo – Waterberg Plateau Park (310/174 km)

km	Zeit	Route	Die Route finden Sie in der Karte S. 253.
0	9.00 Uhr		Auf der B 8 von **Grootfontein** über **Kombat** Richtung Otavi (wenig befahrene, gute Teerstraße).
94	10.00 Uhr		Von **Otavi** aus Gelegenheit, das **Khorab Memorial** anzusehen (2 km, rechts ab), oder weiter auf der B 1 nach
229	11.30 Uhr		**Otjiwarongo**. Von dort weiter auf der B 1 Richtung Windhoek,
250			links ab auf die C 22 Richtung Okakarara,
291			links ab und auf der D 2512 zum
310	12.30 Uhr		**Waterberg Plateau Park**; hier Wanderung zum Friedhof (ca. eine Stunde) oder Aufstieg zum Plateau (eine Stunde).

Oder auf der kürzeren Schotterpiste:

km	Zeit	Route
0	9.00 Uhr	Auf der B 8 von **Grootfontein** Richtung Otavi,
28		links ab auf die D 2512 und dieser folgen bis
174	12.00 Uhr	zum **Waterberg Plateau Park**.

Gründe, den Waterberg in eine Rundreise durch Namibia einzubeziehen, gibt es viele und viele sehr unterschiedliche. Zum einen lockt die landschaftliche Besonderheit. Der Waterberg ist ein Plateau von 48 Kilometern Länge und bis zu 16 Kilometern Breite, das 200 Meter aus der Ebene herausragt und durch seine steilen Felsabbrüche wie die üppige Vegetation landschaftlichen Reiz gewinnt. Einen Reiz, dem man auf gut ausgeschilderten Wanderwegen problemlos nachspüren kann und der zumeist durch weite Ausblicke ins Land gekrönt wird.

Außerdem erklärte man die Hochebene 1972 zum Tierschutzgebiet und siedelte hier eine Reihe seltener Tiere an, darunter das Weiße Nashorn (Breitmaulnashorn). Allerdings kommen diejenigen, die auf Tierbeobachtungen aus sind, am Waterberg nicht unbedingt auf ihre Kosten. (Es sei denn, man hätte Zeit, sich einer viertägigen, geführten Wandertour anzuschließen.) Bei den vierstündigen, von der Parkverwaltung arrangierten Fahrten im offenen Wagen oder Bus ist die Chance, im dichten Busch Tiere auszumachen, ziemlich gering. Und auch das Ansitzen im Unterstand am Wasserloch muss keineswegs von Erfolg gekrönt sein.

Andererseits ist der Waterberg ein geschichtlich höchst bedeutsamer Ort, fand hier doch die entscheidende Schlacht zwischen der deutschen Schutztruppe und den Herero im Jahr 1904 statt. Allerdings ist Schlachtfeld-Tourismus verständlicherweise nicht jedermanns Sache.

Die Landschaft, die man bei der Anfahrt zum Waterberg erlebt, fesselt durch ihre relative Üppigkeit. Farmland und Buschsavanne gehen ineinander über. Sanft runden sich die Hügel und selbst da, wo sie sich zu Bergketten knubbeln, fehlt ihnen die in anderen Landesteilen übliche Dramatik. Fast ist man versucht, sie mit dem Attribut »lieblich« zu belegen.

Bald wird der Ort **Kombat** passiert, der seine Existenz einer der reichsten Kupferminen der Region verdankt, was daran erinnert, dass wir uns im »namibischen Ruhrgebiet« bewegen. Bezeichnenderweise spricht man heute vom Maisdreieck, was deutlich macht, dass die landwirtschaftliche Nutzung der Erzförderung den Rang abgelaufen hat.

Mit **Otavi** wird die dritte Ecke des Dreiecks erreicht, mit weniger als 5000 Einwohnern allerdings auch die kleinste. 2004 verlor die Stadt wegen schwindender Einwohnerzahlen und Finanzkraft ihren städtischen Status, der ihr angesichts wachsender Einnahmen aus dem Industriesektor 2011 wieder verliehen wurde. Einzige wirkliche Sehenswürdigkeit ist inzwischen die Deutsche Privatschule, mit nur 18 Schülern die kleinste deutschsprachige Schule Namibias. Zwei Kilometer außerhalb des Ortes liegt dann noch das **Khorab Memorial**, das an den am 19. Juli 1915 zwischen Deutschen und Südafrikanern geschlossenen Waf-

Seit 2007 leben diese beiden Breitmaulnashörner am Waterberg-Plateau

fenstillstand und damit an das formelle Ende deutscher Herrschaft erinnert.

Otjiwarongo, der »Platz, wo fettes Vieh weidet«, bietet das schon bekannte Bild einer »größeren« Stadt. Immerhin leben hier 28 000 Menschen und das ganz offensichtlich vorwiegend vom Warenaustausch mit den umliegenden Farmen. Einmal mehr amüsiert der Widerspruch zwischen der demonstrativen Großzügigkeit der Hauptstraßen und der nicht zu übersehenden Provinzialität, wie er allen Landstädtchen hier anhaftet. Die blühenden Gärten sowie der zentral gelegene Park zeugen vom Wasserreichtum, der den Ort einstmals zum beliebten Weideplatz der Herero machte.

Der Besuch der **Krokodilfarm** sei all jenen empfohlen, die nicht bis zu Namibias

Das Ziel vieler nambischer Wochenend-Ausflügler: der Waterberg Plateau National Park

Grenzflüssen vorstoßen wollen. Dann ist dies nämlich die einzige Gelegenheit, die im Wasser beheimateten Tiere zu Gesicht zu bekommen.

Schon bald nach der Abzweigung Richtung Okakarara zeichnet sich in der Ferne die Silhouette des **Waterbergs** ab. Der Tafelberg verdankt seine Entstehung Klimaveränderungen und Erdverschiebungen, die 200 Millionen Jahre zurückliegen. Die senkrecht auf-

ragenden Felswände, vor allem bei der Anfahrt aus südwestlicher Richtung von weither erkennbar, bestehen aus Etjo-Sandstein, einer besonders harten und wasserundurchlässigen Formation. Je nach Sonneneinstrahlung schimmern sie in rötlich-gelber Farbenpracht.

Die Wasserundurchlässigkeit dieser Gesteinsschicht trägt einerseits dazu bei, dass die relativ hohen jährlichen Niederschlagsmengen (500 mm) auf dem Plateau nicht versickern können, was kräftigen Bewuchs ermöglicht. Andererseits führt sie dazu, dass sich an der Basis des Waterberg Plateaus, wo der harte Sandstein auf tonhaltige Schichten trifft, Quellen bilden, die die Voraussetzung für eine üppige Saumvegetation bilden.

So ist es nicht verwunderlich, dass diese grüne Insel zum beliebten Wochenendziel vieler Namibier avancierte. Vor allem seit 1989, als am Fuß des Berges ein Rastlager eingerichtet wurde, benannt nach dem ersten Direktor der Naturschutzbehörde Namibias, Bernabé de la Bat. Neun ausgeschilderte Wanderwege, die auch an Freizeitwanderer keine hohen Anforderungen stellen, führen zu allen Naturschönheiten der Gegend und zu den Orten von historischer Bedeutung. Außerdem winkt die Möglichkeit, bei einer der geführten Pirschfahrten auf das Plateau die seltenen Elenantilopen oder ein Weißes Nashorn beobachten zu können. Eine Anmeldung dazu sollte spätestens beim Eintreffen erfolgen.

Um keine falschen Erwartungen zu wecken, sei darauf hingewiesen: Das Weiße Nashorn ist alles andere als weiß. Von seinen »schwarzen« Artgenossen unterscheidet es sich vornehmlich durch die Größe und durch die Form des Mauls, weshalb es treffender auch als Breitmaulnashorn bezeichnet wird. Zur Fauna des Plateaus zählen zudem Leoparden, Geparden, Kudus, Oryxe, Warzenschwei-

Weithin sichtbar: die steil abfallenden Felswände des Waterberges

ne, Schakale, Impalas, Roan-Antilopen, Gnus, Duiker, Hartebeester und Büffel. Die dichte Baumsavanne auf dem Areal des Naturschutzparks bietet allen gleichermaßen gute Deckung, was die Beobachtungsmöglichkeiten erheblich reduziert. Den Tieren wird's nur recht sein. Denn schließlich geht es bei einigen von ihnen um das Überleben der Art.

Keine Scheu zeigen hingegen die Pavianherden, deren man am Rand der Wanderwege ansichtig wird. Meist erlebt man sie, wie sie unter lautem Gekreisch die Flucht ergreifen. Angenehmer dagegen ist das vielstimmige Vogelkonzert, das man am frühen Morgen und gegen Abend vernimmt. Bei über 200 Vogelarten, die rund um den Waterberg heimisch sind, kann aber auch das erhebliche Phonstärke erreichen.

Zwei der Wanderwege seien besonders empfohlen: der Mountain View, ein einfacher Kletterpfad, der nach 30-minütigem Anstieg auf dem Plateau endet

und mit einer herrlichen Rundsicht über das Land belohnt, und der Mission Way, der vorbei an den Ruinen der ersten Mission zum alten Friedhof führt – und damit zu den geschichtlichen Ereignissen, die dem Waterberg zu seiner fragwürdigen Berühmtheit verhalfen.

Während die alten Mauerreste der Mission wenig erahnen lassen von den vergangenen Aktivitäten, sprechen die über hundert Jahre alten Grabsteine auf dem **Friedhof** eine beredte Sprache. Allein ihre Existenz nach so langer Zeit lässt auf ihre Bedeutsamkeit für die Menschen in Namibia schließen. Mit ehernem Eichenlaub bekränzt oder schlicht in Sandstein gehauen, nennen sie Namen, Herkunft, Alter, Dienstgrad und Todesdatum. Auffallend, dass diejenigen, die am 14. Januar 1904 hier ihre letzte Ruhe fanden, nicht als »gefallen«, sondern als »ermordet« bezeichnet werden.

Und wirklich fand an diesem Januartag des Jahres 1904 keine Schlacht statt. Dem

Aufruf Samuel Mahereros zum bewaffneten Widerstand gegen die Deutschen folgend, überfielen die Söhne des in dieser Region das Kommando führenden Herero-Kapitäns Kambazembi die Station und töteten die Händler und Militärs, deren sie habhaft werden konnten. Frauen, Kinder, Missionare, Buren und Engländer blieben gemäß Mahereros Anweisungen verschont. Dieser und andere parallel ablaufende Übergriffe im ganzen Land setzten das Signal für den Aufstand der Herero-Nation, ihren Kampf für die Erhaltung ihrer traditionellen Lebensform. (Über den Verlauf des Kampfs und die Auswirkungen wird ausführlich im Kapitel »Herero«, S. 248 ff. berichtet.)

Bei der Entscheidungsschlacht im August 1904 ließen 26 deutsche Soldaten ihr Leben, 60 wurden verwundet. Die genaue Zahl der Verluste auf Seiten der Herero ist unbekannt, angesichts der Zahl der auf der Flucht Gestorbenen wohl auch bedeutungslos. Auf einer Tafel, vor einigen Jahren erst in die Friedhofsmauer am Waterberg eingelassen, wird der toten Herero gedacht. »Dem Andenken der in der Schlacht am Waterberg gefallenen Hererokrieger« kann man dort in deutscher Sprache lesen.

Übrigens scheinen die Nachkommen der Herero wie die schwarzen Namibier allgemein keine Probleme mit der Aufarbeitung dieser Episode der Geschichte zu haben. Bei den jährlichen Gedenkfeiern in Okahandja (vgl. S. 283) erscheinen ein Teil der Männer teilweise in Uniformen, die den alten Schutztruppenuniformen nachempfunden sind, und tragen Dienstgrade wie *oleutnanta*, *ohauptmana*, *omajora* oder *ofeldmarsha* – nicht selten in Erinnerung an die deutschen Offiziere, denen ihre Vorfahren dienten. Es scheint dies Ausdruck einer nachahmenswerten Verhaltensform: der Kultur des »heilenden Erinnerns«.

Resort an der Abbruchkante des Waterberg

◉ Khorab Memorial
2 km nördlich von Otavi
Gedenkstätte zur Erinnerung an den 1915 geschlossenen Waffenstillstand zwischen der deutschen Schutztruppe und den südafrikanischen Streitkräften, der das Ende deutscher Kolonialherrschaft markiert.

◉ Krokodilfarm
Der Weg ist von der Hauptstraße an ausgeschildert, Otjiwarongo
℡ (067) 30 21 21
Mo–Fr 9–16, Sa/So/Fei 11–14 Uhr

🛏🅿✕☕🍴🏊 Waterberg Resort
Buchung: Namibia Wildlife Resorts
℡ (061) 285 72 00, www.nwr.com.na
Check-In tägl. 8–13 und 14 Uhr bis zum Sonnenuntergang

Kaffeepause am Waterberg

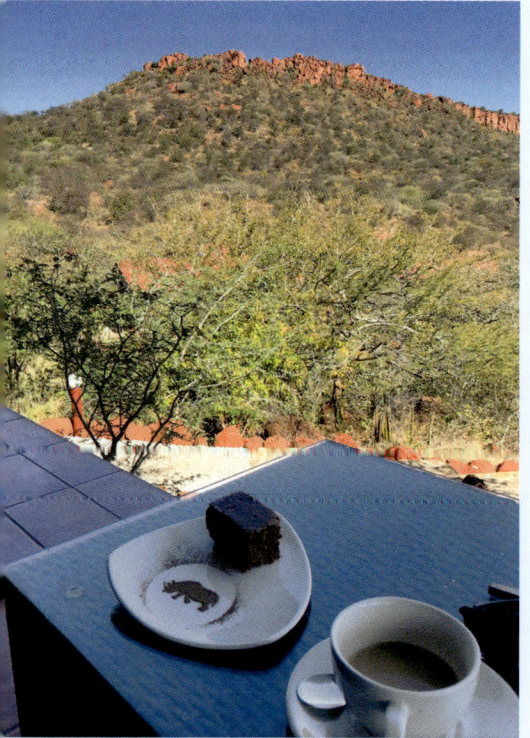

Parkgebühren: N$ 80, Kinder unter 16 J. frei, Pkw (bis zu zehn Sitze) N$ 10. Motorräder sind nicht erlaubt. Es besteht weiterhin der Zelt- und Caravanplatz (N$ 130/Nacht für den Stellplatz und N$ 160/Person und Nacht).

Das Resort wurde vor einigen Jahren einer kompletten Überholung unterzogen. Es entstanden sehr hübsch eingerichtete Bush Chalets, Familien-Chalets und Doppelzimmer ($$–$$$). Laden, Tankstelle, Restaurant und Swimmingpool sind vorhanden.

April–Nov. (jeweils 2., 3. und 4. Wochenende) finden **geführte Wanderungen** auf das Plateau statt. Der Trail beginnt donnerstags um 14 Uhr und endet am Sonntagnachmittag. Die Gruppengröße beträgt sechs bis acht Personen. Teilnehmer müssen ihre Verpflegung und Schlafsack mitbringen (möglichst frühzeitig buchen. Kosten: N$ 250/Person). Geführte **Pirschfahrten** aufs Plateau: Start tägl. 8 bzw. 15 Uhr, Buchungen im Office am Parkeingang (am besten aber im Voraus).

Ausgeschilderte **Wanderwege** (Karte im Office erhältlich): ein Muss sind der Mountain View (Kletterpfad zum Plateau, 30 Min. Aufstieg) und der Mission Way (Wanderweg zu den Ruinen der alten Mission und zum Friedhof mit den Gräbern der während des Herero-Aufstands gefallenen Soldaten).

✕🍴 Restaurant
Im Waterberg Plateau Park
Tägl. 7–8.30 und 12–13.30 und 19–21 Uhr
Angebot von guten Wildgerichten. Das Gebäude des Restaurants diente vormals als Beamtenwohnhaus der Polizeistation. Der rote Backsteinbau umfasste 20 Wohnungen, verfiel, nachdem die Station aufgegeben worden war, und wurde, als man an die Einrichtung des Rastlagers ging, liebevoll restauriert. Vom umlaufenden Säulengang aus hat man einen herrlichen Blick ins Land. $$

🛏🅿✕◉🔑 Waterberg Guest Farm
Buchung: Namibia Reservations
℡ (067) 30 47 16
www.namibiareservations.com
Für alle, die privat betriebene Lodges bevorzugen, bietet sich diese am Fuß des Waterbergs an der C 22 nahe Okakarara gelegene Gästefarm an. Sehr schöne Zimmer, viele Ausflugsmöglichkeiten. $$$ ✹

20 Zum guten Schluss
Zurück nach Windhoek

20. Tag: Waterberg Plateau Park – Windhoek (216 km)

km	Zeit	Route
0	12.30 Uhr	Vom **Waterberg Plateau Park** über die D 2512 Richtung Otjiwarongo,
19		rechts abbiegen auf die C 22,
60	13.30 Uhr	links ab auf die B 1 Richtung Okahandja.
152	15.00 Uhr	In **Okahandja** Besuch des Holzschnitzermarkts und der Gräber der Herero-Führer. Weiter auf der B 1
216	17.00 Uhr	nach **Windhoek**.

Einen Stadtplan von Windhoek finden Sie auf S. 42.

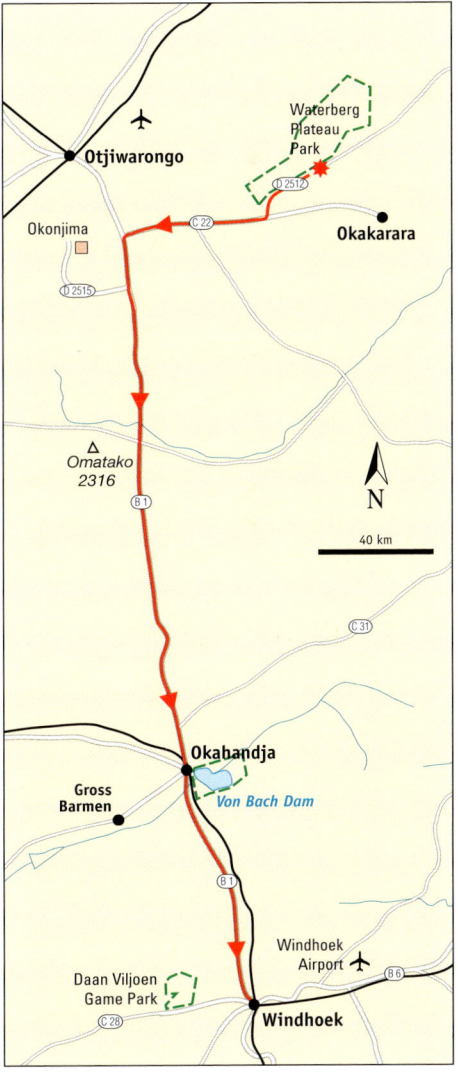

Ob es gefällt oder nicht: Jede Reise hat ein Ende. Mit dem Abschied vom **Waterberg** und der Rückkehr zur zivilisierten Teerstraße Richtung Windhoek kündigt sich unweigerlich auch das Ende der Rundtour durch Namibia an. Fragt sich nur, wie man diesen Schlussakkord gestaltet. Denn der Möglichkeiten gibt es viele – vorausgesetzt, es steht noch ein zusätzlicher Tag (vielleicht sogar zwei?) zur Verfügung und die Reisekasse lässt noch Spielraum. Für diesen Fall wurden unter Service&Tipps (S. 284 f.) einige Lodges aufgelistet, die sich für einen beschaulichen oder spektakulären Ausklang der Reise – ganz nach persönlichem Geschmack – empfehlen lassen.

Eines allerdings steht fest: Der Weg führt, mit Zwischenstopp oder ohne, durch das zentrale Hochland nach Windhoek. Soweit das Auge reicht, dehnt sich typische Savannenlandschaft: weite Grasebenen mit lichten Dornbüschen und Baumbewuchs. Einzelne Bergkuppen, die die Fläche überragen, scheinen zwar von bescheidener Höhe, erreichen aber nicht selten mehr als 2000 Meter. Die Ebene selbst – man verliert es leicht aus dem Bewusstsein – erstreckt sich auf der stattlichen Höhe von bis zu 1400 Metern über Meeresniveau. Kein Wunder also, wenn die Erhebungen ihr wenig herausragendes Erscheinungsbild durch außerordentliche Gestaltung kompensieren. So die **Omatako-Berge**, immerhin stolze 2286 Meter hoch, die sich wie zwei ebenmäßige Halbkugeln wölben. Die Herero inspirierte diese Form zu der sinnfälligen Namensgebung Pobacken.

Die auch in Trockenzeiten relativ große Vegetationsdichte lässt Rückschlüsse auf die Niederschlagsmenge in der Region zu. Mit 300 bis 500 Millimetern jährlich liegt sie weit über dem Durchschnitt anderer Landesteile. Damit ist die Voraussetzung für eine Erfolg versprechende landwirtschaftliche Nutzung gegeben sowie für einen hohen Bestand an Wildtieren. Von Letzteren geht für den Reisenden eine nicht zu unterschätzende Gefährdung aus. Oft kreuzen sie unverhofft die Straße, so dass höchste Achtsamkeit geboten ist.

Aufgrund der vorhandenen Vegetation war dieses namibische Kernland schon in vorkolonialer Zeit ein bevorzugtes Weideland, um dessen Nutzung es im Verlauf des 19. Jahrhunderts zu erbitterten Kämpfen kam. Doch angesichts der Tatsache, dass inzwischen zwei bis drei Wochen Reisezeit und entsprechende Lektüre hinter dem Benutzer dieses Führers liegen, kennt er die historischen Hintergründe inzwischen wahrscheinlich auswendig, so dass es keiner weiteren Wiederholung bedarf. Ansonsten mag er in folgenden Kapiteln noch einmal nachlesen: »Begegnung mit deutscher Kolonialgeschichte«, »Die Völker Namibias«, »Chronik«, »Herero« und Route 19 »Zum Ort heilenden Erinnerns«.

Okahandja, erstes Ziel des Tages, ist insofern ein Kristallisationspunkt dieser geschichtlichen Ereignisse, als sich hier die Gräber der letzten Herero-Führer wie auch das von Jan Jonker Afrikaner, ihres teilweise stärksten Widersachers, befinden. Ungeachtet der Feindseligkeiten zu Lebzeiten ist hier das vorkoloniale Afrika im Tod vereint. Auch in der Verehrung durch die Nachkommen ist es vereint, wie sich bei den alljährlichen Gedenkfeiern im August feststellen lässt.

Über diese historische Bedeutsamkeit hinaus bietet der Ort mit 22 500 Einwohnern dem Reisenden wenig. Die weitläufige Ansiedlung wirkt kaum anheimelnd. An ökonomischer Lebensgrundlage für die Bevölkerung mangelt es jedoch nicht: Das Schwemmland von Okahandja Rivier und Swakop ermöglicht den Gemüseanbau und eine Reihe von Kleinindustriebetrieben (vor allem der Holzverarbeitung) bietet zusätzlich Arbeitsplätze. Eine andere Form der Gestaltung von Holz zeigt der Markt direkt neben der Durchgangsstraße. Ganze Herden von Giraffen, Elefanten und Krokodilen in allen Größen und Ausformungen warten hier darauf, als Souvenir in europäische Wohnzimmer zu wandern.

Die Stadt war im Übrigen auch einer der Ausgangspunkte des Wirkens europäischer, speziell deutscher Missionare. Im Gefolge der Orlam waren sie Mitte des 19. Jahrhunderts mitsamt den Händlern ins Land gekommen. Die Rheinische Missionsgesellschaft tat sich dabei besonders hervor, gab allerdings den Standort Okahandja bald auf. »Damals (1844) fanden wir die Quelle sehr schwach«, heißt es dazu in einem Tage-bucheintrag, »und ... okkupierten deshalb das elende sterile Neu-Barmen.« (»Aus alten Tagen in Südwest«, Hrsg. Walter Moritz). Die rund 30 Kilometer lange Fahrt durch gelb schimmerndes Weideland nach **Gross Barmen** (wie der »elende« Ort mit seinen Thermalbädern heute heißt) könnte für den ein oder anderen durchaus von Reiz sein.

Der letzte Streckenabschnitt auf der Route von Okahandja nach Windhoek führt nicht nur in zunehmend bergigere Regionen (immerhin steigt man bis Windhoek auf bis zu 1700 m Höhe), die Nähe der Hauptstadt wird auch an zunehmender Verkehrsdichte spürbar. Aus ist es mit der inzwischen so vertrauten Einsamkeit auf der Pad. Die Zivilisation hat uns wieder. Bald schon erkennt man in der Ferne die Skyline von **Windhoek**, die Vorzeigeobjekte des modernen Namibia wie das Ende der Reise anzeigend.

Zebras am Waterberg

20 Service & Tipps

⊞✕⊞🔺 **Okonjima Gästefarm**
Otjiwarongo
☎ (067) 31 40 00
☎ (081) 127 62 33 (mobil)
www.okonjima.com
Die Familie Hanssen unterhält die »Afri-Cat Foundation«, die sich den Erhalt und die Rehabilitierung großer Wildkatzen zum Ziel gesetzt hat. Während des Aufenthalts hat man die Möglichkeit, Einblick in diese Arbeit zu gewinnen.

Kinder unter zwölf Jahren sind aus Sicherheitsgründen in den meisten Unterkünften nicht willkommen. Die Unterbringung erfolgt in komfortablen Chalets bzw. in verschiedenen Spezialunterkünften abseits des Main Camps. Es gibt einen kleinen Swimmingpool

und verschiedene Aktivitäten, die mit Land, Leuten, Tieren und Pflanzen vertraut machen. $$$–$$$$ (inkl. Dinner)

⊞✕⊞🛏🔺 **The Elegant Farmstead**
An der D2102, 28 km von Okahandja, 85 km von Windhoek und 142 km vom Flughafen
Ecke Knig & Ziegler St. 56
Klein Windhoek
Buchung: Elegant Collection Reservation
☎ (061) 30 19 34
www.the-elegant-farmstead.de
Ländlichen Charme und komfortables Ambiente vereint diese Ende 2010 in einem alten Farmhaus entstandene Lodge mit elf Gästezimmern.

Hier lässt sich gut am Ende der Reise ausspannen – bei exzellentem Essen, herzlichem Service und Sonnenbad am großen Pool. Auch

Geparden als friedliche Hausgenossen auf der Okonjima Gästefarm

Savannenlandschaft und entsprechende Tier-welt können noch einmal bei Farm-Drives ge-nossen werden. $$$ (inkl. Dinner)

◉ Gräber der Herero-Führer
An der Kirche von Okahandja
Hier befinden sich u. a. die Gräber von Samuel Maherero und dem Orlam-Führer Jan Jonker Afrikaner.

🔱 Holzschnitzermarkt
Straßenmarkt am Ortsausgang von Oka-hand-ja (B1 Richtung Windhoek), der mit seinem großen Angebot inzwischen legendär ist. Die Kunsthandwerker, denen man teilweise bei der Arbeit zusehen kann, kommen vor allem aus der Region Sambesi oder den Nachbar-ländern.

🛏✗☕🍴🏊 Düsternbrook Gästefarm
An der D 1499, die 30 km vor Windhoek (von Norden kommend) rechts von der B1 abzweigt
Windhoek
✆ (061) 23 25 72
www.duesternbrook.net
Viel gelobte Gästefarm mit sechs Zimmern im Gästehaus, zwei Safarizelten und seit 2010 zusätzlich einem Chalet. Die Anlage liegt in unmittelbarer Nähe von Windhoek (50 km) und damit auch relativ günstig zum Flugha-fen (95 km).

Die Farm befindet sich auf einem Berg mit großartigem Blick über ein Trockenflussbett. Eine besondere Attraktion ist die Möglichkeit zur Geparden- und Leopardenbeobachtung und -fütterung. Swimmingpool, Wander-möglichkeit, Flughafentransfer. Die Küche ist exzellent. $$

🛏✗🍴🏊 Eningu Clayhouse Lodge
Windhoek
✆ (062) 58 18 80
www.eningulodge.com
Buchung & Anfragen: LOGUFA
✆ (064) 46 41 44
www.logufa.com
65 km vom internationalen Flughafen ent-fernt (über die M 51 und D 1471 zu erreichen) befindet sich diese Lodge in der Kalahari-Buschsavanne.

Sie verfügt über neun Zimmern, die jeweils ganz individuell gestaltet sind. Das Haus

Großdimensionierte Souvenirs vom Holz-schnitzermarkt in Okahandja

überzeugt auch durch die in Lehmbauweise errichteten Gebäude und das Afrika-Flair.

Man kann hier hervorragend entspannen – und sich per Teleskop in den Sternenhimmel Afrikas vertiefen.
$$$ (inkl. Dinner)

🛏🏨✗☕ Airport Lodge
An der B6, 15 Minuten vom Flughafen entfernt
Windhoek
✆ (061) 23 14 91 und 24 31 92
✆ (081) 122 61 01 (mobil)
www.airportlodgenamibia.com
Nur 20 km vom Flughafen entfernt und den-noch absolut ruhig gelegen, ist die Lodge ideal für die letzte Nacht. Neben der guten Einrichtung der Bungalows überzeugt die warme Gastlichkeit der ersten schwarzen Hotelbesitzer Namibias, Brian und Hermine Black. Flughafentransfer (max. sechs Pers.) etwa € 20. $$ ✳

Service von A bis Z

Anreise, Einreise 286
Auskunft 287
Auto- und Motorradmiete 288
Diplomatische Vertretungen 289
Einkaufen 290
Essen und Trinken 291
Feiertage, Feste 292
Fotografieren 292
Geld, Kreditkarten, Reisekosten .. 293
Hinweise für Menschen mit
    Handicap 294
Internet 294
Jagd 294
Klima, Kleidung, Reisezeit 294
Landkarten, Literatur 295
Maße und Gewichte 296
Medizinische Versorgung 296
Mit Kindern in Namibia 297

Naturschutz, Permits 297
Notfälle, wichtige Rufnummern .. 299
Öffnungszeiten 299
Post, Briefmarken 299
Presse 299
Rauchen 299
Reisen in die Nachbarländer 299
Sicherheit 300
Sport, Erholung, Touren 300
Sprache 302
Strom 302
Telefonieren 302
Trinkgeld 303
Unterkunft 303
Verkehrsmittel 305
Zeitzone 305
Zoll 305

Hinweis in eigener Sache

Das Reiseland Namibia boomt, was beständige Veränderungen zur Folge hat. Die Neuerungen entwickeln dabei oft ein Tempo, dem mit noch so sorgfältiger Recherche nicht zu folgen ist. Der Benutzer des Reiseführers mag daher auf Informationen stoßen, die der Korrektur bedürfen oder ergänzt werden müssen. Entsprechende Hinweise werden dankbar entgegengenommen.

Auch muss wegen hoher Inflationsraten im südlichen Afrika damit gerechnet werden, dass nicht mehr alle angegebenen Preise zutreffen, wenn Sie das Buch zur Hand nehmen. Informieren Sie sich also am besten vor Reiseantritt noch einmal im Internet.

Anreise, Einreise

Das Verkehrsmittel für die Anreise nach Namibia wird in der Regel das **Flugzeug** sein. **Direktflüge** von Deutschland nach **Windhoek** (Flugdauer ca. 10 Std.) bietet derzeit täglich **Air Namibia** an. Auch Condor hat Direktflüge im Angebot. Die Preise aller Anbieter für den Hin- und Rückflug bewegen sich zwischen € 700 und 2500 je nach Reisezeit, akzeptierter Zwischenstopps und gewünschter Klasse. In der Regel gilt, wer zeitig bucht, hat Chancen auf günstigere Tarife.

Bürger aus Deutschland, Österreich und der Schweiz benötigen für die Einreise kein Visum. Ein beim Ende der Reise noch für **mindestens sechs Monate gültiger Reisepass** mit mindestens zwei freien Seiten reicht zur Bewilligung eines Aufenthalts von maximal 90 Tagen aus. **Kinder, auch Babys, benötigen einen eigenen Reisepass mit Bild.**

Es wird dringend empfohlen, den Einreisestempel, das **Visitors Entry Permit**, sofort bei der Einreise dahingehend zu kontrollieren, ob die genehmigte Aufenthaltsdauer mit dem geplanten Reisezeitraum übereinstimmt. Eine (auch unwissentliche) Überschreitung der Aufenthaltsdauer kann zu Haftstrafen führen.

Theoretisch wird die Vorlage des Rückflugtickets bei der Einreise verlangt. Sollte der Rückflug noch nicht gebucht sein, müsste nachge-

Auf der Schotterpiste durch Namibia

wiesen werden, dass man über hinreichende finanzielle Mittel zur Rückreise verfügt. Genauso müssen (theoretisch) die Geldmittel für den Lebensunterhalt während der Reise in Namibia offengelegt werden. Kontrollen fanden in letzter Zeit allerdings (soweit bekannt) nicht statt, was sich leicht damit erklären lässt, dass Reisende heutzutage selten Bargeld mit sich führen und somit eine Kontrolle der Geldmittel kaum möglich ist. Hinweise zu Einfuhrbeschränkungen finden Sie unter »Zoll«.

Für die 45 Kilometer lange Fahrt vom Flughafen **(Hosea Kutako International Airport)** zur Innenstadt von Windhoek stehen Taxis und Busse zur Verfügung. Am günstigsten ist es, mit dem Autovermieter im Vorfeld abzusprechen, dass man den für die Rundreise gemieteten Wagen direkt am Flughafen in Empfang nimmt. Allerdings sollte die Wegstrecke vom International Airport zur Hauptstadt mit Vorsicht angegangen werden. Die Straße ist exzellent ausgebaut, gilt aber als eine der unfallträchtigsten des Landes. Auch muss der Reisende sich zunächst einmal auf den Linksverkehr einstellen.

Auskunft

Mit Fragen der Reiseplanung und -vorbereitung wendet man sich an den gewählten Reiseveranstalter oder an das Büro von Namibia Tourism.

ℹ️ **Namibia Tourism Board**
Schillerstr. 42–44, 60313 Frankfurt/M.
☎ (069) 13 37 36-0
www.namibia-tourism.com
Telefonische Auskünfte Mo–Fr 9–13 Uhr
In Namibia hat das **Tourism Board** als Abteilung des Ministeriums für Tourismus und Umwelt seine Zentrale in der Hauptstadt Windhoek. Sind nach der Ankunft noch Fragen offen, lassen sich diese hier klären:

ℹ️ **Namibia Tourism Board**
Channel Life Building
Floor M2-2nd, Post Street Mall, Windhoek
☎ (061) 290 60 00
www.namibiatourism.com.na
Mo–Fr 8–12 und 14–16 Uhr

ℹ️ **Tourist Information Office**
Post Street Mall, Windhoek
☎ (061) 290 20 58
Mo–Fr 9–19, Sa 9–12 und 14–16 Uhr
Betrieben von der Windhoeker Stadtverwaltung.

ℹ️ **Lokale Informationsbüros** finden Sie unter der Rubrik Service & Tipps bei den einzelnen Reisetagen.

287

Auto- und Motorradmiete

Wichtigstes Verkehrsmittel für eine Namibia-Rundreise ist der Mietwagen. Die Kosten für die Anmietung eines Fahrzeugs sind relativ hoch, was von den Vermietern mit der steigenden Anzahl der von Touristen verursachten Unfälle begründet wird. Deshalb schlagen auch zu entrichtende Versicherungsbeiträge (die trotz allem meist einen relativ hohen Anteil an Selbstbeteiligung im Fall eines Unfalls vorsehen) kräftig zu Buche. Preisvergleiche und Verhandlungsgeschick helfen, die Ausgaben in Grenzen zu halten. Auch erweisen sich Buchungen bei hiesigen Zentralen internationaler Autovermieter (z. B. Avis oder Budget) meist als günstiger.

Auf jeden Fall sollte man darauf achten, dass der gewählte Autovermieter der Dachorganisation CARAN (Car Rental Organisation of Namibia, ☎ 081-417 37 97, www.natron.net) angehört, wodurch er sich festgelegten Leistungskontrollen unterworfen hat. Das Auswärtige Amt empfiehlt darüber hinaus, bei der Reservierung die Vertragsbedingungen genau anzusehen, da die Anwendung von Vollkasko in Namibia anders vereinbart wird als in Deutschland. Im Schadensfall muss zudem damit gerechnet werden, dass der Versicherte den Nachweis erbringen muss, nicht fahrlässig gehandelt zu haben.

Für die in diesem Reiseführer vorgeschlagene Basisroute ist es nicht erforderlich, ein vierradgetriebenes Fahrzeug zu mieten. Die Kosten für einen kleinen, zweiradgetriebenen Wagen liegen derzeit bei etwa € 690 für drei Wochen (inklusive erhöhter Haftpflichtdeckungssumme). Sollte man vorhaben, sich abseits dieser Route zu bewegen, kann nur zur Anmietung eines vierradgetriebenen Autos geraten werden, das mit ca. € 2400 für 20 Tage zu Buche schlägt. Die Kraftstoffpreise liegen zurzeit bei ca. N$ 11,40/Liter für Benzin und N$ 11/Liter für Diesel (Stand Juni 2017).

Folgende Firmen bieten u. a. in Windhoek **Mietwagen** für Reisen in Namibia an:

🚗 Avis Rent-a-Car

Jeans St. (nahe der B 1 Richtung Rehoboth, direkt beim Safari Court Hotel), Windhoek
☎ (061) 23 31 66
Airport: ☎ (061) 54 02/1/2

www.avis.com
Service und Zustand der zur Verfügung gestellten Wagen rechtfertigen eine nachhaltige Empfehlung.

🚗 Budget Rent-a-Car

Airport: ☎ (027) 113 87 80 02
www.budget.co.za

🚗 Camping Car Hire

36 Joule St., südliches Industrieviertel Windhoek
☎ (061) 23 77 56, www.camping-carhire.de
Auf die Vermietung von **Wohnmobilen** spezialisiert.

Für die Übernahme des Fahrzeugs ist ein gültiger **Internationaler Führerschein** erforderlich. Durch die Vorlage einer Kreditkarte erspart man sich Vorauszahlungen und die Hinterlegung einer Kaution. Der Mietwagen muss vor der Übernahme gründlich geprüft werden, vor allem Reifen, Werkzeug und Reserverad – ein zweites Reserverad ist kein unnötiger Luxus. Achten Sie auf das Vorhandensein eines Reservekanisters!

Die **Verkehrsregeln** entsprechen den internationalen Gepflogenheiten – mit einer Ausnahme: Es herrscht **Linksverkehr!** Auf geteerten Fernstraßen beträgt die zulässige Höchstgeschwindigkeit 120 km/h, auf Schotterpisten 60 bis maximal 80 km/h, in Ortschaften 60 km/h. Da Verkehrskontrollen so gut wie unbekannt zu sein scheinen (Ausnahme: die Zufahrt zum Sossusvlei), werden solche Regeln nicht immer ernst genommen. Touristen sollten aber bedenken, dass überhöhte Geschwindigkeit im Fall eines Unfalls ausgesprochen teuer werden kann.

Speziell bei Unfällen auf Schotterpisten ist der Anteil der Selbstbeteiligung an den Folgekosten meistens außerordentlich hoch, was die Verlockung, sich auf solchen Strecken als Rallye-Rennfahrer zu erproben, dämpfen dürfte. Wer auf der Gravel Pad im Schnitt 60 km/h zurücklegt, kommt zügig voran, kann die Landschaft genießen und auch auf Unvorhergesehenes noch angemessen reagieren.

Fahrten in der **Dämmerung und Dunkelheit** sollten nach Möglichkeit vermieden werden, da es dann leicht zu Zusammenstößen mit Wildtieren kommt. Es empfiehlt sich, immer wieder den Reifendruck zu überprüfen, da nur mit optimalem Druck auch eine optimale Straßenhaftung erreicht wird.

In Namibia besteht **Anschnallpflicht**, auch für Reisende auf den Rücksitzen. Man sollte sich – schon aus versicherungstechnischen Gründen – nicht vom Beispiel der Namibier verleiten lassen und dieser Verpflichtung auf jeden Fall nachkommen.

Die günstigen Witterungsbedingungen und das gut ausgebaute Straßennetz mögen Zweiradfans zu einer Namibiareise per **Motorrad** verlocken. Schiffsverfrachtungen der eigenen Maschine lassen sich relativ problemlos bewerkstelligen. Allerdings sind Krafträder in allen Nationalparks Namibias nicht zugelassen, weshalb auf diese Art Motorisierte auf den Besuch verzichten müssten.

**ℹ Automobile Club AAN
(Automobile Association of Namibia)**
22 Bismarck St., Windhoek 9000
☎ (061) 22 42 01
www.aa-namibia.com
Abschleppdienst: ☎ (061) 22 42 01/02
Fragen, die sich ums **Auto** drehen, beantwortet der namibische Automobilklub.

Pannenhilfe wie andere Klubleistungen sind nur dann kostenlos, wenn man Mitglied eines Automobilklubs ist – und das auch per **Mitgliedskarte** belegen kann (Ausweis mitnehmen). Auch für den Bezug kostenloser Straßenkarten von Namibia ist dies die Voraussetzung.

Diplomatische Vertretungen

**ℹ In Deutschland
Botschaft der Repuplik Namibia**
Reichsstr. 17
14052 Berlin-Charlottenburg
☎ (030) 254 09 50
www.namibia-botschaft.de

**ℹ In Österreich
Botschaft der Repuplik Namibia**
Zuckerkandlgasse 2
1190 Wien
☎ (01) 402 93 71
www.embnamibia.at
Da es in der **Schweiz** keine namibische Botschaft gibt, können Schweizer ihre An-

fragen an die namibische Botschaft in Berlin richten.

Und für den Fall der Fälle hier die Anschriften der für deutschsprachige Besucher wichtigsten diplomatischen Vertretungen **in Namibia:**

ℹ Botschaft der Bundesrepublik Deutschland
Sanlam Center, 6th Floor
154 Independence Ave.
P. O. Box 231, Windhoek 9000
☎ (061) 27 31 00
Bereitschaftsdienst: ☎ (081) 124 35 72 (mobil)
www.windhuk.diplo.de
Mo–Fr 9–12, Mi 14–16 Uhr

ℹ Honorarkonsulat von Österreich
1 Schäfer St., P. O. Box 11848, Klein Windhoek
☎ (061) 22 21 59
www.austrian-consulate.com
hgk.windhoek@gmail.com
Di und Do 10–12 Uhr
Ohne Passbefugnis.

ℹ Schweizer Honorarkonsulat
Gathemann Building
175 Independence Ave.
Windhoek
☎ (061) 22 38 53
www.eda.admin.ch/capetown
windhoek@honrep.ch
Ohne Passbefugnis.

Vertretungen von Österreich oder der Schweiz mit Passbefugnis gibt es keine in Namibia. Angehörige dieser Staaten können sich an ihre Ländervertretungen in Südafrika wenden:

ℹ Botschaft von Österreich
454 A Fehrsen St., Brooklyn
Pretoria 0181
Postanschrift: P. O. Box 95572
Waterkloof 0145, Südafrika
☎ +27 12 452 91 55
www.bmeia.gv.at/botschaft/pretoria.html

ℹ Schweizer Botschaft
225 Veale St., Parc Nouveau
New Muckleneuk, Pretoria 0181
Postanschrift: P. O. Box 2508
Pretoria 0075, Südafrika
☎ +27 12 452 06 60
www.eda.admin.ch/pretoria

Proviant aufstocken in Kamanjab

Einkaufen

Die Geschäfte haben in der Regel Mo–Fr 8–17.30 und Sa 8–12 Uhr geöffnet. Allerdings findet man überall Läden, die auch am Abend oder sogar sonntags offen sind.

Das kunstgewerbliche Angebot Namibias (mit Ausnahme der Region Sambesi) war lange Zeit im Vergleich zu anderen afrikanischen Staaten eher spärlich. Das hat sich in letzter Zeit geändert. Verantwortlich für diesen Wandel sind die verschiedensten privaten und kommunalen Bestrebungen, traditionelle Fertigkeiten neu zu beleben bzw. handwerkliches Geschick für die Herstellung ansprechender Produkte zu wecken. Heute findet man Kooperativen zur Herstellung und Vermarktung von Kunstgewerbe nicht nur in Windhoek (u. a. in Katutura das **Penduka Centre** der **Penduka Women Craft Cooperative**, ✆ (061) 25 72 10, www.penduka.com, sondern auch in vielen ländlichen Regionen.

Ein breites Angebot hochwertiger Produkte des Kunsthandwerks (u. a. Karakulwollteppi-

che, exquisiter Schmuck, bestickte Tisch- und Bettwäsche) bietet das **Namibia Crafts Centre**, Old Brewery Complex, 40 Tal St., Windhoek (tägl. 9–17.30 Uhr). Diverse gute Craft Centre findet man auch in der Region Sambesi (vgl. S. 273) Auch auf den Straßenmärkten (z. B. in der Post Street Mall in Windhoek oder an der Durchgangsstraße in Okahandja) lassen sich schöne Stücke erwerben.

Groß ist auch das Angebot von Pelz- und Lederwaren. Produkte aus Swakara, dem heimischen Persianer, werden in modischer Verarbeitung in vielen Geschäften in Windhoek angeboten.

Beim Kauf von Pelzen wird ein Preisvergleich dringend angeraten: Die Hersteller sind oft günstiger als die großen Boutiquen in der Innenstadt. Attraktiv ist auch das Angebot an Lederwaren aus Straußenleder (Taschen, Schuhe, Gürtel).

Die Wolle der Karakulschafe wird in einer Reihe von Teppichwebereien im Land zur Herstellung ausdrucksvoller Teppiche genutzt. Die Webereien arbeiten meist auf Bestellung, so dass es nur selten möglich ist, fertige Stücke direkt mitzunehmen.

Mineraliensammler und -käufer kommen in Namibia voll auf ihre Kosten. Das Angebot ist breit gefächert und wird in zahlreichen Geschäften in den Zentren des Landes bereitgehalten. Es versteht sich, dass die Steine nicht nur im Rohzustand, sondern auch zu Schmuck verarbeitet auf den Markt kommen. In einer Reihe von Juweliergeschäften in Swakopmund und Windhoek lassen sich solche Produkte der Goldschmiedekunst erwerben.

Hinweis: Bitte beachten Sie, welche Produkte dem Washingtoner Artenschutzabkommen unterliegen. Auch wenn z. B. Elfenbein (oder Produkte daraus) in Namibia frei verkäuflich sind, darf man sie dennoch nicht nach Europa einführen.

Essen und Trinken

Vielfach unterscheidet sich das Angebot der namibischen Restaurants kaum von dem in Europa. Die deutsche Küchentradition mit Rotkohl und Apfelstrudel ist nicht zu verleugnen, aber vor allem in Windhoek und Swakopmund (und oft auch in den entlegensten Lodges im Land) gibt es inzwischen daneben ein kulinarisches Angebot internationaler Prägung.

Als wichtiger Rindfleischproduzent wartet Namibia mit einem breiten Angebot an ausgezeichneten Steaks auf. Auf vielen Speisekarten finden sich Lammfleischgerichte namibischer Provenienz und hervorragender Qualität. Als landestypische Spezialität können die Wildgerichte gelten. Steaks, Braten oder Ragout von Springbock, Kudu, Oryx oder Strauß sollte man auf alle Fälle probieren.

An der Küste gibt es ausgezeichneten Fisch. Die Austern in Lüderitz zählen zu den besten der Welt und die Gelegenheit, fangfrische Langusten vorgesetzt zu bekommen, darf man nicht ungenutzt lassen.

Auch Liebhaber von Salaten und frischem Gemüse kommen in Namibia immer häufiger auf ihre Kosten. Trotz der Notwendigkeit solche Produkte (zumeist aus Südafrika) zu importieren, trägt man den Bedürfnissen der Gäste Rechnung und bietet fast immer auch frische Gemüseprodukte an.

Die unter Service & Tipps aufgeführten **Restaurants** in diesem Buch sind nach folgenden Preiskategorien gestaffelt, die für ein Abendessen ohne Getränke gelten:

$ – unter 135 Namibian Dollar
$$ – 135 bis 230 Namibian Dollar
$$$ – über 230 Namibian Dollar

Fast alle Restaurants in Namibia verfügen über eine Lizenz zum Ausschank alkoholischen Getränke.

Auf der Beliebtheitsskala rangiert Bier bei Weitem an erster Stelle. Es wird in landeseigenen Brauereien in Windhoek und Swakopmund nach den im Jahr 1516 vom Bayernherzog Wilhelm erlassenen Reinheitsgeboten hergestellt. »Windhoek Lager« und »Windhoek Export« (Alkoholgehalt 4 bzw. 5,3 Vol.-%) gehören neben den Bieren der Hansa-Brauerei in Swakopmund zu den bevorzugten Sorten.

Empfehlenswert und überall zu bekommen sind die aus Südafrika importierten Kapweine, die von Kennern allgemein gerühmt werden. Natürlich findet man (vereinzelt) auch französische Bordeauxweine und ähnlich Erlesenes.

Landestypische Spezialitäten wie Springbock-Ragout sollte man sich nicht entgehen lassen

Herero-Frauen in ihrer bunten Tracht sind ein beliebtes Fotomotiv

Feiertage, Feste

Zwölf gesetzliche Feiertage verzeichnet der namibische Kalender. Fällt ein Feiertag auf einen Sonntag, ist der nachfolgende Montag häufig ein Feiertag *(public holiday)*.

New Year's Day – Neujahrstag (1. Januar)
Independence Day – Unabhängigkeitstag (21. März)
Good Friday – Karfreitag (März/April)
Easter Sunday – Ostersonntag (März/April)
Easter Monday – Ostermontag (März/April)
Workers' Day – Tag der Arbeit (1. Mai)
Cassinga Day – (4. Mai)
Ascension Day – Christi Himmelfahrt (Mai)
Africa Day – Afrikatag (25. Mai)
Heroes' Day – Tag der Helden (26. Aug.)
Human Rights' Day – Tag der Menschenrechte (10. Dez.)
Christmas Day – Weihnachten (25. Dez.)
Family Day – Tag der Familie (26. Dez.)

Ein lokales Fest von Bedeutung ist das jährlich am ersten Sonntag nach dem 23. August

stattfindende **Herero-Treffen** in Okahandja (vgl. S. 283).

Von spezieller Kuriosität sind die **Karnevalsfeiern** in den Städten Windhoek und Swakopmund. Höhepunkt des WIKA (Windhoek Karneval) und KÜKA (Küstenkarneval) ist jeweils ein Umzug, der in Windhoek Ende April/Anfang Mai und in Swakopmund im Laufe des Monats Juli stattfindet. Damit ist das Maß der Narretei noch nicht voll: Auch in Tsumeb, Lüderitz, Otjiwarongo, Walvis Bay und dem 1000-Seelen-Dorf Witvlei hat die deutsche Bevölkerung ihre närrischen Traditionen eingebracht.

Seit 1990 wird in Windhoek an einem Samstag im November das **Enjando-Straßenfest** gefeiert. Mit Musik, Tanz und Straßenmarkt wird es auf der Independence Avenue begangen.

Fotografieren

In Zeiten, in denen analoge Fotografie fast ausschließlich von Experten des Metiers betrieben wird, erübrigen sich besondere Ratschläge zur Fototechnik. Deshalb hier nur einige Tipps zum Schutz der Ausrüstung und zum Verhalten gegenüber unfreiwilligen Fotoobjekten. Bei den nicht seltenen Sandstürmen in der Wüste eignen sich mechanische Kameras besser als digitale. Achten Sie auf jeden Fall darauf, die Kamera abzudecken, wenn sie nicht genutzt wird. Außerdem sollte sie abends gereinigt werden. Vergessen Sie nicht, die Akkus der Digitalkamera bei jeder sich bietenden Gelegenheit aufzuladen und immer Ersatzakkus mit sich zu führen! Nur so sind Sie für das unerwartete, unwiederbringliche Motiv gerüstet.

Möchte man Menschen fotografieren, gebietet es der Anstand, um Erlaubnis zu fragen. In den seltensten Fällen wird sie verweigert. Teilweise wird inzwischen allerdings ein Obolus als Entgelt für die Bereitschaft verlangt. Vor allem die Herero-Frauen in ihrer traditionellen Tracht sind dazu übergegangen, klare Tarife einzufordern (in der Regel N$ 50). Da muss man entscheiden, ob man dazu bereit ist: Macht man die Menschen so zu Bettlern oder hilft man jemandem, der keine Alternative und Perspektive hat, ein Stück Selbstständigkeit zu wahren?

Geld, Kreditkarten, Reisekosten

Ende 1993 wurde in Namibia statt des bis dahin in Umlauf befindlichen südafrikanischen Rand der **Namibian Dollar (N$)** eingeführt. Sein Wert ist nach wie vor an den Rand gebunden, der auch weiterhin als Zahlungsmittel akzeptiert wird. 1 N$ entspricht 0,07 €, 1 € entspricht N$ 14 (2017). Das heißt: Der Wechselkurs ist für Reisende aus der EU sehr günstig. In Umlauf sind Scheine im Wert von N$ 200, 100, 50, 20, 10 und Münzen im Wert von N$ 5 und 1 bzw. 50, 10 und 5 Cents. Die Einfuhr ausländischer Währung ist nicht beschränkt. Die Mitnahme von **Travellerschecks** erweist sich zunehmend als problematisch, da man nicht jederzeit und an allen Orten Banken mit Umtauschmöglichkeiten vorfindet.

Öffnungszeiten der Banken: Mo–Fr 8.30–12.45 und 14–15.30, Sa 8.30–11 Uhr.

In den meisten Restaurants, Unterkünften und großen Geschäften werden **Kreditkarten** akzeptiert (vor allem Visa, MasterCard, Diners Club). Besitzer von Kreditkarten anderer Gesellschaften sollten sich vor der Reise erkundigen, ob und in welchem Umfang ihre Karte in Namibia eingesetzt werden kann. Es ist zudem möglich, mit der Kreditkarte bei Eingabe der PIN-Nummer an Bankautomaten (ATM – Automatic Teller Machine) Geld abzuheben. Auch die **EC-Karte** kann zum Abheben benutzt werden, vorausgesetzt die Bank hat ein Abkommen mit Maestro oder Cirro. Aufkleber auf den ATMs geben darüber Auskunft.

Nicht auf allen Gästefarmen und in allen Lodges kann man per Kreditkarte abrechnen, manchmal wird auf Barzahlung bestanden. Auch für **Tankstellen** gilt, dass generell keine Kreditkarten akzeptiert werden. Deshalb muss man immer **ausreichend Bargeld** mit sich führen, jedenfalls genügend, um die Auslagen bis zur nächsten größeren Stadt bestreiten zu können.

Falls EC- oder Kreditkarte verloren gehen, sollte man diese umgehend sperren lassen. Dafür benötigen Sie Ihre Kontonummer und die Bankleitzahl sowie die Kartennummer. Er kundigen Sie sich, ob Ihre Karte über den **zentralen Sperrnotruf** für Deutschland ✆ **+49 116 116** (zusätzlich ✆ +49 30 40 50 40 50) gesperrt werden kann. Ansonsten wählt man folgende Nummern:

EC-/Maestro- und Bankkarten:
✆ +49 1805 021 021
MasterCard: ✆ 0800 819 10 40 (kostenfrei)
Visa: ✆ +1 410 581 99 94 (R-Gespräch)
Diners Club: ✆ +49 69 900 150-135 oder 136

Die **Kosten für Übernachtungen** in Hotels liegen im Schnitt zwischen 25 und 80 Euro pro Person im Doppelzimmer, was inzwischen auch für die renovierten Unterkünfte in den staatlich betriebenen Parks gilt. Für einen Tag auf einer Gästefarm zahlt man bei voller Verpflegung im Schnitt 70 bis 100 Euro. Allerdings muss man beim Vergleich der Beherbergungsangebote darauf achten, dass meist sehr große Unterschiede im Leistungsumfang bestehen.

Für eine **Mahlzeit im Restaurant** kann man 10 bis 15 Euro ansetzen. Auch die Preise für **Lebensmittel im Supermarkt** sind niedriger als in Europa. Angesichts des im Verlauf der letzten Jahre zu beobachtenden **Wertverlusts** des Namibian Dollar (und des südafrikanischen Rand) im Verhältnis zum Euro empfiehlt es sich, alle Preise anhand der jeweils

Zapfsäule im Ort Solitaire in der Namib-Wüste

aktuellen Wechselkurse bei der Reiseplanung noch einmal zu überprüfen.

Auf alle Waren und Dienstleistungen wird eine gesetzlich festgelegte **Mehrwertsteuer** (VAT) erhoben. Bei Vorlage der Quittungen für größere Einkäufe (ab N$ 250) wird ausländischen Besuchern am internationalen Flughafen der entrichtete Mehrwertsteuerbetrag erstattet. Es versteht sich, dass die Ware vorgezeigt werden muss.

Hinweise für Menschen mit Handicap

Mit Ausnahme weniger Hotels werden in Namibia derzeit kaum behindertengerechte Unterkünfte angeboten. Auch Fahrzeuge, die für Rollstuhlfahrer ausgerüstet sind, finden sich noch selten. Das teilweise schwierige Gelände dürfte darüber hinaus die Durchführung der hier vorgestellten Reise für Rollstuhlfahrer nur bedingt möglich machen.

Allerdings gibt es in jüngster Zeit einige Anbieter, die Rundreisen speziell für Behinderte im Progamm haben. Auf der Website www.behindertengerechte-reisen.com finden sich auch Hinweise zu entsprechenden Namibiareisen.

Internet

Der Ausbau des Internets hat in diesem Land der langen Wege schon seit einiger Zeit rasante Fortschritte gemacht. Es gibt kaum mehr Unternehmen, die nicht über E-Mail-Adresse und Website verfügen. So hat der Reisende auch fast überall in den Unterkünften eine Möglichkeit, das Internet zu benutzen. Außerdem gibt es in den größeren Städten immer mehr Internetcafés.

Jagd

Im Bereich des Tourismus spielt die Trophäenjagd nach wie vor eine große Rolle. Die Jagdgesetze gelten als streng, unkontrollierter Abschuss ist nicht statthaft. Reisende müssen im Besitz eines vom Direktorat für Naturschutz ausgestellten Jagdscheins sein, wenn sie auf einer der Jagdfarmen des Landes ihrem Hobby frönen wollen. Außerdem müssen sie nachweisen, dass sie unter Aufsicht eines eingetragenen Berufsjägers oder Jagdführers jagen werden. Auskünfte erteilt:

ℹ️ **Namibia Professional Hunting Association (NAPHA)**
318 Sam Nujoma Dr.
Klein Windhoek
✆ (061) 23 44 55, www.natron.net/napha

Klima, Kleidung, Reisezeit

300 jährliche Sonnentage weist die Statistik für Namibia aus. Das heißt, das Land hat ganzjährig (Reise-)Saison. Welche Zeit man für seinen eigenen Aufenthalt wählt, hängt von den individuellen Vorlieben und Bedürfnissen ab. In den kühleren **Wintermonaten** (Mai–Sept.) steigen im Süden des Landes die Tageshöchsttemperaturen auf bis zu 25 Grad Celsius, erreichen in der Landesmitte immerhin noch 20–25 Grad und überschreiten im Norden selten 30 Grad. Nachts und in den frühen Morgenstunden kann es dann allerdings richtig kalt werden. Temperaturen unter 10 Grad (manchmal sogar um den Gefrierpunkt) sind durchaus üblich. Doch selbst nach kalten Nächten kann man ab 11 Uhr meist wieder mit 20 Grad Wärme rechnen.

Mehr als unwahrscheinlich sind in dieser Zeit Regenfälle und damit ist wolkenlos blauer Himmel (meist) die Regel. Die Landschaft bietet ein durchweg karges Bild, was aber auch seinen Reiz hat. Tierbeobachtungen erweisen sich in dieser Zeit als weitaus einfacher. Das Wild schart sich um die wenigen verbliebenen Wasserlöcher und das erleichtert das Aufspüren.

Im namibischen Sommer (Okt.–April) klettert das Thermometer in fast allen Landesteilen auf Werte um oder über 30 Grad. In dieser Zeit kommt es auch zu kurzen, meist wolkenbruchartigen Niederschlägen. Die Menge schwankt zwischen 25 mm jährlich an der Küste, 375 mm im Landesinneren, 50 mm im Süden und 500 mm und mehr im Norden. Aufgrund der kurzen Verdunstungszeiten entsteht jedoch nie tropische Schwüle, so dass die hohen Temperaturen auch für Mitteleuropäer gut zu ertragen sind.

Der Vorteil einer Reise im Süd-Sommers liegt in der relativen Üppigkeit der Vegetation. Allerdings schwellen dann auch ansonsten trockene Flussbetten *(rivier)* kurzzeitig zu reißenden Strömen an, die im schlimmsten Fall für die Dauer eines Tages nicht passiert werden können.

Angesichts der klimatischen Verhältnisse in Namibia ist man gut beraten, zu jeder Reisezeit **leichte, luftdurchlässige Kleidung** mitzunehmen. In den namibischen Wintermonaten ist allerdings etwas Wärmendes für die kühlen Abend- und Morgenstunden unerlässlich. Beim Aufenthalt an der Küste tut selbst ein dicker Anorak gute Dienste. Auf die Mitnahme eleganter Kleidungsstücke lässt sich hingegen verzichten, da selbst in besseren Restaurants in der Regel auf ein elegantes Outfit weniger Wert gelegt wird.

Für Reisen im Land sollte auf jeden Fall **festes, möglichst halbhohes Schuhwerk** mitgeführt werden. Das ist nicht nur bei diversen Wanderungen und Kletterpartien unerlässlich, sondern dient vor allem als Prävention vor Schlangen und Skorpionen.

Zum Schutz vor der das ganze Jahr über starken Sonneneinstrahlung gehören eine **Kopfbedeckung, Sonnenbrille und Sonnenschutzmittel** ins Gepäck. Auch zur Mitnahme einer **Wasserflasche** wird dringend geraten, da der Flüssigkeitsbedarf sehr viel größer ist als in unseren Breiten. Man kann davon ausgehen, dass vier Liter Trinkwasser pro Tag und Person gebraucht werden – und so viel sollte man für den Notfall auch mit sich führen. Die Wasserqualität ist im Land durchweg einwandfrei, so dass sich die Reserven bedenkenlos auf Campingplätzen, in Hotels und bei Tankstellen auffüllen lassen.

Bei der Terminplanung sollte man auf jeden Fall die jährlich im *Accommodation Guide* ausgeschriebenen Schulferien beachten. Während dieser Zeiten (Mitte April–Mitte Mai, Mitte Aug.–Anfang Sept., Mitte Dez.–Mitte Jan.) werden viele Rest Camps und Hotels von namibischen Reisenden aufgesucht, was eine sehr frühzeitige Buchung nötig macht. Die namibischen Küstenorte erfreuen sich allgemein während der Sommermonate (vor allem im Dez.) vieler Besucher.

Zu beachten ist der in diesen Breiten übliche schnelle, übergangslose Einbruch der Dunkelheit (im Sommer um ca. 19.15 Uhr, im Winter um ca. 17.45 Uhr). Eine **Taschenlampe** mit Ersatzbatterien gehört deshalb zur Standardausrüstung.

Landkarten, Literatur

Für die Reisevorbereitung ist die Ausstattung mit geeignetem **Kartenmaterial** ebenso unerlässlich wie das Vertrautmachen mit den Gepflogenheiten des Landes durch einschlägige Literatur. Hilfreich (und gratis) ist die von tasa (Tour & Safari Association Namibia) herausgegebene Karte **»Namibia-Map«**, die zwar recht dürftige Aussagen über die Topografie des Landes macht, sich aber bei Nebenstraßen, Pad-Nummern und Entfernungen als absolut genau erweist (Editor: Prof. Dr. Uwe Ulrich Jäschke, Dresden). Die Karte (1:2 000 000) ist nur über das Namibia Tourism Board oder einen Tour Operator erhältlich. Als Ergänzung kann die reiß- und wasserfeste Karte von Reise Know-How (1:2 200 000) benutzt werden, die allerdings nicht immer ganz exakt ist. Im Buchhandel sind auch die UNO-Blätter erhält-

Vor der Tour muss die Route genau auf der Karte studiert werden

lich, die zwar durch ihre Größe bei der Fahrt recht unpraktisch sind, bei der Vorbereitung aber gute Dienste leisten. Als **digitale Straßenkarte** wird empfohlen: »GPS-Karte Namibia. Digitale Namibia-Karte mit Teilen von Botswana und Südafrika für Garmin®-Navis«, Namibiana Buchdepot: www.namibiana.de.

Grundsätzlich lässt sich davon ausgehen, dass die Straßen exzellent ausgeschildert sind. Wenn auch auf Nebenstraßen nicht immer ersichtlich ist, zu welchem Ort der Weg führt, die Nummerierung stimmt – und sie stimmt mit den auf den Karten verzeichneten Nummern überein.

Lust auf die Schönheiten des Landes macht der folgende Bildband: **»Namibia«**, Bodo Bondzio/Bernd Wiese/Jürgen Kempf, Bucher Verlag, München 1992/2001.

Eine Homage an die in Katutura lebenden Menschen mit großartigen Fotos und aussagekräftigen Texten ist: »**Katutura**. Excursions into Windhoek's Township«, Rolf Brockmann/Gunther Christoph Dade, Klaus Hess Verlag, Windhoek – Göttingen, 2006.

Als belletristische Werke, die mit Geschichte und Naturerscheinungen vertraut machen, empfehlen sich besonders: Uwe Timm: **»Morenga«**, Verlag Kiepenheuer & Witsch, Berlin 2000, Henno Martin: **»Wenn es Krieg gibt, gehen wir in die Wüste«**, Abera Verlag, Hamburg 2001, und Wilhelm Schneider: **»Blauer Diamant«**, Kuiseb Verlag, Namibia 2010.

Neben Basisinformationen zum Reisen in Namibia, Botswana und Südafrika beinhaltet der Band **»Südliches Afrika«** (Thomas Barlow/Winfried Wisniewski, Kosmos NaturReiseführer, Stuttgart 2006) eine umfangreiche, bebilderte Übersicht (ca. 120 Seiten) über die südafrikanische Tierwelt. Es eignet sich daher als rudimentäres Nachschlagewerk zur Tierbestimmung. Detailliertere Bestimmungsbücher zu Flora und Fauna, Darstellungen zur Landesgeschichte und Abhandlungen über die Ethnien des Landes sucht man am besten in den Buchhandlungen in Windhoek und Swakopmund.

Wer sich im Vorfeld der Reise schon mit typischen Produkten der namibischen Küche befassen und vielleicht ein wenig vorkosten möchte, findet Anregungen im Kochbuch: **»Namibia, Genussreise & Rezepte«**, Barbara Boudon, Walter Hädecke Verlag.

Maße und Gewichte

In Namibia wurde in den 1960er Jahren das metrische System eingeführt, d. h. auch: Entfernungen werden in Kilometern angegeben.

Medizinische Versorgung

Für die Einreise nach Namibia sind keinerlei Impfzeugnisse erforderlich. Das gilt selbstverständlich nur für den Reisenden, der aus einem seuchenfreien Gebiet einreist. Die medizinische Versorgung im Land gilt für afrikanische Verhältnisse als vorbildlich. Busch-Kliniken, vergleichbar mit Erste-Hilfe-Stationen, gibt es selbst in abgelegenen Regionen. In den Telefonbüchern kleinerer Städte findet man die Krankenhäuser unter **Emergency Services**, Notdienste unter **MedRescue Namibia MRI**, Notfall-Nr. ℰ (061) 23 05 05. Ärzte stehen auf den orangefarbenen Seiten der Telefonbücher unter der Rubrik **Classified Medical Listings**, manchmal auch noch unter **Medical Practioners**.

Eine Liste der deutschsprachigen Ärzte des Landes liegt bei der deutschen Botschaft in Windhoek vor. **Aeromed Namibia** verfügt über zwei in Windhoek stationierte und mit allem notwendigen medizinischen Gerät ausgerüstete Flugzeuge, die im Notfall Verletzte auch aus den entlegensten Regionen ausfliegen können, Notfall-Nr. ℰ (061) 24 97 77 oder   (061) 23 12 36 oder (081) 124 97 77 (mobil).

Da die gesetzlichen Krankenkassen in außereuropäischen Ländern erbrachte Leistungen nicht erstatten, empfiehlt sich auf jeden Fall der Abschluss einer **Auslandsreisekrankenversicherung**. Die **Reiseapotheke** sollte neben Medikamenten, die der einzelne Reisende regelmäßig benötigt, auf jeden Fall Verbandszeug, Insektenschutzmittel, Kohletabletten, ein Antibiotikum und ein Schmerzmittel beinhalten.

Prophylaktische Gesundheitsmaßnahmen sind – zumindest bei der hier vorgestellten Basisroute – in der Regel nicht vonnöten. Das Risiko einer Malariaerkrankung besteht allenfalls bei Reisen in den feuchten Norden und während der Regenzeit. Ein Repellent und entsprechende Verhaltensweisen (am Abend helle Kleidung tragen, die Arme, Beine und vor allem Fußknöchel bedecken, und unbedingt im Schutz eines Moskitonetzes schlafen) verringern das Infektionsrisiko.

Wer auf jeden Fall **Malaria-Prophylaxe** betreiben möchte, sollte sich vor Reiseantritt bei heimischen Gesundheitsämtern oder Tropeninstituten über den aktuellen Stand der vorgeschlagenen Maßnahmen informieren. Das Auswärtige Amt empfiehlt die folgenden **Schutzimpfungen:** Tetanus, Diphterie, Polio und Hepatitis A, bei Langzeitaufenthalten auch Hepatitis B. Bei verstärkter sportlicher Aktivität im Land und bei Jagdaufenthalten wird zudem die Impfung gegen Tollwut, Typhus und Meningitis empfohlen. Infos auch unter: www.fit-for-travel.de.

Die Gewässer – bis auf den Kunene im Norden – sind frei von Bilharziose. Cholera und Gelbfieber sind nicht zu befürchten. Von einer gesundheitlichen Belastung durch die klimatischen Verhältnisse ist nicht auszugehen. Die Hitze wird weitgehend durch die Höhenlage gemäßigt und ist durch die geringe Luftfeuchtigkeit gut verträglich. Einzige Regel: Die notwendige **Flüssigkeitszufuhr** (ca. vier Liter pro Tag) darf nicht vernachlässigt werden, um für den Ausgleich von Salzverlust durch Schwitzen Sorge zu tragen.

2006 trat der Poliovirus Typ 1 in Namibia auf. Zur eigenen Sicherheit und Beruhigung wäre es daher sinnvoll, den vorhandenen Impfschutz im Vorfeld der Reise zu überprüfen. Auskunft zum aktuellen Stand der Situation erhält man unter www.auswaertiges-amt.de.

Bei Reisen nach Afrika taucht immer wieder die Frage nach dem **Aidsrisiko** auf. Es besteht kein Zweifel: Die Zahl der Infizierten in Namibia ist groß. 20–23 Prozent der Schwangeren wurden HIV-positiv getestet. Ansonsten schwankt die Zahl der Infizierten regional stark. Während man in Katima Mulilo in der Region Sambesi von etwa 42 Prozent der Bevölkerung ausgeht, wurden für Opuwo (Kaokoveld) 9–12 Prozent ermittelt.

Fraglos sind dies erschreckende Zahlen, selbst wenn man in Betracht zieht, dass staatliche Aufklärungs- und Vorsorgemaßnahmen erste Erfolge aufweisen. Für den Reisenden heißt das, hier (wie eigentlich überall auf der Erde) strikt die bekannten Vorsichtsmaßnahmen einzuhalten. So kann es auch nicht schaden, für den Fall der Fälle einige steril verpackte Einwegspritzen und Nadeln mit sich zu führen.

Beruhigend auch: Blutspendedienst und Medikamenteneinfuhr werden streng überprüft und zudem durch die WHO kontrolliert.

Mit Kindern in Namibia

Namibia ist kein ideales Ziel für Reisen mit Kindern, speziell mit kleinen Kindern. Lange Etappen im Auto sind nun mal nicht kindgerecht. Bei größeren Kindern spricht u. U. nichts dagegen, sie auf eine Namibiareise mitzunehmen, vorausgesetzt man ist sich darüber im Klaren, dass Kinder in der Regel durch landschaftliche Reize nicht sonderlich gefesselt werden.

Angebote zu adäquaten Aktivitäten müssen für Ausgleich sorgen. Klären Sie auf jeden Fall bei der Anmietung des Wagens im Voraus, ob Kindersitze vorhanden sind. Das Namibia Tourism Board nennt einige Anbieter, die spezielle Rundreisen für Eltern mit Kindern im Programm führen (www.namiba-tourism.com).

Naturschutz, Permits

»Hinterlasse nichts als deine Fußspuren!« heißt das oberste Gebot der Wildnis. Das »Nichts« schließt nicht nur Abfälle aller Art, sondern

Impala im Bwabwata-Nationalpark (Region Sambesi)

auch Reifenspuren abseits des Weges ein. Die Verunreinigung wie die Vergeudung von Wasser in einem wasserarmen Land ist nicht entschuldbar. Das Überleben von Mensch und Tier hängt von den Wasservorkommen ab.

Die in den Parks geltenden Regeln, die sich an den Erfordernissen des Naturschutzes orientieren, sind auf jeden Fall zu beherzigen. Auch Felszeichnungen und archäologische Fundstellen stehen unter gesetzlichem Schutz. Zerstörungen oder die Mitnahme von Fragmenten bringen nicht nur Namibia um die Zeugnisse seiner Geschichte, sondern auch die Wissenschaft um wichtige Mosaiksteine der menschlichen Kulturgeschichte.

Zu vielen Naturschutzparks in Namibia erhält man nur mit einem **Permit** Zugang. Dieser Zwang zur Registrierung hat seinen Grund darin, dass man Besucherzahlen steuern möchte. Darüber hinaus soll erreicht werden, dass der Tourist die im Park geltenden Regeln zur Kenntnis nimmt und sich damit zu ihrer Einhaltung verpflichtet. Die Permits sind direkt vor Ort im jeweiligen Office erhältlich.

Die Zufahrtsscheine für den **Namib-Naukluft National Park** sind im Central Reservation Office in Windhoek oder in den Zweigstellen der NWR (Namibia Wildlife Resorts) in Lüderitz, Swakopmund und Sesriem erhältlich. Im Allgemeinen gelten die folgenden Parkgebühren: Erwachsene N$ 80 (einige N$ 40), Kinder unter 16 Jahren frei, Fahrzeuge N$ 10.

Tipp: Unterkünfte in den Rastlagern (vor allem im Etosha National Park und dem Namib-Naukluft-Park) möglichst frühzeitig (ein Jahr im Voraus wird empfohlen) buchen und nach der Ankunft in Windhoek bestätigen lassen! Permits erhält man meist (s. o.) problemlos an den Eingangstoren zu den Parks.

ⓘ **Namibia Wildlife Resorts Reservations**
Erkrath Building, Independence Ave.
Windhoek
✆ (061) 285 72 00
www.nwr.com.na
reservations@nwr.com.na
Mo–Fr 8–15, Auskünfte bis 17 Uhr
Infos und Reservierung zu den Nationalparks.

Auf der Straße nahe Rehoboth kann man den Wendekreis des Steinbocks passieren

Notfälle, wichtige Rufnummern

Sollte man der Hilfe der Staatsgewalt bedürfen: **Polizei** ☏ **101 11**.

Die **Notrufnummer für Windhoek** (für Polizei, Feuerwehr und Rettungsdienst gleichermaßen) ist die ☏ **(061) 30 23 02 oder 290 22 39**.

Weitere wichtige Telefonnummern:
Ambulanz ☏ (061) 211 111
International SOS Flugrettung:
☏ (061) 23 05 05 oder 24 97 77
Aeromed Notruf ☏ (081) 124 97 77 (mobil)
MedRescue Notruf ☏ (061) 23 05 05

Krankenhäuser:
Roman Catholic ☏ (061) 270 20 04
Medi Clinic ☏ (061) 22 26 87
Rhino-Park Private Hospital ☏ (061) 37 50 00

Notruf für die Region:
Katima Mulilo ☏ (066) 25 30 12
Lüderitz ☏ (063) 20 24 46
Walvis Bay ☏ (064) 20 54 43
Tsumeb ☏ (081) 128 55 01
Verkehrspolizei ☏ (061) 25 84 73
Flughafen (international) ☏ (061) 295 56 00

Ein Hinweis: Homosexualität ist in Namibia strafbar.

Öffnungszeiten

Die **Geschäfte** sind in der Regel Mo–Fr 8–17.30, Sa 8–12 Uhr geöffnet. Allerdings findet man überall welche, die auch am Abend oder sogar sonntags offen haben. **Banken** kann man Mo–Fr 8.30–12.45 und 14–15.30, Sa 8.30–11 Uhr aufsuchen.

Post, Briefmarken

In Namibia gibt es keine Hauszustellung, deshalb sind Straße und Hausnummer viel weniger wichtig als die exakte Postfachnummer (P. O. Box oder Private Bag).

Luftpost benötigt von Deutschland nach Namibia fünf bis sieben Tage. Das Porto für eine Postkarte nach Deutschland kostet im Juli 2017 N$ 6.

Presse

Angesichts der relativ geringen Bevölkerungsdichte verfügt Namibia über ein erstaunlich breites Angebot an Printmedien. Für Touristen dürfte vor allem die **Allgemeine Zeitung AZ** (www.az.com.na) von Interesse sein. Sie erscheint mit einer Auflage von 5000 bis 6000 Exemplaren in deutscher Sprache, ist allerdings recht konservativ.

Die weitaus größere Verbreitung findet die **Namibian Sun**, eine englischsprachige Boulevardzeitung mit ca. 36 000 Exemplaren.

Rauchen

Im Juli 2014 ist das Nichtraucherschutzgesetz in Kraft getreten, dass Rauchen im öffentlichen Raum verbietet. Dazu gehören Flughäfen, Restaurants und Hotels sowie Schulen, Einkaufszentren und Büros. Bei Verstößen drohen Bußgelder bis zu N$ 200 000 und Haftstrafen bis zu zehn Jahren.

Reisen in die Nachbarländer

Dem wachsenden Bedürfnis der Touristen, gleich mehrere Länder kennenzulernen, wird seit Jahren durch die Schaffung grenzüberschreitender Naturschutzgebiete sowie der Öffnung zusätzlicher Grenzposten Rechnung getragen. So wurden unlängst die **Grenzstationen** Sendelingsdrift im Süden und Mata Mata im Südosten (beide zu Südafrika) nach langjähriger Schließung wieder eröffnet.

Als **grenzüberschreitende Naturschutzparks** wurden geschaffen bzw. sind in Planung: der Ai-Ais Richtersveld Transfrontier Park im Süden in Verbindung mit Südafrika, der auch mit Botswana durch den Kgalagadi Transfrontier Park verbunden ist; die Iona Skeleton Coast Transfrontier Conservation Area im Norden zusammen mit Angola und die Kavango-Zambezi Transfrontier Conservation Area, die Parks der Region Sambesi (ehemals Caprivi) mit denen der Nachbarländer verbinden soll.

Wer von diesen Möglichkeiten Gebrauch machen möchte, sollte beachten, dass für alle Fahrzeuge beim Grenzübertritt eine Vollmacht des Autobesitzers (oder der Leihwagenfirma) und eine polizeiliche Bestätigung vorliegen muss. Für die meisten Fahrzeuge werden **Grenzübergangsgebühren** erhoben. Auch die unterschiedlichen Öffnungszeiten der Grenzübergänge sollte man unbedingt vor Reiseantritt erfragen (Namibia Tourism-Board).

Sicherheit

Diebstahldelikten, die vor allem in den Städten Windhoek und Swakopmund vermehrt auftreten, lässt sich durch entsprechende Verhaltensweisen zumindest vorbeugen. Wertgegenstände (Kameras und Schmuck) allzu offen zur Schau zu tragen könnte Menschen, die in schwierigen ökonomischen Verhältnissen leben, provozieren, einfach zuzugreifen. Es empfiehlt sich, Wertgegenstände nicht offen im Wagen liegen zu lassen und Geldbörsen und Kreditkarten nicht in der Gesäßtasche zu tragen. Wer Bargeld nur in begrenzter Höhe bei sich führt, ist sicher vor größeren Verlusten.

Weiter wird angeraten, in den Städten Spaziergänge in der Dunkelheit – besonders allein – zu vermeiden, Taxen, in denen bereits ein Fahrgast sitzt, nicht zu besteigen und Fenster und Türen des Autos immer geschlossen zu halten. Für die Fahrt über Land wird davor gewarnt, Anhalter mitzunehmen und an einsamen Rastplätzen anzuhalten. Bei verdächtigen Hindernissen auf der Straße (z.B. Baumstämme) sollte man nach Möglichkeit rechtzeitig wenden und die Polizei benachrichtigen.

Trotz derartiger Sicherheitshinweise sollte man nicht in panische Ängstlichkeit verfallen. Das mindert die Reisefreude erheblich. Seien Sie stets wachsam und vermeiden Sie Leichtsinn!

Sport, Erholung, Touren

Zum Ausgleich für lange Fahrten im Auto (und natürlich auch wegen des Spaßes) bietet Namibia eine Reihe sportlicher Aktivitäten. Die Angebotspalette umfasst neben gängigen Sportarten wie Tennis, Schwimmen oder Reiten einige für das Land typische Möglichkeiten der körperlichen Betätigung.

Angeln: Der Fischreichtum der Atlantikküste stellt für Sportangler eine kaum zu überbietende Herausforderung dar. Zwischen Sandwich Harbour südlich von Walvis Bay und der Ugab-Mündung an der Grenze zum Skeleton Coast Park gehören die Petrijünger, die vom Strand aus mit ihren Ruten ihr Glück versuchen, zum gewöhnlichen Erscheinungsbild.

Angler müssen auch in diesem Küstenabschnitt eine Lizenz erwerben. Sie ist erhältlich beim **Ministry of Fisheries and Marine Ressources** in Windhoek (℃ 061-20 53 911, www.mfmr.gov.na) oder bei den regionalen Büros des Ministeriums in Walvis Bay, Swakopmund und Lüderitz sowie bei der Polizeistation in Hentiesbaai. Die Kosten belaufen sich auf N$ 14 pro Monat und N$ 168 pro Jahr.

Mit der Ausstellung der Lizenz ist eine Limitierung der Fangquote verbunden. Die notwendigen Gerätschaften lassen sich in Swakopmund ausleihen. Dort haben sich auch einige Unternehmer auf die Ausrichtung von Angeltouren und Tiefsee-Angelfahrten mit dem Boot spezialisiert. Zu empfehlen sind: **Namibia Photo Tours/Sunrise Fishing**, 8 Roon St., Swakopmund, ℃ (064) 40 45 61, www.sunrisetours.com.na.

Für das Süßwasserangeln im Fischfluss (Fish River), Hardap Dam, Daan Viljoen Game Park und Von Bach Dam ist ein Angelschein erforderlich, der in den entsprechenden Offices oder beim Reservierungsbüro des Namibia Wildlife Resorts in Windhoek (Adresse vgl. »Naturschutz, Permits«, S. 298) ausgestellt wird.

Ballonfahrten: Die Schönheit der Wüste, der Gegend um Swakopmund oder der Region um Twyfelfontein aus der Vogelperspektive zu sehen gilt als Erlebnis der ganz besonderen Art. Spezialisiert auf Fahrten über das Sossusvlei-Gebiet sind: **Namib Sky Balloon Safaris**, ℃ (063) 68 31 88, www.balloon-safaris.com.

Canoing & Rafting: Der Orange River an der Grenze zu Südafrika ist der perfekte Ort dafür. **Felix Unite Orange River Adventures**, ℃ (08 61) 33 35 49, +27 87 354 05 78, www.felixunite.com. Auch auf dem Kunene (www.epupa.com.na) und dem Okavango (www.ngepicamp.com) werden Kanutouren angeboten.

Golf: Was sich vor einigen Jahren noch keiner vorstellen konnte, ist heute Wirklichkeit: Es gibt Menschen, die zum Golfen nach Namibia fliegen, so viele, dass Air Namibia bis zu 15 kg Golfgepäck ohne Aufschlag befördert. Es sind allerdings nicht die typischen Wüsten-Golfplätze von Swakopmund, Walvis Bay, Lüderitz oder Hentiesbaai, um derentwillen die Golfer ihre Bags mit auf die Reise nehmen.

Es geht einerseits um den **Windhoek Golf & Country Club** (✆ 061-2055223, www.wccgolf.com.na) und um den **Rossmund Golf Club**, zehn Minuten außerhalb Swakopmunds (✆ 064-405644, www.swakopresorts.com/ golf. htm). Beides sind 18-Loch Gras-Plätze, par-72. Die Besonderheit bei Rossmund ist, dass es keine Zäune gibt und man auch mal auf fröhlich grasende Springbockherden stoßen kann.

Motorsport – 4 x 4 Trails: Namibias berg- und wüstenreiche Unwegsamkeit verlockt immer mehr diejenigen, die die Herausforderung schwierigster Straßenverhältnisse suchen. Entsprechend groß ist das Angebot an 4 x 4 Trails. Für eine wunschgemäße Tour hole man beim Namibia Tourism Board (vgl. »Auskunft«, S. 287) differenzierte Informationen ein.

Da Wüstenlandschaften – man kann es nicht oft genug sagen – ökologisch extrem gefährdete Regionen sind, sollte man sich als Teilnehmer an Off-Road-Fahrten durch die Wüste seiner Verantwortung besonders bewusst sein. Das gilt um nichts weniger für Quad-Biking, das zwar großen Spaß macht, aber noch größeren Schaden anrichtet. Deshalb bietet man inzwischen geführte Touren in dafür reservierten Dünenbezirken an – und das vorzugsweise im Umfeld von Swakopmund.

Mountainbiking: Sehr viel umweltverträglicher, aber sicher nicht weniger abenteuerlich dürften Safaris per Rad sein. **Mountain Bike Namibia** bietet Touren durch die Wüste, das Kaokoveld oder das Damaraland an: ✆ (064) 40 20 78 und (081) 128 49 00 (mobil), www. mountainbikenamibia.com.

Paragliding: Besonders geeignet sind Windverhältnisse und Thermik in den Dünen südlich von Swakopmund für das Paragliding. Die **Namib Paragliding School** führt in die Sportart ein und erteilt auch Flugli-

zenzen. Infos bei: Alex Stauch, 5 Eureka Court, Swakopmund, ✆ (081)2415483 (mobil), www. paraglidingnamibia.com.

Reiten: Die Landschaft auf dem Pferderücken zu erkunden und zu erleben erfreut sich zunehmender Beliebtheit.

Spezialisiert auf Programme für Pferdefreunde hat sich **The Desert Homestead & Horse Trails**, in schöner landschaftlicher Umgebung, 35 km von Sossusvlei, gelegen. Gute Unterkünfte und Pferde sind vorhanden, ✆ (021) 876 49 13, www.deserthomestead-na mibia.com. Ausflüge zu Pferd bieten darüber hinaus die Canon Lodge (vgl. S. 81), Klein-Aus Vista (vgl. S. 90), die Gästefarm Büllsport (vgl. S. 134) oder Etusis Lodge (vgl. S. 175) an.

Segelfliegen: Auch der Himmel ist weit über Namibia. Segelflieger wissen dies (wie die günstige Thermik) zu schätzen. Ihr spezielles Eldorado heißt Bitterwasser, liegt nahe Uhlenhorst am Rand der Kalahari und ist erreichbar unter: Mariental, ✆ (063) 26 53 00, 26 53 90, www.bitterwasser.eu.

Vogelbeobachtung: Mag sein, dass mancher damit weder sportliche Aktivität noch Abenteuer verbindet. Doch angesichts von 630 in Namibia gezählten Vogelarten, die man allesamt aufspüren kann, lässt sich das Ausmaß des dazu notwendigen Unternehmungsgeistes erahnen. Infos gibt es beim **Namibia Bird Club**, ✆ (061) 22 57 27, www.namibiabirdclub.org.

Wandern: Derjenige, für den Wandern nichts mit Sonntagsspaziergängen gemein hat, kommt in Namibia voll auf seine Kosten. Das Angebot an Wanderrouten, die höchste Anforderungen an die körperliche Konstitution stellen und zudem einzigartige Landschaftserlebnisse versprechen, ist vergleichsweise groß. Allerdings sind solche Unternehmungen meist recht zeitaufwendig.

Für die 85 bis 90 km lange Wanderung durch den **Fish River Canyon** müssen vier bis fünf Tage angesetzt werden. Hinweise zur Tour, die zu den fünf Spitzenrouten Afrikas zählt, finden sich beim 3. Tag. Ähnlich hohe Anforderungen an den Wanderer stellt die achttägige Rundwanderung durch den **Naukluft-Park** (www.naukluft-eperience.com, zu buchen über Namibia Wildlife Resorts, www.nwr.com.na).

Eine geführte Wanderung wird durch die Wüstenregion am **Ugab** am Rand des Skeleton Coast Park angeboten. Essen, Ausrüstung und Schlafsack müssen mitgebracht werden, Wasser und Feuerholz werden gestellt. Die Dreitagetouren starten zwischen April und Oktober jeden zweiten und vierten Dienstag im Monat. Auskünfte erteilt Namibia Wildlife Resorts (vgl. S. 298).

Zwischen April und November finden an jedem dritten und vierten Wochenende eines Monats von Donnerstag bis Sonntag geführte Touren auf dem **Waterberg Plateau** statt (vgl. 20. Tag). Die ausgeschilderten Wege dürften für echte Freaks keine Herausforderung darstellen, sind jedoch eine lustvolle Erfahrung.

Wer das **Brandbergmassiv** und die darin enthaltenen Schätze der Felsmalereien erkunden will (vgl. 14. Tag), kann dies wegen des unwegsamen Geländes nur in Begleitung eines zu diesem Zweck ausgebildeten Führers tun. Die Besteigung des **Königsteins**, der höchsten Erhebung des Massivs in Namibia überhaupt, dauert drei Tage und erfordert Erfahrung und sehr gute körperliche Kondition gleichermaßen. Informationen über **Daureb Mountain Guides**, Uis, ✆ (064) 50 41 62.

Zwischen Mitte April und Mitte September bietet **Safaris Unlimited** dreitägige Wanderungen ins Brandbergmassiv an: Windhoek, ✆ (061) 26 45 21, die Abfahrt erfolgt von Windhoek aus.

Marathon: Seit 2004 wird Anfang Juli im Herzen der Namib das Marathon-Event »100 Miles of Namib Desert« durchgeführt, das nach mehreren Tagen und zurückgelegten 146 km im Sossusvlei endet. Auskünfte unter: www.zitoway.com.

Sprache

Entsprechend der ethnischen Vielfalt herrschen in Namibia geradezu babylonische Sprachverhältnisse. Insgesamt wird in zwölf (eingeborenen) Zungen geredet. Während Ovambo und Herero Bantusprachen sprechen, bedienen sich die Buschleute, Damara und Nama unterschiedlicher Khoisan-Sprachen.

Den Reisenden muss die Sprachenvielfalt nicht schrecken. Englisch wurde im Jahr 1990 zur offiziellen Landessprache erklärt und wird allenthalben gesprochen und verstanden. Daneben ist Afrikaans weit verbreitet und im südlichen Afrika Verkehrssprache. Überraschend häufig ist eine Verständigung auf Deutsch möglich.

Strom

Die Stromspannung beträgt im ganzen Land 220/240 Volt. Runde, dreipolige 15-Ampere-Stecker sind allgemein gebräuchlich. Deshalb sollte man schon zu Hause einen entsprechenden **Adapter** kaufen!

Telefonieren

Das namibische **Telefonnetz** ist inzwischen hervorragend ausgebaut. Die Direktwahl aller Teilnehmer ist fast flächendeckend möglich. Nur im Raum Helmeringhausen wird auch heute noch manuell verbunden. Für Telefonate von Deutschland nach Namibia wählt man die **Landesvorwahl von Namibia +264**, lässt bei der folgenden Ortsvorwahl die »0« weg – für Windhoek statt 061 nur die 61 wählen – und gibt schließlich die Nummer des gewünschten Gesprächspartners ein.

Ein dreiminütiges Gespräch nach Namibia schlägt auf der Telefonrechnung mit weniger als € 5 zu Buche. Der Anruf von Namibia nach Deutschland oder in andere europäische Länder ist etwas teurer. Das Verfahren ist gleich – wenn man den Versuch in Swakopmund oder Windhoek startet. In ländlichen Regionen muss z. T. erst die Vermittlung bemüht werden. Von Namibia aus lautet die **Vorwahl** für **Deutschland +49**, für **Österreich +43** und für die **Schweiz +41**.

Die im Buch angegebenen Telefonnummern sind ausschließlich ohne Landesvorwahl, Ausnahme: Wenn es sich um eine Telefonnummer aus **Südafrika** handelt, wird die Landesvorwahl **+27** hinzugefügt.

Bei dem wahrhaft rasanten Ausbau des Telefonnetzes in Namibia ändern sich oft Telefonnummern schneller als Telefonbücher gedruckt werden können. Bei Problemen hilft die: **Tele-**

fonauskunft: ✆ (061) 61 11 88 oder **Telecom Namibia:** ✆ 201 91 11.

Telefonkarten für die Benutzung öffentlicher Fernsprecher sind im Wert von N$ 10, 20 oder 50 bei der Post und in Teleshops zu erwerben.

Auch in Namibia (oder gerade dort) hat das **Handy**, das *Cell Phone* oder *Mobile* heißt, seinen Siegeszug fortgesetzt. Das Funknetz wurde kontinuierlich ausgebaut, so dass heute mit Mobiltelefonen, ausgerüstet mit GMS-Standard und SIM in den meisten Teilen des Landes (ausgenommen sind derzeit noch die Wüstenregionen) telefoniert werden kann. Roaming-Verträge bestehen mit vielen Ländern weltweit, natürlich auch mit Deutschland, Österreich und der Schweiz.

Weitaus kostengünstiger ist es allerdings, eine SIM-Karte für das eigene Handy mit einer namibischen Mobilfunknummer, PIN und PUNK für etwa N$ 20 zu kaufen. Die führenden Anbieten sind MTC und Leo mit eigenen Geschäften, auch direkt am Flughafen. Oft ist bereits ein Startguthaben vorhanden. Weitere Guthaben erwirbt man mit sogenannter Airtime. Entweder bekommt man beim Kauf eine Karte, auf der ein Feld freigerubbelt werden muss, unter dem sich eine Vouchernummer befindet, oder man erhält einen Beleg, auf dem eine Vouchernummer steht.

Man ruft eine kostenlose Aufladenummer an, gibt die Vouchernummer ein und bestätigt mit #. Umgehend erhält man eine Meldung mit dem aktuellen Guthaben.

Trinkgeld

In Restaurants werden keine Aufschläge für den Service berechnet, so dass das Bedienungspersonal auf **Trinkgelder** angewiesen ist. Mindestens 10 Prozent des Rechnungsbetrags sind als *tip* angemessen. Gepäcktragern sollte man N$ 5–10 geben. In den Lodges steht meist eine Box für Trinkgeld, das dann unter allen Angestellten aufgeteilt wird.

Unterkunft

Wenn auch das Netz der Unterbringungsmöglichkeiten im dünn besiedelten Namibia relativ dicht gespannt ist, sind die Auswahl-

möglichkeiten punktuell dennoch gering. Das erleichtert einerseits das Auswahlverfahren, zwingt aber andererseits auch zu frühzeitiger Buchung. Diese kann über die Reiseveranstalter oder den Anbieter direkt erfolgen. Reservierungen für Übernachtungen in Rastlagern *(Rest Camps)* erfolgen ausschließlich über die zentrale Buchungsstelle (vgl. S. 298):

Buchungen müssen schriftlich, am besten per E-Mail, sechs bis zwölf Monate im Voraus erfolgen. Korrespondenzen sollten in Englisch verfasst werden. Die Bearbeitung einer Buchung kann bis zu drei Wochen in Anspruch nehmen. Sollte man eine Absage für den gewünschten Termin erhalten, kann man durchaus später einen weiteren Versuch unternehmen. Die großen Reiseveranstalter blocken in der Regel Kontingente, die nicht immer genutzt werden. Das bietet Alleinreisenden Chancen, doch noch zum Zuge zu kommen.

Nur von Namibia Wildlife Resorts schriftlich bestätigte Buchungen sind gültig. Auch Änderungen und Stornierungen müssen schriftlich bestätigt werden. Es ist wichtig, dass Sie diese Unterlagen in den Rastlagern vorlegen können. Die Bezahlung erfolgt – nach bestätigter Buchung – per Kreditkarte.

Die Übernachtungen in den **staatlichen Rastlagern** kann sich dort, wo in jüngerer Zeit Renovierungen durchgeführt wurden (Etosha National Park, Waterberg und Ai-Ais), sowohl in der Qualität der Ausstattung wie in der Preisgestaltung mit vergleichbaren privaten Unternehmen messen (zwischen N$ 500 und N$ 1500 pro Person im Doppelzimmer). Auch in anderen staatlichen Rest Camps sind die Preise deutlich gestiegen. Zum Teil hat sich allerdings auch der Service dem gestiegenen Preisniveau angepasst, ist allerdings oft noch verbesserungsfähig.

Die Hotelpreise schwanken je nach Kategorie zwischen N$ 500 und N$ 1800 pro Person bei Unterbringung im Doppelzimmer. Man sollte sich in jedem Einzelfall informieren, ob die Preise nur Bed & Breakfast oder weitere Mahlzeiten bzw. Aktivitäten abdecken.

Die empfohlenen **Unterkünfte** dieses Buches sind durch Dollarsymbole in Preiskategorien eingeteilt. Diese gelten jeweils für eine Übernachtung pro Person im Doppelzimmer und sind wie folgt gestaffelt:

Service von A bis Z

$ – bis 500 Namibian Dollar
$$ – 500 bis 800 Namibian Dollar
$$$ – 800 bis 1200 Namibian Dollar
$$$$ – über 1200 Namibian Dollar

Gestiegen ist in den letzten Jahren die Zahl der teilweise recht luxuriösen **Lodges**. Die Preise bewegen sich bis in luftig luxeriöse Höhen von mehr als N$ 5000 pro Person und Tag. Es sind jedoch auch einige darunter, die mit N$ 800 pro Tag inklusive aller Mahlzeiten durchaus Ordentliches zu bieten haben.

Als (vom Aussterben bedrohte) namibische Besonderheit können die **Gästefarmen** gelten. Mindestens einmal auf einer Reise sollte man auf jeden Fall die Gastfreundschaft einer solchen Farm erleben. Die meisten von ihnen überzeugen nicht nur durch den gebotenen Komfort, sondern auch durch die persönliche Art der Gästebetreuung. Die Preise von etwa N$ 500 bis 1000 pro Tag und Person beinhalten volle Verpflegung und meist ein touristisches Programm. Eine begrenzte Zahl solcher Farmen hat sich auf Jagdtourismus spezialisiert.

Bed & Breakfasts erfreuen sich als preisgünstige Übernachtungsmöglichkeit zunehmender Beliebtheit. Eine Übersicht über das Angebot bietet: **B&B Association of Namibia**, www.bed-breakfast-namibia.com.

Campingplätze stehen beinahe in jeder Ortschaft Namibias zur Verfügung. In der Regel sind solche Plätze gut bis komfortabel ausgestattet und dabei verhältnismäßig preiswert. Für den Stellplatz werden zwischen N$ 100 und 300 berechnet, zzgl. N$ 100 pro Person. Wenn freies Campen auch offiziell verboten ist, lassen sich nach Angaben von Insidern nach Absprache mit den Eignern des Landes jedoch Übernachtungsplätze finden. Allerdings sollte man darauf achten, dass man sein Wohnmobil nicht auf ein Trockenflussbett stellt. Durch Regenfälle in entfernten Regionen könnte es zu überraschenden Überflutungen kommen. Dabei gilt auch – wie bei allen Aktivitäten im Land – den Ort so zu verlassen, wie man ihn vorgefunden hat. In den Parks ist freies Campen verboten!

Natürlich kann jeder seine Reise heute über Internet relativ problemlos organisieren und vorbuchen. Hilfreich könnte dabei auch das Namibia Tourism Board in Frankfurt sein. Hier beschränkt man sich indes oft auf die Zusendung von Informationsmaterial. Deshalb kann es von Vorteil sein, diesen Teil der Reisevorbereitung in die Hand eines vor Ort ansässigen Touroperators zu geben. Hier einige Ansprechpartner, die **Touren nach Wunsch** zusammen stellen, Fahrzeuge anmieten, Unterkünfte buchen u. v. m.:

Abenteuer Afrika
℡ (064) 40 40 30, www.abenteuerafrika.com

ATI Holidays
℡ (061) 22 87 17, (081) 128 84 27 (mobil)
www.ati-holidays.com

Cheetah Tours & Safaris
℡ (061) 23 02 87, www.cheetahtours.com

Explore Namibia CC
℡ (061) 30 47 13, www.explore-namibia.com

Eine der luxuriösesten Unterkünfte im Damaraland: die Twyfelfontein Country Lodge

Verkehrsmittel

Wer das Land wirklich erkunden will, kann das schwerlich per Eisenbahn oder Bus. Nur die wichtigsten größeren Städte sind mit **öffentlichen Verkehrsmitteln** erreichbar – und das nur ein-, höchstens dreimal wöchentlich.

▣ Intercape Mainliner Namibia
2 Galilei St., Windhoek
✆ (061) 22 75 21 und
✆ +27 21380 44 00
www.intercape.co.za
Auskünfte über das Reisen mit Mainliner-Bussen.

▥ The Windhoek Railway Station/ Desert Express
www.namibweb.com/desertexpress.html
Es muss auf einen **Sonderzug** hingewiesen werden, den **Desert Express**. Zu bestimmten Terminen (bitte erfragen) gibt es auch 4- und 6-tägige Fahrten zwischen Windhoek, Swakopmund und dem Etosha National Park. Informationen und Reservierungen über die Webseite.

Zeitzone

Namibia liegt in der *West Africa Time (WAT)*. Wer aus Europa nach Namibia reist, bewegt sich in Nord-Süd-Richtung. Das hat zur Folge, dass es nur zu geringfügigen Zeitverschiebungen kommt. Während des **Süd-Sommers** muss die Uhr um **eine Stunde vorgestellt** werden, und während der namibischen **Winterzeit** muss **eine Stunde zurückgestellt** werden. Die Umstellung von Winter- auf Sommerzeit (und umgekehrt) erfolgt in der **ersten Samstagnacht im April** und in der **ersten Samstagnacht im September**.

In Deutschland findet dagegen die jährliche **Zeitumstellung** am letzten Sonntag im März und am letzten Sonntag im Oktober statt. In den so entstehenden Überschneidungsphasen entspricht die namibische Zeit der deutschen. Aufpassen bei Reisen in die Region Sambesi! Dort richten sich die Uhren östlich von Katima Mulilo nach zentralafrikanischer Zeit, was eine Stunde Unterschied zum übrigen Namibia ausmacht.

Zoll

Die **Zollbestimmungen** bei der Einreise entsprechen den international üblichen Regelungen: Gegenstände des persönlichen Gebrauchs sind zollfrei. Allerdings sind die Mengen limitiert: 1 Liter Spirituosen, 2 Liter Wein, 300 Milliliter Parfum, 400 Zigaretten oder 50 Zigarren oder 250 Gramm Tabak.

Schusswaffen dürfen nur eingeführt werden, wenn es sich um Jagdgewehre handelt und eine heimische Waffenbesitzkarte vorliegt.

Die Jagdwaffen müssen bei der Einreise deklariert werden, dann erteilt der Zoll befristete Einfuhrgenehmigungen. Ein entsprechende Genehmingung sollte frühzeitig beantragt werden, da die Bearbeitung an der Grenze viel Zeit in Anspruch nehmen kann. Infos erteilt die **Namibian Professional Hunters Association** (NAPHA), Windhoek, ✆ (061) 23 44 55, www.napha.com.na. Die Einfuhr von Faustfeuerwaffen ist strikt verboten.

Bei der Ausfuhr von Antiquitäten und Souvenirs ist auf die Einhaltung der Bestimmungen des Washingtoner Artenschutzübereinkommens zu achten. Diese gelten auch, wenn Tierprodukte (z. B Elfenbein oder Elefantenhaar) in Schmuckstücke eingearbeitet sind. Teilweise sind Ausfuhrgenehmigungen auf Anfrage möglich. Ob mit einer in Namibia ausgestellten Ausfuhrgenehmigung allerdings die Einfuhr in Deutschland erlaubt ist, muss im Einzelfall geklärt werden.

Bei der **Rückreise** dürfen für den persönlichen Bedarf abgabefrei eingeführt werden:

200 Zigaretten oder 100 Zigarillos oder 50 Zigarren oder 250 Gramm Tabak, 1 Liter Spirituosen mit einem Alkoholgehalt von mehr als 22 Vol.-% oder 2 Liter mit einem Alkoholgehalt von maximal 22 Vol.-% sowie andere Mitbringsel bis zu einem Warenwert von € 430.

Überschreiten die Reisemitbringsel die Reisefreimengen, so fallen Einfuhrabgaben an. Am besten die Kaufbelege aufbewahren, ansonsten wird der Wert vom Zoll geschätzt. Bis zu einem Wert von € 700 werden pauschal 17,5 Prozent Zoll erhoben, bei allem, was darüber liegt, wird genauer gerechnet. Auskünfte erteilt das Informations- und Wissensmanagement Zoll unter ✆ (03 51) 448 34-510, www.zoll.de. ❖

Fett hervorgehobene Seitenzahlen verweisen auf ausführliche Erwähnungen, *kursiv* gesetzte Begriffe und Seitenzahlen auf den Service von A bis Z.

Agate Beach 98, **103**, 106
Ai-Aiba – Rock Painting Lodge 172, 173, **175**
Ai-Ais 73, 79, **80, 81 f.**, 83, 85, 86
– Ai-Ais Hot Springs 80, 82
– Ai-Ais Rastlager 80, 82
– Ai-Ais-Richtersveld Transfrontier Park 73, 81, 85, 87, *299*
Angeln 300
Angola 7, 8, 33, 35, 38, 39, 168, 188, 258, 262, 268, 271, *299*
Angra Pequena vgl. Lüderitz-(bucht)
Angra Point 108
Anreise, Einreise 286
Apollo-11-Grotte 36
Auas-Berge 44, 60
Auob-Flussoase 67
Aus 85, **87 ff.**, 91, 92, 100, 102, 107, 108, 110, 136
– Klein-Aus Vista 85, 88, **90**
– Kriegsgefangenenlager 89, 90
Aussenkehr 83, 84, 85, 87
Auskunft 287 f.
Auto- und Motorradmiete 288 f.

Ballonfahrten *300*
Benguela-Strom 14, 19, 99, 108, 126, 128, 178, 186
Berseba 62
Bethanien 16
Binnenhochland 14
Bitterwasser 301
Bosua Pass 172
Botswana 7, 27, 66, 250, 251, 258, 267, 271, 273, *299*
Brandberg 16, 30, 36, 174, 191, **192 ff.**, **197**, *301*
Brukkaros 61
Büllsport, Gästefarm 125, 126, **134**, **135 f.**
Bushman's Paradise 174, 175
Bwabwata National Park 267, 270, 271

Camp Kipwe 191, 197
Camping 304
Canoing & Rafting 300
Canon Lodge 74, 81
Canon the Roadhouse 74, 81
Canon Village 74, 81 f.
Cape Cross (Kreuzkap) 36, 176, **179 ff.**, 189
Caprivi-Zipfel/Caprivi-Streifen vgl. Sambesi, Region
Chobe 267, 268
Conservancies 20, 21, 269

Daan Viljoen Game Park 300
Damaraland 11, 15, 30, 32, 186, 190, 196, **201 ff.**, **207 f.**, 213, 217
Damaraland Camp 206, 207 ff.
Deutsch-Ostafrika 7, 268
Deutsch-Südwestafrika 7, 38, 268
Deutsches Reich 6, 37, 45
Diaz Point 98, **104 f.**, **106**, 108, 109
Diplomatische Vertretungen 289
Divava Okavango Lodge 272 f.
Divundu 266, 270, 271
Dordabis 65, 66
Doro !Nawas, Lodge 197
Dorob National Park 40, 178
DTA (Demokratische Turnhallen-Allianz) 39, 48
Düsternbrook, Gästefarm 285
Duwisib, Farm 108, 123
Duwisib, Schloss (Duwisib Castle) 114, 116, 117, **118 ff.**, **123**

»Eduard Bohlen« 185
Einkaufen 290 f.
Eningu Clayhouse Lodge 285
Epupa Falls 33, 212, 217, **221**
Erongo Wilderness Lodge 172, 173, **175**
Erongo-Gebirge 16
Eros-Berge 44
Essen und Trinken 291
Etosha Onguma Lodge 233, 247
Etosha National Park 11, 12, 15, 40, 188, 204, 206, 211, **222–247**, 253, 254, *298*
– Andersson Gate 222, 227, 231
– Dolomite 233
– Etosha 232, 238
– Etosha Pan (Etosha-Pfanne) 14, 16, 40, 232, **236 f.**, 242, 246
– Etosha Safari Lodge 231
– Fisher's Pan 232, 242
– Ghost Tree Forest 232
– Leeubron 239
– Namutoni, Rastlager 230, 232, 233, **234 f.**, 239, **246**
– Olifantsbad 239
– Okaukuejo, Rastlager 198, 206, 222, **228 f.**, **230 f.**, 231, 232, 233
– Ongava Lodge 231, 233
– Ongava Wild Reservat 231
– Onkoshi 233
– Rhino Drive 239
– Twee Palms 239
– Von Lindequist Gate 232, 233, 246, 253
Etosha-Pfanne vgl. Etosha National Park
Etusis Lodge 174, 175

Feiertage, Feste 292
Felsen-Namib 30

Felix Unite 83, 84, *300*
Fish River (Fischfluss) 40, 62, 77, *300*
Fish River Backpacking Trail 74
Fish River Canyon 11, 15, 73, 74, **78 ff.**, **81**, 82, 83, *301*
Fotografieren 292
Fransfontein 203 f.

Gamsbergmassiv 185
Garganus, Farm 62, 64
Garub 91 f.
Gaub Canyon 141
Gaub-Rivier 141, 142
Geld, Kreditkarten, Reisekosten 293 f.
Giants' Playground 58, 59, **63 f.**
Gibeon 48, 61, 72
Girabis-Ebene 217, 219
Goanikontes, Flussoase 161, 168
Gobabeb 142
Gobabis 65
Gochas 65
Golf 300
Gomadommi 218
»Grasplatz« 92, 93
Grootberg Lodge 210, 214, **217**
Grootfontein 12, 253, 254, 258, 261, **263**, **265**, 266, 267, 269, 274
– Museum Grootfontein 263, 265
Gross Barmen 283
Große Randstufe 15, 110, 118, 130, 136
Grünau 83

Halali, Rastlager 230, **234**, **246**
Halifax Island 97, 107, **108 f.**
Hammerstein, Lodge 117, 123
Hardap Dam 61
Hartmann's Valley 212
Hedwigslust, Farm 253, 254, **256**, 264
Helgoland-Sansibar-Vertrag 7, 37
Helmeringhausen 107, 108, **114 ff.**, 117
Helmeringhausen Hotel & Guest Farm 116
Hentiesbaai (Henties Bay) 176, 178, 183, 189, 191
Hinweise für Menschen mit Behinderungen 294
Hoachanas 65, 67
Hoanib 189, 214, 217, 218
Hoarusib 186, 218
Hoba-Meteorit 254, **261 f.**, **265**
Hobas 73, 74, 78
Hobatere 218
Holoog 73, 78
Homeb 142
Hosea Kutako International Airport 42, 44, *286 f.*
Huab 186, 202, **203 f.**, 205, 208, 209

Huab Lodge 198, 204, **205**, 222
Huarusib 186
Huns-Berge 81, 194
Internet 294

Jagd 294
Jena, Farm 67

Kalahari 6, 12, 13, 14, 16, 30, 59, 65, **66 ff.**, 249, 255, 285
Kalahari Red Dunes Lodge 59, 64
Kalkrand 59, 61
Kalkturm 65, 67
Kamanjab 198, 211, 212, 216
Kaokoveld 12, 33, 135, **210–221**, 249
Karas-Berge 78, 83
Karibib 12, 135, 161, 171, 172, 174
Kasane 267
Katima Mulilo 12, 266, 267, 269, **270 f.**, 272, 273
– Caprivi Arts Centre 271, 273
– Markthalle 270
Kavango 270
Kavango-Zambezi Transfrontier Conservation Area 299
Keetmanshoop 12, 15, 58, 59, 61, 62, 63, **64**, 65, 68, 69, 71, 73, **74 ff.**, 81, 83,88, 99, 101
– Heimatmuseum 70, 76 f., 81
– Kaiserliches Postamt 75 f., 81
– »Klipkerk« 76 f., 81
Khan 164
Khomas-Hochland 44, 172
Khorab Memorial 274, 277 f., **280**
Khorixas 16, 191, 198, 201, **202**, 204, 206, 212, 222
Khowarib Lodge 210 f., 212, **214**, **217**
Khowarib-Schlucht **213**, 217, **218**
Khumib-Rivier 190
Kiripotib, Farm 65, **67**, **69**
Klima, Kleidung, Reisezeit 294 f.
Köcherbaum 12, **62 f.**, 68, 77, 78, 136
Köcherbaumwald (Kokerboom Forest) 58, 59, **62 f.**, **64**, 66, 68
Königstein 191, 192, *301*
Koes 58, 65, 66, 68
Kolmanskop 91, **94 ff.**, **97**
Kombat 274, 275
Kongola 266, 270, 271, 272, 273
Kudu-Gasfeld 20, 101
Kuiseb, Fluss 128, 141
Kuiseb Canyon 140, **141 ff.**, 185, 190
Kuiseb Pass 140, 142
Kulala Desert Lodge 124
Kuala Wilderness Park 124
Kunene, Fluss 6, 33, 34, 36, 176, 188, 189, 190, 211, 218, 220, 236, *300*
Kwando 268, 272, 273

Landkarten, Literatur 295 f.
Lianshulu Lodge 272 f.
Linyanti 268
Lizauli Traditional Village 273
Löwenfluss 78
Lüderitz (Lüderitzbucht) 11, 36, 37, 38, 54, 73, 74, 88, 89, 91, 92, 94, **96–106**, 107, 108, 109, 114, 119, 128, 136, 146, 179
– Diamantenberg 103, 106
– Felsenkirche 96, 98, **104**, 106
– Goerke-Haus 98, **103 f.**, 106
– Lüderitz Shark Island Resort, Rastlager 96, 97
– Museum 105, 106
– Turnhalle 98, 102
– Woermann-Haus 98, 103
Lüderitzbucht vgl. Lüderitz

»**M**aacks Shelter« 195
Mahango Game Park 271
Mamili National Park 271
Maltahöhe 15, 88, 117, 123, 126, *Marathon 301 f.*
Marienfluss 212
Mariental 15, 58, **61**, 70
»Martin Luther« 161, **162 f.**, 170
Maße und Gewichte 296
Medizinische Versorgung 296
Mit Kindern in Namibia 297
Mokuti Lodge 233, 246
Moltke-Blick 61
Mondlandschaft 163
Moringa 12
Motorsport 300 f.
Mountain Homestead 117, 122, **123**
Mowani Mountain Lodge 197
Mudumu National Park 271, 273
Mushara Lodge 233, 246 f.

Namaland 37, 70
NAMDEB (Namibia und De Beer) 97, 104 f.
Namib 11, 14, 16, 87, 89, 91, 92 f., 94, 96, **112 f.**, 113, **118 ff.**, 123, **126–134**, 140, 141, 146, 147, 163, 164, 168, 185, 208
Namib-Gürtel, Namib-Streifen 13, 15
Namibia Tourism Board 287
Namibia Wildlife Resorts 54, 159, 190, *298, 301, 303*
Namib Naukluft Lodge 125, 126, **134**, 140
Namib-Naukluft National Park 40, 54, 92 f., 117, 122, 123, **136**, 162, 172, 190, *301*
NamibRand-Gebiet 12, 116, 122, 190
Namib Sand Sea 40
!Nami=nûs 101
Nara-Kürbis 12, 111 ff.

Nashornwand 174, 175
Naturschutz, Permits 297 f.
Naukluft-Berge 37, 130, **135 ff.**, 141
Ngoma 267, 272, 273
Noordoewer 83 f.
Norotshama 84
Notfälle, wichtige Rufnummern 299

Öffnungszeiten 299
Okahandja 12, 135, 161, 171, 172, 173, 174, 175, 248, 250, 279, 281, **282 f.**, **284 f.**, *292*
Okakarara 274, 277
Okaukuejo 198, 206, 210, 222, **228 f.**, **230**, 231, 232, 233
Okavango, Fluss 35, 268, 272, *300*
Okombahe 172
Okonjima, Gästefarm 284
Omaruru 173
Omatako-Berge 282
Ombili-Stiftung 253, 254, **256 ff.**, **264**
Ongongo Falls 217, 219
Onguma Safari Camps 247
Onkoshi 230, **233**, **246**
Oranje/Orange River 6, 11, 32, 37, 71, 83, 84, 85, **86 f.**, 94, 100, 101, *300*
Oranjemund 100, 101
Orgelpfeifen (Organ Pipes) 198, **201**, 205, 206
Oryx-Antilope 131
Opuwo 212, 220, *297*
Otavi 16, 258, 274, **275**, 280
Otjikondo, Schuldorf 210, **222 f.**, **230**
Otjikoto Lake 260, 261, 264
Otjipatera 174
Otjiwarongo 57, 274, **276**, 280, 281, 284
– Krokodilfarm 276 f., 280
Outjo 198, 204, 206, 216, 222, **223**, 227, 231
Ovamboland 34, 35, 38, 211, 234

Palmwag Lodge 210, 212, 213, **214**, **217**
Panorama, Farm 68, 69
Paragliding 301
Pelican Point 140, 147
Permits 297 f.
Philipp's Cave 175
PLAN (People's Liberation Army of Namibia) 7
Popa Falls (Popa-Fälle) 268, 272
Post, Briefmarken 299
Presse 298
Purros 186

Randstufe 87, 113
Rauchen 299

Reconcilation 9, 30
Rehoboth 35, 37, 58, 61, 204, 262
Reisen in die Nachbarländer 299 f.
Reisezeit 294 f.
Reiten 301
Robbenreservat 176, **180 ff.**, 189
Rosh Pinah 85, **87 f.**, 91
Rössing-Uranmine 142, 150, 158, 160
Rossmund 300
Ruacana Falls 198, 212
Rundu 266, 267, **269 f.**

Sahara 10
Sambesi, Fluss 268
Sambesi, Region (früher Caprivi-Streifen) 7, 12, 35, 37, 258, **266–273**, 285, 290
Sambia 271
Sandwich Harbour 140, 300
Sassos 217
Schwartzenberg 110
Schwartzrand 15
Second Lagoon 98, 105
Seeheim 73, 76 f., 78
Segelfliegen 301
Sesfontein, Fort (Lodge) 210, 212, **217**, 219
Sesriem 54, 117, 122, **123 f.**, 125, 126, 129, 132, 133, 134
Sesriem Canyon 126, **133**, 134
Sicherheit 300
Simbabwe 40, 258, 271
Skeleton Coast National Park (Skelettküste) 12, 40, 176, 178, **184 ff.**, **189 f.**, 206, 207, 209, 211, 218, 219, 226
Solitaire 126, 134, 135, **139**, 140
Sossus Dune Lodge 117, 122, **124**
Sossusvlei 16, **122**, **123 f.**, 125, 126, **129 ff.**, 288
Sossusvlei Desert Camp 124
Sossusvlei Lodge 117, **123**, 126
Spitzkoppe 173 f., 175
Sport, Erholung, Touren 300 ff.
Sprache 302
Springbockwasser 190
Stampriet 65, 68
Strom 302
Südafrika 7, 8, 19, 20, 32, 34, 35, 36, 38, 39, 45, 48, 61, 70, 74, 76, 82, 83, 93, 101, 145, 146, 299
Swakop 128, 136, 147, **150 f.**, 153, 154, 163, 164, 168, 283
Swakopmund 11, 12, 37, 54, 67, 134, 135, 140, 141, 145, **147 f.**, **149–160**, 161 ff., 164, **168 f.**, 171, 172, 173, 174, 176, 178, 188, 190, 202, 221, 259, 300
– Adlerapotheke 157
– Altes Amtsgericht 157
– Aquarium 162, 169, **170**
– Bahnhof 148, 149, 155, **156**

– Deutsche Schule (German School) 155
– Ehemalige Kaserne 149, 157
– Evangelisch-Lutherische Kirche 149, 155
– Hohenzollernhaus 149, 155 f.
– Jetty 149, **152 f.**, 158
– Sam Nujoma Ave. (Kaiser Wilhelm St.) 149
– Leuchtturm 149, 154
– Marinedenkmal (Marine Memorial) 149, 157
– Meerwasserhallenbad 162, 169, **170**
– Mole 149, 154, 157
– Palm Beach 157 f., 162, 169
– Prinzessin-Rupprecht-Heim 149, 156
– Strand Hotel 149, 158, 160
– Swakopmund Museum 149, 158, **160**
– Teppichweberei 162, 169, **170**
– Woermann-Haus 149, **156 f.**, **159 f.**
SWAPO (South West African Peoples's Organization) 7, 8, 17, 34, 38, 39, 40, 268

Tansania 7, 70, 268
Telefonieren 302 f.
Terrace Bay 176, 184, 186, **190**, 191
The Elegant Farmstead 172, **175**, **284 f.**
Torra Bay (Torrabaai) 176, 190, 191, 198, 206, 213
Trinkgeld 303
Tsauchab 128, **129 f.**, 131, 133, 134
Tses 61
Tsisab Canyon (Tsisab-Schlucht) 191, 196
Tsondap 128
Tsumeb 253, 254, 258, 259, **260 f.**, **264**
– Museum 254, 260, **261**, **264**
– The Tsumeb Cultural Village 265
Turnhallen-Konferenz 39, 48, 55
Twyfelfontein 40, 135, 174, 176, 191, **197**, 198, **199 ff.**, 205, 206, 207, 210, 213, 300
Twyfelfontein Country Lodge 191, **197**, 206

Ugab 40, 185, 189, 190, 191, 196, **202 ff.**, 205, 301
Ugabmund 176, 190
Uhlenhorst 65
Uis 9, 135, 191, **192 f.**, 197
UNO 7, 8, 38, 39, 145
Unterkunft 303 f.
Usakos 172, 175

Van Zyl's Pass 212
Verbrannter Berg (Burnt Mountain) 16, 198, **201**, 205, 206
Verkehrsmittel 305
Versteinerter Wald (Petrified Forest) 16, 198, **202**, 205
Vingerklip (Fingerklippe) 198, 203, 206
Vingerklip Lodge 198, 204, **205**
Vogelbeobachtung 301
Vogelfederberg 144
Völkerbund 7, 38
Von Bach Dam 172

Walvis Bay 36, 37, 39, 102, 128, 140, 142, **145 ff.**, 152 f., 163, 300
Wandern 301
Waterberg 27, 249, 274 f., **277 ff.**, **280**, 282
Waterberg Plateau Park 274, **277 ff.**, **280**, 281, 301
– Friedhof 274, **278 f.**, 280
– »Mission Way« 278, 280
– »Mountain View« 278, 280
Weißer Elefant 175
Welwitschia mirabilis 12, 161, **163 ff.**, 170, 186, 202, 205
Welwitschia mirabilis-Kolonie 161, 170
Welwitschia Nature Drive 161, 162, **164 ff.**, 170
»White Lady« (Weiße Frau) 191, **193 ff.**, 197
Wilhelmstal 173
Windhoek 6, 12, 16, 30, 34, 37, **42–57**, 58, 59, 65, 67, 74, 76, 93, 134, 135, 142, 153, 161, 171, 172, 173, 174, 176, 185, 188, 190, 221, 248, 258, 268, 274, 281, 282, 283, 285
– Alte Feste 43, **50 f.**, **56**
– Christuskirche 43, 46, **49**, 51, **55**, 76
– Erospark 43
– Gathemann-Haus 46
– Genozid-Denkmal 51, 56
– Glockentürmchen 47, 48
– Haus des Ombudsmans 50
– Heinitzrug 43, 51, 54
– Heroes' Acre 43, **52**, 59, 60
– Historischer Bahnhof 43, 48
– Hochlandpark 43, 52
– Independence Avenue 43, **45 ff.**, 56, 57
– Independence Memorial Museum 43, 46, 49, 55
– Kalahari Sands Hotel 43, 45, 46, 56
– Katutura 30, 43, 45, **52 f.**, 54, 57, 290
– Khomasdal 43, 52, **53**
– Klein Windhoek 43
– Luisen-Apotheke 46

- Meteoriten-Brunnen 43, **47 f.**, **55**
- *Namibia Crafts Centre* 290
- National Art Gallery 48
- Nationaltheater 48
- New State House 43, 51 f.
- Owela Museum 48
- Post Street Mall 43, 47
- Sanderburg 51
- Schwerinsburg 51

- Sculpture Garden 48
- State House 49
- Südwester Reiter 43, **49 f.**, 51, 56
- Supreme Court 46
- Tintenpalast 43, 50, **56**
- TransNamib Railway Museum 43, 48, **55**
- Turnhalle 43, **48**, **55**

- Witbooi Memorial 46
- Zoopark **46**, 54, 56
- »Winston« 183 f.
- Wlotzkasbaken 178
- Wolwedans Dune Camp/Lodge 117, 122, **124**

Zeitzone 305
Zoll 305

Namenregister

Afrikaner 32, 71
Andersson, Charles 227, 228, 260
Auguste Viktoria, Kaiserin 279

Bantu 30, 32, 34, 35, 70, 252
Baster vgl. Rehobother Baster
Bat, Bernabé de la 228, 277
Becker, Kapitän 179
Berner, Dörte 46
Bersebaner 32
Bethanier 32
Bismarck, Otto Fürst von 24, 151, 261, 268
Black, Brian 285
Black, Hermine 285
Breuil, Abbé 193
Brückner, Stephan 57
Buschmänner vgl. San

Cão, Diego 36, 179, 189
Caprivi, Leo Graf von 7, 268
Caprivianer 35, 268 f.
Choate 203

Damara **31**, 36, 151, 192, 199, 201, 205, 213, 217, 234, 258, *303*
Diaz, Bartolomeu 36, **105**, 106, 179
Durstlandtrecker 262 f., 265

Ertl, Otto 155
Erzberger, Matthias 28

Fabri, Friedrich 22 f.
Fischer, Adolf 228
François, Curt von 24, 27, 37, 45, 48, 56, 72
Fredericks, Josef 37, 99
Fwe 35, 268 f.

Geingob, Hage 39, 40
Gobabis 32
Goerke 103 f.
Göring, Heinrich 22, 24

Hanssen, Lise 284
Hanssen, Wayne 284
Hartmann (Geologe) 188
Hase, Claudia von 67, 69
Hase, Heidi von 57, 67
Heikum-Buschmänner 234
Herero 8, 20, 24 ff., **32**, 33, 36, 37 f., 40, 45, 47, 49, 52, 53, 57, 72, 153, 193, 195, 201, 213, 214, 217, 235, **248–252**, 258, 263, 275, 276, **278 f.**, 282, *294, 295, 303*
Himba 20, **33**, 188, 193, 212, 214, 217, 220 f., 249, 261
Humphries, Jayta 118

Jan Jonker Afrikaner 37, 45, 151, 204, 283, 285
Jordan 262, 263

Kabila 39
Kambazembi 279
Kambonde 263
Kavango 35, 268 f.
Knudsen, Missionar 150
Korn, Hermann 141, 142
Kubaner 7, 8, 39
Kuhn, Dr. 263

Leutwein, Major 24, 25, 26, 27, 37, 138
Lewala, Zacharias 93
Lindequist, von 228
Lüderitz, Adolf 37, 99 f.
Luther, Martin 162, 163

Maack, R. 193, 195, 263, 265
Maherero, Samuel 25 f., 250, 251, 263, 279, 285
Mais-Rische, Beate 256, 257, 258
Manasse, Herero-Kapitän 24
Martin, Henno 141, 142, 143
Moritz, Walter 283

Nama 10, 20, 24, 26, 30, **32**, 33, 35, 36 ff., 40, 45, 52, 57, 61, 62, 67, **70 ff.**, 74, 75, 80, 100, 112, 113, 118, 119, 151, 250, *303*

Nujoma, Sam 7, 8, 34, 38, 39, 40, 156

Orlam **32**, 45, 139, 283
Ovambo 20, **34 f.**, 36, 57, 234, 258, *303*

Pohamba, Hifikepunye 34, 39, 40

Redecker, Gottlieb 49, 50, 55
Reep, Jan van de 204
Rehobother Baster 35, 37, 60
Rust 249

San 20 f., **30**, 32, 36, 234, 253, **254 ff.**, 261, 264, *303*
Sander, Willi 118
Sauber, Ernst 134, 135, 136, 137
Sauber, Johanna 134, 135, 136
Schatz, Ilse 261, 264
Schelke, Marion 97
Schwabe, Kurt 155
Stauch, August 92, 93
Stommel, Gillian 222 f.
Stommel, Reiner 222 f.
Styles, Almut 159
Subia 35, 268 f.
Swartbooi-Nama 60, 204

Timm, Uwe 45
Topnaar-Nama 111, 178
Troost, Edmund 163
Trotha, General Lothar von 25 f., 27, 37, 248 f., 251, 278, 279

Vogelsang, Heinrich 99

Welwitsch, Friedrich 168, 170
Weyersberg, M. 193
Wilhelm II., Kaiser 49, 50, 55, 104, 119, 179, 261
Witbooi, Hendrik 24, 25, 26, 28, 72, 138 f., 250
Witboois 32, 37, 46, 72, 138 f.
Woermann, Adolf 154
Wolf, Hansheinrich von 118 ff.

Zimmermann, Georg 246

Alamy/Africa Media Online/Anthony Van Tonder: S. 70; Ann and Steve Toon: S. 216, Neil Setch-field: S. 261; imageBroker/Martin Moxter: S. 157; Ulrich Doening: S. 80, 82 o.

Frank Clausen, Schleiden: S. 11, 128 o., 128 u., 131, 133 r., 140, 197, 230 u., 231, 280, 290, 291, 293, 295, 304

Clemens Emmler/laif, Köln: S. 173, 214/215, 249, 255, 258, 266, 269

Fotolia/AndreasJ: S. 264; Benshot: S. 285; Cisek Ciesielski: S. 160; Dmitry Pichugin: S. 69; dpree-zg: S. 50; Erik Simons: S. 190; Franck Monnot: S. 109, 155; frawa: S. 159; Gail Johnson: S. 66; Galyna Andrushko: S. 120 r./121;Jeremy Richards: S. 279; hal_pand_108: S. 67; majonit: S. 193; Niklas Kratzsch: S. 152/153; piccaya: S. 162; Pyty: S. 104; renatehenkel: S. 275, 283

Oliver Gerhard, Berlin: S. 4 o., 5, 10, 14/15, 20, 41, 49, 51, 52, 59, 60, 62, 75, 78/79, 87, 90, 92, 95, 97, 99, 103 o., 113, 127, 129, 155, 168/169, 189, 271, 287, 297, 298

Kurt Graber, Stemmen, Schweiz: S. 278

iStockphoto/Brytta: S. 110/111; Eco Pic: S. 195; Lucyna Koch: S. 114/115, 143; Menabrea: S. 137; Matejh photography: S. 102/103 u.; Urosr: S. 150;

Friedrich H. Köthe, München: S. 272/273

KPRN network GmbH/Jürgen Goetz: S. 44, 54, 247

La Terra Magica: S. 117

Ute von Ludwiger: S. 112 o.

Harald Mielke, Sachsenried: S. 63, 122, 132/133 l., 147, 179, 180, 181, 207, 208, 209 u., 217, 238, 259

Mauritius images: S. 48

shutterstock/2630ben: S. 91; ah_fotobox: S. 7; Andre Gie: S. 77; Andreas Polz: S. 219; Anton_Ivanov: S. 4 Mitte, 30, 31, 32 o., 35, 47, 123, 146, 158; Artush: S. 188; Car_Ge: S. 9, 213 l., 213 r., 239; Cezary Wojtkowski: S. 251; Circumnavigation: S. 234 u.; Claude Huot: S. 124; Dmitry Pichugin: S. 106; erichon: S. 34; Efimova Anna: S. 192; Felix Lipov: S. 203, 235; francesco de marco: S. 182/183, 200; Geoff Spring: S. 86; Grobler du Preez: S. 93, 184, 211; GUIDO BISSATTI-NI: S. 240/241; Hannes Thirion: S. 81; Hannes Vos: S. 151; Hein Welman: S: 148; laranik: S. 119; ingehogenbijl: S. 209 o.; Ivan_Sabo: S. 225 o., 226/227; javarman: S. 17, 175; JeremyRichards: S. 204; jirawatfoto: S. 229; Johan Swanepoel: S. 227 o, 244/245.; juerginho: S. 234 o.; JurgaR: S. 252; JuRitt: S. 224/225; Karel Gallas: S. 142, 233, 262; kavram: 28/29, 185; LouieLea: S. 242; Luc Kohnen: S. 164 l.; Lucian Coman: S. 8; Luca Nichetti: S. 1; Mark Caunt: S. 178; meunierd: S. 32, 130, 292; Miles Astray: S. 134, 166/167; Mogens Trolle: S. 228; Morenovel: S. 19; mat-thieu Gallet: S. 13; Nataly Reinch: S. 223 o.; NICOLA MESSANA PHOTOS: S. 82 u., 236; Oleg Znamenskiy: S. 2/3, 6, 33, 55, 56, 64, 105, 116 o., 138/139, 141, 248, 256; paula french: S. 223 u.; PicturesWild: S. 144/145; Pyty: S. 101; R.A.R. de Bruijn Holding BV: S. 276/277; Stefan Scharf: S. 108; Steve Allen: S. 4 u., 237; steve estvanik: S. 170; Stuart G Porter: S. 243; thoron: S. 164 r./165; Vadim Nefedoff: S. 43; v.schlichting: S. 246; Wandel Guides: S. 196; Watch_The_World: S. 187

Elisabeth Petersen, Rösrath: S. 22, 23, 24, 25, 26, 27, 37, 38, 72, 84, 88, 89, 112 u., 118, 199, 201, 205, 220, 257, 265, 284

Touristbüro Südafrika, Frankfurt/M.: S. 68, 120 l., 136, 268

VISTA POINT Verlag (Archiv), Potsdam: S. 28 u.

Gümay Ulutuncok/laif, Köln: S. 18, 36, 40, 230 o.

Wolfgang R. Weber, Darmstadt: S. 267

Wikipedia (PD-self)/Freddy Weber: S. 154; Wewoewi: S. 53; (CC BY-SA 2.5)/Luca Galuzzi - www.galuzzi.it: S. 71; (CC BY-SA 3.0)/Clemens F. Photography: S. 116; Chtrede: S. 163

Titelbild: Düne in der Sossusvlei im Namibia-Naukluft-Nationalpark, Foto: shutterstock/Hector Ruiz Villar
Vordere Umschlagklappe (innen): Übersichtskarte Namibias mit der eingetragenen Reiseroute
Schmutztitel (S. 1): Erdmännchen in der namibischen Kalahari-Wüste, Foto: shutterstock/Luca Nichetti
Haupttitel (S. 2/3): Die roten Dünen des Sossusvlei, Foto: shutterstock/Oleg Znamenskiy
Hintere Umschlagklappe (außen): Die bunten Häuser von Lüderitz, Foto: iStockphoto/Brytta
Umschlagrückseite: Sossusvlei, Foto: Frank Clausen, Schleiden (oben); Herero-Frau, Foto: shutterstock/Oleg Znamenskiy (Mitte); Zebras im Etosha-Nationalpark, Foto: shutterstock/Mogens Trolle (unten)

Konzeption, Layout und Gestaltung dieser Publikation bilden eine Einheit, die eigens für die Buchreihe der **VISTA POINT Reiseführer** entwickelt wurde. Sie unterliegt dem Schutz geistigen Eigentums und darf weder kopiert noch nachgeahmt werden.

© VISTA POINT Verlag GmbH, Birkenstr. 10, D-14469 Potsdam
9., aktualisierte Auflage 2018
Alle Rechte vorbehalten
Reihenkonzeption: Horst Schmidt-Brümmer, Andreas Schulz
Bildredaktion: Andrea Herfurth-Schindler, Bettina Hamann
Lektorat: Franziska Zielke, Kristina Linke
Layout und Herstellung: Sandra Penno-Vesper
Reproduktionen: D.I.E. Grafikpartner, Köln; Henning Rohm, Köln; Noch&Noch, Datteln
Karten: Berndtson & Berndtson, Fürstenfeldbruck, Kartographie Huber, München
Druckerei: Florjančič, Slowenien

ISBN 978-3-96141-092-7

An unsere Leser!
Die Informationen dieses Buches wurden gewissenhaft recherchiert und von der Verlagsredaktion sorgfältig überprüft. Nichtsdestoweniger sind inhaltliche Fehler nicht immer zu vermeiden. Der Verlag übernimmt keine Haftung für die Richtigkeit von Informationen. Für Ihre Korrekturen und Ergänzungsvorschläge sind wir dankbar.

VISTA POINT Verlag
Birkenstr. 10 · 14469 Potsdam
Telefon: +49 (0)331/817 36-400 · Fax: +49 (0)331/81736-444
www.vistapoint.de · info@vistapoint.de · ￼ www.facebook.de/vistapoint